U0720289

新編諸子集成

帛書老子校注

高明　撰

中華書局

目録

張岱年序

老子是中國最古的哲學典籍之一，在歷史上曾發生非常深遠的影響，并廣泛流傳到國外，直至今日仍受到西方一些學者的稱讚。魏晉以來，老子傳本衆多，比較流行的是王弼注本、河上公注本。唐初傅奕得到漢初古本，但他們校定的古本篇是根據幾個舊本參校的，未能保留漢初古本的原貌。清代畢沅以來，校訂老子者多家（如羅振玉、馬叙倫、勞健、朱謙之等），但所據舊本，以唐碑、唐卷爲最古，尚未見到唐代以前的寫本。近年在馬王堆漢墓發現了帛書老子甲、乙本，其中「常道」作「恒道」，表明系漢文帝以前的舊本，應是今存最早的古本了。帛書老子的發現是值得慶幸的。

帛書老子的出土，解決了許多章節中歷來爭論的問題。如通行本三十八章「上德無爲而無以爲」句下有「下德爲之而有以爲」句，或作「下德爲之而無以爲」，與下文「上仁爲之而無以爲」或「上義爲之而有以爲」，語意重叠。帛書甲、乙本俱無「下德」句，證明「下德」句乃系衍文。又如六十一章「故大國以下小國，則取小國；小國以下大國，則取大國」，「取小國」句與「取大國」句的句型無別。帛書甲本作「大邦〔以〕下小〔邦〕，則取小邦；小邦以下大邦，則取于大邦」。乙本作「故大國以下〔小〕國，則取小國；小國以下大國，則取于大國」。「取小邦」與「取于大邦」，顯然有別，證明通行本奪一「于」字。類此之例尚多，表明帛書老子確勝于通行本。

老子一書，傳説系與孔子同時的老聃所著。先秦諸子著作都是歷經傳鈔而流傳下來的。門人後學在傳寫的過程中，往往有所增益。老子六十三章有「報怨以德」之語，論語中記載孔子對於「報怨以德」的批評。足證孔、老同時的傳説並非虛構。但論語中無「仁義」並舉之例，老子書中「大道廢，有仁義」、「絶仁棄義」等句不可能出現於春秋末年，顯系後人所附益。從老子書的内容看，上、下篇當系寫定於戰國初期，下距漢初約二百多年。戰國時期、秦漢之際，老子一書可能已有不同傳本。莊子天下篇引老聃曰：「知其雄，守其雌，爲天下谿；知其白，守其辱，爲天下谷。」王弼本二十八章：「知其雄，守其雌，爲天下谿；爲天下谿，常德不離，復歸于嬰兒。知其白，守其黑，爲天下式；爲天下式，常德不忒，復歸于無極。知其榮，守其辱，爲天下谷；爲天下谷，常德乃足，復歸于樸。」近代易順鼎、馬叙倫等據莊子天下篇論證「守其黑」至「復歸于無極，知其榮」等句爲後人所加。但帛書甲、乙本俱有「守其黑」、「復歸于無極」等語，僅個别的字有所不同。淮南子道應亦引「知其榮，守其辱」。足證莊子天下篇作者所見老子乃另一傳本。淮南子道應引老子「美言可以市尊，美行可以加人」（亦見淮南子人間）。王弼本六十二章作「美言可以市，尊行可以加人」。俞樾以爲應據淮南改正王本。而帛書老子甲、乙本亦作「美言可以市，尊行可以加人」。這就表明，漢代初年，老子確已有不同的傳本。帛書出於漢初，而淮南所據本與帛書有所不同。但是，就今天所見到的老子書而言，帛書甲、乙本應是最古的寫本了。

帛書老子刊佈以來，受到學術界的重視，近年已有幾種關於帛書老子的校釋著作。但有些問題尚待進一步的考察。高明同志系考古學專家，對於古文字學有很深的研究。一九七八年曾發表帛書老子甲乙本與今本老子勘校札記，提出許多精闢的見解。近又撰著帛書老子校注一書，對於帛書老子作了更進一步的考釋。此書考校之細，勘察之精，俱超過近年同類的著作，對於許多疑難問題提出自己獨到之見，可謂帛書老子研究的最新成就，這是值得讚揚的。這是對於先秦古典研究的新貢獻，值得向讀者推薦。高明同志的書稿徵求我的意見，於是略陳所見，以爲之序。

一九九〇年十月張岱年序于北京大學。

帛書老子校注序

老子道德經世傳今本種類很多，據元杜道堅道德玄經原旨張與材序云：「道德八十一章，注者三千餘家。」此説未免有些誇大。一九二七年王重民著老子考，收録敦煌寫本、道觀碑本和歷代木刻與排印本，共存目四百五十餘種；一九六五年嚴靈峰輯無求備齋老子集成，初編影印一百四十種，續編影印一百九十八種，補編影印十八種，總計三百五十六種，將其所集，輯於一書。老子傳本雖多，時代不古，多屬魏晉以後，漢代傳本幾乎絶迹。漢志載鄰氏老子經傳、傅氏老子經説、徐氏老子經説與劉向説老子四書，皆亡佚。嚴遵老子指歸亦殘闕將半。嚴書初見於晉常璩華陽國志，謂：「嚴遵，字君平，成都人也。雅性澹泊，學業加妙，專精大易，耽於老莊，著指歸爲道書之宗。」隋志載：「老子指歸十一卷，嚴遵注。」唐谷神子序云：指歸在「陳、隋之際，已逸其半，今所存者止論德篇。因獵其訛舛，定爲六卷。」可見此書隋時已殘闕不全，但是，宋晁公武郡齋讀書志謂：「老子指歸十三卷，右漢嚴遵君平撰，谷神子注。」不言闕佚，與谷神子序説相違。因各家所言互相抵牾，故四庫全書總目提要判爲後人贋託，列入僞書。自帛書老子出土之後，發現指歸中有些經句雖異於今本，則同帛書老子相近，説明嚴書原並不僞，嚴靈峰、鄭良樹皆有辨證。書雖不僞，但其中經文多被後人竄改，而同河上本合流，原來面目已失，而名存實亡。

河上本初載於隋志，謂：「老子道德經二卷，周柱下史李耳撰，漢文帝時河上公注。」葛玄序言甚怪誕，謂河上公坐能升天，行動如神。唐劉知幾對此書早有懷疑，他說：「今之所注老子是河上公，其序云：『漢文帝時結茅菴於河曲，因以爲號，以所注老子授文帝，因沖空上天。』不經之鄙言，流俗之虛語。漢書藝文志著老子有三家，河上所釋無聞焉。」近人盧文弨、馬叙倫均宗劉說。今據帛書老子甲、乙本斟校，書中訛誤尤多，不僅非漢人所爲，而且晚於王弼。

魏王弼老子道德經注，初載於隋志，唐陸德明經典釋文爲之音義。宋晁説之跋云：「然弼題是書曰：『道德經不析乎道、德而上、下之，猶近古歟？』其文字則多謬誤，殆有不可識者，令人惜之。」熊克云：「克自求弼所注甚力，而近世希有，蓋久而後得之，往歲攝建寧學官嘗以刊行。既又得晁以道先生所題本，不分道、德而上、下之，亦無篇目，喜其近古，繕寫藏之，乾道庚寅，分教京口，復鏤以傳。」可見弼注老子，宋時已不易得。錢曾讀書敏求記未收王書，僅於河上公本下注云：「惜乎，輔嗣注不傳，而獨傳此書之日就散亡，惜哉！」今傳王本出自武英殿聚珍版叢書，底本是明萬曆張子象刻本，參校永樂大典與經典釋文而刊定。溯其源流，即來自宋晁説之所跋，熊克「復鏤以傳」之翻刻本。

唐傅奕校定古本老子，所謂「古本」，因其乃北齊後主高緯武平五年（公元五七四年）彭城人開項羽妾塚所得，宋范應元著老子道德經古本集註、元至元二十七年陝西盩厔縣樓觀台道德經碑，皆宗此本。今據帛書老子斟校，此書雖保存一些老子舊文，但已被後人改動甚多，書中訛誤尤甚，宋謝守灝老君實録云：「道德經唐傅奕考覈衆本，斟數其字。」可見書中訛誤，多半是因傅奕「考覈衆本，斟數其字」所造成，經文多與王弼本相近。

老子傳本數量雖多，但溯本求源，主要是由以上所述四種展轉流傳，其中又以王弼、河上公二本爲盛。王注本文筆曉暢，流傳在文人學者與士大夫階層；河上公注本通俗簡要，流行於道流學子與平民百姓之間。自玄宗開元御注本出，始創異本勘合之風，玄宗御注本卽依違王弼、河上之間。玆後各家注釋老子，無不選擇「善本」，「善本」來源無非效法御注，卽異本勘合，擇善而取，美其名曰「校定」。傅奕校定之古本老子卽其中一例。唐宋以後，各種版本展轉傳抄，彼此承訛襲謬，互相竄改，其結果經文内容皆同流合一，大同小異，區别僅限於衍文脱句或虚詞用字。閲讀今本老子，雖明知其誤，却無法覈證。故僅依今本勘校，絶對找不出任何問題。

一九七三年冬，湖南長沙馬王堆第三號漢墓出土的帛書老子甲、乙本，是目前所見最古老的兩種抄本。其中一種用篆書抄寫，名爲甲本；另一種用隸書抄寫，名爲乙本。甲本無避諱，乙本避「邦」字諱，説明兩本抄寫時代不同。甲本抄寫在劉邦稱帝之前，乙本抄寫在劉邦稱帝之後，距今均兩千餘年，皆屬漢初。甲、乙本各有特點，諸如經文句型、虚詞，及其所用古今字、假借字等均有差别。句型：甲本「此之謂玄德」，乙本作「是謂玄德」；甲本「故曰爲道者非以明民也」，乙本作「古之爲道者非以明民也」。虚詞：甲本「爲者敗之，執者失之」，乙本作「爲之者敗之，執之者失之」。甲本多用古字，乙本用今字。如乙本「禍」，甲本寫作「𥚚」，乙本「貨」，甲本寫作「𧷸」，乙本「槁」，甲本寫作「𣓌」。諸如此類差别不下二百餘處，貫串全書始末。足以説明甲、乙本來源不同，代表漢初兩種不同古本。應當説這是中國考古發掘工作中一項重大收獲。

本書選用王弼本作爲勘校帛書老子甲、乙本之主校本，是經過反復考察之後確定的。今傳王本主要是明張子象本，書中訛誤確實不少，洪頤煊讀書叢餘謂：「王注出於明代，或後人掇拾爲之。」朱謙之用其與河上本比較，指出王本劣於河上者有六點。但是，今同帛書老子甲、乙本勘校，事實並非如此，過去朱氏所指王本之劣者，正是它的優點。如第五十一章，王本「亭之毒之」，河上本作「成之熟之」。朱氏認爲「河上本於義爲優」，豈不知帛書老子甲、乙本均作「亭之毒之」，與王本相同。河上本作「成之熟之」，則爲後人所改。第九章王本「功遂身退天之道」，河上本作「功成名遂身退天之道」。朱氏謂王本有脱誤，豈不知帛書老子甲、乙本均與王本同，河上本「成名」二字乃後人增入。第十三章王本「何謂寵辱若驚，寵爲下」。朱氏謂王本訛誤，河上本作「何謂寵辱，寵爲上，辱爲下」（按今河上本無「寵爲上」三字，朱氏據景福碑言之）。豈不知帛書老子甲、乙本此文正作「何謂寵辱若驚，寵爲下」，與王本同，朱氏所説有誤。第五十五章王本經文作「蜂蠆虺蛇不螫」，注文作「故毒蟲螫之物，無犯於人也」；河上本經文作「毒蟲不螫」，注文作「蜂蠆蛇虺不螫」，王本經文而與河上本注文相同。朱謙之將此差異視爲王本後於河上本之鐵證。他説：「河上本『毒蟲不螫』，王本作『蜂蠆虺蛇不螫』。案此六字乃河上公注，王本誤以河上公注羼之，此爲王本後於河上之鐵證。」豈不知帛書老子經文即作「蜂蠆虺蛇不螫」，與王本完全一致，河上公則把王弼釋「蜂蠆虺蛇」之注文「毒蟲」二字竄入經文内，誤作「毒蟲不螫」；又將經文「蜂蠆虺蛇不螫」誤入注文中。經勘校證明，事實恰與朱説相反，此却成爲河上本後於王本之鐵證矣。誠如前文所述，王本也並非盡善，同帛書老子勘校，除多處與河上本存有相同的僞誤之外，也有不及河上本者。如第十五章河上本「儼兮其若客」，與帛書老子相同，則王本「客」誤作「容」。第二章河上本「長短相形」，亦與帛書老子同，王本「形」誤作「較」。諸如此類皆因抄寫致誤。但是，與河上本之訛誤相比，猶如小巫見大巫。爲了彌補這一缺陷，除以王本作爲主校本外，另選用敦煌寫本、道觀碑本、及歷代刊本計三十三種，作爲參校本。參校本之名稱與版本均見校本書目。

帛書老子甲、乙本在當時只不過是一般的學習讀本，皆非善本。書中不僅有衍文脱字、誤字誤句，而且使用假借字也極不慎重。出土時又因自然損壞，經文均有殘缺。但是，它的珍貴，主要是抄寫的時間早。近古必存真，因而較多地保存老子原來的面貌。尤其是同墓出土兩個來源不同的古本，不僅可相互印證，而且同時用兩個古本一起勘校今本，對訂正今本訛誤，更有價值。

通過勘校證明，世傳老子諸本，經文皆有訛誤，被後人改動之處甚多，往往因一字之訛，則經義全非。如今本「無爲而無不爲」句，世傳本中出現次數不同而皆有之，已成老子中之名言。但在帛書老子甲、乙本中，均無此痕跡。帛書老子只有「無爲而無以爲」，而無「無爲而無不爲」。「無爲而無不爲」本不出於老子，它是漢初黄老學派之産物。從而可見，今本中類似這種統一性的共存訛誤，如非漢帛書老子甲、乙本出土，則根本無法發現。

老子道德經一書是戰國初年的作品，先秦時代之莊、列、韓非、吕覽等書皆有徵引。漢志所載鄰氏老子經傳、傅氏老子經説、徐氏老子經説，均早已不傳；帛書老子甲、乙本，皆爲漢初遺物，是目前所見老子最早的古本。勘校此書的目的，只求依據帛書老子甲、乙本勘正今本僞誤，澄清其中是非，以恢復老子經文真旨。愚自知寡陋，不敢妄作，惟裒衆議，擇善而從；偶有所得，略述淺識，以備參考。非常感謝張岱年先生在百忙中爲我審閱書稿，指出破綻，並幫我彌補，又賜之序。曾蒙英國王寬誠學術基金的資助，使我有機會於一九八九年訪問倫敦大學，該校亞非學院圖書館與英國倫敦圖書館向我提供了所藏有關老子的一切資料，此書幾乎有一半的工作，是在那裏完成的。特别感謝的是湯姆森（P·M·THOMPSON）教授和艾蘭（SARAH ALLAN）博士，他們爲我組織了多次研討會，給我很大幫助。限於作者水平，書中謬誤勢所難免，恭請師友批評指正。

一九九〇年九月高明識。

勘校説明

一、本書以王弼注本爲勘校帛書老子之主校本，另取敦煌卷本、道觀碑本、歷代刊本計三十三種作爲參校本。按照帛書老子篇次，德經在前，道經在後；參照今本章次，分别句段，順序勘校。

二、按帛書甲本、乙本與王本之先後次序，將三者經文分别句段抄録於下，以便相互勘校和比較。如帛書老子因埋藏而被損壞之字，甲本殘壞則據乙本補；乙本殘壞則據甲本補；甲、乙本共同殘壞則據王本或其它今本補。補文一律用〔〕形括弧括起。帛書老子原有之衍文脱句等錯誤，録文不删不補，仍照原文寫成今字，只在後文予以辨證説明。

三、帛書甲、乙本經文中均有假借字和古體字，勘校時除將其按原形寫出後，在其字下注明當用之本字和今字，皆用（）形括弧括起，以示區分。

四、老子今本經文頗多差異，故本書除用王本作主校本外，另選三十三種不同版本作參校本。任何參校本凡經文與王本相同者不録，僅録其經文異於王本者，以便瞭解今本經文之分歧，及其與帛書甲、乙本之異同。

五、世傳老子版本種類很多，本書選用之主校本與參校本並不能完全概括所有版本之經文内容，遇有經文特殊或獨異今本而近於帛書甲、乙本者，亦詳録其經文，而書名出處可見參考書目。

六、經文校注約可分作四項内容：首先是帛書甲、乙本與王本勘校，其次是主校本與參校本相互比較，再次是異文辨證，最後解釋經義。但因各段經文存在的問題不一，可隨文省簡，則難求一律。

七、帛書老子甲、乙本皆不分章，爲便於與今本對照查閱，本書按王本道經三十七章、德經四十四章之序列分作相應的八十一段，每段經文之前皆用漢語數字標明序號。因今本原有錯簡，凡遇今本章次倒誤則與帛書甲、乙本經文序次不合者，均在序號下加注説明。

八、帛書老子甲、乙本，有時在經文下標注一阿拉伯數碼，此是用來表示這段經文在帛書中所居之行數。因乙本每行分兩段，故在數碼後又有上、下之分。據此可查閱帛書原文。

九、本書所引前人研究成果和各家議論，俱見本書所用參考書目。

十、書後附帛書甲、乙本殘卷實録與勘校復原各一本，殘卷中之殘缺字均用□符號表示；復原本是根據上述勘校和辨證，將原有之衍文脱句、誤字誤句、殘文壞字、以及所用之古字借字等，均已考覈訂正，予以復原，以便參考。

本書所據校本書目與簡稱

石刻本

唐景龍二年（公元七〇八年）河北易州龍興觀道德經碑　簡稱：景龍本
唐開元二十六年（公元七三八年）河北易州龍興觀道德經幢　簡稱：易玄本
唐開元二十七年（公元七三九年）河北邢州龍興觀道德經幢　簡稱：邢玄本
唐景福二年（公元八九三年）河北易州龍興觀道德經碑　簡稱：景福本
宋景祐四年（公元一〇三七年）甘肅慶陽縣天真觀道德經幢（有殘泐）　簡稱：慶陽本
元至元二十七年（公元一二九〇年）陝西盩厔縣樓觀台道德經碑　簡稱：樓古本
元大德三年（公元一二九九年）陝西寶鷄磻溪宮道德經幢　簡稱：磻溪本
元延祐三年（公元一三一六年）趙孟頫書道德經石刻　簡稱：孟頫本
元（無年月）陝西盩厔縣樓觀台道德經碑　簡稱：樓正本
遂州道德經碑（道藏罔七—罔八，無名氏道德真經次解）　簡稱：遂州本

敦煌寫本

敦煌唐人寫本老子道德經殘卷，首章至五章　西陲秘籍叢殘　簡稱：敦煌甲本

敦煌唐人寫本老子道德經殘卷，九章至十四章　西陲秘籍叢殘　簡稱：敦煌乙本

敦煌唐人寫本老子道德經殘卷，十章至十五章　西陲秘籍叢殘　簡稱：敦煌丙本

敦煌唐人寫本老子道德經殘卷，二十七章至三十六章　西陲秘籍叢殘　簡稱：敦煌丁本

敦煌唐人寫本老子道德經殘卷，三十九章至四十一章　西陲秘籍叢殘　簡稱：敦煌戊本

敦煌唐人寫本老子道德經殘卷，四十一章至五十五章　西陲秘籍叢殘　簡稱：敦煌己本

敦煌六朝寫本老子道德經殘卷，五十七章至八十一章　簡稱：敦煌庚本

敦煌唐人寫本成玄英道德經開題序訣義疏，六十章至八十章（羅振玉誤爲孟智周義疏）　鳴沙石室古籍叢殘　簡稱敦煌辛本

敦煌唐人寫本老子道德經殘卷，六十三章至七十三章　西陲秘籍叢殘　簡稱：敦煌壬本

敦煌唐人寫本老子道德經殘卷，十章至三十七章　英國倫敦圖書館藏　簡稱：敦煌英本

歷代刊本

王弼老子道德經注　清光緒元年浙江書局重刻明華亭張子象本　簡稱：王弼本、王本

河上公老子道德經章句　上海涵芬樓影印常熟瞿氏藏宋刊本　簡稱：河上本
嚴遵道德真經指歸　成都怡蘭堂校刊本　簡稱：嚴本
傅奕道德經古本篇　上海涵芬樓影印道藏慕二　簡稱：傅本或古本
顧歡道德真經註疏　上海涵芬樓影印道藏信一—信五　簡稱：顧本
司馬光道德真經論　上海涵芬樓影印道藏得一—得二　簡稱：司馬本
宋徽宗御解道德真經　上海涵芬樓影印道藏才五—才八　簡稱：徽本
邵若愚道德真經直解　上海涵芬樓影印道藏改五—改八　簡稱：邵本
范應元老子道德經古本集註　續古逸叢書影印傅沅叔藏宋刊本　簡稱：范本
蘇轍道德真經註　上海涵芬樓影印道藏得七—得十　簡稱：蘇本
彭耜道德真經集註　上海涵芬樓影印道藏恃四—長四　簡稱：彭本
吴澄道德真經註　上海涵芬樓影印道藏短一—短四　簡稱：吴本
林志堅道德真經註　上海涵芬樓影印道藏絲一—絲二　簡稱：志本
焦竑老子翼　浙西村舍本　簡稱：焦本
馬王堆漢墓帛書（壹）　文物出版社一九八〇年　簡稱：帛書甲本　帛書乙本

本書所用參考書目

唐陸德明老子道德經音義　經典釋文卷二十五　上海古籍出版社影印北京圖書館藏宋刊本
唐李榮老子道德經注　上海涵芬樓影印道藏絲七—絲十
李約老子道德真經新註　上海涵芬樓影印道藏能一—能四
陸希聲道德真經傳　上海涵芬樓影印道藏必一—必四
强思齊道德真經玄德纂疏　上海涵芬樓影印道藏使一—覆三
杜光庭道德真經廣聖義　上海涵芬樓影印道藏羔一—行十二
唐玄宗御注道德真經　上海涵芬樓影印道藏男三—男六
唐玄宗御注道德真經疏　上海涵芬樓影印道藏效一—效十
王弼道德真經注　上海涵芬樓影印道藏得三—得六
河上公道德真經注　上海涵芬樓影印道藏知一—知四
宋李榮道德真經義解　上海涵芬樓影印道藏絲三—絲六
呂惠卿道德真經傳　上海涵芬樓影印道藏必五—必八
陳象古道德真經解　上海涵芬樓影印道藏知五—知六
陳景元道德真經藏室纂微篇　上海涵芬樓影印道藏欲一—難二

林希逸道德真經老子口義　上海涵芬樓影印道藏彼一—彼四

趙至堅道德真經義疏　上海涵芬樓影印道藏悲八—悲十

容肇祖輯王安石老子注　無求備齋老子集成初編　台灣藝文印書館影印

呂知常道德經講義　北京圖書館藏明刊本

程大昌易老通言　引自彭耜道德真經集註

葉夢得老子解　引自彭耜道德真經集註

黄茂材老子解　引自彭耜道德真經集註

呂吉甫老子道德經註　引自焦竑老子翼

王元澤老子道德經註　引自焦竑老子翼

寇才質道德真經四子古道集解　上海涵芬樓影印道藏過一—過十

李道純道德會元　上海涵芬樓影印道藏談三—談四

杜道堅道德玄經原旨　上海涵芬樓影印道藏彼五—彼八

張嗣成道德真經章句訓頌　上海涵芬樓影印道藏談一—談二

劉惟永道德真經集義　上海涵芬樓影印道藏詩一—染八

王守正道德真經衍義手抄　上海涵芬樓影印道藏量一—墨五

鄧錡道德真經三解　上海涵芬樓影印道藏改一—改四

明太祖御注道德真經　上海涵芬樓影印道藏男一—男二
危大有道德真經集義　上海涵芬樓影印道藏履四—器四
王道老子億　北京崇華堂排印本
釋德清道德經解　金陵刻經處刊本
沈一貫老子通　北京圖書館藏明萬曆刊本
徐大椿道德經註　清乾隆二十五年刻本
姚鼐老子章義　惜抱軒全集
魏源老子本義　中華書局
潘靜觀道德經妙門約　引自馬叙倫老子覈詁
俞樾老子平議　諸子平議
高延第老子證義　清光緒十二年刊本
易順鼎讀老札記　清光緒甲申寶瓠齋刊本
吴雲老子道德經幢殘石　二百蘭亭齋金石記
易佩紳老子解　清光緒壬辰湖北臬署大字排印本
嚴復老子道德經評點　老子集成續編影印日本榎木邦信硃墨套印本
劉師培老子斠補　劉申叔先生遺書第二十六册

馬其昶老子故　秋浦周氏刊本
羅振玉老子道德經考異附補遺　上虞羅氏刊本
羅振玉老子殘卷六種　上虞羅氏影印貞松堂藏西陲秘籍叢殘本
羅振玉敦煌本老子道德經義疏第五殘卷　鳴沙石室古籍叢殘第四册
羅振玉敦煌本老子義殘卷　東方學會印敦煌石室碎金
陶邵學校老子　順德黄氏藏手稿本　本書引自馬叙倫老子覈詁（馬氏誤謂陶方琦，不確。參見老子考附録二）
楊樹達老子古義　中華書局仿宋聚珍印本
孫詒讓老子札記　光緒二十年刊札迻
紀昀校老子　武英殿聚珍版叢書本
畢沅老子道德經考異　經訓堂叢書本
盧文弨老子音義考證　抱經堂叢書（在經典釋文内）
洪頤煊讀老子叢録　讀書叢録卷十三
王念孫讀書雜志餘編　商務印書館萬有文庫本
陶鴻慶讀老子札記　讀諸子札記　中華書局
李翹老子古注　芬薰館印本

譚獻讀老子　半厂叢書復堂日記本
勞健老子古今考　辛巳影印手寫本
陳柱老子韓氏説　商務印書館
陳柱老子集訓　商務印書館
奚侗老子集解　一九二五年序刊本
羅運賢老子餘義　成都石印本
馬叙倫老子覈詁　天馬山房叢書本
宇惠考訂王注老子道德真經　老子集成初編影印日本須原屋茂兵衛刊本
高亨老子正詁　開明書店排印本與北京古籍出版社重訂本
高亨老子注譯　河南人民出版社
胡適校老子（稿本）　引自馬叙倫老子覈詁
蔣錫昌老子校詁　商務印書館
蒙文通輯成玄英老子義疏　四川省立圖書館刊本
于省吾老子新證　雙劍誃諸子新證　中華書局
饒宗頤老子想爾注校箋　選堂叢書之二
朱謙之老子校釋　龍門聯合書局

任繼愈老子今譯　古籍出版社
嚴靈峰馬王堆帛書老子試探
嚴靈峰無求備齋老子集成　台灣藝文印書館影印本
陳鼓應老子註譯及評介　中華書局
許抗生帛書老子注譯與研究　浙江人民出版社
張松如老子説解　齊魯書社
樓宇烈王弼集校釋上册　中華書局
大田晴軒老子全解　日本天保壬寅刊本
劉殿爵英譯老子道德經（一九八二年據帛書老子甲、乙本重譯，書内附一九六三年舊譯本）　香港中文大學出版社
劉殿爵馬王堆漢墓帛書老子初探　香港一九八二年九月號明報月刊
高明帛書老子甲乙本與今本老子勘校札記　文物資料叢刊第二輯
鄭良樹從帛書老子論嚴遵道德指歸之真僞　古文字研究第七輯
礪冰「法令滋彰」還是「法物滋彰」　歷史研究一九七六年第二期
馮逸老子二十一章試釋　文史一九六三年第二輯
馮友蘭關於老子哲學的兩個問題　老子哲學討論集　哲學研究編輯部

周易正義　清乾隆四年武英殿刻十三經注疏附考證本
尚書正義　清乾隆四年武英殿刻十三經注疏附考證本
毛詩正義　清乾隆四年武英殿刻十三經注疏附考證本
周禮注疏　清乾隆四年武英殿刻十三經注疏附考證本
儀禮注疏　清乾隆四年武英殿刻十三經注疏附考證本
禮記注疏　清乾隆四年武英殿刻十三經注疏附考證本
春秋左傳正義　清乾隆四年武英殿刻十三經注疏附考證本
韓詩外傳　古經解彙函本
史記　商務印書館影縮百衲本
漢書　商務印書館影縮百衲本
後漢書　商務印書館影縮百衲本
三國志　商務印書館影縮百衲本
國語　黄丕烈士禮居叢書本
戰國策　黄丕烈士禮居叢書本
管子　清光緒二年校刻明吴郡趙氏本
莊子　清光緒二年校刻明世德堂本

論語集解義疏　古經解彙函重刻鮑本
孟子集註　清光緒六年益興堂刊朱熹集註
孫子　清光緒三年校刻孫氏平津館叢書本
列子　清光緒二年校刻明世德堂本
晏子春秋　清光緒元年校刻孫氏平津館叢書本
荀子　清光緒二年校刻嘉善謝氏本
呂氏春秋　經訓堂叢書本
商子　四部叢刊影印明天一閣刻本
韓非子　清光緒元年吴氏影宋乾道本
梁啟雄韓子淺解　中華書局
文子纘義　光緒重刻武英殿聚珍本
尹文子　湖海樓叢書本
牟子　平津館叢書本
劉文典淮南鴻烈集解　商務印書館
淮南子高誘注　莊逵吉刊本
賈誼新書　四部叢刊影印明刊本

劉向説苑　四部叢刊影印明刊本
黄暉論衡校釋　商務印書館
顏氏家訓　抱經堂叢書本
李善文選注　上海涵芬樓影印宋刊本
九章算術　四部叢刊影印微波榭本
周髀算經　四部叢刊影印明刻本
杜佑通典　崇仁謝氏合刻本
周敦頤太極圖説　明刊性理大全會通第一册
洪邁容齋隨筆　上海古籍出版社
太平御覽　四部叢刊續編影印宋刊本
郝懿行爾雅義疏　沔陽陸氏刻本
段玉裁説文解字注　中華書局四部備要本
朱駿聲説文通訓定聲　清道光戊申刻本
周祖謨方言校箋　科學出版社
劉熙釋名　經訓堂叢書本
王念孫廣雅疏證　金陵書局本

顧野王玉篇　上海涵芬樓影印元刊本
廣韻　北京來薰閣影印吴門張氏重刻宋刊本
孔廣森詩聲類　渭南嚴氏校刊顨軒孔氏本
王力漢語音韻　中華書局
黄焯古今聲類通轉表　上海古籍出版社
董同龢上古音韻表稿　中央研究院歷史語言研究所集刊第十九輯
高明古文字類編　中華書局
董作賓殷虚文字甲編　商務印書館影印本
劉鶚鐵雲藏龜　抱殘守缺齋石印本
羅福頤古璽文編　文物出版社
高明古陶文字徵　中華書局
銀雀山漢墓竹簡孫臏兵法　文物出版社
王引之經傳釋詞　中華書局
楊樹達詞詮　中華書局
姚振宗隋書經籍志考證　師石山房叢書本
晁公武郡齋讀書志　上海涵芳樓影印北京故宫博物院藏宋淳祐袁州刊本

陳振孫直齋書録解題　商務印書館叢書集成本
錢曾讀書敏求記　埽葉山房石印本
四庫全書總目提要　商務印書館萬有文庫本
王重民老子考　中華圖書館協會叢書第一種

德經校注

三十八（今本德經第三十八章）

甲本：〔上德不德，是以有德；下德不失德，是以无〕德。

乙本：上德不德，是以有德；下德不失德，是以无德。

王本：上德不德，是以有德；下德不失德，是以無德。

世傳諸本此文皆與王本同。

帛書甲本殘甚，僅存一「德」字，乙本保存完好，可據補甲本缺文。與今本勘校，彼此經文全同。

韓非子解老篇云：「德者內也，得者外也。『上德不德』，言其神不淫於外也。神不淫於外則身全，身全之謂德。德者，得身也。凡德者，以無爲集，以無欲成，以不思安，以不用固。爲之欲之，則德無舍；德無舍則不全。用之思之，則不固；不固則無功，無功則生有德。德者無德，不德則有德。故曰『上德不德，是以有德。』」以韓非所釋，經義大白。德者，得也。常得無喪，利而無害，故以德爲名。宇宙萬物得失相附，成敗相遂，何以得德，唯道是由。何以盡德，以無爲用。以無爲用，以虛爲主，無事無欲，因循自若，不德而德，故謂之上。求則得之，爲則成之，立善治物，名揚位顯，實則得外失內，捨真求僞，似得實失，德則無德，故謂之下。

甲本：上德无〔爲而〕无以爲也。上仁爲之〔而无〕1以爲也。上義爲之而有以爲也。上禮〔爲之而莫之應也，則〕攘臂而乃（扔）之。

乙本：上德无爲而无以爲也。上仁爲之而无以爲也。上德（義）爲之而有175上以爲也。上禮爲之而莫之應（應）也，則攘臂而乃（扔）之。

王本：上德無爲而無以爲。下德爲之而有以爲。上仁爲之而無以爲。上義爲之而有以爲。上禮爲之而莫之應，則攘臂而扔之。

世傳今本「上德」、「下德」、「上仁」、「上義」四句多與王本相同，唯嚴遵本作「上德無爲而無不爲。下德爲之而有以爲」。傅奕、范應元、樓古三本作「上德無爲而無不爲，下德爲之而無以爲」；與之稍別。景龍、易玄、景福、慶陽、磻溪、樓正、遂州、嚴遵、河上、傅、顧、徽、蘇、彭、志、焦諸本，末句「扔」字均作「仍」，作「則攘臂而仍之」。

帛書甲本殘損十二字，假「乃」字爲「扔」。乙本保存完好，亦假「乃」字爲「扔」，而可據補甲本缺文。但是，乙本缺點是，誤將「上義」之「義」字寫成「德」，抄寫不慎所致，可據甲本更正。與今本勘校，主要分歧有二處：

一、帛書甲、乙本無「下德」一句，世傳本皆有之。此是帛書與今本重要分歧之一。老子原本當如何？從經文分析，此章主要講論老子以道觀察德、仁、義、禮四者之不同層次，而以德爲上，其次爲仁，再次爲義，最次爲禮。德仁義禮不僅遞相差次，每況愈下，而且相繼而生。如下文云：「失德而後仁，失仁而後義，失義而後禮。夫禮者，忠信之薄而亂之首也。」德仁義禮之間各自差距如何？老子用「無爲」作爲衡量四者的標準，以「無爲而無以爲」最上，「爲之而無以爲」其次，「爲之而有以爲」再次，「爲之而莫之應，則攘臂而扔之」最次。據帛書甲、乙本分析，德仁義禮四者的差別非常整齊，邏輯意義也很清楚。今本衍「下德」一句，不僅詞義重叠，造成内容混亂，而且各本衍文不一，衆議紛紜。如王弼諸本衍作「下德爲之而有以爲」，則同「上義爲之而有以爲」相重；傅奕諸本衍作「下德爲之而無以爲」，則同「上仁爲之而無以爲」相重。由此可見，「下德」一句在此純屬多餘，絶非老子原文所有，當爲後人妄增。驗之韓非子解老篇，亦只言「上德」、「上仁」、「上義」、「上禮」，而無「下德」，與帛書甲、乙本相同，足證老子原本卽應如此，今本多有衍誤。

二、帛書甲、乙本「上德無爲而無以爲」一句，王弼本與其他傳本多與帛書相同，唯嚴遵、傅奕、范應元、樓古四本及韓非子解老篇作「上德無爲而無不爲」。「無以爲」與「無不爲」意義迥別，分歧絶非偶然，二者之間必有一誤。但是，弄清孰是孰非，首先應澄清解老篇引文有無訛誤，如此一問題得到解決，嚴、傅等傳本經文之眞僞卽可迎刃而解。衆所周知，老子主張「無爲」，尤以「虛者之無爲」尚可成爲道家最高標準「上德」。如何才能達到此境界，韓非子解老篇做了極其透徹的説明。他説：「所以貴無爲無思爲虛者，謂其意無所制也。夫無術者，故以無爲無思爲虛也。夫故以無爲無思爲虛者，其意常不忘虛，是制于爲虛也。虛者，謂其意無所制也，今制于爲虛，是不虛也。虛者之無爲也，不以無爲爲有常。不以無爲爲有常則虛，虛則德盛，德盛之謂上德。」但在句末引老子語時，則謂「故曰上德無爲而無不爲也。」韓非所謂的「虛」，指無爲無思，即在思想上不去爲無爲專下功夫而思慮。因此他説無術之人故意以無爲無思爲手段，常常爲它絞腦筋，苦思慮，那是「其意常不忘虛，是制于爲虛也。」「制于爲虛」，實際是不虛。韓非的論述對老子的「無爲」解釋得很清楚。所謂「上德」，就是「虛者之無爲」，同時説明「無爲無思爲虛者」。「無爲無思」，指思想不受其制，即無所爲的無爲，思想不爲無爲而思慮的自然無爲，也即老子所講的「無爲而無以爲」，如此才能真正達到虛境，則謂「上德」。從韓非這段論述中，毫無「無爲而無不爲」之意，正是對「無爲而無以爲」之詮釋。仔細閱讀解老篇中這段文字，自然會覺察到它所論述的內容，則與引文「無爲而無不爲」互相觝牾，足證引文原非如此，當依帛書作「無爲而無以爲」，彼此才得吻合一致，錯誤顯然是由後人傳抄造成的。不言而喻，解老篇引文既然有誤，而嚴、傅、范與樓古四本此文，也必經後人竄改，非老子原本之義。

甲本：故失道[2]而后德，失德而后仁，失仁而后義，〔失義而后禮。夫禮者，忠信之薄也〕，而亂之首也[3]。

乙本：故失道而后德，失德而句（后）仁，失仁而句（后）義[175下]，失義而句（后）禮。夫禮者，忠信之泊（薄）也，而亂之首也。

王本：故失道而後德，失德而後仁，失仁而後義，失義而後禮。夫禮者，忠信之薄而亂之首。

「失道」、「失德」、「失仁」、「失義」四句，王弼本與諸傳本經文皆同，唯後一句嚴遵本無「夫」字，作「禮者，忠信之薄而亂之首」；景福、樓古、孟頫、傅奕、司馬、范、徽、彭、焦諸本，句末均有「也」字，作「夫禮者，忠信之薄而亂之首也。」

帛書甲本殘損十三字，首句「失」下似有重文號，又似「道」字殘跡，「道」下一字模糊不清，似被勾去的壞字。據帛書研究組云：「此多『失道矣』三字。」因字跡不清未敢苟同，姑記於此，以備參考。甲本「後」字，均寫爲「后」。帛書乙本保存完好，可據補甲本缺文。乙本「後」字亦寫作「后」，或假「句」字爲「后」。與今本勘校，經文多同，有之僅因虚詞稍異。劉師培云：「案韓非子解老篇云『道有積而德有功，德者道之功。功有實而實有光，仁者德之光。光有澤而澤有事，義者仁之事也。事有禮而禮有文，禮者義之文也。故曰：失道而後失德，失德而後失仁，失仁而後失義，失義而後失禮。』據此文觀之，則王本、河上本均脱四『失』字。」馬叙倫曰：「後漢書崔駰傳注引無四『而』字，朱穆傳注引有，輔行記一之三引更有『失禮而後智，失智而後信』兩句。然各本及莊子知北遊篇引並同此。又論義，亦不當有此兩句及四『失』字。」帛書甲、乙本經文與今本相同，均無四「失」字，則爲馬説得一確證。可見韓非子解老篇所引老子之文，未必全是，皆應具體考證。

王弼注：「不能無爲而貴博施；不能博施而貴正直；不能正直而貴飾敬。所謂『失德而後仁，失仁而後義，失義而後禮也。』夫禮也，所始首於忠信不篤，通簡不陽，責備於表，機微爭制。夫仁義發於内，爲之猶僞，況務外飾而可久乎！」按德、仁、義三者，雖相遞次，然皆發之於内，守忠而篤信。夫禮者，形之於外，飾非而行僞。故曰禮行德喪仁義失。則質殘文貴，本廢末興，詐諂日盛，邪慝爭生，因而謂爲「亂之首」。

甲本：〔前識者〕，道之華也，而愚之首也。

乙本：前識者，道之華也，而愚之首也。

王本：前識者，道之華也，而愚之始。

嚴遵本「識」字作「職」，謂「前職者」，注云：「預設然也。」顯知「職」乃「識」之誤字。傅奕本「始」作「首」，下有「也」字，則爲「前識者，道之華而愚之首也」。樓古、孟頫、司馬、徽、邵、范、吴、彭、焦等諸本，「始」下皆有「也」字，作「前識者，道之華而愚之始也」。韓非子解老篇引作「前識者，道之華也，而愚之首也」，與帛書甲乙本經文同。

帛書甲本殘損三字，乙本完好可據補甲本缺文。與今本勘校，帛書末句「而愚之首也」，世傳本多同王本作「而愚之始」，唯傅奕本與帛書同，韓非子解老篇引亦作「而愚之首也」。王弼注亦云「道之華而愚之首」，是王本原亦作「首」。故知此文當從帛書甲、乙本作「愚之首」是。

河上公注：「不知而言知爲前識。」王弼注：「前識者，前人而識也，卽下德之倫也。竭其聰明以爲前識，役其智力以營庶事，雖得其情，姦巧彌密，雖豐其譽，愈喪篤實。」韓非子解老篇云：「先物行，先理動，之謂前識。前識者，無緣而忘（通妄）意度。何以論之？詹何坐，弟子侍，有牛鳴於門外，弟子曰：『是黑牛也，而白在其題。』詹何曰：『然，是黑牛也，而白在其角。』使人視之，果然黑牛而以布裹其角。以詹子之術嬰衆人之心，華焉殆矣，故曰『道之華也』。嘗試釋詹子之察，而使五尺之愚童子視之，亦知其黑牛而以布裹其角也。故以詹子之察，苦心傷神，而與五尺之愚童子同功，是以曰『愚之首也』。」韓非用詹何識牛之例，批判其不調查，不研究，不遵循認識規律，而任憑主觀猜測之浮華虛僞之術，則對「前識者」解釋的極其透澈。今本多作「愚之始」，傅奕同甲、乙本皆作「愚之首」。爾雅釋詁：「首，始也。」「首」、「始」義同，「首」字當釋爲「始」。易順鼎云：「竊謂『愚』當作『遇』，卽書盤庚『暫遇姦宄』之『遇』，又卽淮南『偶腠智故』之『偶』。呂氏春秋勿躬篇『幽詭愚險之言』，王氏經義述聞以爲『愚』卽『遇』，『愚』、『遇』古字通用，知此書亦然矣。『愚之始』，卽邪僞之始也。」

甲本：是以大丈夫居其厚而不居其泊（薄），居其實不居其華。4 故去皮（彼）取此。

乙本：是以大丈夫居〔其厚而不〕176上 居其泊（薄）；居其實而不居其華。故去罷（彼）而取此。

王本：是以大丈夫處其厚不居其薄；處其實不居其華。故去彼取此。

嚴遵、顧歡、傅奕、范應元四本「居」字均作「處」，讀作「是以大丈夫處其厚不處其薄；處其實不處其華」，景龍、易玄、慶陽、樓古、磻溪、孟頫、樓正、遂州、徽、邵、司馬、蘇、吴、彭諸本首句「居」字作「處」，後句「處」字作「居」。讀作「是以大丈夫處其厚不處其薄，居其實不居其華」。又嚴遵本無「故」字，作「去彼取此」。

帛書甲本假「泊」字爲「薄」，假「皮」字爲「彼」；乙本殘損四字，可據甲本補。亦假「泊」字爲「薄」，又假「罷」字爲「彼」，經文相同。與今本勘校，帛書甲、乙本「居」字，嚴、傅諸本皆作「處」，其它本「居」、「處」兩用，此二字詞異義同，於經義無別。

老子所謂「厚」與「實」者，乃指道德而言，而「薄」與「華」者，則指仁、義、禮之謂也。如文子上仁篇云：「文子問：『仁義禮何以薄於道德也？』老子曰：『爲仁者必以哀樂論之，爲義者必以取與明之；四海之内哀樂不能徧，府庫之財貨不足以贍萬民。故知不如修道而行德，因天地之性，萬物自正，而天下贍，仁義因附，是以大丈夫居其厚不居其薄。』」韓非子解老篇云：「所謂『大丈夫』者，謂其智之大也。所謂『處其厚不處其薄』者，行情實而去禮貌也。所謂『處其實不處其華』者，必緣理不徑絶也。所謂『去彼取此』者，去貌徑絶，而取緣理好情實也。」

三十九（今本德經第三十九章）

甲本：昔之得一者，天得一以清，地得〔一〕以寧，神得一以霝（靈），浴（谷）得一以盈，侯〔王得一〕而以爲〔天下〕5正。

乙本：昔得一者，天得一以清，地得一以寧，神得一以霝（靈），浴（谷）得一盈，侯王得一176下以爲天下正。

王本：昔之得一者，天得一以清，地得一以寧，神得一以靈，谷得一以盈，萬物得一以生，侯王得一以爲天下貞。

自「昔之得一者」以下，天、地、神、谷四句，世傳本均與王本相同。唯「萬物得一以生」與下文「萬物無以生將恐滅」二句，嚴遵與敦煌戊二本無。傅、范、遂州、徽四本「侯王」二字作「王侯」；徽、范二本「貞」字作「正」，謂「王侯得一以爲天下正」；遂州本「貞」字作「政」，謂「王侯得一以爲天下政」；景龍、慶陽、樓古、磻溪、樓正、河上、顧、邵、司馬、志諸本「貞」字均作「正」，謂「侯王得一以爲天下正」；景福碑作「侯王得一爲天下正」。

帛書甲本最後一句甚殘，文字多毀。帛書研究組將其復原爲「侯王得一而以爲正」。此處修補有誤，不敢苟同，故據乙本補。乙本保存完好，唯首句「昔」字下脱「之」字，第五句「盈」字上脱「以」字，應據甲本補。與今本勘校，主要分歧有二處：

一、帛書甲、乙本無「萬物得一以生」與下文「萬物無以生將恐滅」二句對文；王弼、河上公及世傳諸本多有此二句。此乃本章經文之一大差異，其中必有一誤。河上公本「其致之」三字之注文云：「致，誠也。謂下五事也。」「下五事」，顯然是指以下「天」、「地」、「神」、「谷」、「萬物」、「侯王」而言。但是，如依帛書甲、乙本將「萬物」一事删去，則正與河上公所講「五事」相合，否則就爲六事，而非五事。由此可見，河上公注老子時，經文只有「天」、「地」、「神」、「谷」、「侯王」五事，而無「萬物」一事。足以説明「萬物得一以生」與下文「萬物無以生將恐滅」二句對文，是在河上公注释之後增入的。再就嚴遵、敦煌戊本以及文選江文通雜體詩注引老子皆無此二句，足可證明「萬物」二句絶非老子原文，乃爲後人妄增，當據帛書甲、乙本删去。

二、帛書甲、乙本「侯王得一以爲天下正」，世傳今本有同王本「正」字作「貞」，也有同傅本作「正」。「貞」與「正」二字通用，而「正」爲本字。根據以上所舉古今各本勘校，此文當訂正爲：「昔之得一者，天得一以清，地得一以寧，神得一以靈，谷得一以盈，侯王得一以爲天下正。」

王弼注：「昔，始也。一，數之始而物之極也。」第四十二章經云：「道生一、一生二、二生三、三生萬物。」王注：「萬物萬形，其歸一也。」「一」字均指道言。「天得一以清」，即天得道以清也。下文皆如是，猶謂地得道以寧，神得道以靈，谷得道以盈，侯王得道以爲天下正。王念孫云：「河上本『貞』作『正』，注云：『爲天下平正。』念孫案：爾雅曰：『正、長也。』『爲天下正』，猶洪範言『爲天下主耳』。下文『天無以清』、『地無以寧』，即承上文『天得一以清，地得一以寧』言之。又云：『侯王無以貴高。』『貴高』二字正承『爲天下正』言之，是『正』爲君長之義，非平正之義也。」王弼本『正』作『貞』，借字耳。」按：爲天下之君，爲天下之主，未必能爲天下正。蔣錫昌云：「『貞』爲『正』之假，其誼專指清静之道言，此爲老子特有名詞。八章『正善治』，言清静之道善治也；四十五章『清静爲天下正』，言以清静之道爲天下清静之模範也；五十七章「以正治國」，言以清靜之道治國也；五十七章「我好靜而民自正」，言我好靜而民自清靜也。「爲天下貞」，即四十五章「清靜爲天下正」，言爲天下清靜之模範也。王氏以爾雅及呂氏春秋高注爲證，訓「正」爲「主」，其説雖辨，然無以通老子全書之例也。王説非是。」直而不衺、純而不雜之謂正。侯王守道才能純正無衺、虚静無爲，正如韓非所云：「知治人者，其思虚靜；知事天者，其孔竅虚。」

甲本：其致（誡）之也，胃（謂）天毋已清將恐〔裂〕，胃（謂）地毋〔已寧〕將恐〔發〕，胃（謂）神毋已靁（靈）〔將〕恐歇，胃（謂）浴（谷）毋已盈6將恐渴（竭），胃（謂）侯王毋已貴〔以高將恐蹶〕。

乙本：其至（誡）也，胃（謂）天毋已清將恐蓮（裂），地毋已寧將恐發，神毋〔已靈177上將〕恐歇，谷毋已〔盈〕將渴（竭），侯王毋已貴以高將恐欮（蹶）。

王本：其致之，天無以清將恐裂，地無以寧將恐發，神無以靈將恐歇，谷無以盈將恐竭，萬物無以生將恐滅，侯王無以貴高將恐蹶。

首句「其致之」，樓古、孟頫、傅、范、徽、邵、司馬、彭、志、焦諸本均作「其致之一也」，景龍碑作「其致之」，與王本同，朱謙之老子校釋遺漏。此句以下之天、地、神、谷、萬物、侯王六句均承前文，世傳本多與王本同；唯嚴遵與敦煌戊本與帛書同，無「萬物無以生將恐滅」句。「侯王」一句，世傳本甚複雜，流傳多種句型。如王本作「侯王無以貴高將恐蹶」。異於王本者，嚴、邵二本作「侯王無以爲正而貴高將恐蹶」；傅奕本作「王侯無以爲貞而貴高將恐蹶」；徽、彭、吴、孟頫石刻等作「侯王無以爲貞而貴高將恐蹷」；范應元本作「王侯無以爲貞將恐蹷」；遂州本作「王侯無以貴高將恐蹷」；敦煌戊本作「侯王無貴而高將恐蹷」；樓古、焦竑二本作「侯王無以貞而貴高將恐蹶」；李道純道德會元作「侯王無以貞貴高將恐蹷」。

帛書甲本殘損十字，乙本殘損四字，彼此可互補缺文，二本經義相同。與今本勘校，其中主要差異，帛書各句「毋已」，今本皆作「無以」。乃將「已」字寫爲「以」，因一字之差，則經義全非，故各家注釋頗多臆測，尤其是詮釋「侯王」一句，更是衆説紛紜，不着邊際。如王弼注：「用一以致清耳，非用清以清也。守一則清不失，用清則恐裂也。故爲功之母不可舍也。是以皆無用其功，恐喪其本也。清不能爲清，盈不能爲盈，皆有其母，而存其形。故清不足貴，盈不足多，貴在其母，而母無貴形。」劉師培曰：「案上文『天無以清』，『地無以寧』，『神無以靈』，『谷無以盈』，『萬物無以生』，均承上文『以清』、『以靈』、『以盈』、『以生』言；惟此句『無以貴高』與上『以爲天下貞』不相應。疑『貴』即『貞』字之訛。『貴』、『貞』形近，後人據此節王注有『清不足貴』諸文，遂改『貞』爲『貴』。又疑『貴高』並文，與下『貴』『高』二語相應，遂於『貴』下增『高』字。實則『貴』當作『貞』，『高』乃衍文也。」易順鼎云：「當作『侯王無以貞，將恐蹶』；『貞』誤爲『貴』。後人見下文『貴以賤爲本，高以下爲基』二句，以爲承上文而言，妄於『貴』下又加『高』字，遂致踵訛襲謬，而義理不可通矣。」馬叙倫曰：「參覈各本，知因下文誤衍『貴高』二字，而後人加『而』字以貫其義者，此本是也（指經訓堂刊傅奕校定本老子）。但衍『貴高』二字而轉脱『爲』字者，張嗣成本是也。衍『貴高』而轉脱『爲貞』二字者，寇等是也。衍『貴高』二字而脱『爲』字加『而』字者，潘本是也。」蔣錫昌云：「按『侯王無以爲貞將恐蹶』，言侯王無以爲天下貞將恐顛敗也。」朱謙之云：「『侯王無以貞將恐蹷』，言侯王無以爲貞，將恐顛覆失其位也。」任繼愈老子今譯將「侯王無以貴高將恐蹶」，譯作「侯王不能保持地位的貴高，怕要亡國。」高亨老子注譯將「侯王無以爲貞將恐蹶」，譯作「侯王若不得道就不能作爲君長，將會垮台。」由于今本經文皆有訛誤，故各家釋譯也多背離老子本義。帛書甲、乙本則作「天毋已清」，「地毋已寧」，「神毋已靈」，「谷毋已盈」，「侯王毋已貴以高」，今本將「毋已」二字改作「無以」，尤其是將其中一個關鍵字「已」改作「以」，則原義全失。傅奕、范應元又將「毋已」改作「無以爲」，失誤更甚。詩經鄭風風雨「鷄鳴不已」，鄭箋：「已，止也。」「毋已」即無休止，無節制之義。如帛書甲、乙本云「天毋已清將恐裂」，正如河上公注：「言天當有陰陽施張，晝夜更用，不可但欲清明無已時，將恐分裂不爲天。」由此可見，河上本「無以」原作「無已」，故作此詮釋。再如，「地毋已寧將恐發」，刘師培云：「發，借爲廢。」河上公釋爲「泄」，皆有塌陷之義。河上公注云：「言地當有高下剛柔，氣節五行，不可但欲安静無已時，將恐發泄不爲地。」「神毋已靈將恐歇」，高亨釋「歇」爲「消失」。河上公注云：「言神當有王相囚死休廢，不可但欲靈無已時，將恐虛歇不爲神也。」「谷毋已盈將恐竭」，河上公注云：「言谷當有盈縮虛實，不可但欲盈滿無已時，將恐枯竭不爲谷。」帛書甲、乙本「侯王毋已貴以高將恐蹶」，「以」字在此爲連詞。廣雅釋詁：「以，與也。」「蹶」乃「蹶」字之省，或作「蹷」。荀子成相篇：「國乃蹷」，楊倞注：「顛覆也。」經文猶言，侯王當屈己下人，如無節制地但欲貴於一切與高於一切，將恐被人所顛覆。貴與高並列，則同下文「故必貴而以賤爲本，必高矣而以下爲基」。前後詞義恰相吻合。河上公經文作「侯王無以貴高將恐蹷」，與帛書甲、乙本相較，除「無已」二字作「無以」外，又於「貴」、「高」二字之間少一連詞「與」，稍有差異。河上公注云：「言侯王當屈己以下人，汲汲求賢，不可但欲高於人，將恐顛覆失其位也。」從河上公注文分析，他釋「致」爲「誡」，謂「其致之」爲「其誡之」；謂「天」、「地」、「神」、「谷」、「侯王」爲「五事」而不計「萬物」；並釋「無以」二字爲「無已」，均可説明河上公原本此文與帛書甲、乙本相近似，從而亦可證明帛書甲、乙本確保存了老子本義。後人誤將「天無已清」、「地無已寧」等諸「已」字，同前文「天得一以清」、「地得一以寧」諸「以」字聯係在一起，故將「天無已清」等諸句「已」字皆改作「以」。因此一字之差，本義全非。後人因訛襲謬，連緜千載，各家注釋皆各持己見，自以爲説，唯河上公注於此段經文較切本義。但是，劉師培則斥之曰：「河上本出於王本後，據誤文生訓。」可見主觀成見之深。今幸有長沙馬王堆漢墓帛書老子甲、乙本出土，千載之結順勢而解。今據上述古今各本勘校，此文當訂正爲：「其誡之也，謂天毋已清將恐裂，地毋已寧將恐發，神毋已靈將恐歇，谷毋已盈將恐竭，侯王毋已貴以高將恐蹶。」

甲本：故必貴而以賤爲本，必高矣而以下爲基。夫是7以侯王自胃（謂）〔孤〕寡不槖（穀）。

乙本：故必貴以賤爲本，必高矣而以下爲177下基。夫是以侯王自胃（謂）孤寡不槖（穀）。

王本：故貴以賤爲本，高以下爲基。是以侯王自謂孤寡不穀。

景福、顧歡、司馬諸本「貴」、「高」二字下均有「必」字，作「故貴必以賤爲本，高必以下爲基」；河上公本僅在「高」下有「必」字，作「故貴以賤爲本，高必以下爲基」；易玄本無下「爲」字，作「故貴以賤爲本，高以下基」。傅奕、范應元二本「侯王」二字作「王侯」，范氏又改「謂」字爲「稱」，作「是以王侯自稱孤寡不穀」；徽、邵、彭、孟頫諸本「謂」字也作「稱」，作「是以侯王自稱孤寡不穀」；景福本「謂」字改作「曰」，謂「是以侯王自曰孤寡不穀」；河上、顧歡、遂州、林志堅諸本「穀」字均作「轂」，謂「是以侯王自謂孤寡不轂」；嚴遵本無「是以」二字，作「侯王自謂孤寡不穀」。

帛書甲本殘損一字，乙本保存完好，可據補甲本缺文。與今本勘校，帛書甲、乙本「貴」、「高」二字之上，均有一「必」字，作「故必貴以賤爲本，必高矣而以下爲基」。世傳本多同王本，無「必」字。景福等少數本有「必」字，則在「貴」、「高」二字之下。從經義分析，「必」字不可缺，如河上公注文云：「言必欲尊貴，當以薄賤爲本。」「言必欲尊貴，當以下爲本基。」可見河上本原在「貴」、「高」二字之上皆有「必」字，與帛書甲、乙本同。淮南子道應引此文作「貴必以賤爲本，高必以下爲基」，原道訓引作「是故貴者必以賤爲本，而高者必以下爲基」，兩引四句皆有「必」字。今本並脱，均當據帛書甲、乙本補正。

「孤寡不穀」皆侯王之謙稱，洪頤宣云：「德經『是以侯王自謂孤寡不穀』。案禮記曲禮：『於内自稱曰不穀。』鄭注：『穀，善也。』左傳僖公四年『豈不穀是爲』，杜預注：『孤寡不穀，諸侯謙辭。』字皆作『穀』。列子天瑞篇『鷇乙爲布穀』，釋文：『穀，本又作轂。』此『轂』爲『穀』之借字，河上注讀爲『車轂』之『轂』，失之。」四十二章云：「人之所惡唯孤寡不穀，而王公以爲稱。」正可爲「夫是以侯王自謂孤寡不穀」之詮釋。

甲本：此其〔賤之本與，非也〕？

乙本：此其賤之本與，非也？

王本：此非以賤爲本邪，非乎？

嚴遵本「此」字作「斯」，上有「唯」字，無「非」字，「邪」字作「與」，「乎」字作「耶」，謂「唯斯以賤爲本與，非耶？」傅奕、范應元二本「此」字作「是」，上「非」字作「其」，「邪」字作「也」，「乎」字作「歟」，謂「是其以賤爲本也，非歟？」敦煌戊本作「是其以賤爲本與，非乎？」景龍、遂州二本作「此其以賤爲本耶，非？」易玄、邢玄、慶陽、樓古、磻溪、樓正、徽、彭、志、焦等本上「非」字均作「其」，謂「此其以賤爲本邪，非乎？」顧歡本作「此其以賤爲本也，非乎？」邵、蘇、吳、孟頫諸本作「此其以賤爲本耶，非乎？」景福本作「此其以賤爲本，悲乎！」

帛書甲本甚殘，僅存二字。乙本保存完好，可據補甲本缺文。與今本勘校，世傳本此文複雜多異，從文義分析，似以帛書經文義勝。朱謙之云：「作『其』是也。此經文中用楚方言。」蔣錫昌曰：「按史記高祖紀：『其以沛爲朕湯沐邑。』集解引風俗通：『其者，楚言也。』老子楚人，當用楚言。五十八章『其無正』，猶言『無正』也。七十七章『其不欲見賢』，猶不欲見賢也。『是其以賤爲本也，非歟？』猶言『是以賤爲本也，非歟也。』」按帛書甲、乙本均作「此其賤之本與，非也？」朱、蔣所說甚是。

甲本：故致數與（譽）无與（譽）。

乙本：故至（致）數輿（譽）无輿（譽）。

王本：故致數輿無輿。

吴澄本「致」字作「至」，「輿」作「譽」，謂「故至譽無譽」；傅、范、遂州、徽、彭、邵、孟頫諸本「輿」字均作「譽」，謂「故致數譽無譽」；景龍、景福、河上、顧歡、志本等「輿」字均作「車」，謂「故致數車無車」；敦煌戊本作「故致數輿無輿也」；嚴遵本作「故造輿於無輿」。

帛書甲、乙本經文相同。與今本勘校，世傳本多同王本，唯傅、范諸本「輿」字作「譽」，謂「故致數譽無譽」。作「譽」字者是，帛書「輿」、「輿」二字均假爲「譽」。

陶邵學云：「吴澄作『至譽無譽』，義似可通，但不知何據。」易順鼎曰：「據釋文，王本作『譽』。按『譽』乃美稱。『致數譽無譽』，即『王侯自稱孤寡不穀』之義。稱『孤寡不穀』，是致數毁也，然致數毁而終無毁。若有心『致數譽』，將反『無譽』矣。作『輿』義不可通，當以作『譽』爲是。」

甲本：是故不欲〔禄禄〕若玉，硌〔硌若石〕8。

乙本：是故不欲禄禄若玉，硌硌若石178上。

王本：不欲琭琭如玉，珞珞如石。

嚴、蘇二本「琭琭」作「碌碌」，景福本作「淥淥」，景龍、易玄、樓正、慶陽、磻溪、遂州、孟頫、河上、顧歡、司馬、彭、志、焦等諸本「珞珞」二字均作「落落」。傅奕本「如」作「若」，謂「不欲碌碌若玉，落落若石」；范應元作「不欲琭琭若玉，落落若石」；敦煌戊本作「不欲禄禄如玉，落落如石」。

帛書甲本殘損五字，乙本保存完好，可據補甲本缺文。與今本勘校，帛書甲、乙本句前均有「是故」二字，世傳本皆無此二字。

畢沅云：「古無『琭』、『碌』、『珞』三字，『珞』應作『落』。」洪頤煊云：「落落，石堅貌。晏子春秋内篇問下：『堅哉，石乎？落落視之則堅，無以爲久，是以速亡也。』即此義。」蔣錫昌曰：「後漢書馮衍列傳云：『不碌碌如玉，落落如石。』注云：『玉貌碌碌爲人所貴，石形落落爲人所賤。』以貴賤爲釋，正與上文『故貴以賤爲本』相應，其言是也。河上注：『琭琭，喻少；落落，喻多。玉少故見貴，石多故見賤。』亦以貴賤爲釋。『不欲琭琭如玉，珞珞如石』，言不欲琭琭如玉之高貴，寧珞珞如石之下賤也。『琭琭』或作『禄禄』，或作『碌碌』，或作『録録』；『珞珞』或作『落落』，或作『硌硌』，均可。蓋重言形容詞只取其聲，不取其形，皆隨主詞及上下文以見意，不必辨其誰是誰非也。」蔣説誠是。

四十（今本德經第四十一章）

甲本：此段經文全部殘毁。

乙本：上〔士178上聞〕道，堇（勤）能行之。中士聞道，若存若亡。下士聞道，大笑之。弗笑，〔不足〕以爲道。

王本：上士聞道，勤而行之。中士聞道，若存若亡。下士聞道，大笑。不笑，不足以爲道。

根據帛書乙本勘校，世傳本第四十一章與第四十章倒誤，致使經文割裂難通。過去姚鼐老子章句與馬叙倫老子覈詁，均疑今本第三十九章與第四十章錯簡。今據帛書老子得知，錯在四十與四十一章次顛倒。第四十一章應在第四十章之前，而第三十九與四十二章無誤。帛書老子甲、乙本雖不分章，但從經文順序完全可辨清楚，故將此文前移至此。

傅奕本「勤而」二字作「而勤」，謂「上士聞道，而勤行之」；范應元同傅本，唯「勤」字作「懃」。遂州本「而」字作「能」，謂「勤能行之」，與乙本同。敦煌乙本作「勤能行」，易玄本作「勤而行」，均無「之」字。景龍、遂州二本「笑」字寫作「咲」，作「下士聞道大咲之」；易玄作「大唉之」；傅、范二本作「而大笑之」。敦煌戊本「不笑」下有「之」字，謂「不笑之，不足以爲道」。

帛書甲本此文全部殘毁，乙本殘損五字，則據王本補其缺文。與今本勘校，經文基本相同，唯帛書乙本假「堇」字爲「勤」。「勤能行之」，今本或從王弼作「勤而行之」，或從傅奕作「而勤行之」，稍異。

河上公注：「上士聞道，自勤苦竭力而行之。中士聞道，治身以長存，治國以太平，欣然而存之。退見財色榮譽，或於情欲而復亡之也。下士貪狠多欲，見道柔弱謂之恐懼，見道質樸謂之鄙陋，故大笑之。不爲下士所笑，不足以名爲道。」「若存若亡」，「亡」在此假借爲「忘」。高亨云：「『若』猶『或』也。留於心之謂存，去於心之謂亡。言『中士聞道』，有時則留之於心，有時則去之於心也。留於心之謂存者，禮記祭義曰：『致愛則存，致慤則著。』鄭注曰：『存、著，謂其思念也。』是其例也。去於心之謂亡者，『亡』讀爲『忘』。詩假樂篇『不愆不忘』，説苑建本篇引『忘』作『亡』……詩緑衣篇：『心之憂已，曷維其亡。』鄭箋曰：『「亡」之言忘也。』亦其例也。周易略例曰：『存言者非得象者也；存象者非得意者也。忘象者乃得意者也；忘言者乃得象者也。』『存』、『忘』對舉，與此例同。」高説誠是。

甲本：此段經文全部殘毁。

乙本：是以建178下言有之曰：明道如費（昧），進道如退，夷道如類。

王本：故建言有之：明道若昧，進道若退，夷道若纇。

易玄、邢玄、景福、慶陽、磻溪、樓古、樓正、遂州、蘇轍諸本均無「故」字，作「建言有之」；敦煌戊本，顧歡本「故」字均作「是以」，戊本「之」後有「曰」字，作「是以建言有之曰」，與帛書乙本相同；傅奕、范應元二本也有「曰」字，作「故建言有之曰」。焦竑本「進」作「遠」，謂「遠道若退」。嘉慶四年刊潘静觀道德經妙門約「夷」字作「彝」，謂「彝道若類」。景龍、景福、敦煌戊、遂州、傅奕、河上、顧歡、志、焦等諸本「纇」字均作「類」。傅、徽、邵、彭、孟頫諸本「夷道若類」在「進道若退」之前。

帛書甲本此文全部殘毁，乙本保存完好。與今本勘校，首句「是以」今本多作「故」字，經義無别。唯帛書「費」字假爲「昧」，「如類」王本作「若纇」。范應元曰：「『纇』古本音『耒』，絲節也。河上公本作『類』，今從古本。」左傳昭公二十八年「忿纇無期」，杜預注：「『纇』又作『類』，立對反，服作『類』。」朱謙之曰：「『纇』、『類』古通用。廣雅釋言：『類，節也。』通俗文『多節曰纇』，簡文注：『疵也。』淮南氾論『明月之珠，不能無纇』，注：『類，般若絲之結纇也。』叚借爲『戾』。左傳昭公十六『刑之頗纇』，服注：『不平也。』

不平與平對立，故曰『夷道若纇』。『夷』，平也，『纇』則引申爲不平之義。」帛書乙本「明道如費」，「費」字乃「昧」之假，當從王本作「明道若昧」。「明」、「昧」，「進」、「退」，「夷」、「纇」，語皆相偶而義皆相反。

甲本：此段經文全部殘毀。

乙本：上德如浴（谷），大白如辱。

王本：上德若谷，大白若辱。

敦煌戊本「大白若辱」在「上德若谷」之前；傅奕、范應元二本「辱」作「黷」，謂「大白若黷」；敦煌乙本、遂州本「谷」均作「俗」，謂「上德若俗」。

帛書甲本此文全部殘毀，乙本保存完好。與今本勘校，帛書「如」字世傳本多作「若」，「浴」字作「谷」。成玄英云：「『谷』本亦作『俗』字者，言亦能忘德不異囂俗也。」馬叙倫云：「各本作『谷』，『俗』之省也。言高上之德，反如流俗，卽和光同塵之義也。」成、馬兩家所言，可備一説。帛書乙本「谷」字作「浴」，「浴」乃「谷」之本字。敦煌乙本與遂州本作「大德若俗」，「俗」乃「谷」之借字耳。蔣錫昌曰：「按二十八章『爲天下谷』，三十九章『谷得一以盈』，『谷』字用法均與此同。『谷』者虛空卑下，爲水所歸，故老子用以比道。『上德若谷』，言上德之人，虛空卑下，一若谷也。十五章『古之善爲士者，……曠兮其若谷』，誼與此同。」「大白若辱」，王弼注：「知其白，守其黑，大白然後乃得。」范應元曰：「『黷』音『辱』，黑垢也。古本如此，河上公作『辱』。」易順鼎曰：「按『辱』者，儀禮士昏禮注云：『以白造緇曰辱。』卽此『辱』字之義。……蓋『以白造緇』，除去汚辱之迹，故曰『辱』也。此老子本義，幸有詩傳、禮注可以互證。」

甲本：此段經文全部殘毁。

乙本：廣德如不足，建德如〔偷〕。

王本：廣德若不足，建德若偷。

嚴遵本與莊子寓言篇引「廣」字均作「盛」，謂「盛德若不足」；敦煌戊本「足」字作「濡」，謂「廣德若不濡」。傅奕本「偷」字作「媮」，謂「建德若媮」；范應元本與樓古碑作「建德若輸」；日本奈良聖語藏舊抄卷子殘本河上公老子章句作「建國若揄」；敦煌戊本無此句。

帛書甲本此文全部殘毁，乙本殘損一字，茲據王本補。與今本勘校，帛書「廣德」今本有作「盛德」者；「偷」字也有作「媮」、「輸」、「揄」、「揺」等字不同。馬叙倫云：「莊子寓言篇引『廣』作『盛』。史記老子傳：『君子聖德容貌若愚』，蓋卽此義。疑當從莊子作『盛』，是故書。」蔣錫昌曰：「二十八章『常德乃足』，三十八章『上德不德』，六十五章『常知楷式，是謂玄德』，『廣德』並與『常德』、『上德』、『玄德』誼同。『不足』卽謙下卑弱之義。此言廣德之人，謙下卑弱，若不足也。」按帛書乙本作「廣德如不足」，王弼注謂：「廣德不盈，廓然無形，不可滿也。」成玄英疏義亦云：「廣，大也。言懷大德之士，體道虚忘，故内至有餘，而外若不足。」當以帛書乙本爲是。范應元曰：「傅奕云：『媮，古本作輸。』引廣韻（當指廣雅）云：『輸，愚也。』河上公作『揄』，乃草字變『車』爲『手』。傅奕云：『手字之誤，動經數代，況「辱」字少「黑」字乎？』」

傅奕當時必有所據。王弼作『偷』，董遇作『搖』，今從古本。」馬叙倫云「據范説則河上作『揄』，『輸』、『揄』並『媮』之借。董遇作『遥』者，古書『俞』、『䍃』相通。禮記投壺曰：『毋踰言。』鄭注曰：『踰，或作遥。』漢書黥布傳：『隃謂布：「何苦而反？」』顔師古注曰：『隃，讀曰遥。』並是例證。各本並作『偷』，成疏曰：『偷，盜也。』」俞樾曰：「『建』當讀爲『健』。釋名釋言語曰：『健，建也，能有所建爲也。』是『建』、『健』音同而義亦得通。『健德若偷』，言剛健之德，反若偷惰也。」俞説可從，帛書據王本補「偷」字。

甲本：此段經文全部殘毁。

乙本：質〔真179上如渝〕。

王本：質真若渝。

世傳今本多同王本，唯傅奕本「渝」字作「輸」，謂「質真若輸」；司馬本「真」字作「直」，謂「質直若渝」；經典釋文作「質貞若渝」。

帛書甲本此文全部殘毁，乙本也只殘存一「質」字，此文乃據王本補。但是，關於今本經文之分歧，學者意見並不一致，頗多議論。例如：劉師培云：「案上文言『廣德若不足，建德若偷』，此與並文，疑『真』亦當作『德』。蓋『德』字正文作『悳』。與『真』相似也。『質德』與『廣德』、『建德』一律。『廣德』爲廣大之德，與『不足』相反；『建德』爲剛健之德，與『偷』相反；『質德』爲質樸之德，與『渝』相反，三語乃並文也。」蔣錫昌云：「劉説是。『悳』、『真』形近而誤。『悳』本作『直』者，亦形近而誤也。」又云：「説文：『渝，變汚也。』『若渝』，猶十五章言『若濁』。『質德若渝』，言樸德之人若汚濁也。此句並與上二句詞異誼同。」張松如云：「『質真』對『大白』，文誼甚明，不必看作『形近而誤』也。」又云：「『大白若辱』句，自帛書起就似有錯簡，敦煌本露出了一點消息，但文義仍凌亂不暢，今移置『質真』句後，則『明道』、『進道』、『夷道』與『上德』、『廣德』、『建德』，各爲三句連讀。且『若辱』上韻『若渝』，又『大白』下接『大方』、『大器』、『大音』、『大象』諸句，讀起來就順當多了。」按各家意見都有些道理，又都没有足夠的根據，帛書甲、乙本此段經文又皆有殘損，是非難以裁斷。只得存疑，暫依今本釋讀，不擅自更變爲好。

甲本：此段經文全部殘毁。

乙本：大方无禺（隅），大器免成。大音希聲，天（大）象无刑（形），道褒无名。

王本：大方無隅，大器晚成，大音希聲，大象無形，道隱無名。

世傳今本多同王本，唯嚴遵道德指歸「大方無隅」作「大方不矩」；傅奕本「大音希聲」作「大音稀聲」。帛書甲本此文全部殘毁。乙本保存完好，唯假「禺」字爲「隅」、「刑」字爲「形」，「大象」二字誤作「天象」。與今本勘校，主要有兩處差異。

一、帛書乙本「大器免成」，世傳今本皆作「大器晚成」。「免」、「晚」雖可通用，但孰爲本字還須研究。樓宇烈云：「愚謂經文『大器晚成』疑已誤。本章言『大方無隅』、『大音希聲』、『大象無形』，二十八章言『大制無割』等，一加『大』字則其義相反。『方』爲有隅，『大方』則『無隅』；『音』爲有聲，『大音』則

『無聲』;『象』爲有形,『大象』則『無形』;『制』爲有割,『大制』則『無割』。唯此『大器』則言『晚成』,非『器』之反義。長沙馬王堆漢墓出土帛書老子經文,此句甲本殘缺,乙本作『大器免成』。『免』或爲『晚』之借字。然據以上分析,又似非『晚』之借字,而當以『免』本字解爲是。二十九章經文『天下神器』,王弼注:『神,無形無方也;器,合成也。無形以合故謂之神器也。』『器』既爲合成者,則『大器』當爲『免成』者,亦卽所謂『無形以合』而使之成者。如此,則與『大方無隅』、『大音希聲』、『大象無形』等文義一致。」樓説甚是。陳柱老子韓氏説卽曾提出:「『晚』猶『免』也,『免成』猶『無成』也。」今帛書乙本則爲陳説得一確證。

二、帛書乙本「道褭無名」,世傳今本皆作「道隱無名」,此亦經文之一大分歧。帛書研究組注:「『褭』義爲大爲盛,嚴遵道德指歸釋此句云:『是知道盛無號,德豐無諡。』蓋其經文作『褭』,與乙本同,經文後人改作『隱』。『隱』,蔽也。『道隱』猶言道小,與『大方無隅』四句意正相反,疑是誤字。」注云至確。「道隱無名」同「大器晚成」句型一律,則與老子此文正言若反之辯證語義不類。足證其皆有訛誤,當從帛書訂正。

甲本:〔夫唯〕道,善〔始且[11]善成〕。

乙本:夫唯道,善始且善[179下]成。

王本:夫唯道,善貸且成。

世傳今本多同王本，唯景龍碑作「善貸且善」；敦煌戊本「貸」字作「始」，謂「善始且成」，與帛書接近；范應元本作「善貸且善成」。

帛書甲本甚殘，乙本保存完好，可據補甲本。與今本勘校，帛書「善始」之「始」字，除敦煌戊本與之同外，世傳本皆作「貸」，同王本作「善貸且成」。因「貸」字於經義不諜，則古今注釋多望文生訓。如河上公注：「成就也。言道善稟貸人精氣，且成就之也。」王弼注：「『貸』之非唯供其乏而已，一貸之則足以永終其德，故曰『善貸』也。『成』之不加機匠之裁，無物而不濟其形，故曰『善成』。」高亨將其譯爲：「只有道善于施予萬物，而且善于成就萬物。」可見古今注釋多不着邊際，與老子本義大相徑庭。于省吾云：「敦煌『貸』作『始』，乃聲之轉。周語『純明則終』，注：『終，成也。』又『故高明令終』，注『終，猶成也。』書皋陶謨『簫韶九成』，鄭注：『成，猶終也。』是『成』、『終』互訓，義同。然則『善始且成』即善始且終也。」于氏之説至確。帛書乙本作「善始且善成」，即善始且善終也，而爲于説得一確證。王本經文「善貸且成」奪一「善」字，但注文不奪。

四十一（今本德經第四十章）

甲本：〔反也者〕，道之動也；弱也者，道之用也。

乙本：反也者，道之動也；〔弱也〕者，道之用也。

王本：反者，道之動；弱者，道之用。

世傳今本多同王本，唯趙至堅道德真經疏義「反」字作「返」，謂「返者，道之動」。帛書甲本殘損三字，乙本殘損二字，彼此可互補缺文。與今本勘校，異在帛書多虛詞，而經義無別。

王弼注：「高以下爲基，貴以賤爲本，有以無爲用，此其反也。」「反」者是辯證之核心，相反之事物彼此對立，又相互依存。如第二章所云：「有無相生，難易相成，長短相形，高下相傾，音聲相和，前後相隨。」說明宇宙間萬事萬物既對立又依存相互運動，其中主要是「反」的作用。河上公注：「反，本也。本者道所以動，動生萬物，背之則亡也。」老子中之「反」字又有「復」的意思。林希逸道德真經口義云：「反，復也，静也。」如第六十五章：「玄德深矣，遠矣，與物反矣。」王弼注：「反其真也。」「反其真」之「反」當作「返」，謂復歸其真也。又如第十六章：「夫物芸芸，復歸其根。」王弼注：「各返其所始也。」第二十五章則明白指出：「有物混成，先天地生，寂兮寥兮，獨立不改，周行而不殆，可以爲天下母。吾不知其名，字之曰道，强爲之名曰大。大曰逝，逝曰遠，遠曰反。」說明「反」的本義是使事物向自己對立方面發展、轉化的辯證規律。

蔣錫昌云：「『弱者道之用』，言用柔弱之道，爲善成之用也。老子柔弱之道，蓋從自然現象觀察得來。八章：『上善若水，水善萬物而不争，處衆人之所惡，故幾於道。……夫唯不争，故無尤。』六十六章：『江海所以能爲百谷王者，以其善下之。』七十八章：『天下莫弱於水，而攻堅强者莫之能勝。』此就水之現象觀察也。七十六章：『人之生也柔弱，其死也堅强。萬物草木之生也柔脆，其死也枯槁。故堅強者死之徒，柔弱者生之徒。』此就生死現象觀察也。以此道而用人事，則主『不争』、『不以兵強天下』。老子曰『柔弱勝剛强』，又曰『强梁者不得其死』，其所以戒人之深矣。」

甲本：天〔下之物生於有，有生於无〕。

乙本：天下之物生於有，有〔生〕於无。

王本：天下萬物生於有，有生於無。

易玄、邢玄、樓古、磻溪、孟頫、樓正、敦煌戊、傅奕、范應元、司馬、徽、彭、焦諸本「萬」字均作「之」，謂「天下之物生於有，有生於無。」遂州本無「天」字，「萬」字也作「之」，謂「下之物生於有，有生於無。」嚴遵本作「天地之物生於有，有生於無。」

帛書甲本殘甚，僅存一「天」字。乙本保存較好，僅損一字，可據補甲本缺文。與今本勘校，帛書「天下之物」，傅、范諸本與之相同，王弼、河上諸本皆作「天下萬物」，稍異。馬叙倫云：「弼注曰：『天下之物，皆有以爲生。』是王亦作『之物』。今作『萬物』者，後人據河上本改之。」論之帛書，老子古本確作「天下之物」，今本作「天下萬物」者，乃由後人妄改。

文子道原篇云：「有形者，遂事也；無形者，作始也。遂事者成器也，作始者樸也。有形則有聲，無形則無聲。有形產於無形，故無形者，有形之始也；……有名產於無名，無名者，有名之母也。」本章所謂之「有」與「無」，義猶一章。道既「無形」又「無名」，「無形」以表道之永恒性，「無名」以表道之普遍性。任繼愈云：「老子的哲學在先秦哲學中巨大貢獻之一，就是『無與有』一對範疇的初次被認識。老子在他五千言裏反反覆覆講明事物中有個別和一般，有本質和現象的區別，現象是個別的，本質是一般的。個別的東西有生滅，本質的東西没有生滅。就這一點來説，就是人類認識史上一大進步。」

今本第四十章與四十一章錯簡。據帛書甲、乙本經文次序，本章當在第四十一章之後與第四十二章之前，兹依帛書文次移此。

四十二（今本德經第四十二章）

甲本：〔道生一，一生二，二生三，三生萬物。萬物12負陰而抱陽〕，中（沖）氣以爲和。

乙本：道生一，一生二，二生三，三生〔萬物。萬物負陰而180上抱陽，沖氣〕以爲和。

王本：道生一，一生二，二生三，三生萬物。萬物負陰而抱陽，沖氣以爲和。

世傳今本多同王本，唯傅奕本「抱」字作「衺」，謂「萬物負陰而衺陽」；樓古與范應元二本「沖」字作「盅」，謂「盅氣以爲和」。

帛書甲本殘損較甚，僅存五字，乙本亦殘壞十一字，均參照王本補。按今本經文多同，據帛書甲、乙本與之勘校，經義無別。

關於「一」至「三」數之解釋，歷代學者見解不一，注釋亦不相同。諸如，淮南子天文篇云：「道曰規始於一（王念孫謂『曰規』二字衍文，宋書律志作『道始於一』），一而不生，故分而爲陰陽，陰陽合和而萬物生，故曰：『一生二，二生三，三生萬物。』」奚侗云：「易繫辭：『是故易有太極，是生兩儀。』道與易異名同體，此云『一』即『太極』；『二』即『兩儀』，謂天地也。天地氣合而生和，二生三也，和氣合而生物，三生萬物也。」河上公謂「一」爲「道始所生也」，「二」乃「一生陰與陽也」，「三」爲「陰陽生和氣濁三氣分爲天地人也」。王弼注云：「萬物萬形，其歸一也。何由致一？由於無也。由無乃一，一可謂無？已謂之一，豈得無言乎？有言有一，非二如何？有一有二，遂生乎三。從無之有，數盡乎斯，過此以往，非道之流。故萬物之生，吾知其主，雖有萬形，沖氣一焉。」蔣錫昌謂「一」指「道」言，他說：「道始所生者一，一即道也。自其名而言之，謂之『道』；自其數而言之，謂之『一』。三十九章『天得一以清』，言天得道以清也。此其證也。然有一即有二，有二即有三，有三即有萬，至是巧曆不能得其窮焉。老子一二三，只是以三數字表示道生萬物，愈生愈多之義。如必以『一』、『二』、『三』爲天、地、人；或以『一』爲太極，『二』爲天地，『三』爲天地相合之和氣，則鑿矣。」蔣說進而發展了王弼注釋，似較他說義勝。

淮南子精神篇、文子上德篇均作「萬物背陰而抱陽。」蔣錫昌云：「按説文：『沖，涌摇也。』此字老子用以形容牝牡相合時，摇動精氣之狀，甚爲確切。『氣』指陰陽之精氣而言。『和』者，陰陽精氣互相調和也。莊子田子方：『至陰肅肅，至陽赫赫……兩者交通成和而物生焉。』荀子天論篇：『萬物各得其和以生。』賈子道術篇：『剛柔得適謂之和。』並與此誼相同。『沖氣以爲和』，言摇動精氣以爲調和也。『萬物負陰而抱陽，沖氣以爲和』，卽萬物生育之理，乃所以釋上文生生之義者也。」

甲本：天下之所惡，唯孤寡不橐（穀），而王公以自名也。

乙本：人之所亞（惡），唯〔孤〕寡不橐（穀），而王公以自〔名也〕。

王本：人之所惡，唯孤寡不穀，而王公以爲稱。

遂州與林志堅二本「穀」字作「轂」，謂「唯孤寡不轂」。傅奕、范應元、敦煌己三本「公」字作「侯」，「爲」字作「自」，傅奕本謂「而王侯以自稱也」，范應元本謂「而王侯以自謂也」，敦煌己本作「王侯以自名」，嚴遵本作「而王公以名稱」。

帛書甲本保存完好，唯假「橐」字爲「穀」，乙本殘損三字，可據甲本補其缺文。但是，甲本「天下之所惡」，乙本作「人之所惡」，彼此各異。與今本勘校，世傳本皆作「人之所惡」，與乙本相同，無作「天下之所惡」者，可見甲本已曾被人改動。再如，帛書甲、乙本「王公」，傅奕諸本作「王侯」；「自名」，又有作「自稱」、「爲稱」和「自謂」者。關於「公」、「侯」二字分歧，勞健云：「『而王公以爲稱』，諸唐本、河上本皆如此。此作『王公』，乃與稱字諧韻，亦如第三十二章『侯』、『守』字，第三十九章『王貞』、『王稱』字。當從諸唐本。」按「王侯」、「王公」，自古以來各持一說，莫衷一是。帛書甲、乙二本均作「王公」，不作「王侯」，論之諸唐本，怡蘭堂與道藏二嚴本亦均作「王公」，不作「王侯」，與帛書甲、乙本相同，足證勞氏之說誠是。

帛書甲本作「而王公以自名」，世傳今本除敦煌己本作「自名」外，其它有作「爲稱」、「自稱」、「名稱」或

「自謂」者，用語雖異而意義無別。但是，如從詞誼與諸韻分析，似當從帛書甲、乙本作「自名」義勝。

甲本：勿（物）或敗（損）之〔而益，益〕13之而敗（損）。

乙本：〔物或益之而〕云（損），云（損）之而益180下。

王本：故物或損之而益，或益之而損。

易玄、樓古、磻溪、樓正、敦煌己、遂州、顧歡、司馬、徽、彭、邵、吳、志等諸本均無下「或」字，皆作「故物或損之而益，益之而損」；蘇轍本無「故」字，作「物或損之而益，或益之而損」；嚴遵本作「損之而益，或益之而損」。

帛書甲本殘損三字，「勿」字假爲「物」，「損」字寫作「敗」。按古代漢字，形旁「手」可與「攴」互用。如「扶」說文古文寫作「𢻳」，「揚」古文寫作「敭」，皆其證。乙本殘甚，僅存五字，且殘損不完。帛書研究組注云：「通行本作『故物或損之而益，或益之而損』，甲本同，此二句疑誤倒。」從殘留字跡觀察，乙本倒誤，抄寫不慎所致。與今本勘校，帛書無「故」字，經義無別。

文子符言篇云：「老子曰：『道者，守其所已有，不求其所未得。』求其所未得，即所有者亡；循其所已有，即所欲者至。治未固於不亂，而事爲治者必危；行未免于無非，而急求名者必挫。故福莫大于無禍，利莫大于不喪；『故物或益之而損，損之而益』。」老子以樸素的辯證觀點，說明了「損」、「益」兩種現象之相互轉化。

甲本：故（古）人〔之所〕教，夕（亦）議（我）而教人。

乙本：此段經文全部殘毁。

王本：人之所教，我亦教人。

王本「人之所教，我亦教人」，世傳今本有多種句型，異於王本者，如易玄、邢玄、磻溪、樓正、敦煌己、遂州、蘇、彭等諸本作「人之所教，亦我義教之」；顧歡、邵若愚二本作「人之所教，我亦義教之」；嚴遵、司馬二本作「人之所教，亦我教之」；宋呂知常道德經講義作「人之所教，而我義教之」；傅奕本作「人之所以教我，亦我之所以教人」；范應元作「人之所以教我，而亦我之所以教人」。綜合分析世傳本之句型，基本上可劃分爲兩類：一類下句無「義」字，如王弼本「人之所教，我亦教人」；另一類如諸唐本作「人之所教，亦我義教之」，句中多一「義」字。兩類句型並行千有餘載，是非終無結論。歷代註釋亦各持一説，令人無可適從。如王弼注云：「我之教人，非强使從之也，而用夫自然。舉其至理，順之必吉，違之必凶。故人相教，違之必自取其凶也。亦如我之教人，勿違之也。」唐人成玄英注「人之所教，亦我義教之」云：「言俗人儒教亦尚謙柔，我之法門本崇静退。然儒俗謙柔猶懷封執，我之静退貴在虚忘，所以爲異也。」成氏將「義」字釋爲「法門」。帛書乙本已全部殘壞，甲本雖亦有殘缺，但爲解决今本經文此一争議，而得一確證。甲本「故人之所教，夕議而教人」，「故」、「夕」、「議」三字皆爲假借字。「故」字當假爲「古」，「故人」應讀作「古人」。「夕」字當假爲「亦」，「夕」古爲邪紐鐸部字，「亦」爲喻紐鐸部字，聲近韻同，可互相假用。「議」字乃「我」之假借字，「議」從「義」得聲，「義」從「我」得聲，古讀音相同，皆爲疑紐歌部字，均屬雙聲疊韻，故而在此「議」字當讀作「我」。如將借字恢復爲本字，那麼甲本經文當讀作：「古人之所教，亦我而教人。」不難想象，諸唐本中之「義」字，猶若甲本中的「議」字，因後人不理解「義」乃「我」之借字，故衍入經文，踵訛襲謬傳至如今，幸得帛書才真象大白。今據帛書甲本「古人之所教，亦我而教人」，「而」在此作「以」用。王引之經傳釋詞卷七：「家大人曰：『而猶以也。』」正如奚侗所云：「上『人』字謂古人。凡古人流傳之善言以教我者，我亦以之教人，述而不作也。」奚氏之釋，似較他說切合經義。

甲本：故强良（梁）者不得死，我〔將〕以爲學父。

乙本：〔故強梁者不得其死〕，〔我〕將以〔爲學〕父。

王本：强梁者不得其死，吾將以爲教父。

敦煌己、傅奕、范應元諸本「教」字作「學」，謂「强梁者不得其死，吾將以爲學父。」范應元曰：「音辯云：『古本作「學父」，河上公作「教父」』。按尚書『惟斆學半』，古本並作『學』字，則『學』宜音『斆』，亦『教』也，義同。父，始也。今並從古本。」馬叙倫云：「范、羅卷及弘明集六釋慧通駁顧士夷夏論並作『學父』。成疏曰：『將爲學道之先，「父」亦「本」也。』是成亦作『學父』。臧疏引顧歡曰：『其斆學之本父也。』則顧本作『斆』，『學』爲『斆』省。説文曰：『斆，覺悟也。』各本作『教父』」。朱謙之云：「『教父』即『學父』，猶今言師傅。方言六：『凡尊老南楚謂之父。』」帛書乙本殘，甲本作「學父」。誠如前賢所論，『斆』、『學』古同字。爾雅釋詁：「學，斆也。」大盂鼎銘「朕小教汝」，師𠭊𣪘「先王小教汝，汝敏可事」，「斆」字均寫作「學」。

帛書乙本殘，甲本作「强良者不得死」，「良」字當從今本作「梁」，「得」下漏一「其」字，應據今本補作「强梁者不得其死」。高亨、任繼愈均將其譯作「强悍的人不得好死」。據王弼注分析，「强梁者不得其死」，似若古諺。如弼云：「强梁則必不得其死，人相教爲强梁。」乃謂强梁必不得其死，故而人們才以强梁相教。又云：「則必如我之教人不當爲强梁也。舉其强梁不得其死以教邪，若云順吾教之必吉也。」老子主張柔弱，如第三十六章「柔弱勝剛强」，第七十六章「人之生也柔弱，其死也堅强」，「故堅强者死之徒，柔弱者生之徒」。故經文之旨：我之教人不當爲强梁，乃與他人相教爲强梁者不同，但舉强梁不得其死以教人，異於他人所取，凡聽從我教導的人必受益。經文云「强梁者不得其死，吾將以爲教父」，王弼將「强梁者」釋作「違教之徒」，他說：故得其違教之徒，適可以爲教父。」則謂老子取强梁者不得其死以教人民，乃教民以强梁爲誡也。

四十三（今本德經第四十三章）

甲本：天下之至柔，〔馳〕14騁於天下之致（至）堅。

乙本：天下之至〔柔〕，馳騁乎（於）天下〔之至堅〕181上。

王本：天下之至柔，馳騁天下之至堅。

敦煌己本無「騁」字，作「天下之至柔，馳天下之至堅」；范應元本「騁」下有「於」字，作「天下之至柔，馳騁於天下之至堅」，與帛書甲、乙本同。

帛書甲本殘損一字，乙本殘損四字，彼此可互補缺文。與今本勘校，世傳本在「馳騁」之下脱一介詞「於」字，范本不脱。從文義分析，應有介詞，當從帛書甲、乙本作「馳騁於天下之至堅」爲是。成玄英云：「至柔，水也；堅，金也。『馳騁』是攻擊貫穿之義也。言水至柔，能攻金石之堅，喻無爲至弱能破有爲之累。」第七十八章：「天下莫柔弱於水，而攻堅者莫之能先。」老子以水爲天下至柔之物，則用水而攻之，無堅而不摧，無孔而不入。

甲本：无有入於无間。

乙本：〔无有入於〕无間。

王本：無有入無間。

景福、邢玄、慶陽、樓古、磻溪、樓正、孟頫、嚴遵、邵、徽、吴、彭、焦等諸本「入」下有「於」字，作「無有入於無間」，與帛書甲本相同。景龍碑「間」字誤寫作「聞」，謂「無有入於無聞」。傅奕、范應元二本及淮南子原道訓引句前均有「出於」二字，作「出於無有，入於無間。」

帛書甲本保存完好，乙本殘損四字，可據甲本補其缺文。與今本勘校，王弼、河上諸本在「入」字後脱一介詞「於」字；嚴遵、景福諸本不脱，同帛書作「無有入於無間」。傅、范二本與淮南所引皆作「出於無有，入於無間」，與諸本異，此亦歷史遺留而未得解決之疑案。如范應元云：「間，隙也。傅奕、嚴遵同古本。」按怡蘭堂校本與道藏嚴本均作「無有入於無間」，與帛書經文一致，則與范氏所見不同。易順鼎、劉師培據淮南子原道「出於無有，入於無間」，均謂經文句前原有「出於」二字，後人將其誤入注中。劉師培云：「王本亦有『出於』二字，王弼上文注云：『氣無所不入，水無所不出於經。』注文『無所不出於經』，當作『無所不經』，與上『無所不入』對立。『出於』二字必『無有』上之正文。」但是，道藏集註本不衍，作「氣無所不入，水無所不經」。今據帛書老子勘校，除傅、范與淮南子原道作「出於無有，入於無間」之外，世傳本多同帛書作「無有入於無間」。從文義分析，則與前文「天下之至柔，馳騁於天下之至堅」，前後經文之思惟邏輯完全一致。正如王弼注云：「虛無柔弱，無所不通。無有不可窮，至柔不可折。」王道老子億注釋此文，亦極貼切。如云：「天地之氣本無形也，而能貫於金石；日月之光本無質也，而能透乎蔀屋。無有入於無間者，此類是也。」如依易、劉二氏之說，而在句前增添「出於」二字，讀作「出於無有，入於無間」，則與經義相違。今以帛書經文證之，易、劉之說不確，而傅、范二本俱有衍誤。

甲本：五（吾）是以知无爲〔之有〕益也。

乙本：吾是以〔知无爲之有益〕也。

王本：吾是以知無爲之有益。

遂州、徽、彭三本無「吾」，作「是以知無爲之有益」；景龍碑、敦煌己本無「吾」與「之」二字。作「是以知無爲有益」；顧歡本無「之」字，作「吾是以知無爲有益」；易玄本「益」字重，作「吾是以知無爲之有益益」；唐李榮老子道德經注（道藏絲七—絲十）將「是以」改作「以是」，謂「吾以是知無爲之有益」；傅奕、邵若愚二本作「吾是以知無爲之有益也」，與帛書甲本同。

帛書甲本殘損二字，乙本殘損六字，彼此可互補缺文。與今本勘校，世傳本多同王本，句尾無「也」字，與帛書稍異。

文子自然篇云：「天地之道，無爲而備，無求而得，是以知其無爲而有益也。」王弼注：「虛無柔弱，無所不通。無有不可窮，至柔不可折。以此推之，故知無爲之有益也。」

甲本：不〔言之〕教，无爲之益，〔天〕15下希能及之矣。

乙本：不〔言之教、无爲之益，天下希能及之〕矣。

王本：不言之教，無爲之益，天下希及之。

世傳今本多同王本，唯傅奕本「希」字作「稀」，句末有「矣」字，謂「天下稀及之矣」；徽、邵、彭三本作「天下希及之矣」。

帛書甲本殘損三字，乙本殘甚，僅存首尾各一字，均參照王本補其缺文。與今本勘校，彼此經文基本相同，唯甲本「希」下有「能」字，作「天下希能及之矣」。「希」字通作「稀」，爾雅釋詁：「希，罕也。」論語公冶長：「怨是用希。」疏「希，少也。」從經義分析，「希」下當有「能」字，義如第七十章：「吾言甚易知，甚易行，天下莫能知，莫能行。」足證此文當從帛書甲本作「天下希能及之矣」爲是，今本皆脱「能」字。再如，河上公注：「天下之人主也，希能有及道無爲之治身治國也。」可見河上本原亦有「能」字，與帛書老子經文相同。

四十四（今本德經第四十四章）

甲本：名與身孰亲（親）？身與貨孰多？得與亡孰病？

乙本：名與181下〔身孰親？身與貨孰多？得與亡孰病〕？

王本：名與身孰親？身與貨孰多？得與亡孰病？

世傳今本多與王本相同，唯景龍碑「孰」字作「熟」，朱謙之云：「『孰』、『熟』通用。」元張嗣成道德真經章句訓頌（道藏談一——談二）、李道純道德會元（道藏談三——談四）後一句「亡」字作「失」，則謂「得與失孰病」。

帛書乙本殘甚，僅存「名與」二字，甲本保存較好，經文與王本相同，唯「親」寫作「亲」，古體親字。「名與身孰親」，以誡好名而捨身者。「身與貨孰多」，奚侗云：「説文：『多，重也。』誼爲重疊之『重』，引申可訓爲輕重之『重』。漢書黥布傳『又多其材』，師古注：『多，猶重也。』」「身與貨孰多」，猶言身與財貨那個重？「得與亡孰病」？廣雅釋詁四：「病，苦也。」「得」指前二句中之「名」與「貨」而言，「亡」指「身」言，猶謂獲得名利而損喪其身，二者那個痛苦？「名與身孰親？身與貨孰多？得與亡孰病？」從句型觀察三者是彼此平列的并列句；但從詞義分析，實際是從屬關係。正如王弼注云：「尚名好高，其身必疏；貪貨無厭，其身必少。得名利而亡其身，何者爲病。」

甲本：甚〔愛必大費，多藏必厚〕16亡。

乙本：此段經文全部殘毀。

王本：是故甚愛必大費，多藏必厚亡。

世傳今本多同王本，唯景福、河上、顧歡諸本無「是故」二字，作「甚愛必大費，多藏必厚亡」，與帛書甲本相同。帛書甲、乙本雖均已殘甚，但是甲本存首尾各一字，從而足證帛書無「是故」二字。按今本「是故」之「故」字，當在下文「知足不辱」之前，後人誤將其竄前而又贅增「是」字。關於此一問題，將在下文一并討論。

王弼注云：「『甚愛』，不與物通；『多藏』，不與物散。求之者多，攻之者衆，爲物所病，故『大費』、『厚亡』也。」河上公注云：「甚愛色費精神，甚愛財遇禍患，所愛者少，所亡者多，故曰『大費』。」成玄英云：「甚愛名譽之人，必勞形、怵心、費神、損智。多藏賄貨於府庫者，必有劫盜之患，非但喪失財物，亦乃害及己身。其爲敗亡，禍必深厚。」王弼、河上公、成玄英三家注疏互爲補充，甚切經義。

甲本：故知足不辱，知止不殆，可以長久。

乙本：此段經文全部殘毁。

王本：知足不辱，知止不殆，可以長久。

世傳今本多同王本，唯景龍、遂州、敦煌己和嚴遵本前有「故」字，作「故知足不辱，知止不殆，可以長久」。淮南子人間篇引「長久」作「脩久」，此因避厲王諱而更「長」字爲「脩」，非異文也。敦煌己本「不辱」作「不厚」，因抄寫而誤，亦非異文。

帛書甲本「故知足不辱，知止不殆，可以長久」，王弼等諸本經文同此而無「故」字。據經文内容分析，當從帛書甲本爲是。按本章經文共分作三段：第一段講生命與名、生命與財貨，何者爲親與何者爲重？第二段講過分貪名譽、好財貨，則必耗精神費體魄，招致禍害。最後一段乃是對前兩段經文之結語，因而謂「故知足不辱，知止不殆，可以長久」。猶言故此知足才能免遭屈辱，知止才能免除危險，如此才可以長壽久安。從帛書甲本則文從義順。因王弼等今本將「故」字竄至「甚愛必大費」之前，又在「故」前增添「是」字而作「是故」，則使經文詞義顛倒，難以通貫。帛書甲本「故」字在「知足不辱」之前，當爲老子原本之舊。今本均應據以訂正。

四十五（今本德經第四十五章）

甲本：大成若缺，其用不幣（敝）。大盈若⿺辶盅（盅），其用不⿱穴邦（窮）。

乙本：〔大成若缺，其用不敝。大〕盈如沖（盅），其〔用不窮〕。

王本：大成若缺，其用不弊。大盈若沖，其用不窮。

景龍碑與河上本「缺」字寫作「鈌」，傅、徽、邵、吴、彭、焦、孟頫等諸本「弊」字均作「敝」。敦煌己與遂州本「盈」字作「滿」；傅奕、范應元本「盈」亦作「滿」，而「沖」字又作「盅」，謂「大滿若盅，其用不窮」。

帛書甲本保存完好。乙本殘甚，僅存四字，可據甲本補其缺文。甲本假借字與別體字較多，如假「幣」爲「敝」，又「⿺辶盅」乃「盅」之別體，「⿱宀鄉」乃「窮」之別體。與今本勘校，帛書甲本用詞雖異，但經義無別。范應元云：「『大滿若盅』，郭雲、王弼同古本。」蔣錫昌云：「按范謂『王弼同古本』，則范見王本作『大滿若盅』。『滿』字以漢惠帝諱而改，馬叙倫謂『盈』是故書，是也。『沖』當據范本改『盅』。」

馬叙倫云：「『成』爲『盛』省。説文曰：『盛，黍稷在器中以祀者也。』引申謂器曰『盛』，禮喪大記『食粥於盛』是也。此文『盛』、『缺』相對，説文：『缺，器破也。』」馬説甚辯，故多採此説。豈不知「成」字在此非指某一具體物，而泛指大的成功、或大的成就而言。如蔣錫昌所謂：「『大成』與下文『大盈』、『大直』、『大巧』、『大辯』（應作『大贏』）詞例一律。如解『成』爲器，則『成』爲實物，而與下文詞例不類矣。」德經第四十一章「大方無隅，大器免成，大音希聲，大象無形」，凡事成「大」者其義相反，這是老子以無爲觀察事物的辯證邏輯。此言「大成若缺」與「大盈若盅」，「成」與「缺」意義相反；「盈」與「盅」，説文皿部：「盈，滿器也。」「盅，器虛也。」滿與虛對立。老子此言，正如高亨所譯：「大的成就好像虧缺，但它的用處是不會失敗的。大的充實好像空虛，但它的用處是不會窮盡的。」

甲本：大直[17]如詘，大巧如拙，大贏如炳（肭）。

乙本：〔大直如詘，大巧〕如拙，〔大贏如〕絀（肭）。

王本：大直若屈，大巧若拙，大辯若訥。

傅奕、范應元二本「屈」字作「詘」，謂「大直若詘」，與帛書甲本相同。馬叙倫云：「説文：『屈，無尾也。』『詘，詰詘也。』……古書屈申字亦多用『詘』。」「大巧若拙，大辯若訥」，世傳今本多同王本，唯樓正本「辯」字作「辨」，敦煌己本「訥」字寫作「吶」。牟子理或論引「大辯若訥」在「大巧若拙」之前。

帛書甲本保存完好。乙本殘甚，僅存三字，可據甲本補其缺文。與今本勘校，其中主要差異是，今本「大辯若訥」，帛書甲本作「大贏如炳」，乙本僅存一「絀」字。按甲本「大贏如炳」與今本「大辯若訥」，兩句句尾皆爲從「内」聲之字，彼此皆可借用。其中主要的區别，是「贏」與「辯」二字之差異。「贏」與「辯」毫無共同之義，顯然是由後人更换的。但是孰是老子中的原文，孰是由後人竄改，這是需要我們予以澄清的問題。「大辯若訥」，「訥」謂語言遲鈍，或言緩，猶謂大的辯論家而若口吃難言。「大贏如炳」，「炳」字假爲「肭」，「贏」指盈餘，「肭」謂虧損或不足。「贏肭」本來就是一個複音詞，也謂「盈不足」，是我國古代計算盈虧問題的一種算術方法。如九章算術第七章中一題云：「今有人共買物，每人出八，盈三；每人出七，不足四，問人數、物價各幾何？」「大贏如肭」，猶謂最大的贏餘如若虧損。從句型和詞義分析，二者皆符合本章内容。但是，其中必有一種屬於老子原文，另一種出於後人竄誤。過去易順鼎曾云：「道德指歸論大成若缺篇『大巧若拙』下，又云：『是以贏而若詘。』疑所據本有『大贏若詘』一句，無『大辯若訥』一句。」易氏從嚴遵道德指歸論中，首先覺察出嚴氏所據老子似有「大贏若詘」而無「大辯若訥」，實屬獨到，頗有見地。按道德指歸論所講「贏而若詘」，即帛書甲本之「大贏若肭」。古「出」、「内」二字，聲皆屬舌音，韻同在物部，讀音相同。如廣韻十四黠：「豽」，别體作「貀」，皆「女滑切」。乙本此句雖僅存一「絀」字，但亦必同甲本作「大贏如絀」(肭)，決無可疑。今從帛書甲、乙本得證，易氏之説至確。帛書「大贏如肭」當是老子原文，今本「大辯若訥」乃爲後人竄改。竄改的跡象也很清楚，因爲它們都是用從「内」得音的字收尾，「肭」與「訥」又音同通假，帛書甲本則假「焫」爲「肭」，這就是後人將「大贏如肭」誤改作「大辯若訥」的主要原因。幸而漢嚴遵道德指歸論尚保存「贏而若詘」一句，得與帛書老子相爲契合，真僞得以大白，使兩千餘載之訛誤得到糾正。如無帛書老子出土，老子真言難復原矣。

帛書甲、乙本與世傳今本此文共三句，每句四字，共十二字。乙本僅存三字，即第二句的「如拙」和第三句最後一字「絀」。「絀」顯爲「大贏如肭」之「肭」的假借字。但是，不知何據，帛書研究組將乙本發展成四句，變十二字爲十六字，讀作「大直如詘，大巧如拙，大辯如訥，大贏如絀」。而把被後人改「贏」爲「辯」的僞句，也納入正文。此甚不妥。豈不知此一改動，出自帛書整理者之手，其後果不堪設想。其實乙本殘存句末之「絀」字，即甲本「大贏如肭」之「肭」的假借字。乙本雖殘，甲本全文俱在，焉能任意增文。又曰：「韓詩外傳引老子作「大直若詘，大辯若訥，大巧若拙，其用不屈」。按「其用不屈」顯然是前文「其用不窮」之重文，淮南子道應引此文作「大直若屈，大巧若拙」，其下並無「其用不屈」四字，蔣錫昌曾已說明「外傳所引不足爲據」。過去不爲人所信任的資料，今日焉能據以而否定出土帛書。

甲本：趮勝寒，靚（靜）勝炅（熱），請（清）靚（靜）可以爲天下正。

乙本：趮朕（勝）寒182下，〔靜勝熱，清靜可以爲天下正〕。

王本：躁勝寒，靜勝熱，清靜爲天下正。

景龍碑「寒」作「塞」，誤字。敦煌己本「靜」字作「浄」，謂「清浄爲天下正」；嚴遵本作「能靜能清」，謂「能靜能清爲天下正」；景龍、邢玄、景福、顧歡等諸本「靜」下均有「以」字，作「清靜以爲天下正」；遂州本「靜」下有「能」字，「正」字作「政」，謂「清靜能爲天下政」；傅奕本「靜」字作「竫」，前並有「知」字，作「知清竫以爲天下正」；范應元本作「知清靜以爲天下正」。

帛書甲本保存完好，唯「靜」字寫作「靚」，「熱」字寫作「炅」。乙本殘甚，僅存「趮勝寒」三字，缺文可據甲本補。與今本勘校，帛書「清靜可以爲天下正」一句，今本句型多異，而經義無別。帛書「趮勝寒」，今本皆作「躁勝寒」。「趮」、「躁」同字異體，古文足旁與走旁通用，如「踰」字可寫作「𧼮」，「𧿹」字可寫作「趑」，即其證。馬叙倫云：「躁，說文作『趮』，疾也。今通作『躁』。此當作『燥』。」朱謙之云：「實則『躁』者『燥』也。『燥』乃老子書中用楚方言，正指爐火而言。詩汝墳釋文曰：『楚人名火曰「燥」，齊人曰「煅」，吴人曰「焜」。』老子楚人，故用『躁』字。『躁勝寒』與『靜勝熱』爲對文，『靜』與『瀞』字同，楚辭『收潦而水清』，注作『瀞』。説文『瀞，從水静聲。』意謂清水可以勝熱，而爐火可以禦寒也。」馬叙倫、朱謙之皆謂「躁」爲「燥」，按説文火部：「燥，乾也。」釋名釋語言：「燥，焦也。」從詞義分析，「燥」與「静」不類。朱謙之説「静」同「瀞」，爲清水，謂清水可以勝熱。其實水能勝熱何以只限清水，其説皆與老子原義相違。「躁勝寒，静勝熱」，帛書甲、乙本與世傳今本相同，不必改字。如第二十六章「静爲躁君」，管子心術上「躁者不静」，淮南子主術篇「人主静漠而不躁」，皆「躁」、「静」對言。廣雅釋詁三：「躁，擾也。」禮記内則「狗赤股而躁」，注：「舉動急疾。」「躁」乃疾急擾動，正與「静」字相對。「躁」與「静」是指人之體魄在不同環境下而表現的不同情緒或狀態。肢體運動則生暖，暖而勝寒；心寧體静則自爽，爽而勝熱。徐大椿老子經註云：「凡事相反則能制。如人躁甚則雖寒亦不覺，而足以勝寒；心静則雖熱亦不覺，而足以勝熱。由此推之，則天下紛紛紜紜，若我用智術以相逐，則愈亂而不可理矣。惟以清静處之，則無爲而自化，亦如静之勝熱矣。」陳鼓應老子註譯及評介根據蔣錫昌、嚴靈峯之説，而將「躁勝寒，静勝熱」改爲「静勝躁，寒勝熱」，擅改經文，甚不可取也。帛書甲本「清静可以爲天下正」，今本除遂州本「正」字寫作「政」，其它多同王本作「清静爲天下正」。河上公云：「能清静則爲天下長。」而學者多釋「正」爲君長，其實不確。「正」在老子哲學中是一個特定的詞，經文多見。蔣錫昌謂其爲「天下清静之模范」，我想不如説它是天下清静無爲的最高標準。因爲「正」是直而不衺、中而不偏、純而不雜之總名。

四十六（今本德經第四十六章）

甲本：天下有〔道，卻〕走馬以[18]糞。天下无道，戎馬生於郊。

乙本：〔天下有〕道，卻走馬〔以〕糞。无道，戎馬生於郊。

王本：天下有道，卻走馬以糞。天下無道，戎馬生於郊。

世傳今本多同王本。唯傅奕本「糞」字作「播」；吴澄本「糞」下有「車」字，作「卻走馬以糞車」；敦煌己本「糞」字寫作「𡊅」，又誤「戎」字爲「我」，作「卻走馬以𡊅」、「我馬生於郊」。

帛書甲本殘損二字，乙本殘損四字，彼此可互補缺文。與今本勘校，經文基本相同，唯乙本「無道」之前無「天下」二字，稍異。

吴澄云：「『糞』下諸家並無『車』字，惟朱子語録所説有之，而人莫知其所本。今按張衡東京賦云：『却走馬以糞車。』是老子全句，則後漢之末『車』字未闕。魏王弼注去衡未遠，而已闕矣。」易順鼎曰：「按文子精誠篇云：『惟夜行者能有之，故却走馬以糞，車軌不接於遠方之外。』或以『車』字連上讀，亦可爲吴説作證。然淮南子覽冥云：『故却走馬以糞，而車軌不接於遠方之外。』『糞』下有『而』字，則『車軌』當連讀矣。高注云：『「却走馬以糞」，老子詞也。止馬不以走，但以糞糞田也。……一説：國君無道，戎馬生於郊，無事，走馬以糞田也。故兵車之軌不接遠方之外。』」蔣錫昌云：「説文：『糞，棄除也。』字與『𡊅』、『拚』、『攃』並同。説文：『𡊅，掃除也。』段注：『「𡊅」字，曲禮作「糞」，少儀作「拚」，又皆作「攃」。』禮記中庸釋文：『糞，弗運反，本亦作「攃」，亦作「拚」，同。』並其證也。荀子彊國篇『堂上不糞，則郊草不瞻曠芸』，楊

注：『堂上猶未糞除，則不暇瞻視郊野之草有無也。』正用本誼。惟老子用之於馬，則含有用馬耕載之意，誼較説文爲廣。此言人主有道，則兵革不興，故却還走馬以農夫，使服耕載之役；人主無道，戎馬悉被徵發入陣，故駒犢生於戰地之郊也。」

甲本：罪莫大於可欲，隱（禍）莫大於不知足，咎莫憯於欲得。

乙本：罪莫大可欲，禍〔莫大於不知183上足。咎莫憯於欲得〕。

王本：禍莫大於不知足，咎莫大於欲得。

景龍、易玄、景福、慶陽、磻溪、樓正、遂州、敦煌己、嚴遵、河上、顧歡、傅奕、范應元、司馬、邵、徽、蘇、吳、志、彭、焦等諸本，均在「禍莫大於不知足」之前有「罪莫大於可欲」，與帛書甲、乙本同，王本脱漏。末句傅、范二本「大」字作「憯」，謂「咎莫憯於欲得」，與帛書同；敦煌己、遂州、顧歡三本作「咎莫甚於欲得」；吳澄本此句在「禍莫大於不知足」之前。

帛書甲本保存較好，乙本殘損較甚，僅存六字，並在首句「大」下脱一「於」字，均可據甲本補。與今本勘校，王本無「罪莫大於可欲」一句；第三句「咎莫大於欲得」，帛書甲、乙本「大」字均作「憯」，傅、范二本與帛書同，敦煌己、遂州與顧歡三本又作「甚」。按此當從帛書本作「憯」字。馬叙倫云：「『甚』借爲『憯』，聲同侵部，説文『糂』重文作『糣』，是其例証。」馬説誠是。劉師培曰：「解老篇此語上文云：『苦痛雜於腸胃之間，則傷人也憯，憯則退而自咎。』即釋此『憯』字之義也。『憯』與『痛』同，猶言『咎莫痛於欲得』也。」

喻老篇亦云：「虞君欲屈產之乘與垂棘之璧，不聽宫之奇，故邦亡身死，故曰『咎莫憯於欲得』。」綜上所勘校，此文當據帛書甲本訂正爲：「罪莫大於可欲，禍莫大於不知足，咎莫憯於欲得。」

陸希聲註云：「無道之君毒痛天下，原其所以，其惡有三：心見可欲，非理而求，故罪莫大焉；求而不已，必害於人，故禍莫大焉；欲而必得，其心愈熾，故咎莫重焉。」

甲本：〔故知[19]足之足〕，恆足矣。

乙本：〔故知足之足，恆〕足矣。

王本：故知足之足，常足矣。

嚴遵本無「故」字，作「知足之足，常足矣」；景龍、遂州、河上、吳澄諸本無「矣」字，作「故知足之足，常足」；敦煌己本前無「故」字，後無「矣」字，作「知足之足，常足」；司馬光本無「之足」二字，作「故知足，常足矣」。

帛書甲、乙本此段經文均殘，唯「常足」作「恆足」。原本如此，後因避漢文帝諱改「恆」字爲「常」。朱謙之云：「案『足』字从止，卽『趾』字，故義爲『止』。易『鼎折足』，鄭注：『無事曰趾，陳設曰足。』漢書五行志：『足者，止也。』二十八章『常德乃足』，河上注：『止也。』劉咸炘曰：『「知止」卽「知反」，經屢言「知足」，卽「知止」，「知止」謂保富貴也。相對往來皆不常久，必反，乃爲常，乃能久。』常久，實老子之宗旨。」按朱謙之謂「足」字從「止」，卽「趾」字，否。「止」卽「足」之象形字，商代甲骨文寫作『ㄓ』(甲六〇〇)。從雙「止」的「步」字，甲骨文寫作「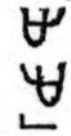」（铁二二二、二），銅器銘文寫作「」（子祖尊），實際上「止」即人脚之象形字。「足」、「止」二字同源，謂「知足」爲「知止」，甚是。

四十七（今本德經第四十七章）

甲本：不出於户，以知天下。不規（窺）於牖，以知天道。

乙本：不出於户，以知天下。不䂓（窺）於〔牖，以〕知天道。

王本：不出户，知天下；不闚牖，見天道。

傅奕、范應元二本「知」、「見」之上均有「可以」二字，傅本作「不出户，可以知天下；不窺牖，可以知天道」；范本作「不出户，可以知天下；不窺牖，可以見天道」；景福碑作「不出户以知天下，不窺牖以見天道」；顧歡本作「不出户，知天下；不窺牖，以見天道」。唐陸希聲道德真經傳（道藏必一——必四）作「不出户而知天下，不窺牖而見天道」。王本「闚」字，景龍、易玄、慶陽、樓古、磻溪、樓正、孟頫、遂州、河上、顧歡、傅奕、徽、邵、司馬、蘇、吴、彭、志、焦等諸本皆作「窺」，帛書甲本作「規」，乙本作「䂓」。畢沅云：「案韓非子作『不闚於牖，可以知天道。』說文解字曰：『窺，小視也。』『闚，閃也。』『閃，窺頭門中也。』方言：『凡相窺視，南楚謂之闚。』沅以爲穴中竊視曰『窺』，門中竊視曰『闚』，應用『闚』字。老子楚人，用楚語矣。」其實「窺」與「闚」同字異體，古通用。玉篇：「闚，相視也，與『窺』同。」今本「不闚牖」之下文多同王本作「見天道」或「以見天道」、「可以見天道」等。帛書甲、乙本「見」字作「知」，皆作「以知天道」。諭之古籍，諸如呂氏春秋君守篇、韓非子喻老篇、文子精誠篇、淮南子主術篇皆引作「知天道」，與帛書甲、乙本相同。綜上所舉古今各本勘校，此文當據帛書訂正爲：「不出於户，以知天下。不窺於牖，以知天道。」

河上公注：「聖人不出户以知天下者，以己身知人身，以己家知人家，所以見天下也。」成玄英疏云：「户者，謂知覺攀緣分別等門户也。有道之人虚懷内静，不馳於世境，而天下之事悉知，此以真照俗也。」老子主張心境虚静，直觀自省，依循事物運動之自然規律，觀察内在的聯係，即第五十四章所云：「故以身觀身，以家觀家，以鄉觀鄉，以邦觀邦，以天下觀天下。吾何以知天下之然哉？以此。」説文片部：「牖，穿壁以木爲交窗也。」成玄英疏云：「牖，根竅也。天道自然之理，隳體坐忘，不窺根竅而真心内朗，覩見自然之道，此以智照真也。」「天道」指天體運動規律。易謙：「天道虧盈而益謙」。國語周語：「吾非瞽史，焉知天道。」韋昭注：「瞽，樂大師，掌知音樂風氣執同律以聽軍聲而詔吉凶；太史掌抱天時，與大師同車，皆知天道也。」天體運行的時數與古代曆法有微小的差度，如果長時間失調就會出現「朓」與「仄慝」兩種差異。漢書五行志云：「晦而月見西方，謂之朓。朔而月見東方，謂之仄慝。」孟康注：「朓者，月行疾，在日前，故早見。仄慝者，月行遲，在日後，當没而更見。」「朓」與「仄慝」皆爲天體運行與曆法之間發生的一些混亂現象，古代即由太師與太史從而觀測星象運移以知吉凶。

甲本：其出也壐（彌）遠，其〔知彌少〕。

乙本：其出籋（彌）遠者[183下]，其知籋（彌）〔少〕。

王本：其出彌遠，其知彌少。

傅奕、范應元「少」字寫作「尟」，傅本作「其出镾遠，其知镾尟」；范本作「其出彌遠，其知彌尟」，景龍碑作「其出彌遠，其知彌近」。朱謙之云：「『近』乃『少』之誤字。」韓非子喻老篇、吕氏春秋君守篇、淮南子道應篇、精神篇所引皆作「其出彌遠者，其知彌少」，與帛書乙本同，稍異甲本，可見早在秦漢時代老子一書已被傳抄成幾種形狀。

吕氏春秋論人篇云：「太上反諸己，其次求諸人。其索之彌遠者，其推之彌疏；其求之彌彊者，失之彌遠。」王弼亦云：「無在於一，而求之於衆也。道視之不可見，聽之不可聞，搏之不可得。如其知之，不須出户；若其不知，出愈遠愈迷也。」綜上所述，謂既不能自我修養，虚静内觀，净化思欲，焉能觀察外物，求諸於衆，故而出之愈遠，迷惑愈深。道「無所不在」，既需却躁守静，務在直觀自反，故體道不必涉遠。

甲本：〔是[20]以聖人不行而知，不見而明，弗〕爲而〔成〕。

乙本：〔是以聖人不行而知，不見〕而名（明），弗爲而成。

王本：是以聖人不行而知，不見而名，不爲而成。

世傳今本多同王本，唯元張嗣成道德真經章句訓頌（道藏談一——談二）、明危大有道德真經集義（道藏覆四——器四）、王守正道德真經衍義手抄（道藏量一——墨五）及韓非子喻老篇「而名」二字寫作「自明」，謂「不見自明」。河上、孟頫二本「不爲」二字寫作「無爲」，謂「無爲而成」。

馬叙倫云：「名，張嗣成及韓非子喻老篇引作『明』，當從之。然『名』、『明』實一字。」蔣錫昌云：「『名』、『明』古雖通用，然老子作『明』不作『名』。二十二章『不自見故明』，五十二章『見小曰明』，皆『見』、『明』連言，均其證也。此當從張本改。」帛書甲、乙本均殘，乙本有「而名」二字，顯然是「不見而名」之殘句。釋名釋語言：「名，明也。」「不見而名」雖不違本義，但應從張本用本字爲是。「不出於户，而知天下」，乃「不行而知」也；「不闚於牖，而知天道」，即「不見而明」也。是以聖人知物之性，識物之宗，因勢而趨，雖弗爲而物自成。

四十八（今本德經第四十八章）

甲本：此段經文全部殘毁。

乙本：爲學者日益，聞道者日云（損）。

王本：爲學日益，爲道日損。

世傳本經文多同王本，唯傅奕、范應元二本「日」字上有「者」，作「爲學者日益，爲道者日損」。

帛書甲本殘毁，乙本完好，兩句均有「者」字，與傅本相同。范應元云：「傅奕、嚴遵與古本有『者』字。」論之王弼第二十章注文，其中引作「爲學者日益，爲道者日損」，皆有「者」字，足證老子原本即當如此。再如，今本均作「爲道者日損」，帛書甲本殘，乙本作「聞道者日損」，「爲道」和「聞道」似有不同，二者必有一誤。論之老子用語，多謂「聞道」，不言「爲道」。如第四十一章：「上士聞道，勤能行之」，使其情欲日以消損，此當從乙本作「聞道者日損」爲是。

河上公注：「『學』謂政教、禮樂之學也；『日益』者，情欲文飾日以益多。『道』謂自然之道也；『日損』者，情欲文飾日以消損。」其説誠是。「爲學」指鑽研學問，因年積月累，知識日益淵博。「聞道」靠自我修養，要求静觀玄覽，虛静無爲，無知無欲，故以情欲自損，復返純樸。

甲本：此段經文全部殘毁。

乙本：云（損）之有（又）云（損），以至於无184上（爲，无爲而无以爲）。

王弼本：損之又損，以至於無爲，無爲而無不爲。

景龍、易玄、景福、慶陽、樓古、磻溪、遂州、顧、傅、范、焦諸本「損」下皆有「之」字，作「損之又損之，以至於無爲」；嚴遵本作「損之又損之，至於無爲」；敦煌己本作「損之又損，以至無爲」。後一句，景龍、敦煌己二本作「無爲無不爲」；景福、磻溪二本作「無爲而無不爲」；孟頫、司馬、吴、邵、焦諸本作「無爲而無不爲矣」；顧本作「無爲而無不爲也」；遂州本作「無爲無所不爲」；徽、彭二本作「而無不爲矣」；嚴遵本作「而無以爲」。

帛書甲本此文全部殘毁，乙本也有殘損，只存「損之又損，以至於無」八字。「无」下應是「爲」字，全句應讀作「損之又損，以至於无爲」。但是，最後一句，甲、乙本均殘無痕跡；世傳今本經文句型雖有不同，但內容一致，多同王本作「無爲而無不爲」；唯嚴遵道德真經指歸作「而無以爲」。過去我在帛書老子甲乙本與今本老子勘校札記中對此曾有這樣的説明：「今本『損之又損，以至於無爲，無爲而無不爲』，莊子知北遊引文也與此相同。甲本殘，乙本此段前文僅存『損之又損，以至於无』八字，但下文保存較好，作『將欲取天下，恒无事；及其有事也，又不足取天下矣。』『無爲』、『無事』連用之語在老子中多見，此文若依今本作『無爲而無不爲』者，上下語義相爲違背，足證今本有誤。漢嚴遵道德真經指歸保存此句正作『損之又損之，至於無爲而無以爲』，當爲老子原本之舊。」事後劉殿爵教授在馬王堆漢墓帛書老子初探（下）一文中指出：「此文中有幾點值得注意：（一）經文是『至於無爲（「無爲」二字似應重）而無以爲』，嚴文夾注中則作『無爲而無不爲者也』，兩引經文不同。（二）經文下谷神子注『無不事也』，則釋所注經文應作『無不爲』，不應作『無以爲』。（三）嚴遵文很難看得出是解釋『無不爲』還是解釋『無以爲』，所以我們只能說：嚴遵所解的老子究竟作『無爲而無以爲』抑『無爲而無不爲』，是無法判斷的。谷神子增入的經文，一作『無爲而無以爲』，一作『無爲而無不爲者也』，前者與解釋又不相符。所以我認爲，連谷神子的經文作『無爲而無以爲』的結論也無確實證據。」劉氏所言實爲中肯，但我所斷定乙本殘缺之文應同嚴遵指歸本作「無爲而無以爲」，主要是根據乙本經文內容，尤其是本章下文講的「恒無事」。「無爲」、「無事」是老子習慣用語，經文常見。反之，「無不爲」與「恆無事」互不相諧。就這一點來講，我的意見可能與劉氏的看法是一致的。因爲他說：「雖然如此，但我們仍認爲高氏之説極有見地。」帛書另有一處顯示老子的重視『無以爲』。七十五章今本作『民之難治，以其上之有爲，是以難治』；帛書本作『百姓（乙本作生）之不治也，以其上之（甲本無之字）有以爲也（甲本「也」字殘缺）』。」關於類似的證據還有：第五十七章：「我無爲而民自化，我好静而民自正，我無事而民自富。」第六十三章：「爲無爲，事無事。」第六十四章：「是以聖人無爲也，故無敗也；無執也，故無失也。」以老證老，更爲有力。再就嚴遵道德眞經指歸而論，歷史源流確較複雜。漢代距今已兩千餘年，經歷代展轉傳抄，亦與其它今本相似，書内眞僞雜糅，問題很多。據道藏本谷神子注云：「嚴君平者，蜀郡成都人也。姓莊氏，故稱莊子。東漢章和之間，班固作漢書，避明帝諱，更之爲嚴。『莊』、『嚴』亦古今之通語。君平生西漢中葉，王莽篡政，遂隱遁煬和，蓋上世之眞人也。」而胡刊本載有谷神子序，前文與此注全同，唯在「也」字下續有五十七字，謂：「其所著有道德指歸論若干卷，陳隋之際已逸其半，今所存者，止論德篇。因獵其訛舛，定爲六卷，而以其説目冠於端，庶存全篇之大義爾。谷神子序。」但是，晁公武郡齋讀書志云：「老子指歸十三卷，右漢嚴遵君平撰，谷神子注。其章句頗與諸本不同，如以『曲則全』章末十七字爲後章首之類。按唐志有嚴遵指歸四十（當爲『十四』之誤）卷，馮廓指歸十三卷，此本卷數與廓注同，其題谷神子而不顯姓名，疑卽廓也。」按「曲則全」章乃道經之第二十二章，而晁氏所見嚴遵指歸似上、下篇俱全。范應元道德經古本集註、陳景元道德眞經藏室纂微注引嚴書則上下篇俱存。谷神子序既言「陳隋之際已逸其半」，何以至宋晁、范、陳等皆能見到全書？因而有人推測谷神子序乃經目注之僞託；或謂指歸及谷注雖眞而經文假託；還有人謂全部皆由明人僞造，等等。衆議紛紜，無可適從。但自馬王堆漢墓帛書老子出土以後，有些問題似乎可以解決。關於經文問題，鄭良樹在從帛書老子論嚴遵道德指歸之真僞一文中，列舉嚴遵指歸中類似這種異於今本而同於帛書甲、乙本的詞句，即有二十四處，充分説明嚴遵指歸本確實是保存了許多已被它本搞錯了的老子經文。因此他説：「良樹認爲今傳嚴本，包括指歸，應該都是西漢末年嚴君本的真著，非後人所能贋託。」

甲本：取天下也，恒〔无事；及其有事也，不足以取天下〕。

乙本：取天下，恒无事；及其有事也，〔不〕足以取天〔下〕。

王本：取天下常以無事，及其有事，不足以取天下。

徽、邵、司馬、彭、孟頫諸本句前有「故」字，第一「下」字後有「者」字，作「故取天下者常以無事」；樓古、焦竑二本作「故取天下常以無事」；嚴遵、傅奕二本作「將欲取天下者常以無事」；范應元本作「將取於天下常以無事」。後一句，傅本前有「又」字，後有「矣」字，作「及其有事，又不足以取天下矣」。

帛書甲本較殘損，僅存五字。乙本殘損二字，據王本補。帛書研究組帛書老子釋文是據傅本補，故經文稍異，則經義無別。

河上公注云：「取，治也。」老子主張無爲而治，反對興業勞民，五十七章經文即是他對「取天下，恆無事」的詮釋。如云：「以無事取天下，吾何以知其然也哉？夫天下多忌諱，而民彌貧。民多利器，國家滋昏。民多智慧，而邪事滋起。寶物滋章，而盜賊多有。是以聖人之言曰：『我無爲而民自化；我好靜而民自正；我無事而民自富；我欲不欲而民自樸。』」反之，國君繁政苛歛，好奇多欲，民必貧飢勞苦，爾虞吾詐。終於導致國破身死，不得而治。

四十九（今本德經第四十九章）

甲本：〔聖人恒无22心〕，以百〔姓〕之心爲〔心〕。

乙本：〔聖〕人恒无心，以百省（姓）之184下心爲心。

王本：聖人無常心，以百姓心爲心。

景龍碑、敦煌己、顧歡等諸本無「常」字，作「聖人無心，以百姓心爲心」；范應元、吴澄二本「姓」下有「之」字，作「聖人無常心，以百姓之心爲心」。

帛書甲本首句殘損，乙本也殘一「聖」字，當讀作「聖人恒無心」；世傳今本多同王本作「聖人無常心」；景龍碑、敦煌己與顧歡本作「聖人無心」，少「常」字，則意義均有差異。王本「常」字原本作「恒」，因避漢文帝諱而改。「恒」、「常」二字義同。帛書乙本「聖人恒無心」，今本多作「聖人無常心」，「恒無心」與「無恒心」意義不同，其中必有一因詞序顛倒而誤。按老子一貫主張「知常」和「常知」，第十六章「知常曰明，不知常妄作凶」；第六十五章「常知楷式，是謂玄德」。「知常曰明」與「常知楷式」意義相近，皆謂深知自然永恒之法則。若「聖人無恒心」，焉能達到如此之境界。此句經文顯然是今本有誤。論之河上公

注：「聖人重改更，貴因循，若自無心。」可見河上公原本亦作「聖人恒無心」，當與帛書乙本同。可以肯定地講，王弼以下今本作「聖人無常心」者皆誤。但觀察舊注多望文生意，如宋李榮注云：「聖人之心常與道俱，道無所不在，而吾心亦無所不存，故無常心。」明焦竑注云：「惟天無親，克敬惟親，故無常心。」蔣錫昌注：「聖人治國，無常心於有爲。」皆違老子本義。河上公注所謂「重改更，貴因循」，是指人主不師心自用，亦無主觀模式或人爲規范。客觀體察百姓之需求和心意，因勢利導，即所謂「以百姓之心爲心」也。正如太史公所講，道家「其爲術也，因陰陽之大順，采儒墨之善，撮名法之要，與時遷移，應物變化，立俗施事，無所不宜。指約而易操，事少而功多。」

甲本：善者善之，不善者亦善〔之，德善也〕。

乙本：善〔者善之，不善者亦善之，德〕善也。

王本：善者吾善之，不善者吾亦善之，德善。

景龍碑、敦煌己、遂州三本「德」字寫作「得」，謂「善者吾善之，不善者吾亦善之，得善」；嚴遵、傅奕、司馬、吴澄諸本「德」字亦作「得」，後並有「矣」字，謂「善者吾善之，不善者吾亦善之，得善矣」；顧、徽、蘇、范、彭、焦、孟頫等諸本作「善者吾善之，不善者吾亦善之，德善矣」；邢玄本作「善者吾善之，不善者吾亦善之，德善者」。

帛書甲本稍殘，乙本殘甚，僅存三字，俱據王本補「德」字。與今本勘校，世傳本皆有「吾」字，作「吾善之」與「吾亦善」，帛書甲本無。今本此文分「德善」與「得善」兩釋，如王弼注：「各因其用，則善不失也，無棄人也。」以第二十七章「是以聖人常善救人，故無棄人」解之，是爲「德善」。高亨亦云：「『德』、『得』古通用，今依『德』字作解。德，品德也。」將其釋作：「百姓以爲善良的人，我就以善良對待之；百姓以爲不善良的，我也以善良對待之。于是一個時代的品德就將同歸于善良了。」河上公釋「德」字爲「得」，注云：「百姓爲善，聖人因而善之；百姓雖有不善者，聖人化之使善也。百姓德化聖人爲善。」「德化」讀作「得化」。蔣錫昌亦云：「『德』假爲『得』，此言民之善與不善，聖人一律待之以善，而任其自化，則其結果皆得善矣。」從此兩種解釋分析，似以「得善」之説義勝。

甲本：〔信者信之，不信者亦信之23德〕信也。

乙本：信者信之，不信者亦信之，德信也。

王本：信者吾信之，不信者吾亦信之，德信也。

景龍碑、敦煌己、遂州三本「德」字作「得」，謂「信者吾信之，不信者吾亦信之，得信」；嚴遵、傅奕、司馬、吴澄諸本作「信者吾信之，不信者吾亦信之，得信矣」；顧、邵、徽、蘇、范、彭、焦、孟頫諸本作「信者吾信之，不信者吾亦信之，德信矣」；邢玄本開始無「信者」二字，似脱漏。

帛書甲本殘甚，僅存二字。乙本保存完好，可據補甲本缺文。與今本勘校，世傳本「德善」、「德信」前後二文中皆有「吾」字，帛書本皆無此字。彼此稍異。從經文内容分析，老子所言乃無欲、無爭之道義，非謂爲人處世之態度，因而「吾」字在此，而將老子講述「得善」、「得信」之意義縮小。此當從帛書爲是。

河上公注：「百姓爲信，聖人因而信之；百姓爲不信，聖人化之使信也。百姓德化聖人爲信。」吳澄云：「民之善、不善，信、不信，聖人不分其是非，皆以爲善，以爲信。不惟善者得善，信者得信，而不善者亦得善，不信者亦得信矣。『得』謂民得此善，信而不失，蓋不善、不信亦化而爲善、信，是人人得此善、信也。」

甲本：〔聖人〕之在天下，𢡺𢡺焉，爲天下渾心。

乙本：耶（聖）人之在天下也，欱欱焉185上，〔爲天下渾心〕。

王本：聖人在天下歙歙，爲天下渾其心。

邵、徽、彭三本「人」下有「之」字，「歙歙」二字作「惵惵」，無「其」字，作「聖人之在天下惵惵，爲天下渾心」；蘇轍、孟頫二本作「聖人之在天下惵惵，爲天下渾其心」；易玄、慶陽、磻溪、樓正、遂州、焦竑諸本作「聖人在天下惵惵，爲天下渾其心」；敦煌己本作「聖人在天下惵惵，爲天下混其心」；嚴遵本作「聖人在天下惵惵乎，爲天下渾心」；司馬本作「聖人在天下惵惵焉，爲天下渾其心」；樓古本作「聖人在天下喋喋，爲天下渾其心」；景龍、景福、河上、顧歡、林志堅等諸本作「聖人在天下怵怵，爲天下渾其心」；傅奕本作「聖人之在天下，歙歙焉，爲天下渾渾焉」；范應元本作「聖人之在天下，歙歙焉，爲天下渾心焉」。

帛書甲本殘損二字，乙本殘損五字，彼此可互補缺文。與今本勘校，句型與用詞多有差異。如帛書甲本「⿰忄翕⿰忄翕」，乙本作「欱欱」，王本作「歙歙」，嚴遵等本作「惵惵」，河上本作「怵怵」，樓古作「喋喋」。因用詞各異，故注釋亦不相同。河上公注：「聖人在天下，怵怵常恐怖，富貴不敢驕奢。言聖人爲天下百姓渾濁其心，若愚闇不通也。」成玄英云：「惵惵，勤懼之貌也，言無心赴感之。聖人其在天下也，恒布大慈，拯救蒼生，恐其没溺，故惵惵而勤懼也。」釋「怵怵」、「惵惵」爲恐懼。馬叙倫云：「倫案『歙』借爲『合』。」「歙」字即有「合」義。正字通：「歙，合也，與『翕』通。」詩經小雅棠棣「兄弟既翕」，毛傳：「翕，合也。」「歙歙」如「歙然」，合貌，字亦作「欱」。王弼注云：「甚矣！害之大也，莫大於用其明矣。夫任智則人與之訟，任力則人與之爭。智不出於人而立乎訟地，則窮矣；力不出於人而立乎爭地，則危矣。未有能使人無用其智力於己者也，如此則己以一敵人，而人以千萬敵己也。若乃多其法網，煩其刑罰，塞其徑路，攻其幽宅，則萬物失其自然，百姓喪其手足，鳥亂於上，魚亂於下。是以聖人之於天下歙歙焉，心無所主也；爲天下渾心焉，意無所適莫。」所謂害莫大於用其明，即王本第六十五章所言：「古之善爲道者，非以明民，將以愚之。民之難治，以其智多。故以智治國，國之賊；不以智治國，國之福。」任用智力則人必與之訟爭，避免訟爭必須守道棄明，回到無是、無非、無善、無惡之渾合境域，則使人無思、無欲、無事、無爲，化歸渾樸。王弼注「歙歙」爲「心無所主」，釋「渾心」爲「無所適莫」。「心無所主」即無所區分，「無所適莫」則無厚無薄。從詞義分析，確有「合」、「渾」之義。帛書乙本正作「欱欱」，「欱」字乃「歙」之別構。

此文當從王弼、傅奕、范應元諸本作「歙」字爲是。

甲本：百姓皆屬耳目焉，聖人〔皆孩之〕。

乙本：〔百姓〕皆注其〔耳目焉，聖人皆孩之〕。

王本：〔百姓皆注其耳目〕，聖人皆孩之。

武英殿聚珍版叢書王本無「百姓皆注其耳目」七字，浙江書局附老子校勘記云：「閣本、畢本、黎本並有『百姓皆注其耳目』一句。據注『各用其聰明』，釋文：『注，之樹反。』知王弼本實有此句，以文繁難補附記於此。」道藏王本有此句，帛書甲、乙本亦有此句，此據道藏王本補。

林志堅本無「皆」字，作「百姓注其耳目」；宋陳象古道德真經解（道藏知五——知六）無「其」字，作「百姓皆注耳目」；司馬本「目」下有「焉」字，作「百姓皆注其耳目焉」。敦煌己、遂州二本「孩」字作「恔」，謂「聖人皆恔之」；傅奕本作「聖人皆咳之」；嚴遵作「聖人皆駭之」；元鄧錡道德真經三解（道藏改一——改四）作「聖人皆孩也」。

帛書甲本「百姓皆屬耳目焉」，乙本「屬」字作「注」，同今本。國語晉語「則恐國人之屬耳目於我也」，韋昭注：「『屬』猶『注』也。」「屬」、「注」二字同誼，乃謂百姓皆注意使用耳目體察世情，以智慧判斷是非，猶若王弼注云：「各用聰明。」成玄英云：「河上『注』諸本作『浮』，『浮』者染滯也。顛倒之徒，迷没世境，縱恣耳目，滯著聲色，既而漂浪長流，慾非自積。」朱謙之云：「案『浮』乃妄人以意改字，以求合於佛說。老子無此。」

「聖人多孩之」，舊注多謂聖人憐愛百姓，而以無識無知之孩嬰養教之；或如陳鼓應云：「有道的人使他們都回復到嬰孩般真純的狀態。」而將各本所見之「孩」、「恔」、「咳」、「駭」，均視爲「孩」字。帛書甲、乙本此二字均已殘毀，原爲何字已無法知道，只能照今本補。但此字在句中當作動詞解，非名詞。高亨釋「孩」字爲「閡」，他說：「說文：『閡，外閉也。』漢書律曆志『閡藏萬物』，顔注引晉灼曰：『外閉曰閡。』『聖人皆孩之』者，言聖人皆閉百姓之耳目也。上文云『歙歙爲天下渾其心』，卽謂使天下人心，胥渾渾噩噩，而無識無知也。此文云『百姓皆注其耳目，聖人皆閡之』，卽謂閉塞百姓耳目之聰明，使無聞無見也。此老子之愚民政策耳。『孩』、『咳』二字，因其爲借字，故亦作『駭』或『恔』。晏子外篇第八『頸尾咳於天地乎』，孫星衍曰：『「咳」與「閡」同。』亦以『咳』爲『閡』」。

五十（今本德經第五十章）

甲本：〔出〕生〔入死。生之24徒十〕有〔三，死之〕徒十有三，而民生生，動皆之死地之十有三。夫何故也？以其生生也。

乙本：〔出〕生入死。生之〔徒十有三，死〕之徒十又（有）三，而民185下生生，僮（動）皆之死地之十有三。〔夫〕何故也？以其生生。

王本：出生入死。生之徒十有三，死之徒十有三，人之生動之死地，亦十有三。夫何故？以其生生之厚。

敦煌己本「十」字並作「什」，謂「生之徒什有三，死之徒什有三，人之生動之死地，亦什有三」；嚴本下句「人」字作「民」，句型亦異，作「而民生動之死地十又三」；傅本作「而民之生生而動動皆之死地亦十有三」；范本作「民之生生而動之死地亦十有三」；徽、邵、彭諸本作「民之生動之死地亦十有三」；志本作「人之生動入死地亦十有三」；景福本作「人之生動皆之死地十有三」；景龍、易玄、邢玄、磻溪、樓正、遂州、河上、司馬諸本皆與王本相同，唯無「亦」字，作「人之生動之死地十有三」。末句，范本「故」字作「哉」，句尾有「也」字，作「夫何哉？以其生生之厚也」；景福與傅本作「夫何故？以其生生之厚也」。

帛書甲本殘損十字，乙本殘損七字，彼此可互補缺文。甲本經文句尾有「也」字，乙本無，並假「僮」字爲「動」。兩本經文基本相同。與今本勘校，帛書甲、乙本「而民生生，動皆之死地之十有三」一句，今本有多種句型，彼此出入甚大，並自相矛盾。各家注釋亦多不相同。諸如韓非子解老篇：「人之身三百六十節，四肢九竅，其大具也。四肢與九竅十有三者，十有三者之動靜盡屬於生焉。屬之謂徒也，故曰：『生之徒也十有三者。』至其死也，十有三具皆還而屬之於死，死之徒亦十有三。故曰：『生之徒十有三，死之徒十有三。』」朱謙之云：「『十有三』之說，自韓非子、河上公、碧虛子、葉夢得以四肢九竅爲『十三』，已涉附會。乃又有以十惡三葉爲『十三』者，如杜廣成；以五行生死之數爲『十三』者，如范應元；其說皆穿鑿不可信。」高亨以七情六欲爲「十三」，所謂「七情」，指人之喜、怒、哀、懼、愛、惡、欲；「六欲」，指聲、色、衣、香、味、室。諸如此類之說，雖言情至，言數合，似得道家真旨，其實純出冥思臆測，遠背本義。

帛書甲、乙本此文雖有殘損，但彼此可互補，故經文詞義都很清楚。根據上舉古今各本勘校，此文當從帛書甲、乙本作：「出生入死。生之徒十有三，死之徒十有三，而民生生，動皆之死地之十有三。夫何故？以其生生也。」

理解經文之關鍵則在「生生」一詞，全文共出現二次，一作「而民生生」，另一作「以其生生」。世傳本中只有傅、范二本有此二處，而其中亦有訛誤。如前句作「民之生生」，後句作「以其生生之厚也」。他本前句皆作「人之生動」，其間脱掉一「生」字。因經文僞誤，經義必然全失。「生生」是一動賓結構之短語，譯成今語則謂「過分地奉養生命」。韓非釋此文云：「凡民之生，生而生者，固動，動盡則損也；而動不止，是損而不止也；損而不止，則生盡，生盡之謂死。」老子於此文謂全生之極十有三分，全死之極也十有三分，彼此相等。但人之欲生盛於欲死，如果爲了養生長壽而費精勞形，結果正相反，所得皆爲那死地的十有三分。王弼注云：「『十有三』猶云十分有三分。取其生道，全生之極十分有三耳；取其死道，全死之極亦十分有三耳。而民生生之厚，更之無生之地焉。」高延第云：「富貴之人，厚自奉養，服食藥餌，以求長生，適自蹈於死地。此即動而之死者之端。」王、高二氏所釋，均切經義，而王弼謂「而民生生之厚」一句，則引自今本，帛書甲、乙本均無「之厚」二字。按老子用「生生」一詞，即表達厚自奉養之義，後人不解，故妄增「之厚」二字。實屬畫蛇添足，多此一舉，當據帛書甲、乙本訂正。

甲本：蓋〔聞善〕25執（攝）生者，陵行不〔避〕矢（冢）虎，入軍不被甲兵。

乙本：蓋聞善執（攝）生者，陵行不辟（避）冢虎，入軍不被兵革（甲）。

王本：蓋聞善攝生者，陸行不遇兕虎，入軍不被甲兵。

嚴遵本「遇」字作「避」，謂「陸行不避兕虎」；河上、孟頫二本「被」字作「避」，謂「入軍不避甲兵」；吴澄本作「陸行不避兕虎，入軍不避甲兵」；敦煌己本與之全同，唯「甲兵」作「鉀兵」。

帛書甲本殘損三字，乙本保存完好，可據補甲本缺文。又乙本「辟」字假爲「避」。甲本「入軍不被甲兵」，乙本「甲兵」二字作「兵革」。與今本斠校，甲、乙本「善執生者」，今本皆作「善攝生者」。按「攝」之古音聲在書紐，韻在葉部；「執」在章紐、緝部。章、書屬舌，葉、緝旁轉，故「攝」、「執」古音相同通假。「攝生」，養生也。左思吴都賦：「土壤不足以攝生。」王本用本字，帛書甲、乙本皆用借字。又甲、乙本「陵行不避冢虎」，今本皆作「陸行不遇兕虎」。説文云：「陸，高平地。」「陵，大𠂤也。」按冢虎猛獸，當處山陵，不處大陸，此當從帛書作「陵行不避冢虎」。帛書甲本「入軍不被甲兵」與世傳今本相同，唯乙本作「入軍不被兵革」。「甲」、「革」乃同音相假，當從甲本。今據帛書甲、乙本與上舉諸本勘校，此文當訂正爲：「蓋聞善攝生者，陵行不避冢虎，入軍不被甲兵。」

劉師培云：「按韓非子解老篇云，『聖人之遊世也，無害人之心，則必無人害；無人害，則不備人；故曰：「陸行不遇兕虎」。入山不恃備以救害，故曰：「入軍不備甲兵」。』老子古本『被』當作『備』，言不恃甲兵之備也。『備』、『被』音近，後人改『備』爲『被』，非古本矣。」蔣錫昌云：「廣雅釋詁二：『被，加也。』『遇』、『被』皆爲受動詞。『陸行不遇兕虎，入軍不被甲兵』，言陸行不爲兕虎所遇，入軍不爲甲兵所加也。」

甲本：矢（兕）无所椯（投）其角，虎无所昔（措）其蚤（爪），兵无所容〔其刃，夫〕26 何故也？以其无死地焉。

乙本：兕无〔所 186 投其角，虎无所措〕其蚤（爪），兵〔无所容其刃，夫何故〕也？以其无〔死地焉〕。

王本：兕無所投其角，虎無所措其爪，兵無所容其刃，夫何故？以其無死地。

敦煌己本「投」字作「駐」，「爪」字作「狐」，謂「兕無所駐其角，虎無所措其狐」；景龍碑「兕」字作「光」，「措」字作「揩」，謂「光無所投其角，虎無所揩其爪」；河上本無下「其」字，作「兕無投其角，虎無所措爪」；遂州本「投」作「註」，「措」字作「錯」，謂「兕無所註其角，虎無所錯其爪」；范應元本與釋文「措」字亦作「錯」，唯范本下句「故」字作「哉」，謂「夫何哉？以其無死地」；遂州本作「夫其故？以其無死地」；傅奕本作「夫何故也？以其無死地焉」；嚴遵本作「夫何故哉？以無死地」。

帛書甲本殘損三字，乙本殘甚，僅存九字。甲本多借字，如假「矢」字爲「兕」，假「椯」字爲「投」，假「昔」字爲「措」，假「蚤」字爲「爪」。乙本因毀字過多，只知假「蚤」爲「爪」一字，缺文皆據甲本補。與今本勘校，除個別虛詞和用字稍有不同，經義完全一致。

朱謙之云：「案『兕』，獸名，犀之雌者。爾雅云：『形似野牛，一角，重千斤。』淮南子墬形篇：『南方之美者，有梁山之犀象焉。』高誘注：『梁山在會稽，長沙湘南有犀角牙，皆物之珍也。』山海經云：『兕出湘水之南，蒼黑色。』老子楚人，故以『兕』爲喻。」帛書甲本「投」字作「揣」，敦煌己與遂州二本皆作「駐」。「投」、「揣」、「駐」古同音相借，王本用本字，其它皆爲借字。「善攝生者」，以無爲，無欲，靜修體魄，猛獸不能以角爪加害之，故陵行不必避兕虎；强敵不能以刀槍加害之，故入軍不必被甲兵。因其修道務本而不入死亡之途。正如王注：「故物，苟不以求離其本，不以欲渝其真，雖入軍而不害，陸行而不犯可也。赤子之可則而貴，信矣。」所謂「赤子」，即第五十五章「比於赤子」，皆指嬰兒。因「赤子」無求無欲不犯衆物，故猛獸毒蟲之物亦無犯於人。王弼云：「含德之厚者，不犯於物，故無物以損其全也。」

五十一（今本德經第五十一章）

甲本：道生之而德畜之，物刑（形）之而器成之。是以萬物尊道而貴（德）。

乙本：道生之，德畜之，物186下刑（形）之而器成之。是以萬物尊道而貴德。

王本：道生之，德畜之，物形之，勢成之。是以萬物莫不尊道而貴德。

前一句，世傳今本多與王本同，唯遂州本「勢成之」作「熟成之」，「熟」字乃爲「勢」字之誤。後一句，易玄本「萬物」作「聖人」，謂「是以聖人莫不尊道而貴德」；敦煌己與嚴遵二本無「莫不」二字，作「是以萬物尊道而貴德」；景福本無「而」字，作「是以萬物莫不尊道貴德」；顧歡本作「是以萬物莫不尊道而首德」。

帛書甲本殘損一字，乙本完好，可補甲本缺文。兩本異在虛詞，而經義無别也。與今本勘校，甲、乙本「器成之」，今本多同王本作「勢成之」。「器」、「勢」古讀音相同，可互相假用，但是彼此意義不同。何爲本字，則須作出說明。舊注皆以「勢」爲本字，解釋爲形勢、趨勢、氣候或環境等多種意義。如王弼注：「何因而形？物也。何使而成，勢也。唯因也，故能無物而不形；唯勢也，故能無物而不成。」河上公謂爲「寒暑之勢」；陳柱謂「勢」爲力，如云：「勢者，力也。」林希逸謂「勢」爲「陰陽之相偶，四時之相因」。蔣錫昌謂「勢」指各物所處之環境，如地域之變遷，氣候之差異，水陸之不同，等等。按今本「勢」字注釋，恐皆未達老子本義。按物先有形而後成器，老子第二十八章「樸散則爲器」，王弼注：「樸，真也。真散則百行出，殊類生，若器也。」二十九章「天下神器」，王弼注：「器，合成也。無形以合，故謂之神器也。」周易繫辭上「形乃謂之器」，韓康伯注：「成形曰器。」皆「形」、「器」同語連用。從而可見，今本中之「勢」應假借爲「器」，當從帛書甲、乙本作「器成之」。夫物生而後則畜，畜而後形，形成而爲器。其所由生者道也，所畜者德也，所形者物也，所成者器也。王弼云：「凡物之所以生，功之所以成，皆有所由。有所由焉，則莫不由于道也。故推而極之，亦至道也。隨其所因，故各有稱焉。」

甲本：〔道〕27之尊，德之貴也，夫莫之时（爵），而恒自然也。

乙本：道之尊也，德之貴也，夫莫之爵也，而恒自然也。

王本：道之尊，德之貴，夫莫之命而常自然。

敦煌己、嚴遵、顧歡、遂州諸本無上二「之」字，「命」字作「爵」，謂「道尊，德貴，夫莫之爵，而常自然」；徽、邵、彭三本無「夫」字，「命」字作「爵」，謂「道之尊，德之貴，莫之爵而常自然」；易玄、樓古、磻溪、樓正、孟頫、傅奕、司馬光、蘇轍諸本作「夫莫之爵而常自然」；吴澄本作「莫之命而常自然」；景福本作「夫莫大之命而常自然」；元李道純道德會元（道藏談三——談四）作「夫莫知命而常自然」。

帛書乙本每句都有「也」字，甲本第二與第四兩句有「也」字，彼此有所不同。王本「夫莫之命」，帛書甲、乙本均作「夫莫之爵」，與嚴遵、傅奕、敦煌己、易玄、樓古、磻溪、遂州諸本相同。朱謙之云：「遂州、嚴遵、顧歡亦作『爵』。又道藏宋張太守彙刻四家注此節附註校語云：『明皇、王弼二本『命』並作『爵』。各王注本均誤録作弼注，殿本亦如此。紀昀曰：『案此句，疑命字下原校語誤作弼注。』案紀説是也。道藏張刻所見王弼本作『爵』，與嚴遵、傅奕古本並同。敦煌本亦作『爵』，作『爵』誼亦可通。」「爵」字在此作動詞，有「封爵」、「賜爵」之意。成玄英云：「世上尊榮必須品秩，所以非久，而道德尊貴無關爵命，常自然。」此之謂道德所以尊貴，非爲世俗所封之品秩爵位，她以虚静無爲，任萬物之本能，按照自然規律而發展。此之尊貴，亦非世俗品秩、爵位所能比也。

甲本：道生之、畜之、長之、遂（育）之、亭〔之、毒之、養之、覆之〕。

乙本：道生之、畜之187上、〔長之、育〕之、亭之、毒之、養之、復（覆）之。

王本：故道生之、德畜之、長之、育之、亭之、毒之、養之、覆之。

嚴遵本無「故」字，「亭」字作「成」，「毒」字作「熟」，謂「道生之、德畜之、長之、育之、成之、熟之、養之、覆之」；易玄、慶陽、樓古、磻溪、孟頫、樓正、顧歡、徽、邵、司馬、蘇、吳、彭等諸本無「德」字，「亭」字作「成」，「毒」字作「熟」，謂「故道生之、畜之、長之、育之、成之、熟之、養之、覆之」；唯樓古、磻溪二本「熟」字寫作「孰」；敦煌己無「德畜之」三字，「亭」字作「成」，「毒」字作「熟」，謂「道生之、長之、育之、成之、熟之、養之、覆之」；景龍、景福、遂州、河上諸本作「故道生之、德畜之、長之、育之、成之、熟之、養之、覆之」；唯河上本「熟」字寫作「孰」；焦竑本作「故道生之、畜之、長之、育之、亭之、毒之、養之、覆之」；傅奕、范應元作「故道生之、德畜之、長之、育之、亭之、毒之、蓋之、覆之」；唯范本「畜」字作「蓄」，稍異。

帛書甲本此文殘損七字，乙本殘損三字，彼此可互補缺文。甲本假「遂」字爲「育」，乙本假「復」字爲「覆」，甲、乙二本經文相同。與今本勘校，帛書均無「故」與「德」二字，而「亭之毒之」一句，王、傅、范、焦諸本與之同，他本多作「成之熟之」。按「成」字和「亭」，「孰」字和「毒」，彼此古音雖同，可以通假，但孰爲本字，孰爲借字，過去並未作出明確判斷。諸家注釋皆各持一説。河上公注云：「道之於萬物，非但生之而已，乃復長、養、成、熟、覆、育，全於性命。」此乃據經文爲「成之熟之」而釋。道經第一章「有名萬物之母」，王弼注云：「及其有形有名之時，則長之、育之、亭之、毒之，爲其母也。」可見王弼所見老子作「亭之毒之」，不是「成之熟之」，與河上本不同。諭之帛書，甲、乙二本同作「亭之毒之」，足證老子原本卽當如此。范應元云：「『亭』、『毒』，王弼、李奇同古本。傅奕引史記云：『亭，凝結也。』廣雅云：『毒，安也。』」蔣錫昌云：「文選謝靈運初去郡注引倉頡篇：『亭，定也。』廣雅釋詁：『毒，安也。』『亭之毒之』，猶云定之安之也。」王弼注舊有奪失，樓宇烈據易順鼎、宇惠説增補，則謂：「『亭』爲品其形，『毒』爲成其質。各得其庇蔭，不傷其體矣。」從文義分析，「長」、「育」而謂體魄，「亭」、「毒」而謂品質，「養」、「覆」則謂全其性命耳。

甲本：〔生而〕[28]弗有也，爲而弗寺（恃）也，長而弗宰也，此之謂玄德。

乙本：〔生而弗有，爲而弗恃，長而〕弗宰，是胃（謂）玄德。

王本：生而不有，爲而不恃，長而不宰，是謂玄德。

世傳今本多同王本，唯敦煌己本「恃」字作「悵」，謂「爲而不悵」。恐抄寫之誤，非異文也。唐李約道德真經新注（道藏能一——能四）無「長而不宰」一句。嚴遵本「謂」字作「爲」，謂「是爲玄德」。

帛書甲本殘損二字，乙本殘損十字，據甲本補。與今本勘校，彼此異在虛詞，而經義全同。

道生育萬物而不自有自用，惠澤施爲而不圖報償，撫養成長而不宰不制。此之謂博大幽深，玄妙之德也。王弼云：「凡言『玄德』，皆有德而不知其主，出乎幽冥。」

五十二（今本德經第五十二章）

甲本：天下有始，以爲天下母。㤅（既）得其母，以知其〔子〕29；復守其母，没身不殆。

乙本：天下有始，以爲天下母187下。既得其母，以知其子；既知其子，復守其母，没身不佁（殆）。

王本：天下有始，以爲天下母。既得其母，以知其子；既知其子，復守其母，没身不殆。

傅奕本「以」上有「可」字，作「天下有始，可以爲天下母」；景龍、顧歡二本「得」字作「知」，「以」字作「又」，謂「既知其母，又知其子」；釋文作「既知其母，以知其子」；河上本作「既知其母，復知其子」；李道純道德會元（道藏談三——談四）「守」字作「歸」，謂「既知其子，復歸其母，没身不殆」；景福本「得」、「守」二字均作「知」，謂「既知其母，以知其子；既知其子，復知其母，没身不殆」。

帛書甲本殘損一字，假「㤅」字爲「既」；乙本保存完好，而假「佁」字爲「殆」。但是，甲本缺「既知其子」一句，乙本不缺，彼此各異。與今本勘校，世傳本皆有此句，經文多與乙本相同，從文義分析，亦證明甲本將此句經文脱漏，當爲抄寫之誤，非異文也，應據乙本補正。

王弼注云：「善始之，則善養畜之矣。故『天下有始』，則可以爲天下母矣。」又云：「母，本也。子，末也。得本以知末，不捨本以逐末也。」第三十八章注：「本在無爲，母在無名。棄本捨母而適其子，功雖大焉，必有不濟，名雖美焉，僞亦必生。……載之以道，統之以母，故顯之而無所尚，彰之而無所競。用夫無名，故名以篤焉；用夫無形，故形以成焉。守母以存子，崇本以舉其末，則形名俱有而邪不生，大善配天而華不作。故母不可遠，本不可失。」既知道爲萬物之母，以知萬物乃道之所生，進而守道而存萬物，崇本而舉末，則可終身不危矣。正如第三十七章經文所云：「道恒无名，侯王若能守之，萬物將自化。」亦即此義。

甲本：塞其閟（㙂），閉其門，終身不堇（勤）。啟其悶（㙂），濟其事，終身〔不救〕。

乙本：塞其㙂，閉其門，冬（終）身不堇（勤）。啟其㙂，齊（濟）其〔事188上，終身〕不棘（救）。

王本：塞其兑，閉其門，終身不勤。開其兑，濟其事，終身不救。

景福本「兑」字均作「鋭」，「閉」字作「閇」，謂「塞其鋭，閇其門，終身不勤。開其鋭，濟其事，終身不救」；景龍、河上、孟頫三本「閉」字寫作「閇」，謂「塞其兑，閇其門」；遂州本下句「兑」字作「門」，謂「開其門，濟其事，終身不救」。

帛書甲、乙本彼此用字有所不同，甲本前句「塞其閟」，乙本作「塞其㙂」，世傳今本多同王本作「塞其兑」，甲本後句「啟其悶」，乙本作「啟其㙂」，王本作「開其兑」，遂州本作「開其門」。今本第五十六章「塞其兑，閉其門」，與本章王本相同，乙本仍作「塞其㙂，閉其門」，甲本依然作「塞其悶，閉其門」。前後三處王本均作「兑」，乙本均作「㙂」，甲本作「閟」與「悶」。由此看來，彼此各有所據，非因筆誤而寫錯字。

世傳今本「閉其兑」、「開其兑」，乙本作「閉其垗」、「啟其垗」。「開」、「啟」二字誼同，因避漢景帝諱故改「啟」字爲「開」。「兑」字與「垗」通用。俞樾云：「案『兑』當讀爲『穴』，文選風賦『空穴來風』，注引莊子『空閲來風』。『閲』從『兑』聲，可假爲『穴』，『兑』亦可假作『穴』也。『塞其穴』正與『閉其門』文義一律。」孫詒讓云：「案『兑』當讀爲『隧』，二字古通用。襄二十三年左傳：『杞植、華還載甲夜入且于之隧。』禮記檀弓鄭注引之云：『「隧」或作「兑」。』晏子春秋内篇問下篇又作『茲於兑』，是證也。廣雅釋室云：『隧，道也。』左傳文公元年杜注云：『隧，徑也。』『塞其兑』亦謂塞其道徑也。」奚侗云：「易説卦『兑爲口』，引申凡有孔竅者皆可云『兑』。淮南子道應訓：『王者欲久持之，則塞民于兑。』高注：『兑，耳目鼻口也。』老子曰「塞其兑」，是也。」『門』謂精神之門。『塞兑』、『閉門』，使民無知無欲，可以不勞而理矣。」俞、孫、奚三氏之説皆通，尤以奚侗舉「兑爲口」引申爲人之耳目鼻口，謂「塞兑、閉門，使民無知無欲，可以不勞而理」，更切老子經義。帛書甲本作「塞其悶」，「悶」字也寫作「悶」。過去讀爲「門」或「悶」，皆不確。此字絶非作「懣」解的「悶」字。甲本中之「悶」字乃「閫」之省，正體當寫作「閫」，讀音必與「兑」字相同。「閫」字由二、門、心三者組成。説文門部「𨳿，登也。從門二。『二』古文『下』字，讀若軍敶之『敶』。」段玉裁注：「按『從門二』當作『從門二』，篆當作『𨳿』，篇韻『闥』字可證。直刃切十二部，從此爲聲者有『閔』、『闡』。」按玉篇有「閵」字，良刃切。字彙補有「閔」字，良刃切。皆舌音字。「𨳿」即「悶」字之聲符「𨳿」，「𨳿」與「閫」乃同字異形，讀音如「敶」（陣）。古聲在定紐，韻在真部，恰與「兑」字同音。「兑」古亦定紐字，韻爲入聲月部，「真」、「月」乃一聲之轉。帛書甲本「悶」字，乙本「垗」字，今本「兑」字，古皆爲雙聲叠韻，可互相通假。此字與「門」字連用，可訓作「穴」、「隧」、「徑」、「口」。由此可見，似當從乙本作「垸」字，更爲貼切。

今本「終身不勤」，帛書甲、乙本均作「終身不堇」。馬叙倫云：「『勤』借爲『瘽』，説文曰：『病也。』」可備一説。案帛書本「堇」字，當從王本作「勤」爲是，説文：「勤，勞也。」「終身不勤」，猶言無事永逸，終身不受勞苦。「勤」字似較「瘽」義長。

甲本：〔見〕小曰30〔明〕，守柔曰强。用其光，復歸其明。毋遺身央（殃），是胃（謂）襲常。

乙本：見小曰明，守〔柔曰〕强。用〔其光，復歸其明，毋〕遺身央（殃），是胃（謂）〔襲〕常。

王本：見小曰明，守柔曰强。用其光，復歸其明，無遺身殃，是爲習常。

吴澄本「曰」字作「日」，謂「見小日明」。敦煌己本「守」字作「用」，謂「用柔曰强」；河上、吴澄二本作「守柔日强」。道德真經（道藏慕一）白文無注，後一「其」字作「無」，謂「用其光，復歸無明」；樓古本作「用其光，復歸於明」。易玄、邢玄、樓古、樓正、孟頫、敦煌己、遂州、嚴遵、傅奕、范應元、徽、邵、司馬、蘇、吴、彭諸本，「爲」字均作「謂」，「習」字作「襲」，謂「無遺身殃，是謂襲常」；景龍、景福、河上、顧歡、林志堅等本均作「無遺身殃，是謂習常」；焦竑本作「無遺身殃，是爲襲常」。

帛書甲本殘損二字，並假「央」字爲「殃」，「胃」字爲「謂」。「遺」字殘存其半，帛書研究組識爲「道」字，愚以爲不確，仍應從乙本讀作「遺」。乙本殘損十字，借字與甲本同，可據甲本補其缺文。與今本勘校，帛書甲本「是謂襲常」一句，乙本「常」上一字殘壞，今本「襲常」與「習常」兩作。按「襲」字與「習」古書相同通用，從經義分析，在此當假「習」字爲「襲」，老子本義乃爲「襲常」。

「見小曰明」，河上公注：「萌牙未動，禍亂未見，爲小昭然，獨見爲明。」韓非子喻老篇以一歷史故事喻之，他說：「昔者紂爲象箸，而箕子怖。以爲象箸，必不加于土鉶，必將犀玉之杯；象著玉杯，必不羹菽藿，則必旄、象、豹胎；旄、象、豹胎，必不衣短褐而食於茅屋之下，則錦衣九重，廣室高臺。吾畏其卒，故怖其始。居五年，紂爲肉圃，設炮烙，登糟邱，臨酒池，紂遂以亡。故箕子見象箸以知天下之禍，故曰『見小曰明』。」「守柔曰强」，乃謂忍辱處弱則可勝强。韓非以句踐滅吳之故事喻之。他說：「句踐入宦於吳，身執干戈，爲吳王洗馬。故能殺夫差於姑蘇。」此乃忍辱守柔韜術之功。「用其光，復歸其明，無遺身殃，是謂襲常。」過去對其釋者甚多，而頗不一致。如「是謂襲常」一句，王本作「是爲習常」，舊注釋爲「習修常道」，不確。唯朱謙之釋此文較切經義，他說：「惟老子書中『光』與『明』異義（大田晴軒説），十六章『復命曰常，知常曰明』，五十五章『知和曰常，知常曰明』，三十三章『知人者智，自知者明』，五十二章『見小曰明』；二十二章『不自見故明』，二十四章『自見不明』，言『明』皆就内在之智慧而言。五十八章『光而不耀』，四章、五十五章『和其光』，五十二章『用其光，復歸其明』，言『光』皆就外表之智慧而言。蓋和光同塵，光而不耀，是韜藏其光，亦即莊子齊物論所謂『葆光』，此之謂『襲裳』也。『不自見故明』，『明道若昧』（四十一章），則是韜藏其明，『是謂微明』（三十六章），『是謂襲明』（二十七章），蓋『襲明』之與『襲常』，似同而實異也。」又云：「常，説文：『下帬也，從巾尚聲，或從衣。』蓋『常』即古『裳』字。釋名：『裳，障也，所以自障蔽也。』」此云『襲常』，與二十七章『是謂襲明』，同有韜光匿明之意。」朱氏釋「襲常」

乃韜光匿明之意，頗有見地，甚貼切老子本義。韓非子主道篇論君主御臣下之術云：「故曰：『君無見其所欲，君見其所欲，臣自將雕琢。君無見其意，君見其意，臣將自表異。』故曰：『去好去惡，臣乃見素；去舊去智，臣乃自備。』故有智而不以慮，使萬物知其處；有行而不以賢，觀臣下之所因；有勇而不以怒，使羣臣盡其武。是故去智而有明，去賢而有功，去勇而有强。羣臣守職，百官有常；因能而使之，是謂『習常』。」韓非此論乃爲老子「用其光，復歸其明，毋遺身殃，是謂襲常」作一具體詮釋，可見老子原作「襲常」，今本作「習常」者，乃同音借字，當訂正。

五十三（今本德經第五十三章）

甲本：使我㩼（挈）有知，〔行於〕大道，唯31〔池是畏〕。

乙本：使我介（挈）有知188下，行於大道，唯他（池）是畏。

王本：使我介然有知，行於大道，唯施是畏。

世傳今本皆與王本相同，經文無別。

帛書甲本殘損五字，乙本保存完好，可據補甲本缺文。乙本假「他」字爲「池」。與今本勘校，其分歧爲：甲本「使我㩼有知」，乙本作「使我介有知」，世傳本皆作「使我介然有知」，「介」字下有「然」字。舊注皆據此詮釋，議論紛紜。河上公注：「介，大也。老子疾時王不行大道，故設此言，使我介然有於政事，我則行大道躬無爲之化。」馬叙倫謂「介」字借爲「哲」，引説文曰：「哲，知也。」高亨云：「『介』讀爲『黠』，廣雅釋詁：『黠，慧也。』」均未達本義。馬王堆漢墓帛書整理小組云：「『絜』即『挈』之異體，各本皆作『介』。嚴遵道德指歸釋此句云：『負達抱通，提聰挈明。』注引經文作『挈然有知』，而經的正文已改作『介』。」鄭良樹也云：「案嚴本、河上本及其他諸本『介然』同，指歸云：『是以玄聖處士負達抱逌，提聰挈明。』谷神子註云：『挈然有知行於大道者。』是嚴本原作『挈然』，不作『介然』，明矣。今嚴本作『介然』，淺人之所改也。」説文手部：「挈，縣持也。」引申爲持握或掌握。「使我挈有知」，謂假使我掌握了知識。「挈」、「介」古同爲見紐月部字，讀音相同，今本「介」乃「挈」之借字，此當從甲本。

帛書乙本「行於大道，唯他是畏」，甲本殘損，僅存「大道」與「唯」三字。世傳今本多同王本作「行於大道，唯施是畏」。馬叙倫曰：「是，羅卷作『甚』。」敦煌唐天寶十年神沙鄉寫本（老子集成第一五五册），道藏玄宗御注本（道藏男三——男六）「是」字亦作「甚」，謂「行於大道，唯施甚畏」。帛書作「是」字，與王本同，原本當如此。韓非子解老篇：「書之所謂『大道』也者，端道也；所謂『貌施』也者，邪道也；所謂『徑大』也者，佳麗也；佳麗也者，邪道之分也。」王先慎云：「貌，飾也，下文所謂『飾巧詐』也。」王念孫云：「『施』讀爲『迆』。迆，邪也。言行於大道之中，唯懼其入於邪道也。」今本「施」字和甲、乙本「他」與「迆」字，古皆同音，均假爲「迆」。誠如王説。

甲本：「〔大道〕甚夷，民甚好解（徑）。

乙本：大道甚夷，民甚好僻（徑）。

王本：大道甚夷，而民好徑。

范應元本「夷」字作「徺」，謂「大道甚徺」；嚴遵本「徑」字作「逕」，謂「而民好逕」；景龍碑作「而人好俓」；河上本作「而民好俓」；易玄碑作「民其好俓」；敦煌己本作「其民好徑」；遂州本作「其人好徑」；樓古、磻溪、樓正、司馬、蘇轍、范應元等諸本皆作「民甚好徑」，與帛書甲、乙本同。

帛書甲本殘損「大道」二字，乙本保存完好，可據補甲本缺文。與今本勘校，帛書甲、乙本均作「民甚好解」，今本有作「民其好俓」或「其人好徑」等多種句型。其中主要分歧是，甲本「解」字，乙本作「僻」，景龍、易玄、河上三本作「俓」，世傳本多同王本作「徑」。「俓」乃「徑」字之俗體，「僻」乃「解」字之古形。「徑」與「解」字古音相同，可互相假用，在此「徑」爲本字。河上公注：「徑，邪不平正也。」說文彳部：「徑，步道也。」小徐注：「道不容車，故曰步道。」步道自成，多彎曲不直，俗謂羊腸小道，正與「大道甚夷」對文。

甲本：朝甚除，田甚芜，倉甚虛。

乙本：朝甚除，田甚芜，倉甚虛。

王本：朝甚除，田甚蕪，倉甚虛。

世傳今本此文多與王本相同，唯遂州本「田甚蕪」一句作「田甚苗」，稍異。

帛書甲、乙本經文相同，與今本亦完全一致，足證老子原本如此，遂州本作「田其苗」者誤。

首句「朝甚除」，舊注多謂潔修宮室。如王弼注：「朝，宮室也。除，潔好也。『朝甚除』，則『田甚蕪，倉甚虛』，設一而衆害生也。」成玄英云：「無道之君，好行邪徑，不崇樸素，唯尚華侈。既而除其故宇，更起新宮，彫楹刻桷，窮乎綺麗。徭役既繁，農夫喪業，界皋不作，南畝荒蕪，稼穡有退，國用無貲，杼軸既空，倉廩斯罄。」陸希聲曰：「觀朝闕甚修除，牆宇甚雕峻，則知其君好木土之功，多嬉遊之娱矣。觀田野甚荒蕪，則知其君好力役奪民時矣。觀倉廩甚空虛，則知其君好末作廢本業矣。」若依王、成、陸三家所釋，則前文不當作「民甚好徑」。奚侗曾云：「『人』指人主言，各本皆誤作『民』，與下文誼不相屬。」他主張把「民」字改作「人」，指當政的君主。案古籍中有時「民」與「人」字互改，乃唐初因避太宗諱而至，今觀漢帛書甲、乙本均作「民甚好徑」。不作「人甚好徑」，說明老子原本即作「民」字，不作「人」字，奚氏所說非是。但是，前文既指民，如此節經文謂君「多嬉遊」、「奪民時」等，則前後文誼觝牾不可通。馬叙倫云：「倫案『除』借爲『污』。猶『杇』之作『塗』也。諸家以『除治』解之。非也。」高亨老子正詁云：「亨按韓非子難一篇曰『左右請除之』，淮南子齊俗訓作『左右欲塗之』，即『除』、『塗』通用之證。後漢書班彪傳李賢注、文選西都賦李善注並云：『塗，污也。』」韓非子解老篇云：「『朝甚除』也者，獄訟繁也。獄訟繁則田荒，田荒則府倉虛。」韓非謂因獄訟繁多而「朝甚除」，說明王注釋「除」爲「修治」不確。馬、高二氏釋「除」爲「污」，猶言民之獄訟繁多，官吏忙於審訊，官府污穢骯髒，甚切經義。

甲本：服文采，帶利〔劍，猒飲〕食，〔資32財有餘〕。

乙本：服文采，帶利劍，猒食而齎（資）財189上〔有餘〕。

王本：服文綵，帶利劍，厭飲食，財貨有餘。

易玄本「綵」字作「彩」，謂「服文彩」；磻溪、樓正、嚴遵、傅奕、范應元、徽、邵、蘇、吴、彭、焦等諸本「綵」字作「采」，謂「服文采」；唐廣明元年泰州道德經幢「綵」字作「絲」，謂「服文絲」。易玄、樓正、范應元三本「厭」字寫作「猒」，謂「猒飲食」；敦煌己本「厭」字作「饜」，謂「饜飲食」。敦煌己、遂州、顧歡、焦竑諸本「財」字作「資」，謂「資貨有餘」；徽、邵、吴、彭、孟頫諸本作「資財有餘」；傅、范、蘇三本作「貨財有餘」。

帛書甲本殘損七字，乙本殘損二字，「資」字寫作「齎」。甲本缺文據乙本和王本補。如「猒飲食」一句，甲本僅存一「食」字，乙本此句作「猒食」，無「飲」字。帛書研究組根據乙本將甲本缺文亦補作「猒食」二字。按世傳本此句皆作「厭飲食」，作「猒食」於義不通。乙本無「飲」字乃爲脱誤，當據今本補，不該據此誤文補甲本。根據上舉古今各本勘校，此文當訂正爲：「服文采，帶利劍，猒飲食，而資財有餘。」「文采」指服飾之有花色者，漢書貨食傳「文采千匹」，顔注：「文，文繪也。帛之有色者曰『采』。」「猒飲食」指酒食饜飽，説文：「猒，飽也，足也。」俗作「饜」。此乃繼前文「大道甚夷，民甚好徑」而言，誠如嚴遵指歸所云：「衣重五采，錦繡玄黄，氷紈綺縠，靡麗光輝。利劍堅甲，强弩勁弓，輕車駿馬，多俠凶人。權重名顯，威勢流行，伐殺絶里，臣役細民。妬廉嫉讓，疾忠毒信，結邪連僞，與善爲怨。尚争貴武，無不侵凌，使通境外，常議弑君。食重五味，殘賊羣生，刳胎殺轂，逆天之心。居常辭飽，取求不厭，多藏金玉，畜積如山，所有珍寶，擬於人君。」但是，民貪則君侈，君暴而民頑。君民這對矛盾是相互影響的。觀民服好文采，知其君必好文巧蠹女工。觀民趣好利劍，知其君必好武勇勤征戰。觀民食常饜飫，知其君必好醉飽貪女色。觀民欲好資財，知其君必好財貨强聚斂。君民志趣相映不可移也。

甲本：此段經文全部殘毁。

乙本：〔是謂盜〕杆（竽），非〔道也哉〕！

王本：是謂盜夸，非道也哉！

邵若愚本「盜」字作「道」，「夸」字作「誇」，謂「是謂道誇」；磻溪、樓古、徽、彭、志諸本作「是謂盜誇」，遂州本作「是謂盜跨」；景龍、孟頫二本作「是謂盜夸」；范本作「是謂盜夸」；焦本作「是謂盜竽」；易玄、傅奕二本作「是謂盜夸，盜夸非道也哉」；司馬本作「是謂盜誇，盜誇非道也哉」；敦煌己本作「是謂盜誇，盜誇非道」；嚴遵本作「是謂盜誇，非道哉」；河上、吴澄二本作「是謂盜夸，非道哉」。

帛書甲本此文殘毁，乙本殘存一「木」字形旁和「非」字。帛書研究組注云：「韓非子解老篇作『盜竽』，此本『盜』字下僅存右部木旁，或是一從木于聲之字。」案帛書乙本「盜」字已毁，帛書研究組誤校。但估計其殘字爲「從木于聲之字」，似有可能，故此據王本及解老篇補。

解老篇云：「諸夫飾智故以至於傷國者，其私家必富；私家必富，故曰『資貨有餘』。國有若是者，則愚民不得無術而效之，效之則小盜生。由是觀之，大姦作則小盜隨，大姦唱則小盜和。竽也者，五聲之畏者也，故竽先則鐘瑟皆隨，竽唱則諸樂皆和。今大姦作則俗之民唱，俗之民唱則小盜必和，故『服文采，帶利劍，厭飲食，而資貨有餘』者，是之謂『盜竽』矣。」

五十四（今本德經第五十四章）

甲本：善建〔者不〕拔，〔善抱者不脱〕，子孫以祭祀〔不絶〕。

乙本：善建者〔不拔，善抱者不脱〕，子孫以祭祀不絶。

王本：善建者不拔，善抱者不脱，子孫以祭祀不輟。

敦煌己與遂州二本無「者」字，作「善建不拔，善抱不脱」；顧歡本作「善建不拔，善抱者不脱」。傅奕本「抱」字寫作「袌」，謂「善袌者不脱」；范應元本「脱」字寫作「挩」，謂「善抱者不挩」。景龍、樓古、磻溪、孟頫、樓正、遂州、嚴遵、河上、顧歡、司馬、蘇轍、吴澄、焦竑等諸本均無「以」字，作「子孫祭祀不輟」；敦煌己本作「子孫祭祠不餟」。

帛書甲、乙本均有殘損，從殘留字句來看，與王本經文基本相同，唯「輟」字作「絶」，如乙本作「子孫以祭祀不絶」。甲本「祭祀」之「祭」字，帛書整理小組謂作「祭」，同「然」字。「輟」字與「絶」音義相近，韓非子解老篇引作「祭祀不絶」，喻老篇則引作「子孫祭祀世世不輟」，「輟」、「絶」二字互用。

就詞義言，「善建者不拔」，王弼注：「固其根而後營其末，故不拔也。」「善抱者不脱」，王弼注：「不貪於多，齊其所能，故不脱也。」以此則子孫祭祀尚可不絶。韓非子解老篇從哲理、道義方面又作了深一層解釋。他說：「人無愚智，莫不有趨舍；恬淡平安，莫不知禍福之所由來。得於好惡，怵於淫物，而後變亂。所以然者，引於外物，亂於玩好也。恬淡有趨舍之義，平安知禍福之計，而今也玩好變之，外物引之。引之而往，故曰『拔』。至聖人不然，一建其趨舍，雖見所好之物不能引，不能引之謂『不拔』；一於其情，雖有可欲之類，神不爲動，神不爲動之謂『不脱』。爲人子孫者，體此道以守宗廟，不滅之謂『祭祀不絶』。」

甲本：〔脩之身33，其德乃真。脩之家，其德有〕餘。脩之〔鄉，其德乃長。脩之國，其德乃豐。脩之天下，其德34乃博〕。

乙本：脩之身，其德乃真189下。脩之家，其德有餘。脩之鄉，其德乃長。脩之國，其德乃夆〔豐〕。脩之天下，其德乃博。

王本：修之於身，其德乃真。修之於家，其德乃餘。修之於鄉，其德乃長，修之於國，其德乃豐。修之於天下，其德乃普。

景福本無「之」字，第二個「乃」字作「有」，謂「脩於身，其德乃真。脩於家，其德有餘。脩於鄉，其德乃長。脩於國，其德乃豐。脩於天下，其德乃普」；景龍碑無前三個「於」字、第二個「乃」字作「有」，謂「脩之身，其德乃真。脩之家，其德有餘。脩之鄉，其德乃長。脩之於國，其德乃豐。脩之於天下，其德乃普」；敦煌己與林志堅二本無「於」字，「乃」字作「能」，第二個「能」字下增一「有」字，謂「脩之身，其德能眞。脩之家，其德能有餘。脩之鄉，其德能長。脩之國，其德能豐。脩之天下，其德能普」；遂州本作「脩之於身，其德能眞。修之於家，其德有餘。修之於鄉，其德能長。修之於國，其德能豐。修之於天下，其德能普」；易玄本作「修之身，其德乃眞。修之家，其德能有餘。修之鄉，其德乃長。修之國，其德乃豐。修之天下，其德乃普」；樓古、磻溪、樓正、徽、邵、司馬、蘇、彭諸本作「修之身，其德乃眞。修之家，其德乃餘。修之鄉，其德乃長。修之國，其德乃豐。修之天下，其德乃普」；傅奕本作「修之身，其德乃眞。修之家，其德乃餘。修之鄉，其德乃長。修之邦，其德乃豐。修之天下，其德乃溥」；范應元本作「修之身，其德乃眞。修之家，其德乃餘。修之鄉，其德乃長。修之邦，其德乃豐。修之天下，其德乃普」；河上本作「修之於身，其德乃眞，修之於家，其德有餘。修之於鄉，其德乃長。修之於國，其德乃豐。修之於天下，其德乃普」；吴澄、焦竑二本作「修之於身，其德乃眞。修之於家，其德乃餘。修之於鄉，其德乃長。修之於邦，其德乃豐。修之於天下，其德乃普」；嚴遵本作「修之於身，修之於家，其德有餘。修之於鄉，其德乃長。修之於國，其德乃豐。修之於天下，其德乃普」，首句下脱掉「其德乃眞」一句。

從以上勘校，足以說明今本老子此文句型之複雜，一句而有多型。雖然差異甚微，不傷經義，但却反映出傳抄兩千餘年的老子，内容訛變相當嚴重。此文帛書甲本僅存三字，乙本完好，但經文也與上述各本不同。可是，乙本與韓非子解老篇引文的句型詞義都基本一致，兹據上述古今各本及韓非解老共同勘校，此節經文當據乙本訂正爲：「修之身，其德乃眞。修之家，其德有餘。修之鄉，其德乃長。修之國，其德乃豐。修之天下，其德乃博。」

韓非子解老篇云：「身以積精爲德，家以資財爲德，鄉、國、天下皆以民爲德。今治身而外物不能亂其精神，故曰：『修之身，其德乃真。』真者，慎之固也。治家者，無用之物不能動其計，則資有餘，故曰：『修之家，其德有餘。』治鄉者行此節，則家之有餘者益衆，故曰：『修之鄉，其德乃長。』治邦者行此節，則鄉之有德者益衆，故曰：『修之邦，其德乃豐。』莅天下者行此節，則民之生莫不受其澤，故曰：『修之天下，其德乃普。』」帛書乙本「普」字作「博」，傅奕本作「溥」。廣雅釋詁：「博，大也。」論語雍也：「子貢曰：『如有博施於民，而能濟衆，何如？可謂仁乎？』子曰：『何事於仁，必也聖乎！堯舜其猶病諸。』」劉寶楠正義云：「『博』訓『廣』也。『廣施恩惠』，言君無私，德能徧及也。」此卽「修之天下，其德乃博」之義，當從帛書乙本。

甲本：以身〔觀〕身，以家觀家，以鄉觀鄉，以邦觀邦，以天〔下觀天下。吾何以知天下之然哉？以此〕35。

乙本：以身觀身，以家觀〔家190上，以國觀〕國，以天下觀天下。〔吾何以知〕天下之然兹（哉）？以〔此〕。

王本：故以身觀身，以家觀家，以鄉觀鄉，以國觀國，以天下觀天下。吾何以知天下然哉？以此。

彭耜云：「程大昌易老通言無『故』字，其它均同王本以『故』爲首。」傅奕、范應元二本「國」字作「邦」，「何」字作「奚」，「然」上有「之」字，謂「故以身觀身，以家觀家，以鄉觀鄉，以邦觀邦，以天下觀天下。吾奚以知天下之然哉？以此」；嚴遵本「天下」二字作「其」，謂「吾何以知其然哉？以此」；易福、樓古、磻溪、孟頫、樓正、顧歡、徽、司馬、蘇、彭、焦等諸本作「吾何以知天下之然哉？以此」；景龍、易玄、敦煌己、遂州諸本作「吾何以知天下之然？以此」；河上本作「何以知天下之然哉？以此」。

帛書甲本殘損十六字，乙本殘損九字，並脱漏「以鄉觀鄉」一句。此乃因抄寫不慎而脱誤，非異文也。甲、乙本可以互補缺文。與今本勘校，經文與王本相同，唯句首無「故」字，稍異。

韓非子解老篇云：「修身者以此別君子小人，治鄉、治邦、莅天下者，各以此科適觀息耗，則萬不失一。」修身則需推己及人，舉一反三。視己之身推而及之，可知他身。視己之家推而及之，可知他家。視己之鄉推而及之，可知他鄉。視己之邦推而及之，可知他邦。以己所莅之天下，推而及之，可知他人所莅之天下。何以知修身、治家、治鄉、治邦及其莅天下者，全憑如此觀察體驗而獲得。

五十五（今本德經第五十五章）

甲本：〔含德〕之厚〔者〕，比於赤子。

乙本：含德之厚者，比於赤子。

王本：含德之厚，比於赤子。

傅奕本「厚」下有「者」字，「比」下有「之」字，最後有「也」字，作「含德之厚者，比之於赤子也」；范應元本「厚」下有「者」字，最後有「也」字，作「含德之厚者，比於赤子也」；司馬本作「含德之厚者，比於赤子。」

帛書甲本有殘損，乙本完好，作「含德之厚者，比於赤子」，與司馬本相同。「赤子」指新生的嬰兒。漢書賈誼傳顔師古注：「赤子，言新生未有眉髮，其色赤。」吴澄云：「含懷至厚之德於内者，如嬰兒也。」老子常以道深德厚之人比作無思無慮的赤子，書中多見。如道經第十章：「專氣致柔，能嬰兒乎？」第二十八章：「常德不離，復歸於嬰兒。」王弼云：「赤子無求無欲，不犯衆物。」

甲本：逢（蜂）⿰衤剌（蠆）⿰虫畏（虺）地（蛇）弗螫，擢（攫）鳥猛獸弗搏。

乙本：蠭癘（蠆）虫（虺）蛇190下弗赫（螫），據（攫）鳥孟（猛）獸弗捕（搏）。

王本：蜂蠆虺蛇不螫，猛獸不據，攫鳥不搏。

范應元本「蜂蠆」作「毒蟲」，謂「毒蟲虺蛇不螫，猛獸攫鳥不搏」；遂州本「蜂蠆虺蛇」四字只作「毒蟲」二字，謂「毒蟲不螫，攫鳥猛獸不搏」；傅奕本作「蜂蠆不螫，猛獸不據，攫鳥不搏」；景福、樓古、磻溪、孟頫、樓正、河上、顧歡、邵、司馬、蘇、吴、彭、志、焦等諸本皆作「毒蟲不螫，猛獸不據，攫鳥不搏」；景龍、敦煌己二本與上述諸本三句全同，唯「攫」字作「玃」，謂「玃鳥不搏」；易玄本「攫」字作「欔」，謂「欔鳥不搏」；

徽本「搏」字作「搏」，謂「攫鳥不搏」；嚴遵本「猛獸」與「攫鳥」兩句次序顛倒，作「毒蟲不螫，攫鳥不搏，猛獸不據」。今本此節經文句型可分爲四種：

第一種爲六六字句排列，如范應元本：「毒蟲虺蛇不螫，猛獸攫鳥不搏。」

第二種爲六四四字句排列，如王弼本：「蜂蠆虺蛇不螫，猛獸不據，攫鳥不搏。」

第三種爲四六字句排列，如遂州本：「毒蟲不螫，攫鳥猛獸不搏。」

第四種爲四四四字句排列，作此種句型的版本最多，而彼此又有差異。這裏以嚴遵本與傅奕兩本爲代表：

嚴本：「毒蟲不螫，攫鳥不搏，猛獸不據。」

傅本：「蜂蠆不螫，猛獸不據，攫鳥不搏。」

今本中流傳的四種句型，究竟那一種是老子的原文本義？長期以來没有解決。舊注亦踵訛襲繆，各持一說。帛書甲、乙本同爲六六字句型，與范應元本相近，但内容有異。甲本原文作「逢（蠭）⿰亻剌（蠆）⿰虫畏（虺）地（蛇）弗螫，擢（攫）鳥猛獸弗搏」，乙本原文作「蠭癘（蠆）虫（虺）蛇弗赫（螫），據（攫）鳥孟（猛）獸弗捕（搏）」。因兩本都用有假借字和異體字，故將彼此共性而摭隱。甲本「逢」字，當從乙本作「蠭」，玉篇蚰部：「蠭，螫人飛蟲也。」今多寫作「蜂」。甲本「⿰亻剌」字與乙本「癘」字，均假爲「蠆」，廣雅釋蟲：「蠆、蠤，蠍也。」王念孫疏證云：「案『蠆』、『蠤』皆毒螫傷人之名。……『蠤』一作『蠇』。」甲本「⿰虫畏」字乃「虺」字別體，乙本「虫」字乃「虺」字古文，「赫」字借爲「螫」。甲本「擢鳥」與乙本「據鳥」，今本作「攫鳥」或「玃鳥」。成玄英云：「獲鳥，鷹鸇類也。」禮記儒行「鷙蟲攫搏」，疏云：「以脚取之謂之『攫』，以翼擊之謂之『搏』。」「攫鳥」指以爪取物之鷹鸇屬。如將其假借字都改用本字，帛書甲、乙本經文應同作「蜂蠆虺蛇不螫，攫鳥猛獸不搏」。王弼本經文首句也作「蜂蠆虺蛇不螫」，與甲、乙本相同。王弼注云：「故毒蟲螫之物，無犯之於人也。」河上公本經文首句作「毒蟲不螫」，其注云：「蜂蠆蛇虺不螫。」河上公注文與帛書甲、乙本及王本經文首句相同。此一現象不難理解，分明是河上公本經文首句原亦作「蜂蠆虺蛇不螫」，當與帛書本和王本一致。但是河上公本誤將經文混入注中，而且還把「虺蛇」二字誤寫成「蛇虺」。不僅如此，又把解釋經文的王注中「毒蟲」二字竄入經內。經文與注文互相顛倒，彼此移位，顯然這是後人抄寫不慎而造成的錯誤。這就是河上公本有關本章此段經文的實際情況。後來凡與河上公本同一系統的各種傳本，多承訛襲謬以誤傳誤。過去俞樾懷疑王弼本經文「蜂蠆虺蛇不螫」爲河上公的注文羼入，因此他說：「河上公本作『毒蟲不螫』，注云：『蜂蠆蛇虺不螫。』後人誤以河上公注羼之。」朱謙之也謂：「河上本較王本爲早。如五十五章河上本『毒蟲不螫』，王本作『蜂蠆虺蛇不螫』。按此六字乃河上公注，王本誤以河上公注羼入，此爲王本後于河上之鐵證。」關於此一公案，在帛書老子出土之前無法裁定，若干年來一直懸而未決。自甲、乙本出土後，則真相大白，朱氏所謂的「鐵證」也不煉自熔了。事實證明，並非王本將河上公注羼入經文，而是河上公本誤將經文混入注中。從而證明不僅王本經文首句不誤，河上公本經文首句原來也作「蜂蠆虺蛇不螫」，他們原來與帛書甲、乙本都完全相同。

帛書老子甲、乙本此段經文首句「蜂蠆虺蛇不螫」，確爲老子原文，已是無可爭辯的事實。從而還進一步證明，下句六字經文「攫鳥猛獸不搏」也是老子原文，均未經過後人的竄改。從句型分析，原本是兩個相對的六字句，其它作四六字句、六四四字句或四四四字句的，皆爲後人妄改。帛書甲、乙本經文中「蜂蠆虺蛇」與「攫鳥猛獸」是對文，「蜂蠆」對「攫鳥」，「虺蛇」對「猛獸」，皆爲古籍中常見之雙音連用詞彙。例如，荀子議兵：「慘如蜂蠆。」淮南子俶真：「蜂蠆螫指。」「蜂蠆，有毒性的蟲。」又如，淮南子本經：「虺蛇可蹠。」後漢書段熲傳：「養虺蛇于室内也。」「虺蛇」是指有毒性的蛇。「攫鳥」是指以爪喙搏鬥的禽，「猛獸」是指虎豹豺狼之屬。「弗螫」與「弗搏」也是對文，皆爲否定動詞詞組，而「螫」、「搏」爲韻。無論從任何方面分析，皆可證明帛書老子甲、乙本經文「蜂蠆虺蛇不螫，攫鳥猛獸不搏」是未曾被竄改的老子原文。今本此文皆經過淺人之改動，所傳均有僞誤，皆應根據帛書甲、乙本訂正。

甲本：骨弱筋柔而握固，未知牝牡〔之會36而朘怒〕，精〔之〕至也。

乙本：骨筋弱柔而握固，未知牝牡之會而朘怒，精之至也。

王本：骨弱筋柔而握固，未知牝牡之合而全作，精之至也。

易玄、孟頫、河上三本「筋」字寫作「筯」，謂「骨弱筯柔而握固」；景龍、景福、敦煌己三本又寫作「觔」，謂「骨弱觔柔而握固」。遂州本「牝」字作「玄」，「全」字作「峻」，句後有「也」字，謂「未知玄牡之合而峻作，精之至也。」景福、孟頫、河上、徽、邵、司馬、吴、彭、志、焦等諸本「全」字作「峻」，謂「未知牝牡之合而峻作，精之至也」；傅奕、范應元二本「全」字作「朘」，謂「未知牝牡之合而朘作，精之至也」；邢玄、磻溪、樓正、敦煌己、嚴遵、顧歡、蘇轍等諸本「全」字作「峻」，無「也」字，謂「未知牝牡之合而峻作，精之至」。

帛書甲本「骨弱筋柔而握固」，乙本作「骨筋柔弱而握固」。世傳今本皆同甲本作「骨弱筋柔」，無一作「骨筋柔弱」者，可見乙本抄寫有誤，當據甲本更正。河上公注云：「赤子筋骨柔弱而持物堅固，以其意心不移也。」成玄英疏云：「言赤子筋骨柔弱，手握堅固。喻含德心性柔弱順物謙和，雖復混迹同塵，而靈府潔白，在染不染，故言『握固』。」帛書乙本「未知牝牡之會而朘怒，精之至也」，「牝牡之會」，今本「會」字作「合」，「朘」字多作「峻」，王本作「全」。「朘」、「峻」同字別體，「朘」、「全」同音相假，在此均指男性嬰兒之生殖器。河上公注：「赤子未知男女之合會而陰作怒者，由精氣多之所致也。」猶謂尚不知而且無兩性交媾之理與欲之赤子，生殖器何以充盈翹起，乃因體内精氣之充沛，純屬生理之自然現象。

甲本：終日號而不𢖾（嚘），和之至也。

乙本：冬（終）日號而不嚘，和〔之 191上 至也〕。

王本：終日號而不嗄，和之至也。

嚴遵本「號」字作「嗥」，「而」下有「嗌」字，後無「也」字，作「終日嗥而嗌不嗄，和之至」；樓古、磻溪、孟頫、范、徽、邵、吴、彭等諸本作「終日號而嗌不嗄，和之至也」；傅奕本作「終日號而嗌不欶，和之至也」；志本作「終日號而不嗌，和之至也」；河上本作「終日號而不啞，和之至也」；景龍、易玄、邢玄、慶陽、樓古、磻溪、樓正、敦煌己、遂州、顧歡、蘇轍等諸本作「終日號而不嗄，和之至」。

帛書甲本「終日號而不𢖻」，乙本「不」下一字殘，只存左半邊一「口」字形符。原字難辨，帛書整理小組云：「『𢖻』當爲『憂』之省，猶『爵』省爲『时』（見前），此讀爲『嚘』，嚴遵本作『嚘』。玉篇口部：『嚘，老子曰：「終日號而不嚘。」嚘，氣逆也。』帛書『憂』字常寫作『夏』，通行本老子此字多作『嗄』。莊子庚桑楚引亦作『嗄』，司馬彪註：『楚人謂啼極無聲曰「嗄」。』」此字王弼本寫作「嗄」，傅奕本寫作「𣢟」，河上本作「啞」，林志堅本作「嗌」。由于世傳本經文用字不同，舊注亦各持一説，是非難以裁定。此字帛書甲本作「𢖻」，爲「憂」字之省，乙本雖僅殘存一「口」字形符，但帛書整理組參照甲本復原爲「嚘」，則爲澄清此一是非懸案，提供了很好的依據。畢沅曾謂：「彭耜曰：『古本無「嗌」字。「嗌不嗄」，莊子之文，後人溷於老子，所不取。』案此及谷神子、李約皆有『嗌』字，即耜所云相沿之誤也。『嚘』本又作『啞』，陸德明曰：『當作噫。』玉篇引作『終日號而不嚘』，『嚘』从口从憂，説文解字有『嚘』字，云：『語未定貌。』揚雄太元經：『柔兒于號，三月不嚘。』玉篇『嚘』是『𣢟』之異字。『嚘』與『嗄』形近，或誤『嚘』爲『嗄』，又轉『嗄』爲『啞』耳。」漢帛書老子甲、乙本，爲畢氏之説得一確證。玉篇口部：「嚘，氣逆也。」「不嚘」即不氣逆，正與下文「和之至也」相一致。「和」指氣言，如第四十二章「沖氣以爲和」。由于赤子元氣淳和，故而終日號哭，而氣不逆滯。准此，經文當從帛書作「終日號而不嚘，和之至也。」

甲本：和曰常，知和（常）曰明，益生曰祥，心使氣曰强。

乙本：〔知和曰〕常，知常曰明，益生〔曰〕祥，心使氣曰强。

王本：知和曰常，知常曰明，益生曰祥，心使氣曰强。

遂州本無「知常曰明」一句，下句作「益生曰詳」。景福碑下三個「曰」字均作「日」，謂「知和日常，知常日明，益生日祥，心使氣日强」；河上本後二句「曰」作「日」，謂「知和曰常，知常曰明，益生日祥，心使氣日强」；元李道純道德會元第三句作「益生不祥」；傅奕本第四句作「心使氣則彊」。

帛書甲本首句「和」前奪一「知」字，當作「知和曰常」；第二句「知常曰明」，「常」字又誤作「和」，抄寫不慎之過也。乙本殘三字。與今本勘校，甲、乙本經文與王本相同。「知和曰常」，王弼注：「物以和爲常，故知和則得常也。」王弼釋「和」爲諧和無事，恐未達老子本義。老子所謂「和」者，系指雌雄兩性動物之交合。如第四十二章：「萬物負陰而抱陽，沖氣以爲和。」莊子田子方：「至陰肅肅，至陽赫赫……兩者交通成和，而物生焉。」荀子天論：「萬物各得其和以生。」皆與此「和」字義同。「和」指陰陽相交，對立面的統一，是宇宙間事物運動永恒不變的規律。人亦如是。嬰兒初生，精純氣和，無思無欲，故而「骨弱筋柔而握固」，「未知牝牡之會而朘怒」，「終日號而不嗄」。車載云：「嬰兒是人的開端，少年、壯年、老年都以之爲起點，但嬰兒渾沌無知，與天地之和合而爲一。『和』所表示的統一包含着對立在内，是有永恒性的，所以説『知和曰常』。」「益生曰祥」，王弼注：「生不可益，益之則夭也。」易順鼎云：「按『祥』即不祥。書序云：『有祥桑穀共生于朝。』與此『祥』字同義。王注曰：『生不可益，益之則夭。』『夭』字當作『妖』，蓋以『妖』解『祥』字。」奚侗云：「『祥』當訓『眚』。易『復有災眚』，子夏傳：『妖祥曰「眚」。』是『祥』有『眚』誼。『災眚』連語，『眚』亦『災』也。莊子德充符篇：『當因自然而不益生。』蓋以生不可益，益之則反乎自然而災害至矣。」蔣錫昌云：「按素問六元正紀大論『水迺見祥』，注：『祥，妖祥。』左氏僖公十六年傳疏：『惡事亦稱爲「祥」。』道德真經取善集引孫登曰：『生生之厚，動之妖祥。』又引舒王曰：『此「祥」者，非作善之「祥」。乃災異之「祥」。』」「心使氣曰强」，「强」字在此與「祥」字義近，亦指災異而言。猶如第四十二章「强梁者不得其死」，七十六章「堅强死之徒也」，意義相同。迺謂心宜虚静守柔，無思無欲，若因情而動，氣必非正；感物而欲，心使其氣，失於守柔，去静離道，則陷入强梁，非災卽禍，甚者至死。

甲本：〔物壯〕37卽老，胃（謂）之不道，不道〔早已〕。

乙本：物〔壯〕則老，胃（謂）之不道，不道蚤（早）已。

王本：物壯則老，謂之不道，不道早已。

河上本「則」字作「將」，謂「物壯將老」；敦煌己、遂州、顧歡三本「不」字並作「非」，謂「物壯則老，謂之非道，非道早已」；易玄、樓古、磻溪、孟頫、樓正、徽、邵、范、司馬、蘇、吴、彭、志等諸本，「謂之」二字作「是謂」，謂「物壯則老，是謂不道，不道早已」；金寇才質道德真經四子古道集解（道藏過一——過十）作「物壯則老，是謂不道，不道早死」。

帛書甲、乙本均稍有殘損。甲本「則」字作「卽」，謂「物壯卽老」。乙本經文與王本同。朱謙之云：「『早已』當作『早亡』。」朱説非是，帛書乙本卽作「早已」。「已」字訓「止」，「早已」可引申爲「早亡」。河上公注：「萬物壯極則枯老也，老不得道，不得道者早已死也。」案此節經文與第三十章同文復出，本章王弼無注，第三十章王注云：「壯，武力暴興，喻以兵强於天下者也。飄風不終朝，驟雨不終日，故暴興必不道，早已也。」蔣錫昌云：「此『壯』則指『益生』、『使氣』而言……此言物過壯者，則易衰老，故謂之不道，不道之結果，常早死也。」在此則蔣説義勝。

五十六（今本德經第五十六章）

甲本：〔知者〕弗言，言者弗知。塞其悶（兑），閉其〔門，和〕其光，同其墼（塵），坐（挫）其閲（鋭），解38其紛，是胃（謂）玄同。

乙本：知者弗言，言191下者弗知。塞其垙，閉其門，和其光，同其塵，銼（挫）其兑（鋭）而解其紛，是胃（謂）玄同。

王本：知者不言，言者不知。塞其兑，閉其門，挫其鋭，解其分，和其光，同其塵，是謂玄同。

傅奕、范應元二本「不言」、「不知」下均有「也」字，作「知者不言也，言者不知也」。景龍、景福、樓古、遂州、嚴遵諸本「分」字作「忿」，謂「挫其鋭，解其忿」；邢玄、磻溪、孟頫、樓正、河上、顧歡、傅奕、范應元、司馬、邵、蘇、吴、彭、焦等諸本「分」字作「紛」，謂「解其紛」。

帛書甲、乙本「和其光，同其塵」在「挫其鋭，解其紛」句前，作「塞其垙，閉其門，和其光，同其塵，挫其鋭，解其紛」，語序與今本異。

蔣錫昌云：「按二章『行不言之教』，五章『多言數窮，不如守中』，四十三章『不言之教，無爲之益，天下希及之』，是『言』乃政教號令，非言語之意也。『知者』謂知道之君，『不言』謂行不言之教、無爲之政也。王注：『因自然也。』知道之君行不言之教、無爲之政，是因自然也。『言者』謂行多言有爲之君，『不知』謂不知道也。王注：『造事端也。』行多言之教、有爲之政，則天下自此紛亂，是造事端也。下文皆申言『不言』之旨。」

按「塞其兌，閉其門，和其光，同其塵，挫其鋭，解其紛」，前二句曾見於德經第五十二章，後四句曾見於道經第四章。易順鼎云：「按此六句皆已見前，疑爲復出。『挫其鋭』四句與上篇第四章同，乃上篇無注，而此皆有注，疑此注亦上篇第四章之注也。文選魏都賦、運命論兩注皆引老子：『知者不言，言者不知，是謂玄同。』並無六句，可證其爲衍文矣。」蔣錫昌云：「按四章王注：『鋭挫而無損，紛解而不勞，和光而不污其體，同塵而不渝其真。』是明係『挫其鋭』四句之注，何得謂無注？又選注乃約引此文，亦不可舉以爲證也。」蔣説誠是。從帛書甲、乙本觀察，乃同文復出，非衍文也。「塞兌」、「閉門」，使民無知無欲。「挫鋭」、「解紛」，使民無事無争。「和光」、「同塵」，使民無貴無賤，無榮無辱。均承前文「知者不言，言者不知」而論。使民如痴如愚，行動同一。所謂「玄同」，王道謂「與物大同又無迹可見」，高亨謂「玄妙齊同」，蔣錫昌謂「無名之同」，猶同道。蔣説是。

甲本：故不可得而親，亦不可得而疏；不可得而利，亦不可得而害；不可〔得〕39而貴，亦不可得而淺（賤）；故爲天下貴。

乙本：故不可得而親也，亦192上〔不可得〕而〔疏；不可得〕而利，〔亦不可〕得而害；不可得而貴，亦不可得而賤；故爲天下貴192下。

王本：故不可得而親，不可得而疏；不可得而利，不可得而害；不可得而貴，不可得而賤。故爲天下貴。

徽、邵、吳、彭等諸本首句無「故」字，作「不可得而親，不可得而疏」；嚴遵本首句和末句均無「故」字，首句作「不可得而親，不可得而疏」；末句作「爲天下貴」。遂州本無「而」字，作「故不可得親，不可得疏；不可得利，不可得害；不可得貴，不可得賤」；景福碑無「而」字，下句有「亦」字，作「故不可得親，亦不可得疏；不可得利，亦不可得害；不可得貴，亦不可得賤」；顧歡本作「故不可得而親，故不可得而疏；不可得而利，亦不可得而害；不可得而貴，亦不可得而賤」；傅奕、范應元二本作「不可得而親，亦不可得而疏；不可得而利，亦不可得而害；不可得而貴，亦不可得而賤」；景龍碑作「故不可得而親，不可得而疏；不可得而利，亦不可得而害；不可得而貴，亦不可得而賤」；河上與司馬二本作「故不可得而親，亦不可得而疏；不可得而利，亦不可得而害；不可得而貴，亦不可得而賤」，末句同作「故爲天下貴」；唯李約道德眞經新註（道藏能一——能四）與孟頫石刻均無「不可得而貴」一句。

帛書乙本稍殘，甲本保存完好，甲、乙本經文首句皆有「故」字，下句有「亦」字。均作「故不可得而親，亦不可得而疏；不可得而利，亦不可得而害；不可得而貴，亦不可得而賤；故爲天下貴」。與河上、司馬二本完全相同。唯乙本首句有「也」字，第二句「利」上衍「害」字，但被鈎去。

「不可得」猶言「不得」或「不使」，因義而訓。如「不可得而親，亦不可得而疏」，猶言不得與其親，也不得與其疏。王弼則以反義注之，而謂：「可得而親，則可得而疎也。」「不可得而利，亦不可得而害」，猶言不使其得利，也不使其受害。王弼注則謂：「可得而利，則可得而害也。」「不可得而貴，亦不可得而賤」，猶言不得使其尊貴，也不得使其卑賤。王弼注則謂：「可得而貴，則可得而賤也。」莊子徐無鬼篇：「故無所甚親，無所甚疏，抱德煬和，以順天下，此謂真人。」與老子此文語異而意同。

五十七（今本德經第五十七章）

甲本：以正之（治）邦，以畸（奇）用兵，以无事取天下。

乙本：以正之（治）國，以畸（奇）用兵，以無事取天下。

王本：以正治國，以奇用兵，以無事取天下。

邢玄、磻溪、傅奕三本「正」字作「政」，謂「以政治國」；唐玄宗御注道德真經疏（道藏效一—效十）「正」字作「政」，「治」字作「理」，謂「以政理國」；顧歡本作「以正理國」；易玄本「正」字作「政」，「奇」字作「其」，謂「以政治國，以其用兵」；遂州本作「以正之國」。

馬叙倫云：「各本及尹文子聖人篇引作『正』，是『正』與『奇』對文。臧疏『治』字作『理』，蓋避唐高宗諱改也。奈卷作『之』。論河上注曰：『以，至也。』似以『至』字釋句首『以』字。『以』字古無『至』訓，奈卷引河上注曰：『之，至也。』則『以』爲『之』字之僞，是河上『治』字作『之』。今作『治』者，後人據別本改也。」劉師培云：「案『奇』與『正』對文，則『奇』義同邪。管子白心篇『奇身名廢』，注云：『奇邪不正也。』是『奇』卽不正。『以奇用兵』，卽不依正術用兵也。」帛書甲、乙本均作「以正之國」，「之」字假爲「治」，當作「以正治國」。「畸」字假爲「奇」，「以畸用兵」卽「以奇用兵」。「正」、「奇」對語，今本有改「正」字爲「政」者，非是。「正」是老子的慣用語，指清静無爲，書中多見。如第八章「正善治」，乃謂清静無爲是治國之良策。又如第四十五章「清静爲天下正」，再如本章「以正治國」，「我無爲而民自化，我好静而民自正」，皆言以清静無爲治國，本義相同。史記老子列傳云：「李耳無爲自化，清静自正。」「以無事取天下」與「以正治國」語異義同。「無爲」、「無事」本義相同，皆道之核心，義如第四十八章所講：「將欲取天下者，恒無事，及其有事也，又不足以取天下矣。」均可爲「以正治國」之詮釋。

甲本：吾何〔以知其然〕40也哉？

乙本：吾何以知其然也才（哉）？

王本：吾何以知其然哉？以此。

傅奕、范應元二本「何」字作「奚」，「知」後有「天下」二字，謂「吾奚以知天下其然哉？以此」；磻溪、樓正、顧歡、焦竑等諸本作「吾何以知天下其然哉？以此」；遂州本作「吾何以知天下之然？以此」；景龍、景福、易玄三本無「天下」與「哉」字，作「吾何以知其然？以此」；嚴遵、徽、邵、司馬、蘇、吳、彭等諸本無「以此」二字，只作「吾何以知其然哉」，而與帛書甲、乙本基本相同。

俞樾云：「自『以正治國』至此數句，當屬上章。如二十一章曰：『吾何以知衆甫之然哉？以此。』五十四章曰：『吾何以知天下之然哉？以此。』並用『以此』二字爲章末結句，是其例矣。下文『天下多忌諱而民彌貧』，乃別爲一章，今誤合之。」蔣錫昌曰：「『此』乃指下文一段文字而言，俞謂下文別爲一章，非是。此言吾何以知天下必以無事爲治乎？以此下文知之也。」俞、蔣二氏所講彼此意見雖然不同，但各有一定道理。俞氏舉二十一章與五十四章「並用『以此』二字爲章末結句」，故而提出「自『以正治國』至此數句當屬上章」，亦當用「以此」作章末結句。這是很有見解的看法。説明本章在中間出現「以此」二字，是違老子書中常例的。故而懷疑「下文『天下多忌諱而民彌貧』乃別爲一章，今誤合之」。換而言之，本章此文既非章末結句，即不當出現「以此」二字。誠然，帛書甲、乙本與嚴遵等世傳今本均無「以此」二字，説明無「以此」二字是符合老子書中通例的。老子云：「吾何以知其然也哉？」正如蔣錫昌所云：「此言吾何以知天下必以無爲治乎？以此下文知之也。」因蔣氏不知「以此」二字爲衍文，故用「以此下文知之」解之。實際上老子是以下面四句極富哲理的論點直接解答「何以知其然」的疑問的，前後語氣連貫，詞義明確、流暢。可見「以此」二字非老子原本所有，乃由淺人妄增，當據帛書甲、乙本刪去。

甲本：夫天下〔多忌諱〕，而民彌貧。民多利器，而邦家茲（滋）昏。

乙本：夫天下多忌諱，而民彌貧。民多利器，〔而國193上家滋〕昏。

王本：天下多忌諱，而民彌貧。民多利器，國家滋昏。

傅奕本首句有「夫」字，「彌」字作「𤕤」，謂「夫天下多忌諱，而民𤕤貧」；樓古、邵、徽、彭諸本首句有「夫」字，下句「民」字作「人」，謂「夫天下多忌諱，而民彌貧。人多利器，國家滋昏」；司馬、吳澄、彭耜三本與王本全同，唯句首多一「夫」字。景龍碑與遂州本作「天下多忌諱，而人彌貧。人多利器，國家滋昏」；范應元本作「夫天下多忌諱，而民彌貧。民多利器，而國家滋昏」。

帛書甲、乙本稍殘，可互補。經文較王本句首多一「夫」字，下句多一「而」字，與傅奕本也基本一致。吳雲云：「傅本作『夫天下多忌諱』，諸本無『夫』字。」朱謙之云：「彭、范、高同傅本，有『夫』字。彌，傅本作『𤕤』。說文：『𤕤，久長也。從長爾聲，今字作「彌」。』小爾雅廣詁：『彌，久也。』又儀禮士冠禮『三加彌尊』，注：『猶「益」也。』晉語『讚言彌興』，東京賦『歷世彌光』，皆以『彌』假借爲『益』。『天下多忌諱』，王注：『所畏爲忌，所隱爲諱。』言天下忌諱愈多，而人乃益貧也。」「民多利器」，王弼注：「利器，凡所以利己之器也。民强則國家弱。」河上公云：「『利器』者，權也。民多權，則視者眩於目，聽者惑於耳，上下不親，故國家昏亂。」高亨謂「利器」即「武器」，「民間多武器，國家就生混亂。」似以高說義長。

甲本：人多知，而何（奇）物茲（滋）〔起。法物滋彰41，而〕盜賊〔多有〕。

乙本：〔人多知巧，而奇物滋起。法〕物茲（滋）章（彰），而盜賊〔多有〕。

王本：人多伎巧，奇物滋起。法令滋彰，盜賊多有。

傅奕本「人」字作「民」，「伎巧」作「知慧」，「奇物」作「而衺事」，謂「民多知慧，而衺事滋起」；范應元本與傅本同，唯「慧」字作「惠」；易玄、樓正、邵、焦諸本「伎」字寫作「技」，謂「人多技巧，奇物滋起」；遂州本作「人多知巧」；司馬本作「民多利巧」；唐陸希聲道德真經傳（道藏必一—必四）作「民多智慧，邪事滋起」。景龍、景福、敦煌庚、河上諸本「令」字作「物」，謂「法物滋章，盜賊多有」；樓正、傅奕、蘇轍、吳澄、焦竑等諸本「彰」字作「章」，謂「法令滋章」；范應元本作「法令滋彰，而盜賊多有」。

帛書甲、乙本此節經文皆有殘損。前一句甲本「知」後奪一字，「茲」字下多殘文。乙本殘甚，前一句已無痕跡。今本經文多不相同，彼此各有差異。綜合起來，大致有「人」與「民」之別；有「知巧」、「伎巧」、「技巧」、「利巧」與「智慧」、「知慧」、「知惠」之異；還有「奇物」與「衺事」之不同；詞義雖多相近，但老子原來所用的本詞本義，甚難確定。王弼注云：「民多智慧，則巧僞生；巧僞生，則邪事起。」王是以「智慧」與「巧僞」解釋「伎巧」，並以「智慧」與「巧僞」並列，合稱「智巧」。河上公注：「『人』謂人君，百里諸侯也。『多知伎巧』，謂刻畫宮觀，彫琢服章，奇物滋起，下則化上，飾金鏤玉，文繡綵色，日以滋甚。」河上公亦謂「多知伎巧」。古「知」、「智」二字通用，「知巧」卽「智巧」。成玄英疏云：「『知巧』謂機心也，『奇物』謂戰具也。言在上好武，下必順之。故各起異端，競獻知巧。」遂州本經文卽作「人多知巧，奇物滋起」。綜合王弼與河上公兩注、成玄英之疏、以及遂州本經文四個方面考查，足以證明經文首句當爲「人多知巧」。帛書乙本此節經文已殘壞，甲本此句作「人多知」三字，「知」下一字被奪。原抄寫時即已遺漏。通過上述考查，已有充分理由説明「知」下所奪的當爲「巧」字，甲本經文當作「人多知巧」。下句經文甲本作「而何物茲起」，「何」字假借爲「奇」，「茲」字假借爲「滋」。「何」爲匣紐歌部字，「奇」屬見紐歌部，古爲同音。「茲」與「滋」雙聲疊韻。如將帛書老子中的借字都换作本字，經文當爲「人多智巧，而奇物滋起」。第二句帛書甲本殘壞，乙本殘三字，僅存「物茲章而盗賊」六字。均據今本補，當作「法物滋彰，而盗賊多有」。惟上句今本多同王本作「法令滋彰」，河上、景龍等本作「法物滋彰」。「法令」與「法物」經義不同，其中必有一誤。河上公注：「法物，好物也。珍好之物滋生彰著，則農事廢，飢寒並生，故盗賊多有也。」蔣錫昌云：「『令』字景龍、河上本皆作『物』，以老校老，當從之。三章『不貴難得之貨，使民不爲盗』，十九章『絶巧棄利，盗賊無有』，五十三章『財貨有餘，是謂盗夸』，皆以貨物與盗賊連言，均其例證。」吴榮增據帛書乙本進一步證明老子原作「法物滋彰」，今本作「法令滋彰」者，乃淺人所改，從而使此文得以訂正。

甲本：〔是以聖人之言曰〕：我无爲也而民自化，我好静而民自正，我无事民〔自富，我欲不 42 欲而民自樸〕。

乙本：是以〔聖〕人之言曰：我无爲而 193下 民自化，我好静而民自正，我无事而民自富，我欲不欲而民自樸。

王本：故聖人云：我無爲而民自化，我好静而民自正，我無事而民自富，我無欲而民自樸。

吴澄本「故」字作「是以」，謂「是以聖人云」，嚴遵本無「故」字，「人」下有「之言」二字，「無事」句在「好静」句之上，謂「聖人之言云：我無爲而民自化，我無事而民自富，我好静而民自正，我無欲而民自樸」，遂州本「民」字均作「人」，「正」字作「政」，「無事」句在「好静」句之上，謂「故聖人云：我無爲而人自化，我無事而人自富，我好静而人自政，我無欲而人自樸」；易玄、邢玄、磻溪、樓正、顧歡、司馬、志等諸本經文與王本同，唯「無事」句在「好静」句之上，與王本異。傅奕本「静」字作「靖」，謂「我好靖而民自正」；敦煌庚本有「我無情而民自清」一句。

帛書甲本殘，乙本保存完好，句首爲「是以聖人之言曰」，下述「我無爲」、「我好静」、「我無事」、「我欲不欲」，詞序和内容與王本同，唯首句和末句稍異，亦無「我無情而民自清」一句。首句吴澄本作「是以聖人云」，嚴遵本作「聖人之言曰」，其它世傳今本皆同王本作「故聖人云」，帛書乙本作「是以聖人之言曰」。從句型考察，類似帛書「是以聖人」云云者，乃老子習用之語，書中出現的次數最多。如第三章、七章、十二章、二十二章、二十六章、二十七章、四十七章、六十三章、六十六章、七十二章、七十三章、七十七章、七十九章等。在五千言的著作中出現如此之多，足見「是以聖人」云云是老子經常使用的口頭語，説明帛書乙本之「是以聖人之言曰」，要比王弼本的「故聖人云」、嚴遵本的「聖人之言曰」等用語更接近原作。如第七十八章帛書乙本作「是故聖人之言曰：受國之垢，是謂社稷主」。同本節經文首句用語基本一致。

老子所講的「我无爲」、「我好静」、「我无事」、「我欲不欲」四句，詞義和語序都似有一定安排。王弼與帛書甲、乙本相同，嚴遵、顧歡、易玄、遂州諸本「好静」句移至「無事」句前者，恐爲後人抄寫所誤。乙本「我欲不欲而民自樸」，甲本殘毁，今本皆作「我無欲而民自樸」。「我欲不欲」與「我無欲」義有差異，非僅用語之區别。嚴遵指歸云：「人主誠能欲不欲之欲，則天下心虚志平，大身細物，動而反止，静而歸足，不拘不制，萬民自朴。」王弼注亦謂「上之所欲，民從之速也。我之所欲唯無欲，而民亦無欲而自樸也。」從而足證老子原文當如乙本作「我欲不欲而民自樸」。今本皆有脱誤。

五十八（今本德經第五十八章）

甲本：〔其政悶悶，其民惇惇〕。其正（政）察察，其邦（民）夬夬（狭狭）。

乙本：其正（政）閔閔（悶悶），其民屯屯（惇惇）。其正（政）察察，其194上〔民狭狭〕。

王本：其政悶悶，其民淳淳，其政察察，其民缺缺。

傅奕、范應元二本「悶悶」二字作「閔閔」，「淳淳」二字作「偆偆」，「察察」二字作「詧詧」，謂「其政閔閔，其民偆偆。其政詧詧，其民缺缺」；嚴遵本作「其政悶悶，其民偆偆。其政察察，其民缺缺」；景龍碑「民」字作「人」，「淳」字作「醇」，「缺」字作「駃」，謂「其政悶悶，其人醇醇。其政察察，其人駃駃」；遂州本作「其政悶悶，其人蠢蠢。其政察察，其人缺缺」；景福、河上、顧歡三本作「其政悶悶，其民醇醇。其政察察，其民缺缺」；林志堅本作「其政悶悶，其民諄諄。其政察察，其民缺缺」；敦煌庚本作「其政悶悶，其民醇醇。察察，其民缺缺」，當爲抄寫時脱漏「其政」二字。

帛書甲、乙本均有殘損，前一句甲本殘，乙本作「其正䦚䦚，其民屯屯」；後一句乙本殘三字，甲本稍好，作「其正察察，其邦夬夬」。甲本「邦」字乃「民」之誤，「正」字當據王本作「政」。王弼注：「言善治政者，無形，無名，無事，無政可舉，悶悶然，卒至於大治。故曰『其政悶悶』也。其民無所爭競，寬大淳淳，故曰『其民淳淳』也。立刑名，明賞罰，以檢姦僞，故曰『其政察察』也。殊類分析，民懷爭競，故曰『其民缺缺』。」傅奕、范應元二本「悶悶」二字作「閔閔」，易順鼎云：「按道德指歸論云：『不施不予，閔閔縵縵，萬民思輓，墨墨偆偆。』『閔閔』即『悶悶』之異文，『偆偆』即『淳淳』之異文。」按帛書乙本作「䦚䦚」，從糸門聲，當與從糸文聲之「紊」同字異體。「悶悶」、「閔閔」、「䦚䦚」皆重言形況字，讀音相同。高亨云：「『悶』、『閔』均借爲『潤』。潤潤，水混濁。『其政潤潤』，是説國家的政治混混沌沌，没有制度、法律、教育、文化，不辨善惡，不用賞罰。」「屯屯」、「偆偆」、「蠢蠢」、「醇醇」、「淳淳」，亦皆重言形況，音同互用，在此當假借爲「惇」。説文心部：「惇，厚也。」「其民惇惇」，形容民衆樸實、憨厚之狀。「察察」乃清明、潔白之義，楚辭漁父：「安能以身之察察，受物之汶汶者乎？」王逸注：「五臣云：『察察，潔白也。』」又云：「汶，濛沾辱也，一音『昬』。」荀子注引此作『惛惛』，惛惛不明也。」此乃「察察」與「汶汶」對文。帛書甲本「夬夬」，王本作「缺缺」。高亨云：「『夬』、『缺』均借爲『狭』。『狭』與『獪』同，狡詐也。」經文「其政悶悶，其民惇惇。其政察察，其民狭狭」，猶謂其政無事無爲，則民必樸實惇厚。其政嚴明苛細，則民必狡猾狭詐。

甲本：⿸厂⿱骨心(禍)，福之所倚；福，⿸厂⿱骨心(禍)之所伏，〔孰知其極〕？43

乙本：〔禍，福之所倚；福，禍之〕所伏，孰知其極？

王本：禍兮福之所倚，福兮禍之所伏，孰知其極？

景龍碑無「兮」字，「孰」字作「熟」，謂「禍，福之所倚；福，禍之所伏，熟知其極」；遂州本作「禍，福之所倚；福，禍之所伏，孰知其極」；景福、樓古、磻溪、盂頫、樓正、徽、邵、范、司馬、蘇、吴、彭、焦等諸本均無「之」字，作「禍兮福所倚，福兮禍所伏，孰知其極」。

帛書甲、乙本均有殘損，帛書整理組謂乙本脱「禍，福之所倚」一句，恐不確。因對殘缺之字的位置難以估計精確，有無脱句很難肯定。與其估計其脱，無寧估計其不脱。易順鼎云：「御覽四百五十九説苑引老子曰『得其所利必慮其所害，樂其所樂必顧其敗。人爲善者，天報以福；人爲不善者，天報以禍。故曰「禍兮福所倚，福兮禍所伏」。』按所引疑係此處逸文。呂氏春秋：『故禍者福之所倚，福者禍之所伏。聖人所獨見，衆人焉知其極。』文亦多於此。」劉師培云：「案韓非子解老篇所引于『禍兮』句下有『以成其功也』五字，疑此節多佚文。」馬叙倫云：「説苑敬慎篇『老子』二字疑當在『故』字下，獨『禍兮』以下引老子文耳。不然此二語老子引古記，而老子全書無『故曰』例也，惟此下脱『聖人所獨見衆人』七字，當據呂氏春秋補。劉氏謂此節多佚文，是也。」案「禍，福之所倚；福，禍之所伏，孰知其極」，是老子中的名言，自先秦以來，學者競相引用。因而經文句型多變，而且又將後人議論摻雜其中。除如易、劉、馬三氏所舉古籍之外，象荀子正名篇：「權不正則禍託於欲，而人以爲福；福託於惡，而人以爲禍。此亦人所以惑亂禍福也。」大略篇：「慶者在堂，弔者在閭，禍與福鄰，莫知其門。」皆本老子此言宏發議論。朱謙之云：「實則老子語蓋只此三句，韓非『以成其功也』與說苑引『故曰』以上諸語，皆爲後人發揮老子之旨，非其本文，不可不辨。」今從帛書甲、乙本勘校，朱說誠是。經文三句今本多變化，甲、乙本雖殘損，但可互相勘正，同作「禍，福之所倚；福，禍之所伏，孰知其極。」與遂州本同，當爲老子原本之舊，世傳今本均當據帛書經文訂正。

甲本：此節經文全部殘毀。

乙本：〔其〕无正也，正〔復爲奇〕，善復爲〔妖，人〕之悉（迷）也，其日固久矣。

王本：其無正，正復爲奇，善復爲妖，人之迷，其日固久。

邢玄、慶陽、磻溪、樓正、孟頫、邵、司馬、蘇、志等諸本「正」後有「邪」字，作「其無正邪，正復爲奇，善復爲妖」；易玄、彭耜、焦竑三本與之全同，唯「妖」字作「祅」，稍異；傅奕本作「其無正衺，正復爲奇，善復爲祅」；范應元本與傅本全同，唯「衺」字作「邪」，稍異；景福、敦煌庚、河上三本作「其無正，正復爲奇，善復爲訞」；顧歡本與之全同，唯「訞」字作「祅」，稍異；景龍碑作「其無正，政復爲奇，善復爲妖」；遂州本作「其無政，政爲奇，善復爲訞」。易玄、樓古、磻溪、孟頫、樓正、顧歡、蘇、志等諸本「人」字作「民」，謂「民之迷，其日固久」；司馬本作「民之迷也，其日固久」；徽、彭二本作「民之迷也，其日固久矣」；范、邵、吳三本作「民之迷，其日固已久矣」；傅奕、焦竑作「人之迷也，其日故久矣」；嚴遵本與之全同，唯無「也」字，稍異；唐陸希聲道德真經傳（道藏必一——必四）作「民迷，其日固以久矣」。

帛書甲本此節經文已毁，乙本亦有殘缺。參照王本補。與今本勘校，此節經文因各本句型、用字多不同，舊注亦甚歧異。如河上公注：「無，不也。謂人君不正其身，其無國也。奇，詐也。人君不正，下雖正，復化上爲詐也。善人皆復化上，妖祥也。言人君迷惑失正以來，其日已固久。」奚侗改「正」爲「止」，謂：「天下一治一亂，始卒若環而無終無止。」高亨云：「『其』猶『豈』也，『正』下當脱『善』字，下文可證。」高氏將經文補作「其無正善」，譯作「難道没有正確和良善嗎？」皆未達老子本義。帛書乙本經文作「其無正也」，應在「也」字斷句。朱謙之據玉篇：「正，定也。」謂此「『正』讀爲『定』，言其無定也。」其説至確。言禍福倚伏，正善奇妖，諸如此類之對立統一而又互相轉化，皆無定則，誰能知其終極，人們對這種變化之原因迷惑不解，時間已相當久長了。

甲本：此節經文全部殘毁。

乙本：是194下以方而不割，兼（廉）而不刺，直而不紲（肆），光而不眺（燿）。

王本：是以聖人方而不割，廉而不劌，直而不肆，光而不燿。

河上、傅、范、徽、邵、司馬、蘇、吳、彭、焦等諸本與王本全同，唯「燿」字作「耀」，稍異；景龍、景福、敦煌庚諸本「劌」字作「害」，「燿」字作「曜」，謂「是以聖人方而不割，廉而不害，直而不肆，光而不曜」；顧、志二本與之全同，唯「曜」字寫作「耀」；嚴遵本無「是以聖人」四字，作「方而不割，廉而不劌，直而不肆，光而不耀」。

帛書甲本此節經文殘毁，乙本保存完好。與今本勘校，世傳各本皆在「是以」之下有「聖人」二字，乙本無，作「是以方而不割，廉而不刺，直而不肆，光而不燿」。從各本用字分析，乙本「兼」字假爲「廉」，「眺」字假爲「燿」，「紲」字假爲「肆」，「刺」、「劌」二字音義相近。方言：「凡草木刺人，自關而東或謂之『劌』，自關而西謂之『刺』」。通言「刺」，方言作「劌」。說文：「劌，利傷也。」段注：「利傷者，以芒刃傷物。」乙本無「聖人」二字，今本除嚴本外其它皆有之，究屬孰是？從前後文意分析，前文則謂：「正復爲奇，善復爲妖。人之迷也，其日固久矣。」後邊則接「是以方而不割，廉而不刺，直而不肆，光而不燿」。顯然這是老子教導人們爲了適應這種鮮爲人知的變化，應自我進行嚴於律己、寬以待人之道德修養，非指天賦予聖人的特有美德。例如「方而不割」，墨子天志篇：「中吾矩者謂之方。」這是從外形觀察。從品德講，如韓非子解老篇云：「內外相應也，言行相稱也。」說文刀部「割，剥也。」段注：「割，謂殘破之。」以刀傷物爲「割」。「方而不割」，猶謂用「內外相應、言行相稱」以律己，而不可以此苛責於人。以此苛責於人，猶割傷人也。「廉而不刺」，九章算術：「邊謂之廉。」廣雅釋言「廉，稜也。」從外形觀察，「廉」爲邊、稜；從品德講，則如韓非所云：「必生死之命也，輕恬資財也。」說文刀部「刺，直傷也。」「廉而不刺」，猶謂用「必生死之命，輕恬資財」以律己，而不可以此苛責於人。以此苛責於人，猶刺擊人也。「直而不肆，光而不燿」，韓非云：「所謂『直』者，義必公正，心不偏黨也。所謂『光』者，官爵尊貴，衣裘壯麗也。」皆爲用以律己而不可以此苛責於人。正如韓非所講：「雖義端不黨，不以去邪罪私。雖勢尊衣美，不以夸賤欺貧。」經文所謂「劌」、「刺」、「肆」、「燿」者，非刀傷刃刺，皆比喻之言。從而可見，帛書乙本無「聖人」二字，似與經文内容更爲貼切。今本多出「聖人」二字，釋義頗多牽强，當據帛書經文訂正。

五十九（今本德經第五十九章）

甲本：此節經文全部殘毁。

乙本：治人事天莫若嗇，夫唯嗇，是以蚤（早）服，蚤（早）服是胃（謂）重積195上〔德〕。

王本：治人事天莫若嗇，夫唯嗇，是謂早服，早服謂之重積德。

邢玄本「人」字作「民」，謂「治民事天莫若嗇」；徽、吴、彭三本「若」字作「如」，「是謂」二字作「是以」，「服」字作「復」，謂「治人事天莫如嗇，夫唯嗇，是以早復，早復謂之重積德」；敦煌庚、顧歡、傅奕、范應元等諸本皆與王本相同，唯「是謂早服」作「是以早服」，稍異；司馬光與林志堅二本亦同王本，唯「服」字作「復」，稍異；遂州本作「治人事天莫若式，夫唯式，是謂早伏，早伏謂之重德」；嚴遵本無最後一句，作「治人事天莫如嗇，夫唯嗇，是以蚤服」；孟頫本無「夫唯嗇」一句，作「治人事天莫如嗇，夫是謂早復，早復謂之重積德」。

帛書甲本此節經文殘毀，乙本保存較好，僅殘缺最後一「德」字。經文內容與王本相近，唯「是以蚤服，蚤服是謂重積德」，王本作「是謂早服，早服謂之重積德」，稍異。

王弼注：「『莫若』猶『莫過』也。嗇，農夫。農夫之治田，務去其殊類，歸於齊一也。全其自然，不急其荒病，除其所以荒病。上承天命，下綏百姓，莫過於此。」劉師培云：「案韓非子解老篇述此文曰：『書之所謂治人者，適動靜之節，省思慮之費也。所謂事天者，不極聰明之力，不盡知識之任。苟極盡則費神多，費神多則盲聾悖狂之禍至，是以嗇之。嗇之者，愛其精神，嗇其知識也。故曰：治人事天莫如嗇。』是古誼『嗇』爲『省嗇』。王說非。」奚侗云：「呂覽先己篇：『所事者，末也』，高注：『事，治也。』又本身篇『以全其天也』，高注：『天，身也。』說文：『嗇，愛濇也。』『嗇』以治民，則民不勞；『嗇』以治身，則精不虧。」俞樾云：「按困學紀聞卷十引此文，兩『服』字均作『復』，且引司馬公、朱文公說，并云『不遠而復』，又曰：王弼本作『早服』，而注云：『早服，常也。』亦當爲『復』。今按韓非子解老篇曰：『夫能嗇也，是從於道而服於理者也。衆人離於患，陷於禍，猶未知退而不服從於道理。聖人雖未見禍患之形，虛無服從於道理以稱蚤服。』然則古本自是『服』字，王說非。」帛書乙本卽作「是以蚤服」，俞說誠是。「治人事天」，費精耗神，傷身損壽，莫若無事無爲，盡從嗇省。以嗇治國，民不勞；以嗇事天，民不厭。故早從於道，服於理，則積德深厚矣。

甲本：「〔重積德則无不克，无不克則莫知45其極。莫知其〔極〕，可以有國。有國之母，可以長久。

乙本：重積〔德則无不克，无不克則〕莫知其〔極〕。莫知其〔極，可以〕有國。有國之母，可〔以長久〕。

王本：重積德則無不克，無不克則莫知其極。莫知其極，可以有國。有國之母，可以長久。

景龍、景福、河上三本首句「克」字均作「剋」，謂「重積德則無不剋，無不剋則莫知其極」；范應元本下句多一「則」字，作「莫知其極則可以有國」；遂州本首句「克」字作「充」，無下「則」字，下句「莫」字作「能」，后一句「長久」二字作「久長」，謂「重積德則無不充，無不充莫知其極。能知其極可以有國。有國之母，可以久長」；孟頫本在「之母」上無「有國」二字，作「重積德則無不克，無不克則莫知其極。莫知其極，可以有國。之母，可以長久」；嚴遵本首句「克」字作「剋」，下缺「無不克則」四字，「可以有國」作「可以爲國」，謂「重積德則無不剋，莫知其極。莫知其極，可以爲國。有國之母，可以長久」。

帛書甲、乙本均有殘損，各存一半，參照王本復原。朱謙之云：「案『克』、『剋』可通用，字林、爾雅釋言均訓『克』爲『能』，河上注：『克，勝也。』案字林『剋，能也』，是音義同。又『莫知其極』，爾雅釋詁：『極，至也。』呂覽制樂『樂人爲知其極』，注：『猶終也。』禮記大學『君子無所不用其極』，注：『盡也。』離騷『觀民之計極』，注：『窮也。』此『莫知其極』，即莫知其所窮盡之義。」「重積德」乃謂積德純厚，積德純厚即無不能勝。韓非子解老篇云：「積德而後神靜，神靜而後和多，和多而後計得，計得而後能御萬物，能御萬物則戰易勝敵，戰易勝敵而論必蓋世，故曰：『無不克。』無不克本於重積德，故曰：『重積德則無不克。』戰易勝敵則兼有天下，論必蓋世則民人從。進兼天下而退從民人，其術遠，則衆人莫見其端末；莫見其端末，是以莫知其極。故曰：『無不克則莫知其極。』凡有國而後亡之，有身而後殃之，不可謂能有其國，能保其身。夫能有其國，必能安其社稷；能保其身，必能終其天年。而後可謂能有其國，能保其身矣。夫能有其國、保其身者，必且體道。體道則其智深，其智深則其會遠；其會遠，衆人莫能見其所極。唯夫能令人不見其事極，不見其事極者爲能保其身、有其國。故曰：『莫知其極，莫知其極則可以有國。』所謂『有國之母』，母者，道也；道也者，生於所以有國之術；所以有國之術，故謂之『有國之母』。夫道以與世周旋者，其建生也長，持祿也久。故曰：『有國之母，可以長久。』」

甲本：是胃（謂）深⿰木⿱艮土（根）固氐（柢），〔長生久視之〕道也。

乙本：是胃（謂）〔深〕根固氐（柢），長生久視之道195下也。

王本：是謂深根固柢，長生久視之道。

嚴遵、遂州二本無「是謂」二字，作「深根固蔕，長生久視之道」；易玄本「固」字作「故」，謂「是謂深根故蔕，長生久視之道」；景龍、景福、邢玄、樓古、磻溪、樓正、孟頫、敦煌庚、河上、顧、志、司馬、蘇、吴諸本「柢」字均作「蔕」，謂「是謂深根固蔕，長生久視之道。」

帛書甲本「根」字寫作「⿰木⿱艮土」，从木从艮从土，當隸定爲「⿰木⿱艮土」字，乃「根」字別作，帛書組誤釋爲「槿」

字。甲、乙本「氐」字乃「柢」之省。范應元云：「『柢』字，傅奕引古本云：『柢，本也。』又引郭璞注云：『柢，謂根柢也。』河上公本作『蔕』，非經義。」韓非子解老篇云：「樹木有曼根，有直根。直根者，書之所謂『柢』也。『柢』也者，木之所以建生也。曼也者，木之所以持生也。德也者，人之所以建生也。祿也者，人之所以持生也。今建於理者其持祿也久，故曰：『深其根。』體其道者其生也長，故曰：『固其柢。』柢固則生長，根深則視久，故曰：『深其根，固其柢，長生久視之道也。』」「長生久視」，「視」字在此當訓「活」。呂氏春秋重己篇：「無賢不肖，莫不欲長生久視」，高誘注：「視，活也。」在此猶延年益壽之義。

六十（今本德經第六十章）

甲本：〔治大國若亨（烹）小鮮46，以道茲〕天下，其鬼不神。

乙本：治大國若亨（烹）小鮮，以道立（莅）天下，其鬼不神。

王本：治大國若烹小鮮，以道莅天下，其鬼不神。

嚴遵本「國」下有「者」字，作「治大國者若烹小鮮」；景龍碑「烹」字作「亨」，謂「治大國若亨小鮮」；敦煌辛本作「治大國若亨小腥」，遂州本與之同，唯「亨」字誤爲「厚」；敦煌庚本「天下」後有「者」字，作「治大國若亨小鮮，以道莅天下者，其鬼不神」；范應元本作「治大國者若亨小鱗，以道莅天下，其鬼不神」；傅奕本「莅」字作「涖」，謂「以道涖天下，其鬼不神」；孟頫本「涖」字又作「蒞」。

帛書甲本殘損過半，乙本保存完好，除「烹」字作「亨」，「莅」字作「立」，經文與王本同。孔廣森詩聲類「亨」字下云：「案『亨』、『烹』、『享』三字，後人所別，古人皆秖作『亨』字，而隨義用之，其讀似亦秖有『亨』音。」韓非子解老篇云：「事大衆而數搖之，則少成功；藏大器而數徙之，則多敗傷；烹小鮮而數撓宰，則賊其宰；治大國而數變法，則民苦之。是以有道之君，貴虛靜而重變法。故曰：『治大國若烹小鮮。』」王弼注：「不擾也。躁則多害，靜則全真。故其國彌大，而其主彌靜，然後乃能廣得衆心矣。」范本作「亨小鱗」，范應元云：「傅奕、孫登同古本。『小鱗』，小魚也。治大國者，譬若亨小鱗。夫亨小鱗者不可擾，擾之則魚爛。治大國者當無爲，爲之則民傷。蓋天下神器，不可爲也。」遂州本作「厚小腥」，「厚」乃誤字。成玄英云：「腥，魚也。河上公作『鮮』字，亦魚也。言煮小魚撓之則糜爛，任置即自全。喻理國無爲即太平，躁動則荒亂。」案「鮮」、「鱗」、「腥」皆可作「魚」解，帛書乙本作「鮮」。乙本「以道立天下」，當從王本作「莅天下」。傅本作「涖天下」，趙孟頫作「蒞天下」，意義相同。畢沅云：「古『涖』字作『𨽼』，亦通用『位』，俗作『涖』及『莅』，并非也。」陸德明曰：「莅，古無此字，說文作『𨽼』。」案「莅」、「涖」均見玉篇，如云：「莅，力至切，臨也。與『涖』同。」詩經小雅采芑「方叔涖止」，毛傳：「涖，臨也。」「莅」、「涖」、「蒞」同字，既見玉篇，也用於詩經，陸說「無此字」不確。正如成玄英疏云：「莅，臨也。言用正道以臨天下者，使邪魅之鬼不敢爲妖孽之患也。」

甲本：非其鬼不神也，其神不傷人也。非其申（神）不傷人也，聖人亦弗傷〔也〕。

乙本：非其鬼不神也，其神不傷人也。非其神不傷人也，〔聖196上人亦〕弗傷也。

王本：非其鬼不神，其神不傷人。非其神不傷人，聖人亦不傷人。

易玄、樓古、慶陽、磻溪、樓正、徽、范、彭等諸本「人」字均作「民」，謂「非其鬼不神，其神不傷民。非其神不傷民，聖人亦不傷民」；吴澄、焦竑二本最後的「人」字作「之」，謂「非其神不傷人，聖人亦不傷之」；河上公本作「非其神不傷人，聖人亦不傷」。

帛書甲、乙本均保存較好，經文内容與今本義同。王弼注：「神不害自然也。物守自然，則神無所加。神無所加，則不知神之爲神也。道洽，則神不傷人。神不傷人，則不知神之爲神。道洽，則聖人亦不傷人。聖人不傷人，則亦不知聖人之爲聖也。猶云非獨不知神之爲神，亦不知聖人之爲聖也。夫恃威網以使物者，治之衰也。使不知神聖之神聖，道之極也。」所謂「神不害自然」，而無天下自然之災，民生得以安定，即神不傷人也。聖人以無爲、無事、無欲，而無擾於民，民得自化、自正、自富、自樸，得安居樂業，免受飢勞，此之謂聖人不傷人也。

甲本：〔夫47兩〕不相〔傷，故〕德交歸焉。

乙本：夫兩〔不〕相傷，故德交歸焉。

王本：夫兩不相傷，故德交歸焉。

嚴遵本無「夫」與「故」二字，作「兩不相傷，德交歸焉」；范應元本作「兩不相傷，則德交歸焉」，景龍碑同王本，唯「德」字作「得」，稍異；遂州、顧歡二本無「焉」字，作「夫兩不相傷，故德交歸」；敦煌辛本與之全同，唯「德」字作「得」，稍異。

帛書甲、乙本均稍殘損，經文與王本同。王弼注：「神不傷人，聖人亦不傷人；聖人不傷人，神亦不傷人。故曰『兩不相傷』也。神聖合道，交歸之也。」韓非子解老篇云：「上不與民相害，而人不與鬼相傷，故曰：『兩不相傷』。民不敢犯法，則上內不用刑罰，而外不事利其產業。上內不用刑罰而外不事利其產業，則民蕃息。民蕃息，而蓄積盛。民蕃息而蓄積盛之謂有德。凡所謂祟者，魂魄去而精神亂，精神亂則無德。鬼不祟人則魂魄不去，魂魄不去則精神不亂，精神不亂之謂有德。上盛蓄積而鬼不亂其精神，則德盡在民矣。故曰：『兩不相傷則德交歸焉。』言其德上下交盛，而俱歸於民也。」

六十一（今本德經第六十一章）

甲本：大邦者，下流也，天下之牝。天下之郊（交）也，牝恒以靚（靜）勝牡。爲其靚（靜）〔也48，故〕宜爲下。

乙本：大國〔者，下流也，天下之〕牝也。天下之交也，牝196下恒以靜朕（勝）牡。爲其靜也，故宜爲下也。

王本：大國者下流，天下之交，天下之牝。牝常以靜勝牡，以靜爲下。

傅奕本「者」下有「天下之」三字，「静」字作「靖」，下「以」字後有「其」字，「爲」字上有「故」字，最後有「也」字，作「大國者，天下之下流，天下之交，天下之牝。牝常以靖勝牡，以其靖故爲下也」；范應元本作「大國者，天下之下流，天下之所交也。天下之牲，牝常以靜勝牡，以其靜故爲下也」；嚴遵本作「大國者，天下之所流，天下之所交，天下之牝。牝以靜勝牡，牝以靜爲下」；景福本作「大國下流，天下之交，天下之牝。牝常以靜勝牡，以靜爲下」；司馬本與之同，唯後一句作「以其靜爲之下」，稍異；樓古、磻溪、樓正、吴諸本作「大國者下流，天下之交。天下之交牝，牝常以靜勝牡，以靜爲下」；敦煌辛本與之全同，唯「交」字作「郊」，「静」字作「彭」，稍異；顧歡本亦如是，唯後二句作「牝常以静故勝牡，以静爲下」，稍異；易玄、孟頫二本作「大國者下流，天下之交。天下之交，牝常以靜勝牡，以靜爲下」；遂州本「交」字作「郊」，又無「以靜爲下」一句，稍異；敦煌庚本作「大國者下流，天下之交，天下之牝，牝常靜勝牡，以其靜爲下」；景龍碑作「大國者下流，天下之交，天下之牝，牝常以靜勝牡，以靜爲下。」

帛書甲、乙本各稍有殘損，可彼此互補，經文内容相同，唯用字稍異。如甲本「邦」字，乙本因避漢高祖諱改爲「國」。又乙本較甲本多兩個虚詞「也」字。與今本勘校，帛書本與世傳本之主要差異是語序稍有不同。帛書本「天下之牝」在「天下之交也」句前，世傳本經文雖紛異不一，但「天下之牝」皆在「天下之交」句後。如嚴遵、范應元作「天下之所交也，天下之牝」。而易玄、孟頫與遂州三本作「天下之郊」或「天下之交」兩個重句。由於今本語次顛倒或誤重，本義全非，舊注踵謬襲訛，皆不可信。諸如「天下之交」，河上公注：「大國，天下士民之所交會。」王弼注：「天下所歸會也。」吴澄謂：「猶江海善下而爲衆水之交會也。」范應元謂：「天下之所交會。」因敦煌辛本「交」字作「郊」，成玄英云：「郊，墎外也。」近年出版的老子註釋及評介，雖據帛書甲、乙本將今本語次更正，但仍釋「天下之交也」爲「是天下交匯的地方。」皆同老子本義絶遠。帛書本「大國者下流也，天下之牝也」，言大國如自謙似水而居下，可爲「天下之牝」。「牝」乃雌性動物之总稱，説文云：「畜母也。」老子將其比作始生宇宙萬物之母體，稱爲「玄牝」，用其作爲道生萬物之形象性比喻，並稱牝爲「天地根」。從而可知老子視大國如能自謙居下，其意若「天下之牝」。于是在下文進一步以雄雌交配爲喻，説明牝近於道。如云「天下之交也，牝恒以静勝牡。爲其静也，故宜爲下。」這裏主要説明大國如能自謙居下的意義。老子將「牝」喻爲「天下根」，而將自謙似水甘居下流的大國比作「天下之牝」。依帛書甲、乙本之行文次序，不僅體現出哲理博深，語言明暢，而且經文所論意旨，是針對當時列國諸侯興兵黷武、大兼小、强凌弱、稱雄争霸的東周社會，歷史背景非常清楚。今本文次倒誤，舊註多失老子本義。

甲本：大邦〔以〕下小〔邦〕，則取小邦；小邦以下大邦，則取於大邦。故或下以取，或下而取。

乙本：故大國以下〔小〕國，則取小國；小國以下大國，則取於大國。故或下〔以197上取，或〕下而取。

王本：故大國以下小國，則取小國；小國以下大國，則取大國。故或下以取，或下而取。

傅奕本第一、二個「取」字下有「於」字，下句無「故」字，作「故大國以下小國，則取於小國；小國以下大國，則取於大國。或下以取，或下而取」；焦竑本第二個「以」字作「而」，謂「故大國以下小國，則取小國；小國而下大國，則取大國」；易玄、孟頫二本第二與第四個「取」字均改作「聚」，謂「故大國以下小國，則取小國；小國以下大國，則聚大國。故或下以取，或下而聚」；敦煌辛、遂州、顧歡三本與之全同，唯後二句作「故或下而取，或下而聚」，稍異；嚴遵本前四句同王本，唯後二句作「故或下而取之，或下而取」；景龍、景福、敦煌庚三本作「故或下以取，或下如取」。

帛書甲、乙本經文作「大國（甲本「國」字作「邦」，下同。）以下小國，則取小國；小國以下大國，則取於大國」。前後語句不同，意義有別。世傳今本多同王本作「故大國以下小國，則取小國；小國以下大國，則取大國」；傅本則作「大國以下小國，則取於小國；小國以下大國，則取於大國」。二者語句雖有差異，但意義相同，均將大國取小國和小國取大國平列，視大取小或小取大相等，絶非老子本義。河上公注：「此言國無大小。能執謙畜人，則無過失也。」則違經義遠矣。前人似已覺察到經文有誤，象易玄、遂州、敦煌辛、顧歡等諸唐本，都將後一「取」字改爲「聚」，讀作「故大國以下小國，則取小國；小國以下大國，則聚大國」。顯然是由後人所改，非老子原文。陶紹學曾謂：「詳文義，似上句應無『於』字，下句應有『於』字。」（校老子）今從帛書本得證陶説至確。甲、乙本同在下句「取」下增一介詞「於」字，則是表達經義的關鍵，反映出老子的本來思想。經傳釋詞卷一：「廣雅曰：『於，于也。』常語也。亦有於句中倒用者，書酒誥曰：『人無於水監，當於民監。』猶言無監於水，當監於民也。僖九年左傳曰：『入而能民，土於何有。』言何有於土也。昭十九年左傳曰：『其一二父兄，私族於謀而立長親。』言私謀於族也。又曰：

『諺所謂室於怒，市於色者，楚之謂也。』言怒於室而色於市也。」准此，「則取於大國」，猶言則大國於取也，即爲大國所取。「大國以下小國，則取小國」，乃謂大國對待小國能謙恭自下，可取得小國的歸附。「小國以下大國，則取於大國」，言小國對大國謙恭自下，可取於大國之容納。經之下文則謂「故大國者，不過欲兼畜人；小國者，不過欲入事人。夫皆得其欲，大者宜爲下。」前後語義甚明，而今本奪失一「於」字，則經義全非，均當據帛書甲、乙本經文訂正。

甲本：〔故〕49大邦者，不過欲兼畜人；小邦者，不過欲入事人。夫皆得其欲，〔大者宜〕爲下。

乙本：故大國者，不〔過〕欲并畜人；小國，不過欲入事人。夫〔皆得〕其欲，則大者宜197下爲下。

王本：大國不過欲兼畜人，小國不過欲入事人。夫兩者各得其所欲，大者宜爲下。

嚴遵本與王本同，唯首句有「夫」字，作「夫大國不過欲兼畜人」；敦煌辛、遂州、顧歡諸本首句有「夫」字，末句「大者」前有「故」字，作「夫大國不過欲兼畜人，小國不過欲入事人。夫兩者各得其所欲，故大者宜爲下」；邢玄、樓古、磻溪、樓正、孟頫、傅奕、邵、司馬、蘇、吴、彭等諸本前二句同王本，後二句作「兩者各得其所欲，故大者宜爲下」；徽宗御注與吴澄二本作「兩者各得其所欲，大者宜爲下」；景福、敦煌庚二本作「各得其所欲，大者宜爲下」；景龍、易玄與林志堅三本作「此兩者各得其所欲，大者宜爲下」；范應元本作「夫兩者各得其所欲，故大國者宜爲下」。

帛書甲、乙本各殘損四字，可互補。其經文内容相同，僅個別用字稍異。如甲本「欲兼畜人」，乙本作「欲并畜人」。此節經文乃承上文而言，上文云：「大國以下小國，則取小國；小國以下大國，則取於大國。故或下以取，或下而取。」此則謂：「故大國者不過欲兼畜人，小國不過欲入事人。夫皆得其欲，則大者宜爲下。」正如吴澄所云：「大國下小國者，欲兼畜小國而已；小國下大國者，欲入事大國而已；兩者皆能下，則大小各得其所欲。然小者素在人下，不患乎不能下；大者非在人下，或恐其不能下，故曰『大者宜爲下』。」

六十二（今本德經第六十二章）

甲本：〔道〕50者萬物之注（主）也，善人之葆（寶）也，不善人之所葆（保）也。
乙本：道者萬物之注（主）也，善人之葆（寶）也，不善人之所保也。
王本：道者萬物之奥，善人之寶，不善人之所保。

徽、邵、彭三本「奥」下有「也」字，作「道者萬物之奥也」；傅與司馬二本「奥」下亦有「也」字，第二個「之」下有「所」字，作「道者萬物之奥也，善人之所寶，不善人之所保」；范應元與之相同，唯「奥」下無「也」字，稍異；林志堅本作「善人之寶，不善之所保」；敦煌辛作「善人之寶，不善人所不保」；景龍、遂州、嚴遵三本作「善人之寶，不善人之所不保」。

帛書甲、乙本均保存較好，經文相同，異於今本者，世傳本均作「道者萬物之奥」，甲、乙本同作「道者萬物之注」。河上公注：「奧，藏也。道爲萬物之藏，無所不容也。」王弼注：「『奧』猶『曖』也，可得庇蔭之辭。」「奧」爲室之西南隅，乃幽隱之處，故王弼謂「奧」如「曖」。帛書甲、乙本「奧」字均作「注」，當讀爲「主」。禮記禮運「故人以爲奧也」，鄭玄注：「『奧』猶『主』也。」左傳昭公十三年「國有奧主」，即謂國之主也。帛書老子既然皆作「道者萬物之主也」，足證今本中之「奧」字當訓「主」，舊注訓「藏」不確，非指室内深隱祕奧，猶若第四章云：「道沖而用之或不盈，淵兮似萬物之宗。」從而可見，老子原文當猶帛書甲、乙本作「道者萬物之主也」，「奧」字乃後人所改。帛書甲、乙本「善人之葆也」，「葆」字今本作「寶」。「葆」，從玉，葆省聲，乃「寶」字別構。「葆」、「寶」通用，如史記秦始皇本紀「珍寶」，項羽本紀作「珍葆」，後漢書光武紀作「珍珤」。「寶」、「葆」、「珤」皆同字別體。又如乙本「不善人之所保也」，甲本「保」字仍寫作「葆」，借字耳。蔣錫昌云：「善人化於聖人之道，益進於善，故道爲善人之寶。不善人化於聖人之道，可以改善，故道爲不善人之所保。蓋天下之人，無善與不善，唯在聖人之以道爲化。四十九章所謂：『聖人無常心，以百姓心爲心，善者吾善之，不善者吾亦善之。』」朱謙之云：「案此文當以『善』、『不善』斷句。」道是他根據景龍碑的經文所作的解釋。景龍碑此文作「善人之寶，不善人之所不保」，衍一「不」字。經文既有訛誤，據其所作的註釋，當然更不足信。案今本經文均應據帛書甲、乙本予以訂正。

甲本：美言可以市，尊行可以賀（加）人。人之不善也，何〔棄之〕51有。

乙本：美言可以市，尊行可以賀（加）人。人之不善，何〔棄之198上有〕。

王本：美言可以市，尊行可以加人。人之不善，何棄之有。

傅奕本上「以」與「加」字之後有「於」字，「行」字作「言」，謂「美言可以於市，尊言可以加於人」；范應元本作「美言可以於市，尊行可以加於人」；徽、邵、彭等諸本「加」下有「於」字，作「美言可以市，尊行可以加於人」。敦煌辛、遂州、顧歡、林志堅諸本「何」字作「奚」，謂「人之不善，奚棄之有」。

俞樾云：「按淮南子道應訓、人間訓引此文並作『美言可以市尊，美行可以加人』，是今本脱下『美』字。」奚侗曰：「『市』當訓『取』。國語齊語『市賤鬻貴』，高注：『市，取也。』『加』當訓『重』。爾雅釋詁：『加，重也。』此言美言可以取人尊敬，美行可以見重于人。……各本挩下『美』字，而斷『美言可以市』爲句，『尊行可以加人』爲句，大謬。茲從淮南道應訓、人間訓引訂正。二句蓋偶語，亦韻語也。」自俞、奚二氏提出下文挩一「美」字，當讀作「美言可以市尊，美行可以加人」後，頗得學者稱讚，朱謙之即遵從俞、奚之説而將景龍碑文斷作「美言可以市尊，行可以加人」。他説：「此文以『美言』與『美行』對文，又『尊』、『人』二字，『尊』文部，『人』真部，此文、真通韻，宜從淮南。」今同帛書甲、乙本勘校，甲、乙本均作「美言可以市，尊行可以賀人」，尤其是甲本，在「美言可以市」之後而有一逗。説明自古以來即如此斷句，王弼等今本既無挩也無誤；而俞、奚之説非是。淮南道應、人間引文皆有衍誤。甲、乙本「賀」字今本作「加」，「加」、「賀」古同音，當從今本假爲「加」。王弼注：「美言之，則可以奪衆貨之賈，故曰『美言可以市』也。尊行之，則千里之外應之，故曰『可以加於人』也。」「市」指交易之行爲，「美言」者可得善價疾售；「尊行」者可給人以影響，益於恭敬知禮，絶惡從善。人皆能化道從善，故老子云：「人之不善，何棄之有。」義若第二十七章：「是以聖人常善救人，而無棄人。」不善人化於道，改過遷善，焉能棄之，故道爲不善人之所保也。

甲本：故立天子，置三卿，雖有共（拱）之璧以先四（駟）馬，不善（若）坐而進此。

乙本：〔故〕立天子，置三鄉（卿），雖有〔拱之〕璧以先四（駟）馬，不若坐而進此。

王本：故立天子，置三公，雖有拱璧以先駟馬，不如坐進此道。

世傳今本多同王本，唯趙至堅道德真經疏義（道藏悲八—悲十）「有」字作「以」，謂「雖以拱璧以先駟馬」；范應元本「拱」字寫作「珙」，謂「雖有珙璧以先駟馬」；遂州本無「先」字，作「雖有拱璧以駟馬」。傅奕本下句無「坐」字，後有「也」字，作「不如進此道也」。

帛書甲、乙本均作「故立天子，置三卿，雖有共之璧以先四馬，不若坐而進此」。乙本殘三字，據甲本補。今本「三卿」作「三公」，「共之璧」作「拱璧」，「四馬」作「駟馬」，「此」下有「道」字。彼此雖有多處不同，但經義相合。王弼曰：「此道，上之所云也。言故立天子，置三公，尊其位，重其人，所以爲道也。物無有貴於此者，故雖有拱抱寶璧以先駟馬而進之，不如坐而進此道也。」易順鼎曰：「左傳襄三十一年『叔仲帶竊其拱璧』，杜注：『拱璧，公大璧。』玉篇：『珙，大璧也。』『拱璧』即『珙璧』。王注謂爲『拱抱寶璧』，非是。」蔣錫昌云：「按左傳襄二十八年傳云：『既，崔氏之臣曰：與我其拱璧，吾獻其柩。』杜注：『崔氏大璧。』正義：『拱，謂合兩手也。此璧兩手拱抱之，故爲大璧。』據此，則王注謂爲『拱抱寶璧』是也。

易氏以爲『拱璧』卽『珙璧』非是。」帛書甲本作「共之璧」，「共」字當假爲「拱」。「拱之璧」卽拱抱之璧，王説誠是。「四馬」卽「駟馬」，一乘之數。「先」字當爲「駪」，説文：「駪，馬衆多皃。」「以」字訓「與」或「及」，王引之經傳釋詞卷一：「廣雅曰：『以，與也。』又云：『以，猶及也。』」此之謂立天子，置三卿，縱有拱抱之寶璧與衆多之乘馬，莫若静坐無爲尤進於道。

甲本：古之所以貴此者何也？不胃（謂）〔求52以〕得，有罪以免輿（與）！故爲天下貴。

乙本：古〔之所以貴此者何也〕？198下不胃（謂）求以得，有罪以免與！故爲天下貴。

王本：古之所以貴此道者何？不曰以求得，有罪以免邪！故爲天下貴。

邵若愚本無「者」字，「何」後有「也」字，作「古之所以貴此道何也」；樓古本無「何」字，作「古之所以貴此道者」；傅、徽、吴、彭諸本「何」後有「也」字，作「古之所以貴此道者何也」。林志堅本「不」字作「必」，「曰」字作「日」，謂「必日以求得，有罪以免邪」；景福、河上二本「曰」字作「日」，謂「不日以求得，有罪以免邪」；顧歡本「曰」字作「日」，「以求」作「求以」，謂「不日求以得，有罪以免邪」；敦煌庚本「以求」作「求以」，「得」下有「之」字，作「不曰求以得之，有罪以免邪」；景龍碑、遂州、敦煌辛、嚴遵諸本「以求」作「求以」，下無「邪」字，謂「不曰求以得，有罪以免」；傅、范、徽、司馬、蘇、吴、彭、焦等諸本皆作「不曰求以得，有罪以免邪」。

帛書甲本保存較好，乙本殘損八字，從甲本觀察，「此」下無「道」字，作「古之所以貴此者何也」，則與前文「不若坐而進此」語句一致，均無「道」字。王弼本「不曰以求得」，帛書甲、乙本均作「不謂求以得」，與景龍碑、傅奕、敦煌辛等作「求以得」相同。俞樾云：「唐景龍碑及傅奕本並作『求以得』，正與『有罪以免』相對成文，當從之。『古之所以貴此道者何』九字爲句，乃設爲問辭以曉人也。『不曰求以得，有罪以免邪』，言人能修道則所求者可以得，有罪者可以免也。『不曰』字、『邪』字相應，猶言『豈不以此邪』，謙不敢質言也。下云『故爲天下貴』，則自問還自答也。河上公本『不曰』誤作『不日』，因曲爲之説曰：『不日日遠行求索，近待於身。』失其義矣。」

六十三（今本德經第六十三章）

甲本：爲无爲，事无事，味无未（味），大小，多少，報怨以德。

乙本：爲无爲，〔事无事，味无味，大小，多少，報怨以德〕。

王本：爲無爲，事無事，味無味，大小，多少，報怨以德。

世傳今本皆同王本；帛書乙本甚殘，僅存「爲无爲」三字，其餘皆毁；甲本保存完好，經文同王本。

姚鼐曰：「『大小多少』下有脱字，不可强解。」奚侗亦云：「『大小多少』句，誼不可説，疑上或有挩簡。」馬敍倫云：「成玄英莊子逍遥遊篇疏引『爲無爲，事無事』兩句，『大小』句姚説是，吴無『大小』以下八字，倫謂疑是古注文。韓非喻老篇曰：『有形之類，大必起於小。行久之物，族必起於少。故曰：天下難事必作於易，天下之大事必作於細。」蓋注者取非意爲文，因有脱誤，溷入經文也。『報怨以德』一句，當在七十九章『和大怨』上，錯入此章。」今從帛書甲本觀察，今本此文無捝亦無誤，馬說非是。朱謙之云：「『大小多少』，卽下文『天下難事必作於易，大事必作於細』之説，誼非不可解。六十四章：『九層之臺，起於累土；千里之行，起於足下。』亦卽本此。此謂大由於小，多出於少。韓非曰：『有形之類，大必起於小；行久之物，族必起於少。』」高亨云：「大小者，大其小也，小以爲大也。多少者，多其少也，少以爲多也。視星星之火，謂將燎原；覩涓涓之泉，謂將漂邑；卽謹小愼微之意。」

過去解此經文，皆把「爲無爲，事無事，味無味」視爲三個并列的動賓結構的短句，卽所謂「爲所無爲，事所無事，味所無味」。果真如此，則同下文「大小多少，報怨以德」語誼全不相應，故姚鼐、奚侗、馬敘倫等皆疑「大小」以下有捝簡佚文。仔細分析經文「爲無爲，事無事，味無味」三句，皆非動賓結構，而是三個詞義相近的并列句，如果用標點斷開，當寫作「爲、無爲，事、無事，味、無味」，卽爲與無爲，事與無事，味與無味。而同下文之大與小、多與少、怨與德、難與易、大與細等同屬一種結構，每一個并列句中的兩個詞都是相對的。老子則以「報怨以德，圖難乎其易也，爲大乎其細也」，處理二者的關係。對待爲首的三句，顯然以同一處理方法，卽爲以無爲，事以無事，味以無味。以此理解則文暢義順，毫不勉强。老子中確有許多動賓結構的句子，如第六十四章「是以聖人欲不欲，不貴難得之貨；學不學，復衆人之所過」，欲其所不欲、學其所不學，皆符合「以輔萬物之自然而不敢爲」之道，則同「爲無爲，事無事，味無味，大小，多少」完全是兩種含意，不能混爲一談。過去誤將它們視爲同一句類，故而語誼難通。

甲本：圖難乎〔其53易也，爲大乎其細也〕。

乙本：〔圖難乎199上其易也，爲大〕乎其細也。

王本：圖難於其易，爲大於其細。

傅奕、范應元二本「於」上有「乎」字，作「圖難乎於其易，爲大乎於其細」；景龍碑、敦煌辛、嚴遵、遂州、顧歡等諸本無「其」字，作「圖難於易，爲大於細」。

帛書甲、乙本均甚殘損，甲本僅存前三字，乙本存後四字，皆參照王本補。韓非子喻老篇與續漢書五行志引馬融集均作「圖難於其易也，爲大於其細也」，較王本多二「也」字。帛書乙本「於」字作「乎」，古「於」、「乎」通用，如孟子萬章：「孝子之至，莫大乎尊親。」「莫大乎尊親」，猶言莫大於尊親也。准此，則乙本「圖難乎其易也，爲大乎其細也」與韓非喻老篇同。此之謂欲攻克其難者，必先成其易者。欲要完成大者，必先作好小者。

甲本：天下之難作於易，天下之大作於細，是以聖人冬（終）不爲大，故能〔成其大〕54。

乙本：天下之〔難作於〕易，天下之大〔作於細，是以聖人終不爲大，故能成其大〕199下。

王本：天下難事必作於易，天下大事必作於細，是以聖人終不爲大，故能成其大。

傅、范、徽、彭諸本「下」後有「之」字，作「天下之難事必作於易，天下之大事必作於細」；敦煌辛本無下句「天下」二字，作「天下難事必作於易，大事必作於細」；邵本「下」後有「之」字，「是以」作「故」，謂「天下之難事必作於易，天下之大事，必作於細，故聖人終不爲大，故能成其大」；敦煌庚本上句「下」後有「之」字，下文無「故」字，作「天下之難事必作於易，天下大事必作於細，是以聖人終不爲大，能成其大」；嚴遵本作「難事作於易，大事作於細，是以聖人終不爲大，故能成其大」；遂州本作「天下難事必作於易，大事必作於小」，無「是以」二句。

帛書乙本殘甚，甲本保存較好，前句作「天下之難作於易，天下之大作於細」。世傳本與喻老篇引文「難」、「大」之下皆有「事」字，作「難事」、「大事」，與帛書經文不同。按此乃順緒前文，前文既言「圖難於其易，爲大於其細」，均無「事」字，此亦當與前文一律，足證「事」字乃淺人妄增，當從帛書。再如「是以聖人終不爲大，故能成其大」，奚侗云：「二句乃三十四章文，複出於此。」按帛書前者作「是以聖人之能成大也，以其不爲大也，故能成大」，王弼本作「以其終不爲大，故能成其大」，均與此文不同。前者謂聖人不自爲大，故能成大。此謂聖人不做大事，故能成大事。彼此經義不同，奚說非。

甲本：〔夫輕諾必寡信，多易〕必多難，是〔以聖〕人猶難之，故終於无難。

乙本：夫輕若（諾）〔必寡〕信，多易必多難，是以耶（聖）人〔猶難〕之，故〔終於无難〕。

王本：夫輕諾必寡信，多易必多難，是以聖人猶難之，故終無難矣。

傅奕本「諾」、「易」下均有「者」字，「多難」下有「矣」字，作「夫輕諾者必寡信，多易者必多難矣」；范應元本「諾」、「易」下也有「者」字，最後無「矣」字，作「夫輕諾者必寡信，多易者必多難，是以聖人猶難之，故終無難」；嚴遵本無句首「夫」字，「諾」、「易」下有「者」字，下文無「是以」與「矣」字，作「輕諾者必寡信，多易者必多難，聖人猶難之，故終無難」；磻溪、蘇轍二本「猶」字作「由」，最後無「矣」字，謂「是以聖人由難之，故終無難」；徽、司馬、邵、彭、孟頫諸本作「是以聖人由難之，故終無難矣」；景龍、景福、樓古、敦煌庚、辛、壬、遂州、顧、志、焦等諸本最後均無「矣」字，作「是以聖人猶難之，故終無難」。

帛書甲、乙本均有殘損，彼此參校仍可復原，經文內容與王本同。「輕諾」與「寡信」，「多易」與「多難」，皆爲彼此矛盾而又相互轉化的兩個對立面，處理不慎，必然陷於困境，因而聖人處事謹慎，嚴於細易，由難而易，故終於無難。王弼云：「以聖人之才，猶尚難於細易，況非聖人之才，而欲忽於此乎？故曰『猶難之』也。」

六十四（今本德經第六十四章）

甲本：其安也，易持也。〔其未55兆也，易謀也。其脆也，易破也。其微也，易散也。爲之於其未有也，治之於其未亂也〕。

乙本：此節經文全部殘毀。

王本：其安易持，其未兆易謀，其脆易泮，其微易散，爲之於未有，治之於未亂。

遂州本「脆」字作「毳」，「泮」字作「破」，謂「其安易持，其未兆易謀，其毳易破，其微易散」；焦竑本「泮」字作「判」，謂「其脆易判」；吴澄本「泮」字作「伴」，謂「其脆易伴」；景龍、景福、邢玄、磻溪、樓古、樓正、敦煌辛、敦煌壬、河上、顧歡、司馬、志等諸本「泮」字均作「破」，謂「其脆易破」；嚴遵本後二句無「於」字，作「爲之未有，治之未亂」；敦煌庚本「泮」字作「破」，「於」下有「其」字，謂「其安易持，其未兆易謀，其脆易破，其微易散，爲之於其未有，治之於其未亂」；傅奕本作「其安易持，其未兆易謀，其脆易判，其微易散，爲之乎其未有，治之乎其未亂」；范應元本與之全同，唯「脆」字作「脃」，稍異。

帛書甲、乙本均已殘損，乙本全部毀壞，甲本僅存六字。世傳今本大同小異，經文内容基本一致。稍異者如「其脆易泮」一句，「脆」字有作「毳」或「脃」者，「泮」字有作「判」、「伴」、「破」者，因帛書本殘甚，無法校定。從字音字義分析，「毳」字與「脆」音近，「脃」字乃「脆」之別構。管子事語「城脃致衝」，注「脃」爲「不堅也」。王弼云：「以其微脆之故，未足以興大功，故易也。」「易」之所言，當依説文「易破也」，又可説明「破」字較「泮」義勝。于省吾曰：「何氏校刊：『祇范本「泮」作「判」，餘均作「破」。』羅氏考異：『諸本亦作「破」。』按作『破』是也。後人不明古音改『破』爲『泮』，以韻下句『其微易散』之『散』，殊有未當。釋文『脆』，河上本作『膬』。按『膬』與『脆』同。説文：『膬，耎易破也。』亦可爲此文不應作『泮』之證，古韻『破』歌部，『散』元部，『歌』、『元』對轉。」

甲本：〔合抱56之木，生於〕毫末。九成（層）之臺，作於羸（虆）土。百仁（仞）之高，台（始）於足〔下〕。

乙本：〔合抱之〕木，生於毫末。九成〔層〕[200]下之臺，作於虆土。百千〔仞〕之高，始於足下。

王本：合抱之木，生於毫末。九層之臺，起於累土。千里之行，始於足下。

范應元、焦竑二本「毫」字作「豪」，「層」字作「成」，謂「合抱之木，生於豪末。九成之臺，起於累土」；傅本與之全同，唯「抱」字作「襃」，稍異；慶陽、樓古、徽宗、司馬、吴澄諸本「毫」字均作「豪」，謂「合抱之木，生於豪末」；嚴遵本「層」字作「重」，「千里之行」作「百仞之高」，謂「九重之臺，起於累土。百仞之高，始於足下」；遂州本與之全同，唯「始」字均作「起」，稍異；敦煌辛本作「九重之臺，起於累土。而百刃之高，起於足下」；庚本作「九成之臺，起於累土」；壬本作「九曾之臺，起於累土」。

帛書乙本「九成之臺，作於虆土」，甲本「虆」字作「羸」，今本多作「累」。「虆」，土籠名，字也作「蔂」，當從乙本。甲本假「仁」字爲「仞」，乙本誤寫爲「千」，均當作「百仞之高」。今本多同王本作「千里之行」，唯嚴遵、遂州、敦煌辛諸本作「百仞之高」，與帛書本同，强本成疏引經文亦作「百仞之高」。馬叙倫云：「言遠亦得稱仞，然古書言仞，皆屬於高。疑上『九層』句，蓋有作『百仞』者，傳寫乃以誤易『千里』耳。」今以帛書甲、乙本論之，馬説誠是。按世傳本均應根據帛書此文，刊訂爲「百仞之高，始於足下」爲是。

甲本：〔爲之者敗之，執之者失之。是以聖人[57]无爲〕也，〔故〕无敗〔也〕；无執也，故无失也。

乙本：爲之者敗之，執者失之。是以耶（聖）人无爲〔也，故无敗也；无執也，故201上无失也〕。

王本：爲者敗之，執者失之。是以聖人無爲，故無敗；無執，故無失。

嚴遵本「是以」二字作「故」，原「故」字作「則」，謂「爲者敗之，執者失之。故聖人無爲，則無敗；無執，則無失」；敦煌庚、河上、志等諸本無「是以」二字，作「聖人無爲，故無敗；無執，故無失」；景福、敦煌壬二本無「是以」二字，在「無執」上有「聖人」二字，作「聖人無爲，故無敗；聖人無執，故無失」。

帛書乙本僅存前二句，後二句殘損；甲本存有後二句，前二句殘損；可彼此互補。奚侗云：「四句與上下文誼不相屬，此第二十九章中文，彼章『挩』下二句，誤羼於此。」今從漢帛書觀察，甲、乙本此節經文雖有殘損，但此四句經文俱在，純屬老子舊文無疑，奚氏之説非是。

甲本：民之從事也，恒於其（幾）成事而敗之，故慎終若始，則〔无敗58事矣〕。

乙本：民之從事也，恒於其（幾）成而敗之，故曰：慎冬（終）若始，則无敗事矣。

王本：民之從事，常於幾成而敗之，慎終如始，則無敗事。

徽、邵、彭諸本句首有「故」字，最後有「矣」字，作「故民之從事，常於幾成而敗之，慎終如始，則無敗事矣」；傅奕本「於」後有「其」字，最後有「矣」字，作「民之從事，常於其幾成而敗之，慎終如始，則無敗事矣」；范應元本與之全同，唯最後無「矣」字，稍異；遂州本「民」字作「人」，謂「人之從事，常於幾成而敗之」。

帛書乙本「民之從事也，恒於其成而敗之」，甲本作「民之從事也，恒於其成事而敗之」。從文義分析，甲本下一個「事」字，似因上文而衍，當據乙本删去，作「恒於其成而敗之」。今本「其」字作「幾」，謂「常於幾成而敗之」。上古「幾」字聲在見紐，韻屬微部；「其」在羣紐、之部。見、羣同聲，之、微通轉，「幾」、「其」古音相同通假。爾雅釋詁：「幾，近也。」「幾成」乃「近於成功」之謂。馬叙倫云：「倫謂『其』即『幾』也，『其』、『幾』古通。詩楚茨『如幾如式』，毛傳曰：『幾，期也。』此其例證。」河上公注：「民人爲事，常於功德幾成而貪位好名，奢泰盈滿，而自敗也。」按「其」乃「幾」之借字，當從王本作「常於幾成而敗之」。

甲本：〔是以聖人〕欲不欲，而不貴難得之⿰月爲（貨）；學不學，而復衆人之所過；能輔萬物之自〔然，而〕59弗敢爲。

乙本：是以⿰耳口（聖）人欲不欲201下，而不貴難得之貨；學不學，復衆人之所過；能輔萬物之自然，而弗敢爲。

王本：是以聖人欲不欲，不貴難得之貨；學不學，復衆人之所過；以輔萬物之自然，而不敢爲。

傅奕本「復」前有「以」字，最後有「也」字，作「學不學，以復衆人之所過，以輔萬物之自然，而不敢爲也」。范應元本與之同，唯「復」前無「以」字，稍異。徽、邵、彭三本亦與傅本同，唯最後無「也」字，稍異。敦煌辛與遂州二本「復」字作「備」，謂「學不學，備衆人之所過」；景福與敦煌壬二本最後有「焉」字，作「以輔萬物之自然，而不敢爲焉」。

帛書甲本殘損六字，並假「䳄」字爲「貨」；乙本完好，可據補甲本缺文。與今本勘校，除所用虛詞稍有不同外，經義無别。劉師培云：「韓非喻老篇述此義曰：『故知者不以言談教，而慧者不以書藏篋，此世之所過也，而王壽復之，是學不學也。故曰：「學不學，復歸衆人之所過也。」』據此，則古本『復』下有『歸』字，與十四章『復歸於無物』與二十八章『復歸於嬰兒』、『復歸於無極』、『復歸於樸』一律。」朱謙之云：「劉説非是。『復歸』之『歸』字無義，敦煌一本作『備』，成玄英曰：『復，河上作「備」。』『備』亦無義。『復』也者，猶『復補』也。莊子德充符篇：『夫無趾兀者也，猶務學以復補前行之惡。』此『復』之本義。韓非喻老篇引『復歸衆人之所過也』，顧廣圻曰：『傅本及德經無「歸」字、「也」字。』王先慎曰：『王弼注：「學不學，以復衆人之過。」「歸」字疑衍。』」今諗之帛書甲、乙本，亦均無「歸」字，也不作「備」，朱説誠是。又如，帛書甲、乙本「能輔萬物之自然，而弗敢爲」，今本多作「以輔萬物之自然，而不敢爲」，韓非喻老篇作「恃萬物之自然，而不敢爲也」。廣雅釋詁：「輔，助也。」論衡自然篇：「然雖自然，一須有爲輔助之也。」即老子此文。足證原本作「輔」不作「恃」。甲、乙本「能輔」二字，今本作「以輔」。「能」字與「以」可同訓作「而」，在此「能輔」似較「以輔」義勝。

六十五（今本德經第六十五章）

甲本：故曰：爲道者非以明民也，將以愚之也。民之難〔治也，以其〕知（智）也。故以知（智）

知（治）邦，邦之賊也；以不知（智）知（治）邦，〔邦之〕60德也。

乙本：古之爲道者，非以明〔民也202上，將以愚〕之也。夫民之難治也，以其知（智）也。故以知（智）知（治）國，國之賊也；以不知（智）知（治）國，國之德也。

王本：古之善爲道者，非以明民，將以愚之。民之難治，以其智多。故以智治國，國之賊；不以智治國，國之福。

敦煌壬本下一個「之」字作「民」，「愚」字作「遇」，作「古之善爲道者，非以明民，將以遇民」；顧歡本下一個「以」字作「欲」，謂「古之善爲道者，非以明民，將欲愚之」；景龍碑第一個「民」字作「人」，「智多」二字作「多智」，下句無「故」字，謂「古之善爲道者，非以明人，將以愚之。民之難治，以其多智。以智治國，國之賊；不以智治國，國之福」；遂州本「民」字皆作「人」，「愚」字作「娛」，下句無「故」字，「福」字作「德」，謂「古之善爲道者，非以明人，將以娛之，人之難治，以其智多。以智治國，國之賊；不以智治國，國之德」；敦煌辛本第二個「之」字作「民」，「福」字作「德」，謂「古之善爲道者，非以明民，將以愚民。故以智治國，國之賊；不以智治國，國之德」；范應元本作「民之難治，以其知多也」；傅奕本作「民之難治，以其多智也」；景福、敦煌庚、嚴遵、河上諸本後句無「故」字，作「以智治國，國之賊；不以智治國，國之福」。

帛書甲、乙本經文除首句句型稍有差異之外，其它皆相同。甲本首句「故曰爲道者」，乙本作「古之爲道者」，世傳今本多同王本作「古之善爲道者」。三者句型各異而意義相近，似同一源而傳抄有誤。從內容分析，當以乙本爲宗。再如，帛書甲、乙本「非以明民也，將以愚之也」，世傳今本多同王本作「非以明民，將以愚之」，唯遂州本作「將以娛之」，敦煌壬本作「將以遇之」。朱謙之云：「『愚』字武內敦本作『娛』。説文：『娛，樂也。』詩出其東門『聊可與娛』，張景陽詠史詩『朝野多歡娛』，『娛』字義長。又壬本作『遇』，『愚』、『遇』二字古可通用。呂氏春秋勿躬篇『幽詭愚險之言』，經義述聞以爲『愚』即『遇』也，惟此作『遇』無義。又案『愚』與『智』對，『愚之』謂使人之心純純，純純卽沌沌也。二十章『我愚人之心也，沌沌呵』，蓋老子所謂古之善爲道者，乃率民相安於悶悶湻湻之天，先自全其愚人之心，乃推以自全者全人耳。高延弟曰：『道，理也，謂理天下。愚之，謂反樸還淳，革去澆漓之習，卽爲天下渾其心之義，與秦人燔詩、書，愚黔首不同。』」高説甚是，帛書作「愚」，今本作「娛」者非。還如，世傳今本多同王本「民之難治，以其智多」，景龍碑作「民之難治，以其多智」，帛書甲、乙本均作「民之難治也，以其智也」，皆無「多」字。老子主張存愚棄智，先以自全其愚人之心，推以全人。所謂「愚」者，卽憨厚惇樸之謂，而無智多智少之分別。如十章「愛民治國，能毋以知乎」，十九章「絕聖棄智，民利百倍」，足見老子所謂「棄智」，是使人純樸象個嬰兒，憨厚象個愚人。故甲、乙本云「民之難治，以其智也」，本義乃謂：人民難以治理，全在於他們有智慧，因之下文則謂「故以智治邦（乙本『邦』字作『國』），邦之賊也；以不智治邦，邦之德也」；無「智多」或「多智」之義。從而足證帛書甲、乙本「民之難治，以其智也」，似保存了老子古誼，今本所謂「以其智多」或「以其多智」，皆由後人所改。

帛書甲、乙本「以不智治國，國之德也」，敦煌辛、遂州二本作「不以智治國，國之德」；世傳今本多同王本作「不以智治國，國之福」。甲、乙本「以不智」，是承上文「以智治國」而來。前文作「以智」，後文則爲「以不智」，「智」與「不智」相對。今本皆作「不以智」，誼雖無别，句型當從甲、乙本。帛書本「國之德也」，敦煌辛、遂州二本亦作「國之德」，世傳今本多同王本作「國之福」。易順鼎云：「文子道原篇引『不以智治國，國之德』，或後人不知此『賊』與『福』爲韻而改之。」朱謙之云：「易説是也。此宜作『福』，荀子大略篇：『天子即位上卿進，如之何憂之長也。能除患則爲福，不能除患則爲賊。』亦『福』、『賊』並舉爲韻。敦煌二本『福』作『德』，『福』、『德』義可通。禮記哀公問『百姓之德也』，注：『猶福也。』晉語：『夫德，福之基也。』『德』或爲『福』之注文。」按帛書經文均作「德」，非「福」字注語，朱説不確。文子道原篇引亦作「德」。「德」、「賊」古皆職部字，諧韻，足證老子古本如此。據以上勘校，此文當訂正爲：「古之爲道者，非以明民也，將以愚之也。夫民之難治也，以其智也。故以智治國，國之賊也；以不智治國，國之德也。」

甲本：恒知此兩者，亦稽式也；恒知稽式，此胃（謂）玄德。玄德深矣，遠矣，與物〔反〕矣，乃至大順。

乙本：恒知202下此兩者，亦稽式也；恒知稽式，是胃（謂）玄德。玄德深矣，遠矣，〔與〕物反也，乃至大順。

王本：知此兩者，亦稽式；常知稽式，是謂玄德。玄德深矣，遠矣，與物反矣，然後乃至大順。

傅奕本句首有「常」字，上一個「式」後有「也」字，「常」字作「能」，末句無「然後」二字，「乃」後有「復」字，「至」後有「於」字，作「常知此兩者，亦稽式也；能知稽式，是謂玄德。玄德深矣，遠矣，與物反矣，乃復至於大順」；范本與之相似，唯前句作「知此兩者，亦稽式也；知此稽式，是謂玄德」；遂州本「稽」字作「楷」，無後一個「玄」字和二「矣」字，「亦」下有「爲」字，作「知此兩者，亦爲楷式；常知楷式，是謂玄德。德深遠，與物反，然後乃至大順」；景龍碑、敦煌辛、顧歡三本「稽」字作「楷」，亦無二「矣」字，作「知此兩者，亦楷式，常知楷式，是謂玄德。玄德深遠，與物反，然後乃至大順」（景龍碑「楷」字寫作「揩」）；吳、焦二本作「知此兩者，亦楷式；能知楷式，是謂玄德。玄德深矣，遠矣，與物反矣，乃至於大順」；樓古、河上二本與之全同，唯「能知楷式」作「常知楷式」，稍異；嚴遵本作「知此兩者，亦楷式；常知楷式，是謂玄德。玄德深矣，遠矣，與物反，至於大順」；景福、敦煌壬二本與之全同，唯後句作「與物反矣，乃至大順」，稍異；敦煌庚本作「知此兩者，亦楷式；常知楷式，是謂玄德。玄德深矣遠，乃至於大順」。

帛書甲、乙本經文相同，唯甲本「此謂玄德」一句，乙本作「是謂玄德」，稍異。同今本勘校，皆大同小異。甲、乙本同作「稽式」，與王本一致，世傳今本多作「楷式」。范應元云：「傅奕、王弼同古本。稽，古兮反，考也，同也，如尚書『稽古』之『稽』。此用智、不用智兩者，亦是考古之法也。能知此考古之法，是謂玄遠之德也，故三代皆順考古道而行之。傅奕云：『稽式，今古之所同式也。』」朱謙之云：「今案道藏宋張太守彙刻四家注引弼注：『楷，同也。今古之所同，則不可廢，能知楷式，是謂玄德。』是張太守所見王本亦作『楷式』，與此石（指景龍碑）同。雖『稽』、『楷』古混，莊子大宗師篇『狐不偕』，韓非子說疑作

『狐不稽』，『稽式』卽『楷式』，但『楷』爲本字。稽，字林：『留也，止也。』玉篇：『留也，治也，考也，合也，計當也。』在此皆無義。玉篇：『楷，式也。』禮記曰：『今世之行，後世以爲楷。』廣雅釋詁：『楷，法也。』是『楷式』卽『法式』，義長。碑文『楷』作『揩』。案字林：『揩，摩也。』廣雅釋詁：『揩，磨也。』與『楷』字迥別，當從六朝寫本與諸唐本作『楷』。」蔣錫昌云：「按『兩者』指上文『以智治國，國之賊；不以智治國，國之福』而言。『稽』爲『楷』之借字。『稽』、『楷』一聲之轉。廣雅釋詁：『楷，法也。』是『稽式』卽『法式』，三十八章王注所謂『模則』也。『知此兩者，亦稽式也』，言人主知賊與福兩者之利害，而定取捨乎其間，亦可謂知治國之模則也。『知此稽式，是謂玄德』，言人主能知此治國之模則者，是謂合乎無名之道也。」朱、蔣之說皆是。

六十六（今本德經第六十六章）

甲本：〔江〕海之所61以能爲百浴（谷）王者，以其善下之，是以能爲百浴（谷）王。

乙本：江海所以能爲百浴（谷）〔王者203上，以〕其〔善〕下之也，是以能爲百浴（谷）王。

王本：江海所以能爲百谷王者，以其善下之，故能爲百谷王。

景龍碑第一個「王」字後無「者」字，作「江海所以能爲百谷王」；嚴遵本下句無「善」字，作「以其下之，故能爲百谷王」；傅、邵、吴、孟頫諸本「之」下有「也」字，作「以其善下之也，故能爲百谷王」。

帛書甲本「江海之所以能爲百谷王者」，乙本作「江海所以能爲百谷王者」，甲本多一「之」字。後句甲本「以其善下之」，乙本作「以其善下之也」，乙本多一「也」字。彼此所用虛詞稍異。和今本勘校，甲、乙本「浴」字今本皆作「谷」。「浴」借字耳，當從今本。蔣錫昌云：「按説文：『泉出通川爲谷。』是『百谷』猶『百川』也。説文：『王，天下所歸往也。』是『王』即『歸往』之義。此言江海所以能爲百川歸往者，以其善居卑下之地，故能爲百川歸往也。六十一章王注：『江海居大而處下，則百川流之。』即據此文而言。」王弼本此章失注。

甲本：是以聖人之欲上民也，必以其言下之；其欲先〔民也〕62，必以其身後之。

乙本：是以耶（聖）人之欲上民也，必以其言下之；其欲先民203下也，必以其身後之。

王本：是以欲上民，必以言下之；欲先民，必以身後之。

景龍碑第一個「以」後有「聖人」二字，「民」字均作「人」，謂「是以聖人欲上人，必以言下之；欲先人，必以身後之」；敦煌庚本與之同，唯「欲先人」作「欲先民」；景福、敦煌壬、河上、志等諸本亦與之同，唯「人」字均作「民」；磻溪、樓正、孟頫、徽、邵、司馬、蘇、遂州、吴、彭、焦諸本第一個「以」後亦有「聖人」二字，「民」字均作「人」，「必以」二字均作「以其」，謂「是以聖人欲上人，以其言下之；欲先人，以其身後之」；敦煌辛本與之全同，唯「欲先人」作「欲先民」；顧歡本亦與之同，唯「人」字均作「民」；嚴遵本亦有「聖人」二字，「欲」前有「其」字，「必以」二字均作「以其」，謂「是以聖人其欲上民，以其言下之，其欲先民，以其身後之」；傅、范二本亦有「聖人」二字，「必以」後有「其」字，作「是以聖人欲上民，必以其言下之；欲先民，必以其身後之」。

帛書甲、乙本經文首句均作「是以聖人之欲上民也，必以其言下之」，王本無「聖人」二字，世傳本多有之，與帛書同。從文義分析，原本當有「聖人」二字，無則無所指，語義不明。今本凡無「聖人」二字者，皆因後人傳寫而遺漏。再如，帛書甲、乙本「必以其言下之」與「必以其身後之」，「必以」二字磻溪、樓正、顧歡、彭耜等諸本皆作「以其」。「必以」與「以其」意義不同，此當以帛書義長。文子符言篇云：「人之情，心服於德，不服於力。德在與，不在求。是以聖人之欲貴於人者，先貴於人；欲尊於人者，先尊於人；欲勝人者，先自勝；欲卑人者，先自卑。故貴賤尊卑，道以制之。」河上公云：「欲在民上，法江海處謙虛下；欲在民之前也，先人而後己也。」聖人必能謙下尚可居尊，居後尚可率先，此乃道之旨，非南面之術。

甲本：故居前而民弗害也，居上而民弗重也。天下樂隼（推）而弗猒（厭）也。

乙本：故居上而民弗重也，居前而民弗害。天下皆樂誰（推）而弗猒（厭）也。

王本：是以聖人處上而民不重，處前而民不害。是以天下樂推而不厭。

邵若愚本上「是以」二字作「是故」，「民」字均作「人」，下「是以」二字作「所以」，謂「是故聖人處上而人不重，處前而人不害。所以天下樂推而不厭」；磻溪、樓正、司馬、蘇、吳等諸本無「聖人」二字，「民」字均作「人」，謂「是以處上而人不重，處前而人不害。是以天下樂推而不厭」；景龍、樓古、彭耜三本與之全同，唯「處上」前有「聖人」二字；遂州本亦與之同，唯「處上而人不重」作「處上其民不重」；敦煌辛本作「是以處上而民不重，處前而民不害，天下樂推而不厭」；焦竑本作「是以處上而人不重，處前而人不能害。是以樂推而不厭」；嚴遵本作「故在上而民不重，居民之前而民不害，天下樂推而上之而不知厭」；傅奕本作「是以聖人處之上而民弗重，處之前而民不害也。是以天下樂推而不厭」；范應元本與之同，唯「不害」後無「也」字。

帛書甲本「居前」句在「居上」句之前，乙本「居上」句在「居前」句之前，彼此語次顛倒。據世傳今本考察，「居上」句均在「居前」句之前，甲本有誤，當從乙本。又甲本「天下樂推而弗厭也」，與今本多同，乙本作「天下皆樂推而弗厭也」，多一「皆」字。今本經文多異，如「聖人」二字有無各不相同。帛書甲、乙本經文「故居上而民弗重也，居前而民弗害。天下樂推而弗厭也」，此乃承上文「是以聖人之欲上民也，必以其言下之；其欲先民也，必以其身後之」而言，前文既言「聖人」，此處即不該重復。因王弼等今本將前文「聖人」二字誤移於此，故導致今本有的仿效王本將其後移，有的前後重復，均當據甲、乙本勘正。高亨云：「民戴其君，若有重負以爲大累，即此文所謂『重』也。『而民不重』，言民不以爲累也。詩無將大車篇曰：『無思百憂，衹自重兮。』鄭箋曰：『重，猶累也。』漢書荆燕吴王傳曰『事發相重』，顔注曰：『重，猶累也。』即『重』有『累』義之證。故『重』猶『累』也。淮南子原道訓曰：『處上而民弗重，居前而民弗害。』又主術訓曰：『百姓載之上弗重也，錯之前弗害也。』蓋皆本於老子。」君處上民不覺其累，處前不覺其害，故樂推其功而不覺厭。

甲本：非以其无静（争）與，（故天63下莫能與）静（争）。

乙本：不以其无争與，故204上（天）下莫能與争。

王本：以其不争，故天下莫能與之争。

傅奕本「以」上有「不」字，作「不以其不争，故天下莫能與之争」；范應元本與之相近，唯「其」下無「不」字，作「不以其争」；敦煌壬本「以」上有「非」字，作「非以其不争，故天下莫能與之争」；敦煌辛、遂州二本「不」字作「無」，作「以其無争」；敦煌庚本此句後有「也」，作「以其不争也」；嚴遵本前無「其」字而後無「能」字，作「非以争，故天下莫與之争」。

帛書甲本前句作「非以其無争與」，乙本作「不以其無争與」；後句同作「故天下莫能與争」。世傳今本多同王本，作「以其不争」或「不以其争」。唯傅奕本作「不以其不争」，敦煌壬本作「非以其不争」。句中包含兩個否定詞，則與帛書甲、乙本經義相同。一謂聖人「以其不争」，另一謂「非以其不争」。兩説對立，難以調和，只有從前後經文中找出共同的含義，才能判斷孰是孰非。審校經義，前文云：「是以聖人之欲上民也，必以其言下之；其欲先民也，必以其身後之」，此乃説明聖人非無争，而是謙虛自下，讓先自退，如云欲上而言下，欲先而身後。則同道經第七章「是以聖人退其身而身先，外其身而身存，不以其無私與？故能成其私」，同一種語義和句型結構，從而足證帛書甲、乙本確保存了老子原義，今本凡作「不以其争」或「以其不争」者，皆由後人所改，舊註皆不可信。

六十七（今本德經第八十章）

甲本：小邦寡（寡）民，使十百人之器毋用，使民重死而遠徙。

乙本：小國寡民，使有十百人器而勿用，使民重死而遠徙。

王本：小國寡民，使有什伯之器而不用，使民重死而不遠徙。

景龍碑與王本全同，唯「民」字作「人」；遂州本「民」字亦作「人」，並無前一個「使」字和後句「遠」字，作「小國寡人，有什伯之器而不用，使人重死而不徙」；傅、范、徽、邵、彭諸本前一個「使」後有「民」字，下有「也」字，作「小國寡民，使民有什伯之器而不用也，使民重死而不遠徙」；樓古、敦煌辛、吳澄、孟頫諸本與之全同，唯「不用」後無「也」字；嚴遵、河上等諸本亦與之同，唯「什伯」後有「人」字，作「使有什伯人之器而不用」；敦煌庚本作「使有阡陌人之器而不用」；景福本作「使有什百之器而不用」；顧、志二本作「使有什伯民之器而不用」；司馬光本「遠徙」二字作「重復」，謂「使民重死而不重復」；蘇轍本無「使民重死而不遠徙」一句。

帛書甲本「使十百人之器毋用」，乙本作「使有十百人器而勿用」，王本作「使有什伯之器而不用」。從文義分析，三者皆有奪字，均非全文。河上本作「使有什伯人之器而不用」，過去俞樾謂：「河上公本『什伯』下誤衍『人』字，遂以『使有什伯』四字爲句，失之矣。」今從帛書甲、乙本勘校，「什伯」之下均有

「人」字，同作「十百人之器」，說明河上本不衍。王弼本「什伯」之下奪一「人」字。甲本「使」下奪一「有」字，「器」下奪一「而」字，乙本「人」下奪一「之」字。河上本此節經文保存最完整，其它今本多有訛誤。俞樾云：「按『什伯之器』，乃兵器也。後漢書宣秉傳注曰：『軍法：五人爲伍，二伍爲什，則共其器物，故通謂生生之具爲什物。』然則『什伯之器』，猶言『什物』矣。其兼言『伯』者，古軍法以百人爲伯。周書武順篇：『五五二十五曰元卒，四卒成衞曰伯。』是其證也。什、伯皆士卒部曲之名。禮記祭義篇曰『軍旅什伍』，彼言『什伍』，此言『什伯』，所稱有大小，而無異義。徐鍇說文繫傳於人部『伯』下引老子曰：『有什伯之器，每什伯共用器，謂兵革之屬。』得其解矣。『使有什伯之器而不用，使民重死而不遠徙』，兩句一律。下文云：『雖有舟轝，無所乘之，雖有甲兵，無所陳之。』『舟轝』句蒙『重死而不遠徙』而言，『甲兵』句蒙『什伯之器不用』而言，文義甚明。」俞氏之說，曾頗得學者們讚同。但今同帛書老子勘校，甲、乙本雖各有奪文，唯「十百」之下皆有「人」字，同作「十百人之器」，而非「十百之器」。此絕非偶合，老子原本即當如此。「十百人之器」，則謂材堪十人百人之長者。蘇轍云：「老子生於衰周，文勝俗弊，將以無爲救之，故於書之終言其所志，願得小國寡民以試焉，而不可得耳。民各安其分，則小有材者，不求用於世，『什伯人之器』，則材堪什夫伯夫之長者也。事少民樸，雖結繩足矣。內足而外無所慕，故以其所有爲美，以其所處爲樂，而不復求也。民物繁夥而不相求，則彼此皆足故也。」日人大田晴軒云：「列子說符篇：『伯樂稱九方皐曰：是乃所以千萬臣而無數者也。』呂氏春秋至忠篇：『子培賢者也，又爲王百倍之臣。』孟子：『或相倍蓰，或相什伯，或相千萬。』（滕文公上）以物言之。『或相倍蓰而無筭者』，（告子上）以人言也。然則什伯千萬，亦皆可以人言也。『器』，利器。器長之器，什伯之器，爲特異之材明矣。」「十百人之器」，系指十倍百倍人工之器，非如俞樾獨謂兵器也。經之下文云：「雖有舟輿，無所乘之；雖有甲兵，無所陳之，使人復結繩而用之。」「舟輿」代步之器，跋涉千里可爲十百人之工；「甲兵」争戰之器，披堅執鋭可抵十百人之力。可見「十」乃十倍，「百」乃百倍，「十百人之器」系指相當於十、百倍人工之器。胡適云：「文明進步，用機械之力代人工，一車可載千斤，一船可裝幾千人，這多是『什伯人之器』。下文所説『雖有舟輿，無所乘之；雖有甲兵，無所陳之』，正釋這一句。」俞氏所據乃今本中經文作「什伯之器」者，故所釋爲兵器。今據帛書甲、乙本勘校，「什伯」之下確有「人」字，當作「十百人之器」。其中並不排除兵器，但俞謂專指兵器而言，似欠全面。

又如，帛書甲、乙本同作「使民重死而遠徙」，世傳今本除遂州本作「使人重死而不徙」之外，其它本均作「使民重死而不遠徙」。「遠徙」與「不遠徙」義相對立，此亦是帛書本與今本之一分歧。審校經文，老子主張使民「甘其食，美其服，樂其俗，安其居，鄰國相望，鷄犬之聲相聞，民至老死不相往來」。足見他不僅反對民之「遠徙」，也同樣反對「不遠徙」，主張使民安居而不徙。故而「遠徙」之「遠」字，非作遠近解的副詞，而是作「疏」、「離」解的動詞。廣雅釋詁：「遠，疏也。」國語周語「將有遠志」，晉語「諸侯遠己」，論語學而「遠耻辱也」，在此「遠」皆訓「離」。乙本道經「不遠其甾重」，甲本作「不離其甾重」，「遠」、「離」二字互用，則取離别之義。帛書甲、乙本「使民重死而遠徙」，猶言使民重死而離别遷徙，即使民重視生命而避免流動。因後人誤識「遠」爲遠近之義，又疑「使民重死」與「遠徙」義不相屬，故於「遠徙」之前增添「不」字，改作「不遠徙」，結果則與老子本義相違，造成大謬。遂州本作「使民重死而不徙」，經義雖同帛書，但亦非老子原文，而爲後人所改。故今本均當據帛書甲、乙本勘正。

甲本：有車周（舟）无所乘之；有甲兵无所陳 64〔之，使民復結繩而〕用之。

乙本：又（有）周（舟）車无所 204下 乘之；有甲兵无所陳之；使民復結繩而用之。

王本：雖有舟輿，無所乘之；雖有甲兵，無所陳之；使人復結繩而用之。

敦煌庚本首句「雖有」二字作「其」，第二句無「雖」字，「人」字作「民」，最後有「矣」字，謂「其舟輿無所乘之，有甲兵無所陳之，使民復結繩而用之矣」；遂州本首句「輿」字作「轝」，第二句無「雖」字，「陳」字作「陣」，謂「雖有舟轝無所乘之，有甲兵無所陣之」；河上本同王本，唯首句「輿」字作「轝」；志、焦二本首句「輿」字作「車」，謂「雖有舟車無所乘之」；景龍、邢玄、景福、慶陽、樓古、磻溪、樓正、孟頫、顧、傅、范、徽、邵、司馬、蘇、吴、彭等諸本「人」字均作「民」，謂「使民復結繩而用之」；嚴遵本無「復」字，作「使人結繩而用之」。

帛書甲、乙本均無「雖」字，乙本「有舟車无所乘之，有甲兵无所陳之」，甲本作「有車舟无所乘之，有甲兵无所陳之」。乙本「舟車」，今本作「舟輿」，文次一律；甲本作「車舟」，顯然是文次顛倒，當從乙本。馬叙倫云：「『雖有舟輿』四句，古注文誤入經文者也。」今從帛書老子考察，四句俱全，馬説非是。蔣錫昌曰：「民不遠徙，故雖有舟輿無所乘之。民有什伯之器不用，故雖有甲兵無所陳之。事簡民淳，書契无用，故結繩可復。」

甲本：甘其食，美其服，樂其俗，安其居，⿰粦几（鄰）邦相朢（望），鷄狗之聲相聞，民至65〔老死不相往來〕。

乙本：甘其食，美其服，樂其俗，安其居，⿱吅又（鄰）國相望，鷄犬之〔聲相〕205上聞，民至老死不相往來。

王本：甘其食，美其服，安其居，樂其俗，鄰國相望，鷄犬之聲相聞，民至老死不相往來。

傅奕本句首有「至治之極民各」六字，「居」字作「俗」，「俗」字作「業」，「民」上有「使」字，「相」下有「與」字，謂「至治之極，民各甘其食，美其服，安其俗，樂其業，鄰國相望，鷄犬之聲相聞，使民至老死不相與往來」；范應元本與之同，唯「犬」字作「狗」，「死」下有「而」字，無「與」字，謂「鷄狗之聲相聞，使民至老死而不相往來」；徽、邵、彭三本亦與之同，唯無前六字；嚴遵本「安其居」在「樂其俗」後，作「甘其食，美其服，樂其俗，安其居」；敦煌庚、顧歡、河上諸本「犬」字作「狗」，無「死」字，謂「鷄狗之聲相聞，民至老不相往來」；敦煌辛本與之同，唯「民」上有「使」字，作「使民至老不相往來」；景龍、景福二本「犬」字作「狗」，謂「鷄狗之聲相聞」；邢玄、慶陽、樓古、磻溪、樓正、司馬、蘇、焦諸本「聲」字作「音」，謂「鷄犬之音相聞」；遂州本「民」字作「人」，上並有「使」字，謂「使人至老死不相往來」。

帛書甲、乙本「甘其食，美其服，樂其俗，安其居」，語序與嚴遵本同，王弼本「安其居」在「樂其俗」之前。傅、范二本在「甘其食」前有「至治之極民各」六字，甲、乙本與其它今本皆無。又史記貨殖列傳引作「至治之極，鄰國相望，鷄狗之聲相聞，民各甘其食，美其服，安其俗，樂其業，至老死不相往來」，足證傅、范所謂古本者，則廣抄古籍，此節經文來自貨殖列傳而稍作改動。莊子胠篋篇引作「甘其食，美其服，樂其俗，安其居」，語序異于今本而同於帛書，説明「食」、「服」、「俗」、「居」是老子原來的次序，今本已有錯亂。蔣錫昌云：「『甘其食』，言食不必五味，苟飽卽甘也。『美其服』，言服不必文彩，苟暖卽美也。『安其居』，言居不必大厦，苟蔽風雨卽安也。『樂其俗』，言俗不必奢華，苟能淳樸卽樂也。」

本章經文王弼、河上公、傅奕、范應元諸刻本，以及景龍、易福等碑本，均列爲德經之第八十章。帛書甲、乙本雖不分章，但其位置則在第六十六章之後，位於第六十七章。因今本有錯簡，故按甲、乙本編次，將今本第八十章移此。

六十八（今本德經第八十一章）

甲本：〔信言不美，美言〕不〔信。知〕者不博，〔博〕者不知。善〔者不多，多〕者不善。

乙本：信言不美，美言不信。知者不博，博者不知。善者不多，多者不善。205下。

王本：信言不美，美言不信。善者不辯，辯者不善。知者不博，博者不知。

傅、范、焦諸本「善者」、「辯者」作「善言」、「辯言」，謂「善言不辯，辯言不善」；吴、志二本「辯」字寫作

「辨」，謂「善者不辨，辨者不善」；敦煌辛本上「知者」二字作「智者」，謂「智者不博，博者不知」；嚴遵、遂州、顧歡三本「知者」一句在「善者」一句之前，作「知者不博，博者不知。善者不辯，辯者不善」；敦煌辛本與之同，唯「知」字作「智」，稍異。

帛書甲本共殘毁十三字，乙本保存完好，可據補甲本缺文。與今本勘校，主要差異爲：帛書甲、乙本「善者不多，多者不善」一句，世傳本皆作「善者不辯，辯者不善」，並多竄在「知者不博，博者不知」之前。關於此一差異，是帛書出土後發現的，過去學者注意到另外一些問題，並作了考證。如第一句，俞樾云：「按此當作『信者不美，美者不信』，與下文『善者不辯，辯者不善。知者不博，博者不知』文法一律。河上公於『信言不美』注云：『信者如其實，不善者樸且質也。』是可證古本正作『信者不美』，無『言』字也。」陶鴻慶云：「案俞氏據河上注知經文兩『言』字皆當作『者』，與下文一律者也。今按王注云：『實在質也，本在樸也。』但釋『信』與『美』之義，而不及言『言』，以其所見本亦作『者』也。」諭之帛書之乙本，則作「信言不美，美言不信」，與今本相同，足證俞、陶二氏之説非是。按今本誤在「善者不辯，辯者不善」一句。從經義分析，原講三層意義：一爲「信言不美」，二爲「知者不博」，三爲「善者不多」。今本文次顛倒，經義重疊。前言「信言不美，美言不信」，後又言「善言不辯」或「善者不辯」，前後經義重複，其中必有訛誤。甲、乙本同作「善者不多，多者不善」，正與下文「聖人無積，既以爲人，己愈有；既以予人矣，己愈多」文義聯屬，足證今本有誤。

甲本：聖人无積，〔既〕66以爲〔人，己愈有；既以予人矣，己愈多〕。

乙本：耶（聖）人无積，既以爲人，己俞（愈）有；既以予人矣，己俞（愈）多。

王本：聖人不積，既以爲人，己愈有；既以與人，己愈多。

范應元本「不」字作「无」，「愈」字作「俞」，謂「聖人无積，既以爲人，己俞有；既以與人，己俞多」；嚴遵本句首有「是故」二字，「不」字作「無」，謂「是故聖人無積」，餘同王本；傅、徽、邵、蘇、彭諸本「不」字亦作「無」，謂「聖人無積」；景福、磻溪、慶陽、樓正諸本「爲」字作「與」，謂「既以與人，己愈有」；邢玄本與之全同，唯「愈」字均作「逾」。

帛書甲本殘甚，僅存六字，乙本保存完好，可據補甲本缺文。與今本勘校，經文與王本基本相同，唯帛書乙本「不」字作「无」，「愈」字作「俞」，「與」字作「予」，稍異。朱謙之云：「戰國策魏策引老子曰：『聖人無積，盡以爲人，己愈有；既以與人，己愈多。』『不積』亦作『無積』。『既以與人』句，莊子田子房篇引同。『既以爲人』句，『既』字可據魏策改爲『盡』字，與『既』字爲對文。又『積』有藏義，楚語『無一日之積』，注『積，儲也。』莊子天道『運而無積』，釋文：『謂積滯不通。』天下篇稱老聃『以有積爲不足……無藏也故有餘』，『無積』即『無藏』也。」無積無藏則心虛靜，心虛靜則無所係，故無所不爲人也；心靜不係，則無私無慮，故無所不予人也。

甲本：此節經文全部殘毀。

乙本：故天之道，利而不害；人之道，爲而弗爭。

王本：天之道，利而不害；聖人之道，爲而不爭。

世傳今本多同王本，唯敦煌辛本無下一個「之」字，作「天之道，利而不害；聖人道，爲而不争」；孟頫本無「聖」字，作「人之道，爲而不争」。

帛書甲本此文皆殘毀，乙本完好。與今本勘校，主要差異爲：帛書「人之道，爲而不爭」，世傳本中除孟頫本與帛書相同外，其他多同王本作「聖人之道，爲而不争」。朱謙之云：「趙本作『人之道』，無『聖』字，『人』與『天』對，文勝；然非老子本誼。」豈不知老子所謂「爲而不爭」，正是指「人之道」言，「聖人之道」乃是無爲不争，如第二章「是以聖人居無爲之事」，第二十章「衆人皆有以，我獨頑似鄙」。「有以」即有志有爲，「似鄙」乃無爲無欲。足證老子原作「人之道」，帛書不誤，今本「聖」字乃爲淺人所增。

此節經文王弼、河上公、傅奕諸刻本均列爲德經之第八十一章，爲全書之末。帛書甲、乙本不分章，但將其置於第六十七章之後，相當於第六十八章。因今本錯簡，故依帛書甲、乙本編次，將第八十一章移此。

六十九（今本德經第六十七章）

甲本：〔天下皆謂我大，大而不肖〕67。夫唯〔大〕，故不宵（肖）。若宵（肖），細久矣。

乙本：天下206上〔皆〕胃（謂）我大，大而不宵（肖）。夫唯不宵（肖），故能大。若宵（肖），久矣其細也夫。

王本：天下皆謂我道大，似不肖。夫唯大，故似不肖。若肖，久矣其細也夫。

嚴遵本首句無「皆」、「道」二字，末句「細」字作「小」，「也夫」二字作「矣」，謂「天下謂我大，似不肖。夫唯大，故似不肖。若肖，久其小矣」；遂州本首句無「道」和「似」字，「肖」字均作「笑」，末句「細」字作「小」，無「也夫」二字，謂「天下皆以我大，不笑。夫唯大，故似不笑。若笑，久其小」；敦煌辛本首句無「道」字，「肖」字均作「咲」，末句「久」字作「救」，亦無「也夫」二字，謂「天下皆以我大，似不咲。夫唯大，故不咲。若咲，救其小」；景福、河上二本作「天下皆謂我大，似不肖。夫唯大，故似不肖。若肖，久矣其細夫」；敦煌庚、壬二本經文均與之同，唯庚本末句作「久矣其細也夫」，壬本末句作「久矣其細也」，稍異；景龍碑作「天下皆謂我大，不肖。夫唯大，故不肖。若肖，久矣其細」；傅奕、范應元二本皆作「天下皆謂吾大，似不肖。夫惟大，故似不肖。若肖，久矣其細也夫」。

帛書甲本較殘，乙本保存完好，但兩本經文不同。如甲本「夫唯大，故不肖」，乙本作「夫唯不肖，故能大」。從而可見，此章經文早在秦漢時期即已出現分歧。世傳今本更加詞異型繁，各家注釋亦各抒己見，莫衷一是。如河上公釋「肖」爲「善」，注云：「老子言天下謂我德大，我則佯愚似不肖。」成玄英云：「河上本作『肖』，諸家云『笑』。『笑』者言老君體道自然，妙果圓極，故天下倉生，莫不尊之爲大聖也。何意得如此耶？只爲接物謙和，不矜誇嗤笑於物，故致然也。」朱謙之云：「成説紆曲難通。『笑』與『肖』

本聲韻相同。于省吾荀子新證引非相篇：『今夫狌狌形笑，亦二足而毛也。』『形笑』卽『形肖』，則知此『不笑』亦卽『不肖』耳。然碑本作『肖』乃本字，作『笑』者通假，若羅卷『笑』作『咲』，則俗字耳。作『肖』乃老子書中用楚方言。揚雄方言七：『「肖」類法也。齊曰「類」，西楚、梁、益之間曰「肖」。西南梁、益之間凡言相類者，亦謂之「肖」。』郭璞注：『肖者，似也。』小爾雅廣訓：『不肖，不似也。』譣誼，『不肖』上不應再有『似』字。」朱說誠是，帛書甲、乙本均無「似」字，今本中「似不肖」之「似」字，顯然是『肖』字的古注文，後人誤將古注文羼入經內。「不肖」猶不似，卽今語不像。帛書乙本「天下皆謂我大，大而不肖」，猶言天下皆謂我大，大而又不像。又云：「夫唯不肖，故能大。若肖，久矣其細也夫。」因爲不像，故而能成大。若像，則早已成爲細漠了。依此則文暢義順，從而可見帛書乙本確實反映了老子本義，而甲本與今本皆有訛誤，均當據帛書乙本訂正。

甲本：我恒有三葆（寶），之。一曰茲（慈），二曰檢（儉），［三曰不敢爲天下先］。

乙本：我恒有三琛（寶），市（持）而琛（寶）之。一206下曰茲（慈），二曰檢（儉），三曰不敢爲天下先。

王本：我有三寶，持而保之。一曰慈，二曰儉，三曰不敢爲天下先。

傅奕本「我」字作「吾」，「保」字作「寶」，謂「吾有三寶，持而寶之」；范應元本與之全同，唯「吾」字作「我」；景龍碑、敦煌庚、壬與河上諸本皆作「我有三寶，持而寶之」；遂州、顧、徽、邵、吳、彭、志、焦等諸本，

「持而保之」作「寶而持之」，樓古、磻溪、樓正、孟頫、司馬、蘇轍等諸本作「保而持之」，敦煌辛本作「寶而持之」，下句無「敢」字，作「我有三寶，寶而持之。一曰慈，二曰儉，三曰不爲天下先」。

帛書乙本「我恒有三珠，市而珠之」，甲本作「我恒有三葆，之」，王本作「我有三寶，持而保之」。乙本「珠」字即「寶」之別構，「市」字假爲「持」。甲本「葆」字通作「寶」，「之」字前奪「持而寶」三字，抄寫時挩漏。蔣錫昌云：「范謂韓非、王弼、傅奕同古本，則范見傅、王二本並作『持而寶之』，當據改正。『持而寶之』與九章『持而盈之』文例一律。顧本成疏『寶重而持之』，是成作『寶而持之』。强本榮注引經文云：『我有三寶，保而持之。』是榮作『保而持之』。廣雅釋詁：『寶，道也。』檀弓『喪人無寶，仁親以爲寶』，鄭注：『寶，謂善道可守者。』六十二章『道者，……善人之寶』，是老子以『寶』爲道。六十九章『輕敵，幾喪吾寶』，謂幾喪吾道也。」

甲本：〔夫慈，故能勇；儉〕68，故能廣；不敢爲天下先，故能爲成事長。

乙本：夫茲（慈），故能勇；檢（儉），敢（故）能廣；不敢爲天下先，故能爲成器長。

王本：慈，故能勇；儉，故能廣；不敢爲天下先，故能成器長。

景龍、樓古、磻溪、樓正、孟頫、遂州、敦煌辛、傅、徽、蘇、吴、彭、焦等諸本「慈」上有「夫」字，作「夫慈，故能勇」，同乙本。顧歡本「勇」前無「能」字，作「夫慈，故勇」；范應元與司馬光二本後一個「能」後有「爲」字，作「故能爲成器長」；敦煌壬本後一個「能」後有「爲民」二字，作「故能爲民成器長」；潘靜觀道德經妙門約作「故能成其器長」。

帛書乙本「不敢爲天下先，故能爲成器長」，甲本作「不敢爲天下先，故能爲成事長」。韓非子解老篇引此文作「不敢爲天下先，故能爲成事長」，與甲本同。俞樾云：「韓非解老篇作『不敢爲天下先，故能爲成事長』。『事』、『器』異文，或相傳之本異，或彼涉上文『事無不事』句而誤，皆不可知。至『故能』下有『爲』字，則當從之。蓋『成器』二字相連爲文。襄十四年左傳『成國不過半天子之軍』，杜注曰：『成國，大國。』昭五年傳『皆成縣也』，『成縣』亦謂大縣。然則『成器』者，大器也。二十九章『天下神器，不可爲也』，爾雅釋詁：『神，重也。』『神器』爲重器，『成器』爲大器，二者並以天下言。質言之，則止是不敢爲天下先，故能爲天下長耳。」俞説誠是，蓋「成器長」與「成事長」意義相同。但此一分歧，先於馬王堆漢墓出土帛書甲、乙本即已出現。二者究屬孰先，實難裁定。從老子書内用語考察，如第二十八章云：「樸散則爲器，聖人用之則爲官長。」「爲器長」似爲老子之舊。王弼注：「唯後外其身，爲物所歸，然後乃能立成器爲天下利，爲物之長也。」

甲本：今舍（捨）其茲（慈），且勇；舍（捨）其後，且先；則必死矣。

乙本：今207上舍（捨）其茲（慈），且勇；舍（捨）其檢（儉），且廣；舍（捨）其後，且先；則死矣。

王本：今舍慈且勇，舍儉且廣，舍後且先，死矣。

河上公、邵若愚二本「舍」字作「捨」，謂「今捨慈且勇，捨儉且廣，捨後且先，死矣」；林志堅本與乙同，唯「先」後有「者」字，作「捨後且先者，死矣」；慶陽、樓古、磻溪、樓正、孟、顧、司馬、蘇、遂州、徽、彭等諸本「舍」字作「捨」，「捨」下並有「其」字，作「今捨其慈，且勇；捨其儉，且廣；捨其後，且先；死矣」；敦煌辛與焦竑本與之同，唯「捨」字作「舍」；嚴遵本「舍」字作「釋」，「先」下有「則」字，作「今釋慈且勇，釋儉且廣，釋後且先，則死矣」；傅奕本「舍」字作「捨」，「捨」下並有「其」字，「死矣」二字作「是謂入死門」，謂「今捨其慈，且勇；捨其儉，且廣；捨其後，且先；是謂入死門」；范應元本與之同，唯「捨」字作「舍」，稍異。

帛書甲本「捨其儉，且廣」一句挩漏，當據乙本補。甲、乙本「舍」字均借爲「捨」。後一句甲本「則必死矣」，乙本作「則死矣」，彼此稍異。與今本勘校，僅在各用虛詞不同，而經義無別。

蔣錫昌云：「按勇者必以慈爲本，廣者必以儉爲本，先者必以後爲本，今俗君捨棄其本，但務其末，是滅亡之道也。」

甲本：夫茲（慈），〔以戰〕69則勝，以守則固。天將建之，女（如）以茲（慈）垣之。

乙本：夫茲（慈），以單（戰）則朕（勝），以守則固。天將207下建之，如以茲（慈）垣之。

王本：夫慈，以戰則勝，以守則固。天將救之，以慈衛之。

敦煌庚、辛二本「戰」字作「陳」，謂「夫慈，以陳則勝」；傅、范、遂州三本「戰」字亦作「陳」，「勝」字作「正」，謂「夫慈，以陳則正」（遂州本「正」字誤寫作「止」）；邵本「勝」字作「正」，謂「夫慈，以戰則正」；敦煌壬與景福碑「救之」後有「以善」二字，作「天將救之，以善以慈衛之」。

馬叙倫云：「各本作『以戰則勝』，卷子成疏作『以陳則勝』，旁改『陳』爲『陣』。論弼注上文『一曰慈』曰：『夫慈，以陳則勝。』是王作『以陳則勝』，當從之。成疏曰：『以大慈之心，臨於戰陳，士卒感恩，所以勝捷。』疑成亦作『以陳則勝』。」朱謙之云：「傅、范本作『以陳則正』。畢沅曰：『河上公、王弼作「慈，以戰則勝」，韓非作「慈，於戰則勝」，依義當作「陳」字。』又論王弼注：『夫慈，以陳則勝，以守則固，故能勇也。』又『相憋而不避於難，故勝也』。『勝』字道藏王本作『正』，知王本原亦作『以陳則正』也。」帛書甲、乙本均作「以戰則勝」，彼此用字雖不同，而意義無別。「戰」與「陳」、「陣」，「勝」與「正」，古讀音相同，義亦相近，可互爲假用。「以陳則正」即「以戰則勝」。甲、乙本用本字，今本則用借字。再如帛書甲、乙本「天將建之，如以慈垣之」，甲本「如」字寫作「女」，今本皆作「天將救之，以慈衛之」。「垣」與「衛」義近，釋名釋宮室：「垣，援也。人可以依阻以爲援衛也。」甲、乙本「如以慈垣之」，「如」猶「則」也，而謂則以慈援衛也，與今本義同。唯今本「天將救之」，甲、乙本作「天將建之」，各異。張松如云：「建之、救之，皆助之之謂。」恐未確。「建」乃立也，與「助」不類。如周禮天官序官「惟王建國」，國策秦策「可建大功」，皆訓「建」爲「立」。「天將建之，如以慈垣之」，猶言天將建立之事，則以慈援衛之。似較今本「天將救之」義勝。

七十（今本德經第六十八章）

甲本：善爲士者不武，善戰者不怒，善勝敵者弗〔與〕70，善用人者爲之下。

乙本：故善爲士者不武，善單（戰）者不怒，善朕（勝）敵者弗與，善用人者爲之下。

王本：善爲士者不武，善戰者不怒，善勝敵者不與，善用人者爲之下。

世傳諸本多同王本作「善爲士者不武」，唯景龍、邢玄、敦煌辛、顧歡、范應元等諸本「善」前皆有「古之」二字，作「古之善爲士者不武」；傅奕本與之同，唯句末有「也」字，作「古之善爲士者不武也」；宋李榮道德真經義解（道藏絲三——絲六）「士」字作「事」，謂「善爲事者不武」。第二與第三句敦煌辛本無「者」字，作「善戰不怒，善勝敵不與」；河上本「敵」字作「戰」，謂「善勝戰者不與」；景龍、易玄、邢玄、樓古、磻溪、樓正、敦煌辛、顧、傅、范、徽、邵、司馬、蘇、彭、志、焦等諸本「與」字皆作「爭」，謂「善勝敵者不爭」；道藏河上本（道藏知一——知四）作「善勝敵者不與爭」。第四句景龍碑「人」字作「仁」，無「之」字，作「善用仁者爲下」；景福、遂州、敦煌辛、河上、顧、志諸本皆無「之」字，作「善用人者爲下」。

帛書甲、乙本均保存較好，甲本殘一「與」字，據乙本補。乙本句前有「故」字，甲本「無」，彼此稍異。與今本勘校，經義相同，唯景龍、傅奕諸本句前有「古之」二字，與乙本近似；王弼、河上諸本無此二字，則與甲本相同。

蔣錫昌云：「『士』亦君也。四十一章『上士聞道，勤而行之』，『上士』即上等之君。河上於彼章注云：『中士聞道，治身以常存，治國以太平。』是河上正以『士』爲君。於此章注云：『謂得道之君也。』亦以『士』爲君。六十八章『善爲士者不武』，言善爲君者不武也。王注：『士，卒之帥也。』非是。」案老子乃春秋末季人，「士」乃當時對有識者之泛稱，諸如國君、官吏、卿大夫、士等皆可用之。說文云：「士，事也。」段玉裁注：「引伸之，凡能事其事者偁士。」蔣氏謂其專指國君言，恐未確。此所謂「士」者，乃謂國君及其所屬官卿而握有軍權者，泛指精於戰略戰術守道之士，則以仁慈、智謀用兵，如第六十七章「夫慈，以戰則勝」，五十七章「以奇用兵」，非恃之於武力，先陵人也。凡氣勢充盈不可遏抑而戰者，必禍民而殃兵。「不怒」，心平而氣和。「善戰者不怒」，王弼注：「後而不先，應而不唱。」如此，則民禍少而兵不殃也。帛書乙本「善勝敵者弗與」，與王本同，景龍、易玄、傅、范、顧歡諸本皆作「善勝敵者不爭」，道藏河上本又作「善勝敵者不與爭」。馬叙倫云：「論弼注曰：『不與爭也。』是王亦作『爭』。河上注曰：『不與敵爭而敵自服。』成疏曰：『既無喜怒，何所爭耶？』臧疏引節解曰：『故曰「不爭」。』是河上、成、節解並作『不爭』。」陶鴻慶云：「王注『不與爭』，而但云『不與』，不辭甚矣。『與』卽『爭』也。墨子非儒下篇云：『若皆仁人也，則無說而相與。』與下文『若兩暴交爭』云云文義相對，是『相與』卽『相爭』也。王氏引之經義述聞謂：『古者相當相敵，皆謂之「與」。』疏證最詳。『當』與『敵』並與『爭』義近。疑注文本作『與爭也』。後人不達其義，臆增『不』字耳。」朱謙之云：「古謂對敵爲『與』，左傳襄公二十五年：『一與一，誰能懼我？』是『與』卽『爭』也。勞健、高亨引證所見亦同。今道藏河上本作『不與爭』，義重。『與』字與『武』、『怒』、『下』爲韻，作『爭』則無韻。」

帛書甲、乙本「善用人者爲之下」，今本除景龍碑「人」字作「仁」外，餘者皆同，謂人君能謙恭自下，則天下歸心。如第六十六章所云：「欲上民，必以言下之。」

甲本：〔是〕胃（謂）不諍（爭）之德，是胃（謂）用人，是胃（謂）天，古之極也。

乙本：是胃（謂）不爭208上〔之〕德，是胃（謂）用人，是胃（謂）肥（配）天，古之極也。

王本：是謂不爭之德，是謂用人之力，是謂配天，古之極。

嚴遵本無第二個「是謂」，作「是謂不爭之德，用人之力」；景龍碑第二個「謂」字作「以」，謂「是以用人之力」；顧歡本第一個「謂」字作「以」，最後有「也」字，作「是以不爭之德，是謂用人之力，是謂配天，古之極也」；景福、礄溪、敦煌庚、壬、傅、范、司馬諸本最後均有「也」字，作「古之極也」。

帛書甲本第三個「是謂」後挩一「配」字，僅作「是謂天」，當從乙本作「是謂配天」。乙本借「肥」爲「配」。第二句甲、乙本均作「是謂用人」，無「之力」二字，與今本異。最後均有「也」字，作「古之極也」。俞樾云：「此章每句有韻。前四句以『武』、『怒』、『與』、『下』爲韻；後三句以『德』、『力』、『極』爲韻。若以『是謂配天』爲句，則不韻矣。疑『古』字衍文也。『是謂配天之極』六字爲句，與上文『是謂不爭之德，是謂川人之力』文法一律。其衍『古』字者，『古』即『天』也。周書周祝篇曰：『天爲古。』尚書堯典篇曰：『若稽古帝堯。』鄭注曰：『古，天也。』是『古』與『天』同義。此經『配天之極』，佗本或有作『配古之極』者，後人傳寫誤合之耳。」馬其昶云：「『極』字疑在『古之』二字上。易鄭注：『三極，三才也。』『天將救之，以慈衛之』，以人相天，故曰『是謂配天極』。『古之用兵者有言』，與『古之善爲士者』、『古之善爲道者』文句正同。」馬氏所謂「古之極」中之「古之」二字，乃爲下章「用兵有言」之前文而竄於此者。按今本舊讀，則曰「是謂配天古之極」。俞、馬二氏初創此説，曾得到奚侗、馬叙倫、高亨、朱謙之等多數學者之讚同。今勘校於帛書甲、乙本，除「極」後有「也」字外，經文不誤，當讀作「是謂配天，古之極也。」可見俞、馬之説非是。今本經文的錯誤並不在此，而在第二句。帛書甲、乙本同作「是謂用人」，今本多作「是謂用人之力」，多「之力」二字。俞氏云：「此章每句有韻」甚是。他舉前四句以「武」、「怒」、「與」、「下」爲韻，後三句以「德」、「力」、「極」爲韻。因此他説：「若以『是謂配天』爲句，則不韻矣。」帛書甲、乙本無「之力」二字，作「是謂不爭之德，是謂用人，是謂配天，古之極也」。則『人』、『天』爲韻，『德』、『極』爲韻，前後皆爲韻讀。今本中間多出「之力」二字，格局全非。再從前後經文分析，前文曾言「善勝敵者不與，善用人者爲之下」，故此言「是謂不爭之德，是謂用人」。前後均無「之力」二字，文例相合。從而可見帛書甲、乙本無「之力」二字爲是，今本有此二字者乃爲後人所增，或因古註文羼人。「是謂配天」，朱謙之云：「配，合也。莊子天地篇：『堯問於許由曰：「齧缺可以配天乎？」』成疏：『配，合也。堯云齧缺之賢者，可合天位之德。』」「天」乃道也，十六章「天乃道」，二十五章「天法道」。前文言善爲帥兵之士，「不武」、「不怒」、「不與」和「爲之下」，此言：是謂不爭之德，是謂用人，是謂合於天道，乃古之極也。

七十一（今本德經第六十九章）

甲本：用兵有言曰：吾71不敢爲主而爲客，吾不進寸而芮（退）尺。

乙本：用兵又（有）言曰：吾不敢爲主而爲客，不敢進寸而退208下尺。

王本：用兵有言：吾不敢爲主而爲客，不敢進寸而退尺。

傅奕本「言」下有「曰」字，作「用兵有言曰」；范應元本作「用兵者有言曰」。敦煌壬本「敢」字作「能」，謂「吾不能爲主而爲客，不能進寸而退尺」；遂州本「敢」下有「求」字，作「吾不敢求爲主而爲客；不敢求進寸而退尺」。

帛書甲本第二個「不」字下奪一「敢」字，抄寫之誤，又借「芮」字爲「退」。甲、乙本首句均作「用兵有言曰」（乙本假「又」字爲「有」），較王本「言」下多一「曰」字，與傅奕本同，當以有「曰」字者爲是。蔣錫昌云：「『用兵有言』，言古之用兵者有此言也。『吾不敢爲主而爲客，不敢進寸而退尺』，二語即古用兵者所言也。」

河上公注：「主，先也，不敢先舉兵。客者，和而不倡，用兵當承天而後動。」蘇轍云：「主，造事者也；客，應敵者也。進者，有意於爭者也；退者，無意於爭也。」故老子云：兵乃不祥之器，「不得以而用之，恬惔爲上。」

甲本：是胃（謂）行无行，襄（攘）无臂，執无兵，乃无敵矣。

乙本：是胃（謂）行无行，攘无臂，執无兵，乃无敵。

王本：是謂行無行，攘無臂，扔無敵，執無兵。

景龍、景福、邢玄、磻溪、樓正、敦煌庚、辛、壬、嚴遵、河上、顧歡、傅奕、徽、邵、司馬、蘇、遂州、吳、彭、志、焦等諸本「扔」字均作「仍」，謂「仍無敵」。敦煌辛、壬、嚴、傅、顧、遂州、吳等諸本，「扔無敵」均在「執無兵」之後。

帛書甲、乙本「扔」字均作「乃」，謂「乃無敵」，甲本「乃無敵」後並有「矣」字。甲、乙本此句皆在「執無兵」之後。陶邵學云：「『執無兵』句應在『扔無敵』句上。弼注曰：『猶行無行，攘無臂，執無兵，扔無敵也。』是王同此。」樓宇烈王弼集校釋云：「『攘』，馬叙倫說：『借爲「纕」。』說文：『纕，援臂也。』『扔』，道藏集注本作『仍』。馬叙倫說：『扔』、『仍』音義同，說文曰：『扔，捆也。』『捆，就也。』據馬說，則『行無行』意爲欲行陣相對而無陣可行，『攘無臂』意爲欲援臂相鬥而無臂可援，『執無兵』意爲欲執兵相戰而無兵可執，『扔無敵』意爲欲就敵相爭而無敵可就。此均爲說明，由於『謙退』、『不敢爲物先』，因而使得他人欲戰、欲鬥、欲用兵、欲爲敵而都找不到對立的一方。按『扔』字疑當作『乃』，長沙馬王堆三號漢墓出土帛書老子甲、乙本經文均作『乃』。觀王弼注文說『言無有與之抗也』之意，正釋經文『乃無敵』之義。故似作『乃無敵』於義爲長。作『扔』者，因經文『執無兵』三字誤在下（當在『攘無臂』下，『乃無敵』上），又因三十八章『則攘臂而扔之』句，不明其義者妄改也。三十八章『攘臂而扔之』之『扔』字，長沙馬王堆三號漢墓出土帛書老子甲、乙本經文亦均作『乃』。此『乃』字爲『扔』之借字，而本章注『乃無敵』，當以『乃』本字用。」樓氏之說似較舊注貼切，「乃無敵」謂無人與之爲敵也。

甲本：𢝊（禍）莫[72]於（大）於无適（敵）。无適（敵）斤（近）亡吾吾葆（寶）矣。

乙本：禍莫大於無敵，無敵近亡吾琛（寶）矣。

王本：禍莫大於輕敵，輕敵幾喪吾寶。

傅奕本「輕」字作「無」，「幾」上有「則」字，「喪」字作「亡」，謂「禍莫大於無敵，無敵則幾亡吾寶」；敦煌辛與遂州二本「無」字作「侮」，謂「禍莫大於侮敵，侮敵則幾亡吾寶」；世傳今本多同王本，唯敦煌庚、壬二本「輕」字作「誙」，謂「禍莫大於誙敵，誙敵幾喪吾寶」；樓古、范、邵、司馬諸本，下句「幾」上有「則」字，作「輕敵則幾喪吾寶」；蘇轍本作「輕敵者則幾喪吾寶」。

帛書甲、乙本作「禍莫大於無敵，無敵近亡吾寶矣」，經義相同。甲本「禍」字作「𢝊」，「近」字作「斤」，「大」字誤作「於」，並衍「吾」字。世傳今本除傅奕本作「無敵」，同甲、乙本之外，敦煌辛與遂州二本作「侮敵」，其它多同王本作「輕敵」。「侮敵」與「輕敵」義近，皆爲輕慢敵人或輕視敵人的意思。但「無敵」則不同，「無敵」即無有敵過他的對手，如王弼所講「無敵於天下」。許抗生云：「然『无敵』（无視敵人）與『輕敵』（輕視敵人）義相近。」純屬臆測，非是。「無敵」與「輕敵」誼不相屬，二者必有一誤。陶邵學云：「王弼注曰：『非欲以取强無敵於天下也。』則王本亦作『無敵』，今作『輕』字，殆後人所改。」陶説甚是。王弼注云：「言吾哀慈謙退，非欲以取强無敵於天下也，不得已而卒至於無敵，斯乃吾之所以爲大禍也。」可見王本原亦作「無敵」，今作「輕敵」者乃後人改動。足證帛書甲、乙本作「無敵」者，殆爲老子本義。

王本「幾喪吾寶」；帛書甲、乙本同作「近亡吾寶」，「幾」與「近」，「喪」與「亡」，彼此義近。河上公注：「幾，近也。」王弼注：「故曰：『幾亡吾寶。』」説明王本「喪」字原亦同帛書甲、乙本作「亡」。據上述各本勘校，當從帛書作「禍莫大於無敵，無敵近亡吾寶。」王弼注：「寶，三寶也。」「三寶」即第六十七章所云「慈」、「儉」、「不敢爲天下先」。

甲本：故稱兵相若，則哀者勝矣。

乙本：故抗兵相若，而依（哀）者朕（勝）209上〔矣〕。

王本：故抗兵相加，哀者勝矣。

敦煌辛本「加」字作「若」，「哀」上有「則」字，句末無「矣」字，作「故抗兵相若，則哀者勝」；傅奕本句末有「矣」字，作「故抗兵相若，則哀者勝矣」；敦煌壬本「加」字作「如」，作「故抗兵相如」；景龍碑「哀」上有「則」字，句末無「矣」字，作「則哀者勝」；遂州本「哀」上有「若」字，句末無「矣」字，作「若哀者勝」；顧、范、徽、邵、彭諸本「哀」上有「則」字，作「則哀者勝矣」；嚴遵本無此二句。

帛書甲本「故稱兵相若，則哀者勝矣」；乙本作「故抗兵相若，而哀者勝矣」。敦煌辛與傅奕本均同乙本作「故抗兵相若」，世傳今本多同王本作「故抗兵相加」。甲本「稱兵」與乙本「抗兵」義同，皆謂舉兵。王弼注：「抗，舉也。」「稱」亦舉也。尚書牧誓「稱爾戈」，即舉爾戈也。左傳襄公八年「汝何故稱兵於蔡」，即舉兵於蔡也。「抗兵相若」與「抗兵相加」義不相屬，「相若」義如相當或相等；「相加」，河上公注：

「兩敵戰也。」王弼注：「加，當也。」按「加」字無相當、相等之義，顯然是「若」字之誤。樓宇烈據道藏集注本校改王注中之「加」字爲「若」，他說：「按『加』字無『當』義，當作『若』。傅奕本老子經文及長沙馬王堆三號漢墓出土帛書老子甲、乙本經文，『相加』均作『相若』。可見注文『若』誤作『加』，乃因經文之誤而誤。」樓說誠是，經文原本當作「故抗兵相若」，當從帛書甲、乙本。下句帛書甲本「則哀者勝矣」，乙本「則」字作「而」，並假「依」字爲「哀」，謂「而哀者勝矣」。「而」猶「則」，古「而」、「則」二字通用，說見王引之經傳釋詞。「哀者勝矣」，王弼注：「哀者必相惜而不趣利避害，故必勝。」勞健云：「王弼注云云，後人相承，多誤解『哀』字如哀傷之義，大失其旨。王弼注『慈以陳則正』句云：『相慜而不避於難，故正也。』（第六十七章經文當作『慈以戰則勝』，注文『正』字也當作『勝』——作者）與此句注大同小異，則王弼本意當亦以『哀』爲慈愛而非哀傷。」

七十二（今本德經第七十章）

甲本：吾言甚易知也，甚易行[73]也；而人莫之能知也，而莫之能行也。

乙本：吾言易知也，易行也；而天下莫之能知也，莫之能行也。

王本：吾言甚易知，甚易行；天下莫能知，莫能行。

嚴遵本「天」前有「而」字，作「而天下莫能知，莫能行」；傅奕、范應元二本「天下」二字作「人」，「莫」

下有「之」字，作「人莫之能知，莫之能行」。

帛書甲本「吾言甚易知也，甚易行也」，兩句皆有「甚」字，與王本同。乙本作「吾言易知也，易行也」，兩句皆無「甚」字，稍異。又如帛書甲本「而人莫之能知也，而莫之能行也」；乙本作『而天下莫之能知也，莫之能行也』。甲本與傅、范本同，作「人莫之能知」；乙本與王弼本同，作「天下莫之能知」。由此看來，此一分歧，自長沙馬王堆三號漢墓出土帛書老子甲、乙本以來即已出現。帛書甲、乙本「莫」字下均有「之」字，作「莫之能知也，莫之能行也」，世傳今本多同王本無「之」字與「也」字，作「莫能知，莫能行」。蔣錫昌云：「按王注：『惑於躁欲，故曰「莫之能知也」。迷於榮利，故曰「莫之能行也」。』是王與傅、范二本同，當據改正。」蔣說甚是，帛書甲、乙本均如此，乃爲老子原本之舊。

甲本：言有君，事有宗。

乙本：夫言又（有）宗，事又（有）君。

王本：言有宗，事有君。

世傳今本多同王本，作「言有宗，事有君」；傅奕、范應元二本「君」字作「主」，謂「言有宗，事有主」。范應元曰：「『主』字一作『君』，今從古本。」

帛書甲本「言有君，事有宗」；乙本以「又」字爲「有」，作「夫言有宗，事有君」，「宗」與「君」二字彼此顛倒。而世傳今本多同乙本，作「言有宗，事有君」，而無「夫」字。淮南子道應篇、文子微明篇均引作「言有宗，事有君」，同乙本。足證帛書甲本原亦作「言有宗，事有君」，抄寫有誤。王弼注：「宗，萬物之主也。君，萬事之主也。」蔣錫昌云：「宗，主也。君，亦主也。主者何？即道是也。此言聖人之教，雖千言萬語，然其宗旨，總不離道，故知易，行亦易也。」

甲本：夫唯无知也，是以不〔我知，知我者74希，則〕我貴矣。

乙本：夫唯无知209下也，是以不我知。知者希，則我貴矣。

王本：夫唯無知，是以不我知。知我者希，則我者貴。

嚴遵本首句「夫唯無知」作「唯無我知」，第二句「我」字作「吾」，謂「是以不吾知」；敦煌辛本與之全同，遂州本作「是以莫吾知」；傅、范、徽、邵、彭、焦諸本作「是以不吾知也」；傅、邵、彭三本後二句作「知我者稀，則我貴矣」；敦煌庚、壬與嚴、徽、范、司馬、吴諸本末句亦作「則我貴矣」；景福本作「明我者貴」。

帛書甲本殘損七字，乙本保存完好，可據補甲本缺文。但乙本「知」下脱一「我」字，當作「知我者希」。與今本勘校，帛書甲、乙本「夫唯无知也」，世傳今本多同王本作「夫唯無知」，無「也」字；唯嚴遵本作「唯無我知」。陶邵學云：「王弼注曰：『故有知之人，不得不知之也。』疑王本『無知』作『有知』。」馬叙倫云：「陶説是也。上『知』字讀作『智』。『有知』，即弼所謂『躁欲』故不能知也。」樓宇烈云：「此句注文文義不明，疑有錯誤。宇惠説『不得不知之也』句下『不』字疑爲『而』字之誤。按疑『有知』之『有』爲『無』之訛，『不知』之『不』爲『我』之訛。經文説：『夫唯無知，是以不我知。』注文正釋此意，故當作『故無知之人，不得我知之也』。『無知之人』，指不懂得『言有宗，事有君』之道理的人。因此，也就不能懂得吾言『甚易知，甚易行』，亦即『不得我知之也』。『不得我知之』，如說不能知道我。所以經文說：『知我者希。』注：『唯深，故知之者希也。』」樓說甚是。嚴本「唯無我知」與下句「是以不吾知」意重，非老子之意，必爲後人所竄改。再如，帛書甲、乙本「則我貴矣」，嚴、傅、敦煌庚等均與之同，唯王弼、河上諸本作「則我者貴」，景福碑作「明我者貴」。蔣錫昌云：「道德真經集註引王弼注：『故曰：「知我者希，則我貴也。」』是王本作『則我貴矣』，當據改正。今本經注『貴』上並衍『者』字，誼不可說。蜀志秦宓傳與漢書揚雄傳顔注均作『知我者希，則我貴矣』。」今諭之帛書甲、乙本，蔣說至確。

王弼注：「唯深，故知之者希也。知我益希，我亦無匹，故曰：『知我者希，則我貴矣。』」道義深懊。衆庶惑於躁欲，雖易知而莫之能知也。衆庶惑於躁進，迷於榮利，背道而行。如第二十章云：「俗人昭昭，我獨若昏呵。俗人察察，我獨悶悶呵。」「衆人皆有以，我獨頑似鄙。」由於我守虛却華，獨異於人，故知我者少。少則弱而益靜，故曰「則我貴矣」。

甲本：是以聖人被褐而褱玉。

乙本：是以耶（聖）人被褐而褱玉。

王本：**是以聖人被褐懷玉。**

世傳今本多同王本，唯敦煌壬、嚴遵、傅奕三本「褐」下有「而」字，作「是以聖人被褐而懷玉」，范本

「被」字作「披」，謂「是以聖人披褐而懷玉」。

帛書甲、乙本經文相同。與今本勘校，帛書甲、乙本「褱玉」，今本皆作「懷玉」，「褱」、「懷」古今字，帛書用古字。「褐」下有「而」字，今本多同王本脱此字。從經義分析，「而」字在此作連詞，可訓「與」或「而又」，猶言聖人被褐而又懷玉，特突出「懷玉」之意，故「而」字不可省。嚴遵、傅、范、敦煌壬諸本有「而」字，與帛書甲、乙本同，老子原本當如此。

王弼注：「被褐者，同其塵，懷玉者，寶其真也。聖人之所以難知，以其同塵而不殊，懷玉而不渝，故難知而爲貴也。」「被褐」謂衣著粗陋，與俗人無別。「褱玉」謂身藏其寶，又與衆異。即所謂和光而不污其體，同塵而不渝其真，形穢而質真。非有志之士而不得識，故而爲貴。

七十三（今本德經第七十一章）

甲本：知不知，尚矣；不不知知，病矣。

乙本：知不知，尚矣；不知知，病矣。

王本：知不知，上；不知知，病。

世傳今本多同王本，唯傅、范、徽、邵、彭諸本句末皆有「矣」字，作「知不知，尚矣；不知知，病矣。」

帛書甲、乙本經文相同，唯甲本後句「不」字後多一重文號，本作「不知=」，誤作「不=知=」，抄寫之誤也。當據乙本删去「不」字重文，作「不知知」。與今本勘校，甲、乙本「尚」後皆有「矣」字；今本多同王本作「上」字，後無「矣」字。按「上」、「尚」二字通用，淮南子道應訓引作「知而不知，尚矣；不知而知，病也」。文子符言篇引作「知不知，上也；不知知，病也」。

河上公注：「知道言不知，是乃德之上；不知道言知，是乃德之病。」奚侗云：「知之而不自以爲知，是謂上德之人；若不知而自以爲知，則有道者之所病也。」

甲本：是以聖人之不病，以其75〔病病，是以不病〕。

乙本：是以耶（聖）人之不〔病〕210上也，以其病病也，是以不病。

王本：夫唯病病，是以不病。聖人不病，以其病病，是以不病。

景龍碑與敦煌辛本無「夫唯病病，是以不病」八字，作「是以聖人不病，以其病病，是以不病」；遂州本作「聖人不病，以其病病，是以不病」；敦煌壬本作「夫唯病，聖人不病，以其病病，是以不病」；敦煌庚本作「夫唯病病，是以病，聖人不病，以其病病，是以不病」；易玄作「夫惟病，是以不病，聖人不病，以其病病，是以不病」；顧歡本作「夫唯病病，是以不病，是以聖人不病，以其病病，是以不病」；嚴、邵、司馬、彭、焦諸本作「夫唯病病，是以不病，聖人之不病，以其病病，是以不病」；傅、范二本作「夫唯病病，是以不病，聖人之不病，以其病病，是以不吾病」。

帛書甲本殘損六字，乙本僅殘損一字，彼此經文可互補。兩本經義全同，乙本僅多二虚詞「也」字。

與今本勘校，景龍碑與敦煌辛二本經文與帛書甲、乙本近似，其它傳本多有衍誤。俞樾云：「按上文已言『夫唯病病，是以不病』，此又言『以其病病，是以不病』，則文複矣。韓非子喻老篇作『聖人之不病也，以其不病，是以無病』，當從之。蓋上言『病病』，故『不病』；此言『不病』，故『無病』。兩意相承。『不病』者，不以爲病也。韓非所謂『越王之霸也，不病宦；武王之王也，不病詈』是也。無病則莫之能病矣，此越王所以霸，武王所以王也。」俞氏之說雖有見地，但論之帛書，所論仍有不周。韓非喻老篇所引此文，其中亦有訛誤。如「以其不病」，帛書則作「以其病病」，當從帛書。朱謙之云：「韓非喻老篇引『聖人之不病，以其不病，是以無病也』，傅、范本作『夫唯病病，是以不病；聖人之不病，以其病病，是以不吾病』。遂州本無『夫唯病病，是以不病』二句，同此石。今案：廣雅釋詁三：『病，難也。』論語『堯舜其猶病諸』，孔注：『猶「難」也。』『聖人不病，以其病病，是以不病』，與六十三章『是以聖人猶難之，故終無難』義同。六十三章以事言，此則以知言。莊子讓王『學而不能行謂之病』，亦以知言，即此章『病』之本義。諸本文贅，既云『夫唯病病，是以不病』，又云『以其病病，是以不病』。傅、范本更贅，決非老子古本之舊。錢大昕曰：『夫唯病病，是以不病；聖人不病，以其病病，是以不病。石本但云：「是以聖人不病，以其病病，是以不病。」此類皆遠勝他本。』是也。」朱氏之說甚是，帛書甲、乙本「人」下有「之」字，作「是以聖人之不病，以其病病，是以不病」，老子原文當如此。

禮記樂記：「病，不得其衆也。」注「病，猶憂也。」論語衛靈公：「君子病無能焉。」皇疏：「病，猶患也。」戰國策西周策：「今圍雍氏五月不能拔，是楚病也。」注：「病，困也。」可見「病」字既作名詞，也作動詞。

「病病」乃是動賓結構之短語，引申爲「懼怕困憂」。經文所言：聖人其所以没有困憂，因他害怕困憂，故而才避免了困憂。

七十四（今本德經第七十二章）

甲本：〔民之不〕畏畏（威），則大〔畏（威）將至〕矣。

乙本：民之不畏畏（威），則大畏（威）將至矣。

王本：民不畏威，則大威至。

易玄、遂州二本「民」字作「人」，謂「人不畏威，則大威至」；景龍碑無「則」字，作「民不畏威，大威至」；景福、敦煌壬、嚴遵、河上、吴、志諸本作「民不畏威，大威至矣」；敦煌庚本作「民不畏威，大畏至矣」；敦煌辛本作「不畏威，民不畏威，則大威至」；傅、范二本作「民不畏威，則大威至矣」；孟頫本作「民不畏威，而大畏至矣」。

帛書甲本殘損六字，乙本保存完好，可據補甲本缺文。與今本勘校，帛書「民之不畏威」，今本作「民不畏威」，或作「人不畏威」。馬叙倫云：「此『民』字當作『人』。唐人避諱，於『民』字均改作『人』。後世復之，轉於『人』字誤改爲『民』，此其一也。」蔣錫昌云：「馬説是，『民』當改『人』，乃指人君言也。」今諭之帛書，老子原作「民」，不作「人」。原指民衆而言，非指人君，馬、蔣二氏之説非是。今見易玄、遂州、道藏李約道德真經新註、强思齊道德真經玄德纂疏等唐本「民」字均作「人」，因避太宗諱所改，非原文也。再如，帛書「則大畏將至矣」，今本作「則大威至矣」，或作「則大威至」與「大威至矣」。今本雖句型多異，但皆無「將」字。按「威」與「大威」，等級之別。言民不畏威，則大威將要臨至。從經義分析，原文當有「將」字爲是。王弼注云：「離其清静，行其躁欲，棄其謙後，任其威權，則物擾而民僻，威不能復制民。民不能堪其威，則上下大潰矣，天誅將至。」「天誅將至」即經文「大威將至」。可見王本原亦有「將」字，當從帛書爲是。

焦竑註：「『威』、『畏』古通用。人不畏其當畏，則大可畏者至矣。」又引王元澤註：「民樸而生厚，則畏威。上失其道，多乎有爲，以小道塞其生，故民巧僞雕薄，而威不能服也。夫如是則天誅所加，禍亂將起，故曰『大威至』。」

甲本：毋閘（狹）其所居，毋猒（厭）其所生。夫唯弗猒（厭），是76（以不厭）。

乙本：毋伊（狹）其所居，毋猒（厭）其所生。夫唯弗猒（厭），是210下以不猒（厭）。

王本：無狎其所居，無厭其所生。夫唯不厭，是以不厭。

景龍、景福、易玄、邢玄、慶陽、樓古、磻溪、樓正、孟頫、敦煌庚、辛、壬、河上、遂州、顧歡、徽、邵、蘇、彭、志、焦諸本、首句「狎」字作「狹」，謂「無狹其所居」；嚴遵本作「無挾其所居」；司馬本作「無狹其所安」。傅、范二本後句「不」字作「無」，謂「夫惟無厭，是以無厭」；吴澄本作「夫唯不狎，是以不厭」。

帛書甲本殘損三字，乙本完好，可據補甲本缺文。與今本勘校，甲本首句「閘」字，乙本作「伄」，王本作「狎」，均當從羅卷與景龍碑等假爲「狹」。朱謙之云：「蔣錫昌校嚴本作『挾』。案怡蘭堂本嚴亦作『狹』，傅、范本作『狎』，作『狹』是也。道藏宋張太守彙刻四家註引王弼注：『無狹其所居，無厭其所生，言威力不可任也。』又『自愛不自貴』句引王注：『自貴則物狹厭居生。』疑王本亦作『狹』。」奚侗云：「狹，即說文『陜』字，隘也，隘有迫誼。厭，說文『笮』也。此言治天下者無狹迫人民之居處，使不得安舒，無厭笮人民之生活，使不能順適。」再如，「厭」字甲、乙本均作「猒」。說文「猒」字「從甘從肰」，集韻「厭」字或作「猒」，「猒」與「厭」同。帛書甲、乙本「夫唯弗猒，是以不猒」，前作「弗猒」，後作「不猒」，前後用詞不同，誼有區分。今本前後同用「不」字，或同用「無」字，絶非老子原本之舊。朱謙之云：「上『厭』字與下『厭』字，今字形雖同，而音義尚異。上『厭』，壓也；下『厭』，惡也。蓋『厭』字四聲轉用，最爲分明。（參照顧炎武唐韻正『二十九葉』）『夫唯不厭』，『厭』益涉切，則入聲也。『是以不厭』，『厭』於豔切，則去聲也。釋文出『厭』字『於豔反』，是知有下『厭』，而不知上二『厭』字，遂使老義爲之不明。說文：『厭，笮也，从厂猒聲。』徐曰：『笮，鎮也，壓也。』左傳昭公二十六年『將以厭衆』，後漢杜鄴傳『折衝厭難』，前五行志『地震隴西，厭四百餘家』，禮記檀弓『畏厭溺』，荀子彊國『如牆厭之』，又解蔽『厭目而視者，視一以爲兩』，集韻或作『猒』，亦作『壓』。此云『夫唯不厭』，即『夫唯不壓』也。下一『厭』字於豔切，當如論語『學而不厭』之『厭』，周禮大司徒注、疏『有嫌厭』之『厭』，淮南主術篇『是以君臣彌久而不相厭』之『厭』。『是以不厭』即『是以不惡』也。夫唯爲上者無壓笮之政，是以人民亦不厭惡之也。」朱說甚是。帛書甲、乙本作「夫唯弗厭，是以不厭」，正與朱說恰合。

甲本：〔是以聖人自知而不自見也，自愛〕而不自貴也。故去被（彼）取此。

乙本：是以耶（聖）人自知而不自見也，自愛而不自貴也。故去罷（彼）而取此。

王本：是以聖人自知不自見，自愛不自貴。故去彼取此。

敦煌辛與遂州二本「是以」二字寫作「故」，謂「故聖人自知不自見，自愛不自貴」；傅、范二本「不」前皆有「而」字，作「是以聖人自知而不自見，自愛而不自貴」。

帛書甲本殘損十三字，乙本保存完好，可據補甲本缺文。與今本勘校，甲本假「被」字爲「彼」，乙本假「罷」字爲「彼」，彼此經文基本相同，所異僅虛詞之有無。馬叙倫云：「各本無兩『而』字。又案此文與上不相銜貫，疑當自爲一章，有脱文。」今論之帛書甲、乙本，今本無誤，虛詞雖有省略，但不傷經義，馬說不確。

王元澤註：「自見則矜成，自貴則賤物。此所以自狹其居，自厭其生；亦以狹民之居，厭民之生也。自知則明乎性而不爲妄，自愛則保其身而不爲非，夫然則豈至於干天之威也。」蔣錫昌云：「『自知』與『自愛』詞異誼同，『自見』與『自貴』詞異誼同。『自愛』即清静寡欲，『自貴』即有爲多欲。此言聖人清静寡欲，不有爲多欲，故去後者而取前者也。」

七十五（今本德經第七十三章）

甲本：勇於敢者〔則77殺，勇〕於不敢者則栝（活）。〔此兩者或利或害，天之所惡，孰知其故〕？

乙本：勇於敢則殺，勇於不敢則栝（活）。〔此〕211上兩者或利或害，天之所亞（惡），孰知其故？

王本：勇於敢則殺，勇於不敢則活。此兩者或利或害，天之所惡，孰知其故？是以聖人猶難之。

景福與敦煌壬二本首句「殺」字作「煞」，謂「勇於敢則煞」。景龍、易玄、樓古、磻溪、樓正、司馬諸本，第二句「此」前有「知」字，作「知此兩者或利或害」；嚴遵、景福、敦煌庚、壬諸本作「常知此兩者或利或害」；蘇轍本作「兩者或利或害」。邵若愚本末句「猶」字作「由」，謂「是以聖人由難之」；景龍、嚴遵、遂州、敦煌辛諸本無「是以聖人猶難之」七字。

帛書甲本較殘，共損十八字。乙本保存較好，僅殘一字，可據補甲本缺文。甲本「敢」字下均有「者」字，乙本無，彼此稍異。與今本勘校，其主要差別爲，世傳今本多同王本，較帛書甲、乙本多出「是以聖人猶難之」一句，唯景龍、嚴遵、遂州、敦煌辛諸本與帛書同，亦無此句。奚侗云：「『是以』一句誼與上下文不屬，蓋六十三章文複出於此。」馬敘倫云：「『是以』一句乃六十三錯簡複出者，易州無此句，可證也。」奚、馬二氏之説甚是，今證之帛書甲、乙本均無此句，確爲錯簡複出無疑，當據以删去。

呂吉甫註：「用其剛强而必於物者，勇於敢者也，則死之徒是已，故曰『勇於敢則殺』。致其柔弱而無所必者，勇於不敢者也，則生之徒是已，故曰『勇於不敢則活』。勇於敢者人以爲利，而害或在其中矣；勇於不敢者人以爲害，而利或在其中矣。然則天之所惡，殆非可以知知而識識也。故曰『此兩者或利或害，天之所惡，孰知其故』。」蔣錫昌云：「按七十六章：『堅强者死之徒，柔弱者生之徒。』『敢』即『堅强』，『不敢』即『柔弱』。『勇於敢則殺，勇於不敢則活』，言勇於堅强則死，勇於柔弱則生也。『此兩則或利或害』，言勇於柔弱則利，勇於堅强則害，其勇雖同，然所得結果異也。『天之所惡，孰知其故』，言堅强何以必爲天之所惡，世之人君有誰知其故而肯決然捨棄之邪？」

甲本：〔天之道，不戰78而善勝〕，不言而善應，不召而自來，彈（坦）而善謀。〔天網恢恢，疏而不失〕。

乙本：天之道，不單（戰）而善朕（勝），不言而善應，弗召而自來211下，單（坦）而善謀。天罔経経（恢恢），疏而不失。

王本：天之道，不争而善勝，不言而善應，不召而自來，繟然而善謀。天網恢恢，疏而不失。

傅、范二本「繟」字作「默」，謂「默然而善謀」；敦煌庚、嚴、徽、邵、吴、彭諸本作「坦然而善謀」；敦煌辛與遂州二本作「不言而善謀」。易玄、磻溪、孟頫、樓正、河上、顧歡、彭耜諸本「疏」字寫作「疎」，謂「疎而不失」，景龍碑作「疎而不漏」。

帛書甲本殘損十六字，乙本保存完好，可據補甲本缺文。與今本勘校，經文内容基本一致，但其中也有分歧。如甲本「彈而善謀」，乙本作「單而善謀」，王弼本作「繟然而善謀」，傅奕本作「默然而善謀」，嚴遵本作「坦然而善謀」，敦煌辛本作「不言而善謀」。其中雖有詞異誼同之通假字，但不排除由後人竄入之訛誤。陸德明云：「『繟』音『闡』。『坦』吐但反。梁王尚、鍾會、孫登、張嗣本有此。『坦』平大貌，河上作『墠』。墠，寬也。」盧文弨云：「『繟』、『坦』、『墠』三字音相近，得通用。」勞健云：「論語鄭注『坦蕩蕩』，寬廣貌。『墠』訓『寬』，是假作『坦』。『繟』字蓋又從『墠』字傳寫演變，故今河上本亦作『繟』。廣雅：『繟，緩也。』詞固可通，然與下文『恢恢』義不相應。作『不言』則涉上句『不言善應』之誤。『默然』又似從『不言』改作，皆非也。」勞說甚是，帛書甲本之「彈」字、乙本之「單」字，均當假爲「坦」，作「坦而善謀」。

王弼注：「夫唯不争，故天下莫能與之争。順則吉、逆則凶，『不言而善應』也。處下則物自歸。垂象而見吉凶，先事而設誡，安而不忘危，未兆而謀之，故曰『坦然而善謀』也。」蔣錫昌云：「按二十五章『天法道，道法自然』，是『天』卽『自然』。『天之道』，謂自然之道也。說文：『坦，安也。』『坦然』，謂安然也。七十七章：『天之道，其猶張弓與；高者抑之，下者舉之；有餘者損之，不足者補之。』蓋老子之意，以爲自然之道，貴柔弱，不貴强梁；貴卑下，不貴高大；貴不足，不貴有餘。又以爲自然之道，有因果之相關，有一定之安排；人君順之者吉，逆之者凶。故云：『天之道，不争而善勝，不言而善應，不召而自來，坦然而善謀。」成疏：「恢恢，寬大也。」此言天道賞善罰惡，不失毫分也。然則世之爲人君者，可不知所懼乎！」

七十六（今本德經第七十四章）

甲本：〔若民恒且不畏死〕79，奈何以殺愳（懼）之也？若民恒是死，則而爲者吾將得而殺之，夫孰敢矣。

乙本：若民恒且不畏死，若何以殺曜（懼）之也？使民恒且畏死，而爲畸（奇）者〔吾〕212上得而殺之，夫孰敢矣。

王本：民不畏死，奈何以死懼之？若使民常畏死，而爲奇者吾得執而殺之，孰敢。

樓古、磻溪、樓正、遂州、顧、徽、邵、司馬、蘇、彭、焦諸本首句「民」下有「常」字，作「民常不畏死，奈何以死懼之」；邢玄本與之同，唯「民」字作「人」，因避唐諱所改；傅、范二本作「民常不畏死，如之何其以死懼之」。後一句易玄、樓古、磻溪、司馬、蘇轍諸本「民」字亦作「人」，謂「若使人常畏死」；遂州本作「若使人常不畏死」；景龍碑作「若使常畏死」；敦煌辛本作「若使常不畏死」；范本作「若使民而畏死」。景龍碑與敦煌辛本作「而爲奇者吾執得而煞之」；景福本作「而爲奇者吾得執而煞之」；傅本作「而爲奇者吾得而殺之」；遂州本作「而爲奇者吾試得而殺之」；徽、彭二本作「而爲奇者吾豈執而殺之」。景福、顧歡、敦煌辛三本「孰敢」二字作「孰敢矣」；傅本作「孰敢也」；司馬本作「夫孰敢也」；嚴遵本作「夫孰敢矣」。

帛書甲本首句殘損七字，並於後一句「恒是」二字下脱一「畏」字，又於「爲」下脱一「奇」字，抄寫之誤也。乙本保存較好，僅殘一「吾」字，彼此可互補缺文和脱字。但是，乙本首句「恒且」下衍一「畏」字，亦因抄寫而誤，當删去。帛書甲、乙本經義相同，唯經文稍異。如甲本後一句「若民恒是畏死，則而爲奇者吾將得而殺之，夫孰敢矣」，乙本作「使民恒且畏死，而爲奇者吾得而殺之，夫孰敢矣」。與今本勘校，經文之間的差異猶甚。如首句帛書「若民恒且不畏死」，世傳今本多同王本作「民不畏死」，唯遂州傅奕等本作「民常不畏死」。易順鼎云：「畢氏考異：傅奕本作『民常不畏死』。按下云『若使民常畏死』，則此亦當有『常』字矣。容齋續筆卷五、卷十兩引皆有『常』字。」今諗之帛書，易説誠是。「恒」、「常」二字誼同，今本改「恒」字爲「常」，則因漢時避文帝諱而改。從經義分析，「民」前當有「若」字，尚可構成前後一致之疑問句型。故此文當從帛書作「若民恒且不畏死」，更近於老子原本。帛書甲本「奈何以殺懼之也」，世傳今本多與之同，乙本作「若何以殺懼之也」，慎子外篇引作「如何以死懼之」，傅本作「如之何其以死懼之」。按「奈何」、「若何」、「如何」、「如之何」，詞異而誼同。王引之經傳釋詞卷七：「若，如也。『若』猶『奈』也。凡經言『若何』、『若之何』者皆是。」卷六：「奈，如也。奈何，如何也。」因此文前後皆有「若」字冠首，故此當從甲本與王本作「奈何」爲是。

再如，王本「若使民常畏死」，世傳本多與之同，而遂州本作「若使人常不畏死」，敦煌辛本作「若使常不畏死」。同一經文，一作「常畏死」，一作「常不畏死」，如此抵牾，其中必有一誤。蔣錫昌云：「按論誼，『常』下當據辛本增一『不』字。蓋既常畏死，即不敢爲奇；惟其常不畏死，故敢爲奇也。」蔣氏未能深解經誼，故作此說，甚謬。「若民恒且不畏死」者，玆因民之生尚不若死，故而民不畏死。若此，雖以殺身治之，仍無懼也，故老子曰：「奈何以殺懼之也。」若民喜生而惡死，以死爲畏，所謂「若民恒且畏死」，倘有犯律爲奇者，吾執而殺之，誰敢以身試法。帛書甲、乙本均作「畏死」，無「不」字，足證王本不誤，老子原本當如此。但是，此句甲本作「若民恒是畏死」，乙本作「使民恒且畏死」，王本作「若使民常畏死」，三者經文各異，其中均有訛誤。此文言民「不畏死」、「畏死」，下文則言「若民恒且必畏死」，共三種情況。「不畏死」、「畏死」、「必畏死」句型一律，前皆冠以「若民恒且」四字。審校帛書甲、乙本，第一與第三，即「不畏死」與「必畏死」句型皆如是，唯第二「畏死」句甲本「且」字誤作「是」，乙本「若」字誤作「使」，則將原來句型搞亂。又如，帛書甲、乙本「吾得而殺之」，傅本與之同，其他傳本皆作「吾得執而殺之」，多一「執」字。按「得」字本有執、捕之誼，史記秦本紀：「初，繆公亡善馬，岐下野人共得而食之者三百餘人，吏逐得，欲法之。」「吏逐得，欲法之」之「得」字，與「吾得而殺之」之「得」字誼同，皆可訓「執」或「捕」。不僅於此，「得」字與「執」古之聲韻皆通，又可假用。從而可見，此文當從帛書甲、乙本作「吾得而殺之」爲是。今本作「吾得執而殺之」者，「得執」贅語，「執」字顯爲後世註文，後又誤入經內，當據帛書甲、乙本將其删去。

世傳今本本章經文僞誤較多，帛書甲、乙本亦各有衍文奪字，玆根據上述古今各本與帛書甲、乙本相互勘校，老子此文而當訂正爲：「若民恒且不畏死，奈何以殺懼之也？若民恒且畏死，而爲奇者吾得而殺之，夫孰敢矣。」

甲本：若民〔恒且〕[80]必畏死，則恒有司殺者。夫伐（代）司殺者殺，是伐（代）大匠斲也。夫伐（代）大匠斲者，則〔希〕[81]不傷其手矣。

乙本：若民恒且必畏死，則恒又（有）司殺者。夫代司殺者殺，是代大匠斲212下。夫代大匠斲，則希不傷其手。

王本：常有司殺者殺，夫代司殺者殺，是謂代大匠斲。夫代大匠斲者，希有不傷其手矣。

景龍碑、敦煌辛二本首句「殺」字寫作「煞」，謂「常有司煞者煞」；遂州本無「常」字，作「有司殺者殺」；敦煌庚、河上、吴澄諸本作「常有司殺者」；景福碑與之同，唯「殺」字作「煞」。第二句，嚴、傅、徽、彭、焦、孟頫諸本「夫」字作「而」，謂「而代司殺者殺」；易玄、慶陽、敦煌庚、河上、遂州、顧歡諸本無後一個「殺」字，作「夫代司殺者」；景龍、景福、敦煌辛三本均與之同，唯「殺」字作「煞」；范本作「代司殺者殺」。第三句，嚴、傅、范、徽、蘇、邵、彭、焦諸本無「謂」字，作「是代大匠斲」；敦煌庚本作「謂代大匠斲」；景龍碑作「是謂代大匠斵」；樓古、敦煌辛二本作「是代大匠斵」；遂州本作「是代大匠斬」。第四句，景福、樓古、慶陽、磻溪、孟頫、樓正、敦煌庚、辛、嚴、顧、徽、邵、蘇、吴、彭、焦諸本無「者」字，作「夫代大匠斲」；遂州本與之同，唯「斲」字作「斬」；景龍、樓古、敦煌辛三本亦與之同，唯「斲」字作「斵」；易玄本作「代大匠斲」；范本作「夫代大匠斲者」；司馬本無此句。末句，景龍、敦煌辛、嚴遵、遂州諸本無「矣」字，作「希有不傷其手」；傅本作「稀不自傷其手矣」；司馬本與之同，唯「稀」字作「希」；志本作「希有不傷乎手矣」；河上、吴澄二本作「希有不傷手矣」，顧歡本作「希有不傷其手乎」。

帛書甲本殘損三字，「代」字又誤寫成「伐」；乙本保存完好，可據補甲本缺誤。帛書甲、乙本經義全同，唯乙本經文少虛詞，與甲本異。與今本勘校，彼此重要差別有二：其一，帛書甲、乙本皆有「若民恒且必畏死」一句，世傳本皆奪此句。其二，帛書甲、乙本「則恒有司殺者」，世傳今本多同王本作「常有司殺者殺」，或同河上本作「常有司殺者」。前者句首脱「則」字，句尾衍「殺」字；後者僅脱「則」字，皆有訛誤。就本章經文分析，全文當如帛書作「若民恒且不畏死，奈何以殺懼之也？若民恒且畏死，而爲奇者吾得而殺之，夫孰敢矣。若民恒且必畏死，則恒有司殺者」。「不畏死」與「畏死」之「畏」字，皆可訓「懼」，即所謂不懼怕死和懼怕死。民「不畏死」，指官府刑罰酷苛而民不聊生，因生不若死，所以死而不懼，故曰「奈何以殺懼之」。民「畏死」，指教民以道，安居樂生，倘有詭異亂羣者，以法執而殺之，故謂「夫孰敢矣」。但是，「必畏死」之「畏」字與前兩個「畏」字意義不同，乃謂犯罪當死之義。如禮記檀弓：「死而不弔者三：畏、厭、溺。」杜佑通典卷八十三自注引王肅説：「犯法獄死謂之『畏』。」即本文「必畏死」「畏」字本義。「若民恒且必畏死，則恒有司殺者」，謂民有犯罪以律必死者，則常由有司治之。甲、乙本經文「不畏死」、「畏死」與「必畏死」三層意義條理分明，足證老子原本當如帛書有「必畏死」一句，世傳今本將此句脱漏，使上下經文脱節，晦澀難解，顯必有誤，均當據帛書甲、乙本補正。

最後老子特别警告人君：「夫代司殺者殺，是代大匠斲也。夫代大匠斲者，則希不傷其手矣。」「司」即前文「有司」，皆指主管刑律之機關。民有犯罪以律當死者，則由有司以法執辦，人君守道無爲，不可取而代之。奚侗云：「人君不能以道治天下，而以刑戮代天之威，猶拙工代大匠斲也。」「代大匠斲」，則方圓不得其理，以喻刑戮不依法律，嚴刑峻法，使民生不若死。民既死而無畏，人君必禍及己身，故老子曰：「則希不傷其手矣。」

七十七（今本德經第七十五章）

甲本：人之飢也，以其取食迣（税）之多也，是以飢。百姓之不治也，以其上有以爲〔也〕82，是以不治。

乙本：人之飢也，以其取食跣（税）之多，是以飢。百生（姓）之不治也，以其上之有以爲也，〔是〕213上以不治。

王本：民之饑，以其上食税之多，是以饑。民之難治，以其上之有爲，是以難治。

易玄、邢玄、敦煌辛、遂州諸本首句「民」字作「人」，謂「人之饑」；嚴遵本作「人之饑，上食稅之多」，傅、范二本作「民之饑者，以其上食税之多也」；徽、邵、彭、焦諸本與之同，唯「饑」下無「者」字；景福碑作「民之飢，以上食税之多」。邢玄、遂州後一句「民」字作「人」，謂「人之難治」；傅、范二本作「民之難治者，以其上之有爲也」；徽、邵、彭三本與之同，唯「治」下無「者」字；景龍、顧歡二本作「民之難治，以其上有爲」；敦煌辛本作「百姓之難治，以其上有爲」；嚴遵本作「百姓難治，以上有爲，是以不治」；唐玄宗御製道德真經疏作「民之難理，以其上之有爲，是以難理」。

帛書甲本殘損一字，並假「𨓚」字爲「稅」，乙本亦殘損一字，並假「𨁈」字爲「稅」，假「生」字爲「姓」。彼此經文相同，殘文可互補。與今本勘校，主要有兩處差異：其一，帛書甲、乙本首句「人之飢也，以其取食稅之多，是以飢」，世傳今本多同王本作「民之饑，以其上食稅之多，是以饑」。「飢」與「饑」同字異構，無別。惟帛書甲、乙本「人之飢也」之「人」字今本多作「民」，唯嚴遵、敦煌辛等本作「人之飢」。後漢書郎顗傳引亦作「人之飢也」，與帛書甲、乙本相同。按「民」字，唐時避太宗諱多改作「人」，唐後重刻該書，又將諱字改回，此「人」字即誤爲唐時避諱所改，故改「人」字爲「民」，因此而誤。當從帛書作「人之飢也」爲是。再如，帛書甲、乙本「以其取食稅之多」，今本多作「以其上食稅之多」，彼此各異。從甲、乙本經文分析，「以」字爲介詞，在此表示事之所因；「其」字爲代詞，作句中主語；「取」字爲動詞；「稅」字爲賓詞；「食」字乃「稅」之定語。漢書食貨志上：「洪範八政：一曰食……食謂農殖嘉穀可食之物。」戰國策西周策「籍兵乞食於西周」，注：「食，糧也。」「食稅」指糧食之稅，經文猶言因國君搾取糧食之稅過多，是以造成飢荒。今本誤「取」字爲「上」，以「食」字爲動詞，釋爲由於統治者吞食的租稅太多，因而陷於飢荒。詞誼牽强，亦非老子原本之舊，均當據帛書勘正。

其二，甲、乙本後一句「百姓之不治也，以其上之有以爲也，是以不治」，世傳本多同王本作「民之難治，以其上之有爲，是以難治」。唯嚴遵與敦煌辛本「民」字作「百姓」，與甲、乙本同；嚴本末句亦同帛書作「是以不治」。蔣錫昌云：「按强本成疏引經文云：『百姓之難治，以其上有爲。』是成『民』作『百姓』，下

「之」字無。節解云：「百姓，謂百脉也。」是節解亦作「百姓」。按「百姓」二字，今本多作「民」，與前文將「人」字寫作「民」的原因相似，誤以「百姓」爲唐時避「民」字諱所改。後人改回時，誤將「百姓」與其它更變字一起改爲「民」字，從而搞錯。老子原本當如帛書甲、乙本作「百姓」爲是。再如，帛書甲、乙本「百姓之不治也」與「是以不治」，今本兩句皆作「難治」。「不治」與「難治」詞義不同，「不治」謂不可治也，「難治」謂可治而不好治也。王弼注云：「言民之所以僻，治之所以亂，皆由上，不由其下也。民從上也。」君行則民隨，上行必下效。君有爲，民多欲；君行暴斂，民多盜賊，乃歷史之必然。故老子諄諄告戒人君虛静無爲，「爲者敗之，執者失之」。「敗之」、「失之」皆謂「不治」，非「難治」也。第三章云：「恒使民無知無欲，使夫知者不敢，弗爲而已，則無不治矣。」此又從反面進而闡述爲而不治之道理。從而可見，此文當從帛書甲、乙本作「不治」爲是，非如今本作「難治」也。再就河上公於此經所作註文云：「民之不可治者，以其君上多欲好有爲也。」足證河上公本經文原亦作「不治」，「難治」乃由後人所改。河上本首句注文作「民之不可治者」，嚴遵本末句作「是以不治」，皆反映出老子舊文之痕迹，足證帛書甲、乙本經文不誤，保存了老子原來面目。

甲本：民之巠（輕）死，以其求生之厚也，是以巠（輕）死。夫唯无以生爲者，是賢貴生。

乙本：民之輕死也，以其求生之厚也，是以輕死。夫唯无以生爲者，是賢貴生。

王本：民之輕死，以其求生之厚，是以輕死。夫唯無以生爲者，是賢於貴生。

易玄、邢玄、易福、磻溪、顧歡諸本首句「民」字作「人」，謂「人之輕死」；嚴遵本無「以其」二字，作「民之輕死，求生之厚」；景龍、敦煌辛、遂州、蘇轍、吴澄諸本作「人之輕死，以其生生之厚」；彭本與之同，唯「人」字作「民」；邵本作「人之輕死，以其生生之厚也」；徽本與之同，唯「人」字作「民」；樓古本作「人之輕死，以其生求之厚」；傅本作「民之輕死者，以其上求生生之厚也」；范本作「民之輕死者，以其生生之厚也」；敦煌辛本獨無「是以輕死」四字。後一句，徽、邵、彭三本無「夫」字，作「唯無以生爲者」；嚴本無「夫唯」與「者」字，作「無以生爲」；邢玄與敦煌辛二本作「夫唯無以生爲生者」；傅本作「夫唯無以生爲貴者」；范本作「夫惟無以爲生者」；景福、傅、范、徽、邵、吴、彭諸本最後有「也」字，作「是賢於貴生也」。

帛書甲、乙本保存均較好，經文也相同，甲本較乙本僅少一虚詞「也」字。甲本假「巠」字爲「輕」，乙本全用本字。與今本勘校，王弼、河上諸本均與帛書相同，唯甲、乙本僅多一或二個虚詞「也」字，稍異。但是，世傳本此段經文可分成兩種句型，如王弼、河上諸本均作「以其求生之厚」，而傅奕本作「以其上求生生之厚也」，景龍碑、敦煌辛諸本作「以其生生之厚」。「求生」與「生生」語義不同。易順鼎云：「按『求生之厚』當作『生生之厚』。文選魏都賦『生生之所常厚』，張載注引老子曰：『人之輕生，以其生生之厚也。』謂通生生之情以自厚也，足證古本原作『生生』。淮南精神訓、文選鷦鷯賦注、容齋續筆並引作『生生之厚』，皆其證。五十章云：『夫何故？以其生生之厚。』又其證之見於本書者矣。」除易説之外，還有人據傅本，在今本「求」前增一「上」字，改作「以其上求生生之厚」。如嚴靈峯云：「『上』字原闕，傅奕本、杜道堅本俱有『上』字。王註云：『言民之所以僻，治之所以亂，皆由上，不由其下也；民從上也。』依註並上二句例，當有此一『上』字，因據傳本並註文補正。」今據帛書甲、乙本考察，易氏「生生」之説既不可信，嚴氏增字之舉更加錯誤。帛書甲、乙本此文同作「以其求生之厚也」，「生」字不重，也無「上」字，足證王弼、河上諸本所載經文不誤。從經義分析，如勞健所云：「此章『生』字，義皆如生聚之『生』。舊説或解如生死、生命之『生』，非也。」乃謂民爲求其厚生，雖死而逐利不厭。再如，帛書「夫唯无以生爲者」，王弼、河上諸傳本皆與之相同，唯邢玄幢與敦煌辛本作「夫唯無以生爲生者」，傅奕本作「夫唯無以生爲貴者」，各異。從古籍引文論之，淮南子道應引作「夫唯無以生爲者，是賢於貴生焉」，文子十守篇引作「夫唯無以生爲者，即所以得長生」。兩書所引雖各有差異，但前七字完全同於帛書甲、乙本及王弼、河上諸傳本，足證此文帛書不誤，老子原本如此。其它如傅奕、邢玄諸傳本凡異於此文者，皆有訛誤，均當據以勘正。

河上公注云：「人民輕犯死者，以其求生活之道太厚，貪利以自危。以求生太厚之故，輕入死地也。夫唯獨無以生爲務者，爵祿不干於意，財利不入於身，天子不得臣，諸侯不得使，則賢貴生也。」蘇轍云：「上以利欲先民，民亦争厚其生，故雖死而求利不厭，貴生之極，必至於輕死。」故此老子指出，保持清静恬淡之生活，勝過於富貴豪華的厚生。

七十八（今本德經第七十六章）

甲本：人之生也83柔弱，其死也⿱艹桓（筋）仞（肕）賢（堅）强。萬物草木之生也柔脆，其死也榫（枯）薧（槁）。

乙本：人之生213下也柔弱，其死也⿰骨亘（筋）信（肕）堅强。萬〔物草〕木之生也柔梓（脆），其死也榫（枯）槁。

王本：人之生也柔弱，其死也堅强。萬物草木之生也柔脆，其死也枯槁。

磻溪、樓古、樓正、司馬、蘇轍諸本首句「人」字作「民」，謂「民之生也柔弱」；景龍碑作「人生之柔弱，其死堅强」；嚴遵、遂州二本作「人之生柔弱，其死堅强」；敦煌辛本作「人之生柔弱，其死剛强」；范本作「人之生也柔弱，其死也剛强」。後一句，樓古、孟頫、嚴、傅、徽、邵、吴、彭、焦諸本無「萬物」二字，作「草木之生柔脆」；易玄、慶陽、磻溪、樓正、司馬諸本作「萬物草木生也柔脆」；敦煌庚本作「萬物草木之生柔脆」；景龍碑與敦煌辛本作「萬物草木生之柔脆」；遂州本作「萬物草木之生也柔毳」；蘇轍本作「萬物草木生也柔弱」；景龍、敦煌辛、嚴遵、司馬諸本最後無「也」字，作「其死枯槁」；敦煌庚本作「其死也槁」。

帛書甲本保存完好，乙本殘損二字，可據甲本補。甲、乙本經文相同，唯甲本假「賢」字爲「堅」，假「榫」字爲「枯」；乙本假「梓」字爲「脆」，假「榫」字爲「枯」。與今本勘校，主要差異有二：其一，帛書甲本「其死也⿱艹桓仞堅强」，乙本作「其死也⿰骨亘信堅强」；今本多同王本作「其死也堅强」，無「⿱艹桓仞」或「⿰骨亘信」二字。帛書整理小組甲本注云：「⿱艹桓，乙本作『⿰骨亘』，義爲硬。仞，讀爲『肕』。」慧琳一切經音義卷五十九：『堅韌，今作「肕」，同，而振反。通俗文：「柔堅曰肕。」管子曰：「筋肕而骨强。」是也。』玉篇肉部：『肕，堅肉也。』篆隸萬象名義肉部：『肕，脯堅。』皆指乾肉言，與此義尤近。」按「人之生也柔弱」，「柔弱」指人體中之筋、肉等組織而言，如第五十五章「骨筋柔弱而握固」（乙本），即此「柔弱」之義。帛書甲本「其死也⿱艹桓仞堅强」，乙本「其死也⿰骨亘信堅强」，「⿱艹桓仞」或「⿰骨亘信」顯然亦是指人體中兩種不同組織的名稱。「⿱艹桓」、「⿰骨亘」二字字書皆無，讀音均從「恒」，在此同假爲「筋」。「恒」古爲匣紐蒸部字，「筋」在見紐文部，「見」、「匣」旁紐，「文」、「蒸」通轉，古「恒」、「筋」二字同音，「⿱艹桓」、「⿰骨亘」均與「筋」字通假。「仞」、「信」古音相同，在此均假爲「肕」。管子內業篇「筋信而骨强」，心術篇作「筋肕而骨强」，即其證。玉篇：「肕，堅肉也。」從而可見，甲本「⿱艹桓仞」與乙本「⿰骨亘信」，皆當讀作「筋肕」。帛書甲、乙本「其死也筋肕堅强」，則指人死之後尸體變爲殭硬而言。今本脫「筋肕」二字，語義晦澀不明，舊注多妄生議論，皆不可信。

其二，帛書甲、乙本「萬物草木之生也柔脆」；王弼、河上諸傳本皆與之相同，唯嚴遵、傅奕諸本無「萬物」二字，作「草木之生也柔脆」。蔣錫昌云：「論誼，『萬物』二字當爲衍文。蓋『柔脆』與『枯槁』，均指草木而言之。」今從帛書甲、乙本觀察，兩本皆有「萬物」二字；論之古籍，說苑敬慎篇引亦作「萬物草木之生也柔脆，其死也枯槁」。足證老子原本如此，王弼、河上諸本均不誤。「柔脆」與「枯槁」乃形容萬物生死之不同現象。「柔脆」如「柔弱」，乃物之生態，「枯槁」乃物之死態。二者不僅形容草木，自然界之動植物皆多如此。如呂氏春秋孟冬異用篇：「文王賢矣，澤其髊骨。」注：「骨有肉曰『髊』，無曰『枯』。」淮南子齊俗篇：「以爲窮民絕業而無益於槁骨腐肉。」據此足可說明「柔脆」、「枯槁」絕非僅指草木，蔣說不確，當從帛書甲、乙本爲是。今本凡無「萬物」二字者，皆脱誤，當補。

甲本：故曰：堅强者死之徒84也；柔弱微細生之徒也。

乙本：故曰：堅强死之徒也；柔弱生之徒也214上。

王本：故堅强者死之徒，柔弱者生之徒。

敦煌庚本「故」下有「曰」字，作「故曰：堅强者死之徒」；顧歡本「故」字作「夫」，謂「夫堅强者死之徒」；范本「堅」字作「剛」，謂「故剛彊者死之徒」；傅、徽、邵、彭諸本「徒」下皆有「也」字，作「故堅强者死之徒也；柔弱者生之徒也」。

帛書甲本「堅强」下有「者」字，「柔弱」下有「微細」二字；乙本無此三字，彼此各異。與今本勘校，帛書甲、乙本「故」下皆有「曰」字，敦煌庚本與之同，世傳今本多同王本作「故」，顧本作「夫」。按「故」、「夫」與「故曰」詞義不同。周髀算經趙爽註：「故者，申事之辭。」可作副詞或連詞。「故曰」則爲引言之常用語，表明「曰」下之言，乃爲成語或古諺。在此則表明下文非老子之言，乃是當時衆人皆知之諺語。如第七十八章云：「柔之勝剛也，弱之勝强也，天下莫弗知也。」足以證明此文當從帛書甲、乙本作「故曰」爲是，今本脱「曰」字，當據補正。

蔣錫昌云：「按淮南原道訓作『柔弱者生之榦也，而堅强者死之徒也』；文子道原篇作『柔弱者生之榦，堅强者死之徒』；説苑敬慎篇作『柔弱者生之徒也，剛强者死之徒也』；列子黄帝篇作『柔弱者生之徒，堅彊者死之徒』；御覽木部作『柔弱生之徒，剛强死之徒』。皆『堅强』句在『柔弱』句下，疑老子如此。蓋上文先言『柔弱』，後言『堅强』，此文正承上文而言也。」帛書甲、乙本語序與世傳本皆相同，『堅强』句均在「柔弱」句前，則同後文「强大居下，柔弱居上」語序一律，仍應從帛書與諸傳本爲是。綜上所舉之帛書乙本、敦煌卷本、碑幢本、木刻本、及其古籍所引此文，皆「堅强」、「柔弱」對文。除帛書甲本外，從不見「微細」二字。據經義分析，前文言「堅强」，後文自然當謂「柔弱」，「微細」二字顯爲衍文無疑。依古今各本參校，此文當作：「故曰：堅强者死之徒也，柔弱者生之徒也。」

甲本：兵强則不勝，木强則恒（烘）。强大居下，柔弱微細居上。

乙本：〔是〕214下以兵强則不朕（勝），木强則兢（烘）。故强大居下，柔弱居上。

王本：是以兵强則不勝，木强則兵。强大處下，柔弱處上。

嚴本首句「是以」二字作「故」，無上一個「則」字，「兵」字作「共」，謂「故兵强不勝，木强則共」；傅本作「是以兵彊者則不勝，木彊則共」；景龍、易玄、邢玄、景福、樓古、磻溪、孟頫、樓正、敦煌庚、辛、河上、顧、范、邵、司馬、蘇、彭、吳、志、焦諸本「兵」字均作「共」；遂州本作「木强則拱」；宋黄茂材老子解作「木强則折」（見彭耜道德真經集註下）。後一句，景龍、傅奕、吳澄三本前有「故」字，「强大」二字作「堅强」，謂「故堅强處下」；敦煌庚本作「故强大處下」；遂州本作「故强大居下」；范本作「故强大取下」；敦煌辛、徽、邵、彭諸本均作「故堅强居下」；嚴本「柔」字作「小」，謂「小弱處上」。

帛書甲、乙本此文句型各異，如甲本「兵强則不勝」，乙本有「是以」二字，作「是以兵强則不勝」；又如甲本「柔弱微細居上」，乙本作「柔弱居上」。乙本句型與王本近似。但是，帛書甲、乙本與世傳諸本之重要分歧是：甲本「木强則恒」，乙本作「木强則競」；王本作「木强則兵」，世傳今本多同傅奕本作「木强則共」，唯黄茂材老子解作「木强則折」。諸本各異，莫知所從。黄茂材云：「列子載老聃之言曰：『兵强則滅，木强則折。』列子之書，大抵祖述老子之意，且其世相去不遠。『木强則折』，其文爲順。今作『共』，又讀爲『拱』，其説不通，當以列子之書爲正。」俞樾云：「案『木强則兵』於義難通。河上公本作『木强則共』，更無義矣。老子原文作『木强則折』。因『折』字闕壞，止存右旁之『斤』，又涉上句『兵强則不勝』而誤爲『兵』耳。『共』字則又『兵』字之誤也。列子黄帝篇引老聃曰：『兵强則滅，木强則折。』即此章之文，可據以訂正。」易順鼎云：「俞氏平議據列子引老子作『兵强則滅，木强則折』，是矣。鼎又按文子道原篇作『兵强即滅，木强即折』；淮南原道訓亦作『兵强則滅，木强則折』；皆與列子相同。王注『木强則兵』云『物所加也』四字，疑非原本。」自黄茂材根據列子改訂此文爲「木强則折」之後，像俞樾、易順鼎、劉師培、奚侗、馬叙倫、蔣錫昌、高亨、朱謙之等皆主此説，蓋無異議，幾成定論。但是，自帛書甲、乙本出土之後，該説完全動摇。帛書甲本此文作「木强則恒」；乙本作「木强則競」。「恒」字從「亘」得音，與「競」字同爲見紐字。古韻「亘」字在蒸部，「競」字在陽部，「蒸」、「陽」屬旁轉。「恒」、「競」古音同可互假，但與「折」字音義絶遠。從而證明原文絶非「木强則折」，「則」下一字，亦必爲一見紐並與「恒」、「競」通韻之字。由此看來，嚴遵、傅奕諸本所云「木强則共」不誤。「共」字與「恒」、「競」古讀音相同，在此均當假借爲「烘」。爾雅釋言：「烘，燎也。」詩小雅白華：「樵彼桑薪，卬烘於煁」，毛傳：「卬我，烘燎也。」鄭箋：「桑薪，薪之善者也。」「木强則烘」，猶言木强則爲樵者伐取，燎之於烓竈也。俞樾所謂「折」字「而誤爲『兵』耳，『共』字則又『兵』字之誤也」，今據帛書勘校，實情則同俞説恰恰相反。初將「共」字誤寫作「兵」，列子等諸古籍又將「兵」字誤寫成「折」。今本老子此文之分歧與後人之誤識，均逾千年。今幸得帛書甲、乙本出土，爲澄清此一千載疑案，得一確證。另外，帛書甲本「柔弱細微居上」，乙本作「柔弱居上」，王本及傳世諸本皆與乙本同。蓋甲本因前文仍衍「微細」二字，當刪去。綜合上述各本參校，此文當勘訂爲：「是以兵强則不勝，木强則烘。故强大居下，柔弱居上。」

七十九（今本德經第七十七章）

甲本：天下〔之[85]道，猶張弓〕者也。高者印（抑）之，下者舉之；有餘者敗（損）之，不足者補之。

乙本：天之道，酉（猶）張弓也。高者印（抑）之，下者舉之[214下]；有余（餘）者云（損）之，不足者〔補之〕。

王本：天之道，其猶張弓與！高者抑之，下者舉之；有餘者損之，不足者補之。

景龍、敦煌辛、嚴遵諸本首句無「與」字，作「天之道，其猶張弓」；遂州本作「天之道，其由張弓」；傅、范二本作「天之道，其猶張弓者歟」；景福、易玄、邢玄、慶陽、樓古、磻溪、孟頫、樓正、敦煌庚、河上、顧、徽、邵、司馬、蘇、彭、吴、志、焦諸本作「天之道，其猶張弓乎」。第二句，嚴本「抑」字作「案」，謂「高者案之，下者舉之」。後一句，景福、敦煌庚二本「補」字作「與」，謂「有餘損之，不足與之」，景龍、易玄、邢玄、慶陽、磻溪、樓正、敦煌辛、河上、顧、遂州、司馬、彭、志諸本作「有餘者損之，不足者與之。」

帛書甲本殘損五字，乙本殘損二字，可互補缺文。甲本「天」後衍一「下」字，抄寫之誤，當據乙本删去。與今本勘校，彼此異在假字和虚詞，經義基本一致。

嚴遵云：「夫弓人之爲弓也，既煞既生，既翕既張，制以規矩，督以準繩。弦高急者，寬而緩之；弦馳下者，攝而上之；其有餘者，削而損之；其不足者，補而益之。」吕吉甫云：「天之道無爲而已矣。無爲則無私，無私則均。猶之張弓也，高者抑之，下者舉之，有餘者損之，不足者補之，適於均而已矣。」

甲本：故天之道，敗（損）有[86]〔餘而益不足。人之道則〕不然，敗（損）〔不足而〕奉有餘。

乙本：〔故天之道〕，云（損）有余（餘）而益不足。人之道，云（損）不足而奉又（有）余（餘）。

王本：天之道，損有餘而補不足。人之道則不然，損不足以奉有餘。

易玄、邢玄、景福、慶陽、樓古、磻溪、敦煌庚、嚴、顧、遂州、徽、邵、司馬、蘇、彭諸本首句無「而」字，作「天之道，損有餘補不足」；敦煌辛本與之同，唯「補」字作「捕」，抄寫之誤；孟頫本作「天之道，損有餘以補不足」；范本作「天之道，損有餘而補不足也」。後一句，景福、敦煌辛、嚴、顧諸本無「以」字，作「人之道則不然，損不足，奉有餘」，景龍、遂州與之同，唯「人」下無「之」字，作「人道則不然」；樓古碑作「人之道不然，損不足以奉有餘」；敦煌庚、彭、焦諸本作「人之道則不然，損不足而奉有餘」。

帛書甲本殘損十二字，乙本殘損四字，彼此可互補缺文。甲本「則不然」之「則」字殘損，乙本脱此三字，今本皆有，當據補正。與今本勘校，帛書甲本句首有「故」字，乙本殘損，世傳本多同王本無此字。從文義分析，前文言「天之道，猶張弓也」，此文乃申述「天之道」與「人之道」之差異，故而句首當有申事辭「故」字爲是。不然，前文已言「天之道」，此又言「天之道」，前後句重，詞義不明。今本當據帛書補此字。再如，帛書乙本「損有餘而益不足」，甲本此句殘損，世傳本多同王本作「損有餘而補不足」。「益」、「補」二字詞異義同。如漢書董仲舒傳「務法上古者又將無補與」，顏師古注：「補，益也。」綜合各本勘校，此文帛書甲、乙本均有殘損，乙本並有脱漏，今本亦有僞誤，但可互相補正。勘訂後此文當作：「故天之道，損有餘而補不足。人之道則不然，損不足而奉有餘。」

易佩紳云：「道在天下均而已，均而後適於用。此有餘則彼不足，此不足而彼有餘，皆不可用矣。抑其高者，損有餘也；舉其下者，補不足也。天之道如是，故其用不窮也。」沈一貫云：「人之道則不然，哀聚窮賤之財，以媚尊貴之心。下則箠楚流血，取之盡錙銖；上則多藏而不盡用，或用之如泥沙。損不足以奉有餘，與天道異矣。」

甲本：孰能有餘而有以取奉於天者乎？〔唯87有道者乎〕。

乙本：夫孰能又（有）余（餘）而〔有以取〕215上奉於天者？唯又（有）道者乎。

王本：孰能有餘以奉天下？唯有道者。

景福、易玄、慶陽、樓古、磻溪、司馬、蘇轍、吴澄、焦竑諸本「以」字前移在「能」字下，作「孰能以有餘奉天下」；樓正、敦煌庚二本作「孰能以有餘以奉天下」；遂州本作「孰能有餘奉天下」；嚴本作「孰能損有餘而奉天下」；范本作「孰能損有餘以奉天下」，徽、邵、彭諸本作「孰能損有餘而奉不足於天下者？其唯道者」；傅奕本與之同，唯最後有「乎」字。

帛書甲本殘「唯有道者乎」五字，乙本殘「有以取」三字，彼此缺文可互補。甲本「孰能有餘而有以取奉於天者乎」，乙本句首有「夫」字句尾無「乎」字，作「夫孰能有餘而有以取奉於天者」。二本經文基本一致。但是，帛書研究組誤將乙本殘文「有以取」三字補作「有以」二字，讀爲「夫孰能有餘而有以奉於天者」。「奉」前丢「取」字，則經義全失。世傳今本作「孰能有餘以奉天下？唯有道者」；「孰能以有餘以奉天下？唯有道者」；或「孰能損有餘以奉天下，唯有道者」；及「孰能損有餘而奉不足於天下者？其唯道者」等等，歧異甚多。諸家考證各持一説。馬叙倫云：「此文當作『孰能損有餘以奉不足？唯有道者』，『於天下』三字涉七十八章誤衍。」朱謙之云：「傅本作『孰能損有餘而奉不足於天下者，其惟道者乎』。嚴、彭、范亦作『損』字，彭有『不足於』三字。李道純曰：『「孰能以有餘奉天下」，其中加「不足」二字者，非。』論義，有道者不以有餘自奉，而以奉天下，於義已足，傅本『不足』二字贅。」從上舉諸本文例足以説明今本此文多誤，諸家考證皆不可信。帛書甲本作「孰能有餘而有以取奉於天者乎？唯有道者乎」，乙本作「夫孰能有餘而有以取奉於天者？唯有道者乎。」二者經文不僅一致，經義亦明瞭通暢，遠勝今本多矣，當爲老子原本之舊。

按「取奉於天」即「取法於天」。「奉」字古爲並紐東部字，「法」字屬幫紐葉部，「帮」、「並」双声，「東」、「葉」旁對轉，「奉」、「法」古音相同通假，故「取奉於天」當讀作「取法於天」。「取法」一詞乃古之常語，古籍多見，如禮記郊特牲「取法於天」，淮南子泰族「取法於人」，莊子天道篇「大匠取法」。「取法於天」猶言以天爲模範。前文言「天之道，損有餘而補不足。人之道則不然，損不足而奉有餘」，「天道」與「人道」損補各異。故此文則謂「孰能有餘而以取法於天者乎？唯有道者」。前後經義正合。今本經文已經後人竄改，非老子本義。

甲本：〔是以聖人爲而弗有，成功而弗居也，若此其不欲〕見賢也。

乙本：是以耶（聖）人爲而弗又（有），成功而弗居也，若此其不欲見賢也。

王本：是以聖人爲而不恃，功成而不處，其不欲見賢。

易玄本無第一個「而」字，作「是以聖人爲不恃」；敦煌辛本後二句作「成功不處，其欲退賢」；敦煌庚本作「成功而不處，其不欲見賢也」；景龍碑作「功成不處，斯不見賢」；易玄、邢玄、磻溪、樓正諸本作「功成不處，其不欲見賢」；樓古、司馬、蘇轍三本作「功成不處，其不欲見賢邪」；孟頫本與之同，唯「邪」字作

「耶」；顧歡本作「功成不處，其不欲示賢」；傅奕、吴澄二本作「功成而不居，其不欲見賢邪」；范本與之同，唯「居」字作「處」；徽、邵二本作「功成不居，其不欲見賢邪」；彭本與之同，唯「邪」字作「耶」；嚴遵本作「功成不居，不欲見賢」；遂州本作「功成不處，斯不貴賢。」

帛書甲本僅存「見賢也」三字，餘者皆損壞；乙本保存完好，可據補甲本缺文。與今本勘校，帛書乙本「爲而弗有」，「有」字今本皆作「恃」；「成功而弗居也」，「弗居」今本作「不居」或「不處」。以上用詞雖異，而經義無别。其較大分歧爲：乙本「若此其不欲見賢也」，世傳本皆無「若此」二字，作「其不欲見賢」或「其不欲見賢邪」。劉師培云：「按『其』上疑脱『以』字。」蔣錫昌云：「按劉謂『其』上脱『以』字，其説是也。下章『以其無以易之』，道藏王本及諸本均脱上『以』字，其例正與此同。」謙之帛書，「其」上無「以」字，而有「若此」二字。經傳釋詞卷七：「若，猶此也。」「連言之則曰『若此』，或曰『此若』。」「若此其不欲見賢也」，是針對前文「弗有」、「弗居」而作之結語，猶言此乃是聖人不願顯露自己才智之道理。從文義分析，當從帛書爲是。

河上公注：「聖人爲德施不恃其報也，功成事就不處其位。不欲使人知己之賢，匿功不居榮，畏天損有餘也。」蘇轍云：「有道者瞻足萬物而不辭，既以爲人己愈有，既以與人己愈多，非有道者無以堪此。爲而恃，成而處，則賢見於世；賢見於世，則是以有餘以自奉也。」

八十（今本德經第七十八章）

甲本：天下莫柔〔弱於水88，而攻〕堅强者莫之能〔勝〕也，以其无〔以〕易〔之也〕。

乙本：天下莫215下柔弱於水，〔而攻堅强者莫之能勝〕，以其无以易之也。

王本：天下莫柔弱於水，而攻堅强者莫之能勝，其無以易之。

易玄、邢玄、景福、慶陽、樓古、磻溪、樓正、顧、司馬、蘇諸本作「天下柔弱莫過於水，而攻堅强者莫之能勝」；河上、志二本作「天下柔弱莫過於水，而攻堅强者莫知能勝」；景龍、遂州作「天下柔弱莫過於水，而攻堅强莫之能先」；敦煌辛本與之同，唯「攻」字作「功」；吴澄本亦與之同，唯「堅强」下有「者」字；范本作「天下莫不柔弱於水，而攻剛强者莫之能先」；嚴、傅、徽、邵、彭、焦諸本作「天下莫弱於水，而攻堅强者莫之能先」；敦煌庚本作「天下莫柔弱於水；言水柔弱，而攻堅强者莫之能勝」。末句，景福碑作「以其無能易之」，孟頫作「以其無以易之」；傅、徽、邵、司馬、吴、彭、焦諸本作「以其無以易之也」；范本作「其無以易之也」；敦煌庚本作「無易之」。

帛書甲、乙本各殘損九字，缺文可互補。與今本勘校，帛書首句「天下莫柔弱於水」，王弼本與之同，河上公與諸唐本多作「天下柔弱莫過於水」。李道純云：「『天下柔弱莫過於水』，或云『莫柔弱於水』，非也。」今譣之帛書甲、乙本，李説不確，則證王本確爲老子原本舊文。嚴遵、傅奕二本作「天下莫弱於水」，乃奪一「柔」字；范本作「天下莫不柔弱於水」，而衍一「不」字。彼雖有衍奪，原文皆同帛書。淮南子道應引作「天下之物莫柔弱於水」，則衍「之物」二字，原文亦同帛書。綜上所舉，足證此文當從帛書作「天下莫柔弱於水」爲是。王弼、河上諸本「而攻堅强者莫之能勝」，嚴遵、傅奕、范應元等諸本作「而攻堅强者莫之能先」。帛書甲本殘存「堅强者莫之能□也」，「能」下一字殘；乙本此文皆毀，無可借鑒。按「勝」字古爲書紐蒸部字，「先」字在心紐文部，「書」、「心」準雙聲，「蒸」、「文」通轉，故「勝」、「先」二字古音同通假。從下文「水之勝剛」，「弱之勝强」二句證之，此當從王弼本作「莫之能勝」爲是，「先」乃「勝」之借字。王弼、河上諸本末句「其無以易之」，帛書甲、乙本均作「以其无以易之也」。傅奕本句前有「以」字，與帛書本同。蔣錫昌云：「『以其無以易之』，道藏王本及諸本均脱上『以』字。……『以其』二字爲老子習用之語。七章『以其不自生，……非以其無私邪』，五十章『以其無死地』，六十五章『以其智多』，六十六章『以其善下之』，七十一章『以其病病』，七十五章『以其上食税之多……以其上之有爲……以其上求生之厚』，文例均同，『其』上當增『以』字。」蔣説甚是，帛書甲、乙本「其」上均有「以」字，當從。根據以上勘校，此文當作：「天下莫柔弱於水，而攻堅强者莫之能勝，以其無以易之也。」

河上公注：「圓中則圓，方中則方，擁之則止，決之則行。水能懷山襄陵，磨鐵消銅，莫能勝水而成功也，夫攻堅强者無以易於水。」「以其無以易之也」，勞健云：「諸本互異，『易』之解亦各自爲義。王弼注：『無物可以易之。』謂更易也。玄宗注：『萬變而常一。』謂變易也。河上注：『攻堅强者無以易水。』謂容易也。六朝本作『言水柔弱，而攻堅强者莫之能勝，無易之』三句，則爲毋輕視其柔弱之意，謂慢易也。

景福作『以其無能易之』，亦可解爲因其無能而人輕視之。明李宏甫云：『其無以輕易柔弱爲也。』正解如六朝本，暗合于古矣。今取諸本互勘，解如慢易，與上文相貫，義長，不宜作兩『以』字。」張松如云：「勞取范本，解如慢易，口譯當作『真是不能小瞧它的呀』，義自通達。而今驗之帛書，甲、乙兩本俱有兩『以』字，將何得其解？奚侗曰：『擊之無創，刺之不傷，斬之不斷，焚之不然，天下固無有可以變此水之物也。』朱芾煌曰：『水雖由人曲折轉變，而人終無以變易其趨下之本性，此其所以至柔至弱，而能勝彼至剛至强也。』凡此又皆爲王弼注及玄宗御注作補充。今用帛書及傅本，則自當取此變易之義也。」

甲本：〔柔之勝剛，弱之〕勝强，天〔下莫弗知也，而莫能〕89行也。

乙本：水（柔）之朕（勝）剛也，弱之朕（勝）强也，天下莫弗知也，而〔莫能216上行〕也。

王本：弱之勝强，柔之勝剛，天下莫不知，莫能行。

易玄、邢玄、慶陽、樓古、磻溪、樓正、敦煌辛、遂州、顧、司馬、蘇諸本前二句作「故柔勝剛，弱勝强」。景龍碑作「故弱勝强，柔勝剛」；敦煌庚本作「弱勝强，柔勝剛」；傅、范、徽、邵、吴、彭諸本作「柔之勝剛，弱之勝强」；景福本「弱之勝强，柔之能剛」；志、焦二本作「故柔之勝剛，弱之勝强」；嚴遵本作「夫水之勝强，柔之勝剛」。景龍、敦煌辛、遂州、顧、志諸本後二句作「天下莫能知，莫能行」；傅、徽、范、邵、彭諸本作「天下莫不知，而莫之能行」；吴澄、孟頫二本作「天下莫不知，而莫能行」；嚴遵本作「天下莫不知，莫之能行」。

帛書甲本此文殘甚，僅存五字；乙本保存較好，僅殘三字，可以互補缺文。與今本勘校，世傳本之間所用虚詞和語序各有不同，而與帛書亦多差異。但是，彼此經義無别。乙本「水之勝剛也」，嚴遵本作「夫水之勝强」，均與今本異。論之古籍，淮南子道應引作「柔之勝剛也，弱之勝强也」。除「水」字作「柔」外，句型語序皆同乙本，足證老子原本當爲「柔之勝剛也」，乙本「水」字因涉前文而誤。嚴本不僅「夫水」二字訛誤，語序亦顛倒。此文當作：「柔之勝剛也，弱之勝强也，天下莫弗知也，而莫能行也。」

蔣錫昌云：「按此言水之道，柔弱可勝剛强，天下莫不知，然竟莫能行也。七十章『天下莫能知，莫能行』，則指聖人道而言，故文字與此稍異。蓋聖人之道，知難行難；而水之道，則知易行難也。」

甲本：故聖人之言云，曰：受邦之訽（垢），是胃（謂）社稷之主；受邦之不祥，是胃（謂）天下之王。（正言）90若反。

乙本：是故耶（聖）人言云，曰：受國之訽（垢），是胃（謂）社稷之主；受國之不祥，是胃（謂）天下之王。正言216下若反。

王本：是以聖人云：受國之垢，是謂社稷主；受國不祥，是爲天下王。正言若反。

景龍、河上、志諸本首句「是以」二字作「故」，謂「故聖人云」；邢玄、慶陽、樓古、磻溪、樓正、范、彭、徽、邵、蘇諸本作「是以聖人言」；顧本作「故聖人言」；敦煌庚本與景福碑作「故聖人言云」；傅本作「故聖人之言云」；司馬本作「是以聖人之言」；嚴本作「聖人言云」；敦煌辛本作「是以聖人」；遂州本無此句。

「受國」二句，范本作「受國之垢，是謂社稷之主；受國不祥，是謂天下之王也」；嚴本與之同，唯句末無「也」字；傅本作「受國之垢，是謂社稷之主；受國之不祥，是謂天下之主」；易玄、邢玄、景福、磻溪、孟頫、樓正、敦煌辛、顧、遂州、司馬、蘇諸本作「受國不祥，是謂天下王」；河上、樓古、邵、吴諸本作「受國之不祥，是謂天下王」；徽、彭、志諸本作「受國之不祥，是爲天下王」。末句，傅本作「正言若反也」；司馬本作「故正言若反」。

帛書甲本殘損二字，乙本完好無損。甲、乙本經文基本相同，唯甲本「故」字，乙本作「是故」；甲本「邦」字，乙本因避漢高祖諱改作「國」。與今本勘校，彼此之差異，多在虚詞之有無，於經義無别。唯帛書甲、乙本「是謂天下之王」，王弼諸本作「是爲天下王」。從經文分析，前文既言「是謂社稷之主」，此亦當從帛書作「是謂」爲是。譣之古籍，淮南子道應引前後兩句皆作「是謂」，與帛書相同。

帛書甲、乙本「受國之訽」，「訽」字别體「詬」，説文云：「謑詬恥也。」世傳本皆作「受國之垢」，説文：「垢，濁也。」「詬」、「垢」二字在此皆通。朱謙之云：「『垢』有垢污之義。按莊子天下篇引老聃曰：『知其雄守其雌，爲天下谿。知其白守其辱，爲天下谷。人皆取先，己獨取後，曰受天下之垢。』郭象注：『雌、辱、後、下之類，皆物之所謂垢。』宣十五年左傳：『伯宗曰：「川澤納汙，山藪藏疾，瑾瑜匿瑕，國君含垢，天之道也。」』穀梁莊三傳曰：『其曰王者，民之所歸往也。』訓『王』爲『往』，人所歸落，此『王』之本義。」

蔣錫昌云：「凡老子書中所言『曲』、『枉』、『窪』、『敝』、『少』、『雌』、『柔』、『弱』、『賤』、『損』、『嗇』、『慈』、『儉』、『後』、『下』、『孤』、『寡』、『不穀』之類，皆此所謂『垢』與『不祥』也。此言人君唯處謙下，守儉嗇，甘損少，能受天下人之所惡者，而後方能清静無爲，以道化民。如此，乃可真謂之『社稷主』，或謂之『天下王』也。」「正言若反」，高延弟云：「此語並發明上下篇玄言之旨。凡篇中所謂『曲則全』，『枉則直』，『窪則盈』，『敝則新』，『柔弱勝堅强』，『不益生則久生』，『無爲則有爲』、『不争莫與争』，『知不言，言不知』、『損而益，益而損』，言相反而理相成，皆『正言』也。」

八十一（今本德經第七十九章）

甲本：和大怨，必有餘怨，焉可以爲善？

乙本：禾（和）大〔怨，必有餘怨，焉可以〕爲善？

王本：和大怨，必有餘怨，安可以爲善？

世傳今本多同王本，唯徽、邵、司馬、彭等諸宋本第一個「怨」後有「者」字，作「和大怨者」。文子微明篇引作「和大怨，必有餘怨，奈何其爲不善也」。

帛書甲本保存完好，乙本殘損較甚，僅存四字，並假「禾」字爲「和」，但可據甲本補其缺文。與今本勘校，帛書甲本「焉可以爲善」，今本「焉」字作「安」，用詞雖異，但經義無别。經傳釋詞卷二：「易同人正義：『安，猶何也。』顔師古注漢書吴王濞傳曰：『安，焉也。』宣公十二年左傳曰：『暴而不戢，安能保大？猶有晉在，焉得定功？所違民欲猶多，民何安焉？』『安』、『焉』亦『何』也，互文耳。」王弼注：『不明理其契，以致大怨已至。而德以和之，其傷不復，故必有餘怨也。」蔣其昌云：「按人君不能清静無爲，而耀光行威，則民大怨生。待大怨已生而欲修善以和之，則怨終不滅，此安可以爲善乎？」

甲本：是以聖右介（契），而不以責於人。

乙本：是以聖人執左芥（契），而不以責於人。

王本：是以聖人執左契，而不責於人。

景龍、遂州、敦煌辛三本無「而」字，作「是以聖人執左契，不責於人」；易玄、邢玄二碑作「是以聖人執左契，而不責於民」；嚴遵本作「是以聖人執左契，不以責於人」。

帛書甲、乙本保存皆完好。但是，甲本「聖」字下脱「人執」二字，抄寫之誤也；又假「介」字爲「契」，當作「是以聖人執右契」。帛書乙本假「芥」字爲「契」，作「是以聖人執左契」。甲本作「執右契」，乙本作「執左契」，彼此各異。與今本勘校，經文意義完全相同，唯世傳本皆作「執左契」，同乙本而異於甲本。「契」亦謂「券契」，乃共事雙方所訂字據。朱駿聲云：「契，大約也。从大㓞，會意，㓞亦聲。凡質劑之書券，今言合同。……易繫辭『後世聖人易之以書契』，鄭注：『以書書木，邊言其事，刻於木謂之書契。』周禮質人『掌稽市之書契』，注：取予市物之券也，其券之象，書兩札刻其測。」古「契」刻木爲之，從中剖開，分爲左右，雙方各執其一。古人尊右卑左，以右爲上。崔東壁云：「三代以上固以上右爲常。故禮賓由西階，主人由阼階，西在右，東在左也。王叔陳生與伯輿爭政，王右伯輿，王叔陳生怒而出奔。是上之則曰『右之』，下之則曰『左之』也。」「契」制亦分右左，别以尊卑，古以右契爲尊。禮記曲禮「獻粟者執右契」，鄭玄注：「契，券要也，右爲尊。」商君書定分篇：「以左券予吏之問法令者，主法令者之吏謹藏其右券木柙，以室藏之。」戰國策韓策：「安成君東重於魏，西貴於秦，操右契而爲責德於秦魏之主。」史記平原君傳：「且虞卿操其兩權，事成，操右券以責。」索隱曰：「平原君取封事成，則操其右券以責其報德也。」綜上所舉，皆言右契爲上，歸債權人所執；左契爲下，由負債人收執。但是，今本老子皆云：「是以聖人執左契，而不責於人。」以契制，執左契乃受責者，當爲人所責。此言「而不責於人」，義甚費解。因此，自古以來注此經文皆含混其辭。如王弼注：「左契，防怨之所由生也。」「左契」何以防怨之所生，則無下文。後人訓釋，則多臆測，如吴澄云：「契者，刻木爲券，中分之各執其一，而合之以表信。取財物於人曰『責』。契有左右，左契在主財物者之所，右契以付來取財物之人。」王元澤曰：「史記『操右契以責事』，禮記云『獻田宅者操右契』，則知左契爲受責者之所執。澄謂執左契者己不責於人，待人來責於己。有持右契來合者，卽與之，無心計較其人之善否和怨者。」魏源云：「則聖人之執左契者是也。券契有二，我執其左，但有執右以來責取者，吾卽以財物與之，而未嘗有所責取於人。聖人之於物，順應無心，來無不受，亦若是而已。來者不見其爲怨，與者不自以爲德。德怨兩泯，物我渾化，是則真能體無我不争之德者矣。」如以吴、魏二氏之説，受責者必須以契還報，倘若無力如願以償，豈不生怨，焉能防怨？蔣錫昌云：「左契爲負債人所立，交債權人收執；右契爲債權人所立，交負債人收執。責者乃債權人以所執左契向負債人索取所欠之謂。孟嘗君列傳所謂『不足者雖守而責之十年，息愈多，急卽以逃亡』，是也。故王注云：『左契，防怨之所由生也。』此蓋古之契法如此。史記平原君虞卿列傳：『且虞卿操其兩權，事成，操右券以責。』言虞卿操右券交平原君，自執左券，以備索報也。『是以聖人執左契而不責於人』，言聖人執人所交左契而不索其報也。如此，則怨且無由生，復何和之有乎。」高亨云：「聖人所執之契，必是尊者，何以此文云執左契？今驗三十一章曰：『吉事尚左，凶事尚右。』用契券者，自屬吉事，可證老子必以左契爲尊。蓋左契右契，孰尊孰卑，因時因地而異，不盡同也。說文：『責，求也。』凡貸人者執左契，貸於人者執右契。貸人者可執左契以責貸於人者令其償還。『聖人執左契而不責於人』，即施而不求報也。」從蔣、高二氏之注釋中，足見今本老子所謂「聖人執左契，而不責於人」，則同契制不合。但是，他們爲解通此文，而煞費苦心。蔣氏用債權與負債雙方換契方法予以釋之，高氏以吉凶變位之説予以解之，其説雖辨，則矛盾百出，至今仍不得其解。

從上述注釋，足見歷代注此文者均甚牽强，愚以爲「執左契」之「左」字，恐有訛誤。按古文字中「左」、「右」二字形近易混，甚難分辨。如商代甲骨文左字寫作「𠂇」，右字寫作「又」，但也寫作「𠂇」。西周金文左字寫作「𢀜」，右字寫作「右」，但也寫作「右」（元年師兑簋）。戰國古文寫作「右」，亦寫作「右」（古璽彙編0162）。尤其是漢代初期，在由篆體字過渡到隸體字階段，極易搞錯。譬如帛書甲本作「執右契」，乙本作「執左契」，顯然是從兩種不同的傳本抄録的，其中必有一誤。判斷帛書甲、乙本此文之正誤是非，可從三個方面分析：一、甲本時代比乙本早，用篆書抄寫，不避諱，乃秦代抄寫之文本。乙本用隸書抄寫，避劉邦諱，乃漢初抄寫之文本。甲本來源更爲古老，可能保存了更爲原始的古句。二、甲本「執右契」雖爲孤例，但執右責左而同古契制以右爲尊相合。乙本「執左契」雖與世傳本相同，但執左責右而與古契制抵牾。三、從經義考察，甲本「是以聖人執右契，而不以責於人」，乃謂聖人執右契應責而不責，施而不求報。正與老子所講「生而弗有，長而弗宰」之玄德思想一致。乙本「執左契」義不可識，雖經歷代學者旁徵博引，多方詮釋，仍不合老子之旨。據此足證帛書甲本當爲老子原本舊文，乙本與世傳今本皆有訛誤。今據上述古今各本勘校，老子此文當訂正爲：「是以聖人執右契，而不以責於人。」

右契位尊，乃貸人者所執。左契位卑，爲貸於人者所執。聖人執右契而不以其責於人，施而不求報也。老子第十章云：「生之，畜之，生而弗有，長而弗宰，是謂玄德。」正與此合。

甲本：故有德司介（契），〔无〕91德司𢖍（徹）。夫天道无親，恒與善人92。

乙本：故又（有）德司芥（契），无德司𢖍（徹）。〔夫天道无217上親，恒與善人。德三千卌一217下。

王本：有德司契，無德司徹。天道無親，常與善人。

景龍、易玄、邢玄、慶陽、樓古、磻溪、孟頫、樓正、敦煌辛、顧、傅、范、徽、彭、邵、司馬、蘇、志、焦諸本，句首有「故」字，作「故有德司契」；嚴尊、遂州二本「徹」字作「轍」，謂「無德司轍」。李道純道德會元後二句作「天道無私，常與聖人」。

帛書甲本保存較好，僅殘一字，假「介」字爲「契」；乙本殘損九字，假「芥」字爲「契」，可據甲本補其缺文。乙本書末記有「德」字與「三千零四十一」字數。與今本勘校，王弼、河上諸本句首無「故」字，傅、范、敦煌辛及諸碑本皆有。諭之帛書甲、乙本，皆作「故有德司契」。從經義分析，有「故」字爲是，無者脱漏，當從帛書補正。

「有德司契，無德司徹」，亦是字簡義深諸家注釋分歧不一之文。如王弼釋「徹」字爲「過」，謂：「有德之人，念思其契，不令怨生而後責於人。徹，司人之過也。」河上公亦云：「有德之君，司察契信而已；無德之君，背其契言，司人所失。」俞樾釋「徹」字如「轍」，他説：「『徹』與『轍』通。二十七章『善行無轍迹』，釋文作『徹』，引梁注曰：『「徹」應車邊，今作彳者，古字少也。』然則此文『徹』字，亦與彼同矣。『有德司契，無德司轍』，言有德之君，但執左契合符信而已；無德之君，則皇皇然司察其轍迹也。」河上公解『善行無轍迹』曰：『善行道者，求之於身，不下堂，不出門，故無轍迹。』此即可説『無德司徹』之義。」奚侗釋「徹」字爲「治」，他説：「廣雅釋詁云：『司，主也。』詩崧高『徹申伯田』，毛傳：『徹，治也。』有德者怕然無爲，不藏是非，善惡無責於人，而上下和合，故云『司契』。無德者，愁五藏以爲仁義，矜血氣以規法度，欲求治而亂終不止，若和大怨之類，故曰『司徹』。」日人大田晴軒釋「徹」字爲「剥」：「『徹』字，諸家或爲『通』，或爲『明』，或爲徹法之『徹』。要皆不悟此一章之言爲何所指，故紛紜謬説，如『一閧之市』耳。按『徹』，剥取也。豳風鴟鴞曰：『徹彼桑土，綢繆牖户。』毛傳：『徹，剥也。』小雅十月之交曰：『徹我牆屋，田卒汙萊。』是也。『有德』但以合人心爲主，故不取於民；『無德』不以民情之向背爲意，故唯浚而剥之爲務。」高亨釋「徹」字爲「殺」：「古文『徹』作『㣯』，『殺』作『𣏂』，形近而誤。七十四章曰：『常有司殺者殺，夫代司殺者殺，是謂代大將斲。』此云『司殺』，其義同也。『有德司契』者，謂有德之君秉要執本，而不責於民也。『無德司殺』者，謂無德之君繁刑嚴誅，而肆威於民也。」宋人釋「徹」爲「通」，如吴澄云：「徹，通也。古者助法，周改助爲徹法，恐八家私田所收之不均，故八家私田亦令通力合作而均收之。八家所得均平而無多寡之異，司左契者任人來取，無心計較其人，故曰『有德』。司徹法者患其不均，有心計較，故曰『無德』。」蔣錫昌釋「徹」字爲周之稅法。他説：「廣雅釋詁三：『司，主也。』釋詁二：『徹，稅也。』論語顔淵篇『盍徹乎』？鄭注：『周法：什一而稅謂之「徹」。』孟子滕文公篇：『夏后氏五十而貢，殷人七十而助，周人百畝而徹，其實皆什一也。』是『徹』乃周之稅法。此言有德之君主執左契而不責於人；無德之君主以收稅爲事。不責於人，則怨無由生，取於人無厭，則大怨至也。」

以上所舉，僅擇其主要並選其闡述較勝者。此外，釋者多矣。就以上述之諸種詮釋，如釋「徹」爲「過」、爲「失」、爲「轍」、爲「治」、爲「剥」、爲「殺」、爲「通」、爲「稅」等等，皆各有辭。但是，從其經義以及與「契」字能成爲對文者分析，當以周代稅法之説義勝。「有德司契」之「契」，當指責於人之「右契」而言，謂有德之君雖借助於人，但不以所執右契責於負債人，貸而不取，施而不求其報也。「無德司徹」之「徹」，乃指官府責取於民之稅金，則不貸而取，不施而强求其報，恰與「有德司契」相對，故謂「無德司徹」。

最後，老子用一句古諺「夫天道無親，恒與善人」結束全篇。類似之語亦見於周書蔡仲之命，作「皇天無親，唯德是輔」。善者德之師也，彼此用語雖同，則意義有别。老子用古諺中的「天道」説明自然界之規律，非若周書中的「天命」。

道經校注

一（今本道經第一章）

甲本：道，可道也，非恒道也。名，可名也，非恒名也。

乙本：道，可道也，〔非恒道也。名，可名也，非〕恒名也。

王本：道，可道，非常道。名，可名，非常名。

世傳今本皆同王本，唯顧歡本無「道，可道」一句，而注云：「經術政教之道也。」顯系首句之釋，想必抄寫脱誤，非異文也。

帛書甲、乙本同作「恒道」、「恒名」，今本皆作「常道」、「常名」。「恒」、「常」義同，漢時因避孝文帝劉恒諱，改「恒」字爲「常」，足見帛書甲、乙本均抄寫於漢文帝之前。再如帛書甲、乙本每句末均有「也」字，今本無。乙本有殘損，參照甲本補。

王弼注：「可道之道，可名之名，指事造形，非其常也。故不可道，不可名也。」「指事造形」指可識可見有形之事或物，非永存恒在也；「不可道」之「道」，「不可名」之「名」，則永存恒在。河上公注：「謂經術政教之道也，非自然長生之道也。『常道』，當以無爲養神，無事安民，含光藏暉，滅迹匿端，不可稱道。」又云：「謂富貴尊榮高世之名也，非自然常在之名也。「常名」愛如嬰兒之未言，鷄子之未分，明珠在蚌中，美玉處石間，内雖昭昭，外如愚頑。」依王弼、河上公兩注，「道」、「可道」與「恒道」三「道」字，字同而義異。第一個「道」字，通名也，指一般之道理。禮記中庸：「道也者，不可須臾離也。」朱熹注：「道者，日用事物當行之理。」「可道」猶云「可言」，在此作謂語。荀子榮辱：「君子道其常，小人道其怪。」楊倞注：「道，語也。」「恒道」謂永存恒在之道。此「道」字乃老子所用之專詞，亦謂爲「天之道」（七十三章），「法自然」之道（二十五章）。「道」可以言述明者，非永存法自然之道也。「法自然」之道，變易無窮，因勢而行，與時俱往，非可以智知而言明。「名」爲物之稱號。禮記祭法「黄帝正名百物」，疏云：「上古雖有百物而未有名，黄帝爲物作名。」「可名」之「名」，在此作謂語，稱名也。「恒名」指永存恒在之名，老子用以異於世人習用百物之名也。老子把「道」與「名」作爲同一事物之兩個方面提出討論，第一次指出名與實，個別與一般的區分；同時他以「恒道」、「恒名」與「可道」、「可名」，即「無名」與「有名」，闡明事物實體與現象的辯證關係。

甲本：无名，萬物之始也；有名，萬物之母也。

乙本：无名，萬物之始也；有名，萬物之母也。

王本：無名，天地之始；有名，萬物之母。

景龍、易玄、遂州、敦煌甲本均無兩個「之」字，作「無名，天地始；有名，萬物母」。

帛書甲、乙本「萬物之始」、「萬物之母」，兩句均作「萬物」。世傳今本多同王本，前句作「天地之始」，後句作「萬物之母」，前後不同。此一分歧已來源很久，過去雖有争論，但未能得到解決。如朱謙之云：「似兩句皆作『萬物』，非。案『始』與『母』不同字義，説文：『始，女之初也。』『母』則『象懷子形，一曰象乳子也』。以此分別『有名』與『無名』之二境界，意味深長。蓋天地未生，渾渾沌沌，正如少女之初，純樸天真。經文二十五章『有物混成，先天地生』，四十章『有生於無』，此『無名』天地始也。『天下萬物生於有』，有則生生不息；四十二章：『道生一，一生二，二生三，三生萬物。』此『有名』萬物母也。又莊子齊物論『天地與我並生，萬物與我爲一』，亦皆『天地』與『萬物』二語相對而言。」朱氏之説雖辨，但事實並非如此。馬叙倫云：「史記日者傳引作『無名者，萬物之始也』。王弼注曰：『凡有皆始於無，故未形無名之時，則爲萬物之始；及其有形有名之時，則長之育之，亭之毒之，爲其母也。』是王本兩句皆作『萬物』，與史記所引合，當是古本如此。」蔣錫昌補充云：「道藏顧歡道德真經注疏第五十二章於經文『天下有始，以爲天下母』下引成玄英疏云：『故經云「萬物始」也。』是成玄英本作『無名，萬物始』。」今據帛書甲、乙本論證，原本兩句均作「萬物」，馬、蔣之説至確。今本前句作「天地」者，乃後人所改，當訂正。

蔣錫昌云：「按天地未闢以前，一無所有，不可思議，亦不可名，故强名之曰『無名』。二十一章王注所謂：『至真之極，不可得名；無名，則是其名也。』迨天地既闢，萬物滋生，人類遂創種種名號以爲分別，故曰『有名』。質言之，人類未生，名號未起，謂之『無名』；人類已生，名號已起，謂之『有名』。故『無名』、『有名』，純以宇宙演進之時期言。莊子天地：『泰初有無，無有無名。』此莊子以『無名』爲泰初之時期也。『無名』爲泰初之時期，則『有名』爲泰初以後之時期也明矣。十四章：『視之不見名曰夷，聽之不聞名曰希，搏之不得名曰微，此三者不可致詰，故混而爲一。其上不皦，其下不昧，繩繩不可名，復歸於無物。是謂無狀之狀，無物之象，是謂惚恍。迎之不見其首，隨之不見其後。』此老子自冥想其所謂『無名』時期一種空無所有、窈冥恍惚、不可思議之狀態也。老子有感於現實之不滿，特贊美此種『無名』時期之可樂。因此世界清静空寂，無事無爲，既無生物，亦無罪惡，故即以『無名』或『無』爲『道』之代名詞。三十二章『道常無名』，二十五章『有物混成，先天地生，……吾不知其名，字之曰道』，四十二章『道生一，一生二，二生三，三生萬物』，四十章『天下萬物生於有，有生於無』，『道』、『無』二字與『無名』同爲萬物之始，可見『無』即『無名』，『無名』即『道』也。」

甲本：〔故〕93恒无欲也，以觀其眇（妙）；恒有欲也，以觀其所噭（徼）。

乙本：故恒无欲也，〔以觀其218上妙〕；恒又（有）欲也，以觀其所噭（徼）。

王本：故常無欲，以觀其妙；常有欲，以觀其徼。

邢玄、景福、慶陽、樓古、磻溪、樓正、孟頫、顧、彭、徽、邵、司馬、蘇、吴等諸本無「故」字，作「常無欲，以觀其妙；常有欲，以觀其徼」；景龍、易玄、遂州、敦煌甲諸本均無兩「以」字，作「常無欲，觀其妙；常有欲，觀其徼」；敦煌甲本「徼」又作「曒」。

帛書乙本殘損「以觀其妙」四字，甲本保存較好，「妙」字作「眇」。甲、乙本「徼」字均作「曒」；「欲」後均有「也」字，同作「恒无欲也」、「恒有欲也」。馬叙倫云：「詳此二句，王弼、孫盛之徒，並以『無欲』、『有欲』爲句；司馬光、王安石、范應元諸家，則並以『無』字、『有』字爲句。近有陶方琦依本書後文曰『常無欲可名於小』，謂『無欲』、『有欲』仍應連讀。易順鼎則依莊子天下篇曰『建之以常無有』，謂莊子已以『無』字『有』字爲句。倫校二説，竊從易也。」今從帛書甲、乙本勘校，「欲」後皆有「也」字，作「故恒无欲也，以觀其眇；恒有欲也，以觀其所曒」。足證王弼、孫盛在「欲」字下斷句不誤，宋人倡以「無」字「有」字爲句不確，易、馬二氏之説，皆不可信。

過去因標句不同，釋義亦異。蘇轍云：「聖人體道以爲天下用，入於衆有而『常無』，將『以觀其妙』也。體其至無而『常有』，將『以觀其徼』也。」高亨云：「『常無』連讀，『常有』連讀。『常無欲以觀其妙』，猶云欲以常無觀其妙也；『常有欲以觀其徼』，猶云欲以常有觀其徼也。因特重『常無』與『常有』，故提在句首。此類句法，古書中恒有之。」帛書甲、乙本「欲」下既有「也」字，句逗已明，舊讀本不待辨。然而嚴靈峯云：「常常有欲之人，自難虚静，何能『觀徼』？是如帛書雖屬古本，『也』字應不當有，而此句亦當從『有』字斷句，而『欲』字作『將』字解，爲下『觀』字之副詞。又『曒』字，説文：『叫也，從口，敫聲。』尤不可通，叫聲可用耳『聽』，安可以目『觀』之乎？足證此爲誤字無疑。」嚴氏爲衞護己見，不惜否定古本，一手焉能遮天。尤指「曒」爲誤字，謂「叫聲可用耳聽，安可以目觀之乎」？豈不知古人用字寬，書多假借，不能以今量古，以誤字責之。王弼以「欲」字下爲逗，讀作「故常無欲，以觀其妙」，斷句與帛書甲、乙本同。注云：「妙者，微之極也。萬物始於微而後成，始於無而後生。故常無欲（原衍「空虛」二字，據波多野太郎説删去），可以觀其始物之妙。」「常有欲，以觀其徼」，帛書甲、乙本作「恒有欲也，以觀其所徼」。王注云：「徼，歸終也。凡有之爲利，必以無爲用；欲之所本，適道而後濟。故常有欲，可以觀其終物之徼也。」意思是説，「有」必須以「無」爲用，思慮必須以「無」爲本，然後才能適合於道，有所歸止。焦竑云：「『徼』讀如邊徼之『徼』，言物之盡處也。晏子曰：『徼也者，德之歸也。』列子曰：『死者德之徼。』皆指盡處而言。蓋無之爲無不待言已，方其有欲之時，人皆執以爲有，然有欲必有盡，及其盡也極而無所更往，必復歸於無，斯與妙何以異哉！」此二釋過去多宗之，然亦難免牽强之嫌。老子主張虛柔静觀，無爲無欲，「常有欲」則背其旨，焉能觀物之邊際或歸止？蔣錫昌釋「徼」字爲「求」，似較義長。他説：「説文：『徼，循也。』段注：『引伸爲徼求。』左氏文二年傳：『寡君願徼於周公魯公。』注：『徼，要也。』漢書嚴安傳『民離本而徼末矣』，師古注：『徼，要求也。』此指有名時期人類極端發展其佔有慾之要求而言。下『其』字爲『有名』之代名詞。『常無欲，以觀其妙』，謂常以無欲觀無名時期大道之微妙也。『常有欲，以觀其徼』，謂常以有欲觀有名時期人類之要求也。」蔣氏所謂「無名時期」，系指遠古時代宇宙間一切空虛清静，既無人類，亦無所謂思欲。他説：「此種境界不易體會認識，故爲道之極微妙深遠處。二十一章所謂『道之爲物，惟恍惟惚』，卽指此境界而言也。」所謂「有名時期」，系指近古時代，既有人類和人類之慾望，因慾望無限發展，必至互相争奪，而不能長保。他説：「故老子之『常無欲，以觀其妙』，欲使人知無欲之爲妙道，而迫於虛無也；『常有欲，以觀其徼』，欲使人知有欲要求之危險，而行無欲以免之也。」

甲本：「兩者同出，異名同胃（謂），玄之有（又）玄，衆眇（妙）之〔門〕94。

乙本：兩者同出，異名同胃（謂），玄之又玄，衆眇（妙）之門。

王本：此兩者同出而異名，同謂之玄，玄而又玄，衆妙之門。

世傳今本多同王本，蔣錫昌據江安傅氏雙鑑樓藏宋刊范應元老子道德經古本集註勘校，缺「此兩者同出而異名，同謂之玄」十二字，上海涵芬樓古逸叢書影印宋范氏古本集註有此十二字。又清本因避聖祖諱，改「玄」字爲「元」，今當更正。

帛書甲、乙本均保存較好，經文也相同。甲本僅殘損一「門」字，並假「胃」字爲「謂」，假「有」字爲「又」，假「眇」字爲「妙」；乙本亦假「胃」字爲「謂」，假「眇」字爲「妙」。與今本勘校，世傳本均較帛書多出四字，即句首「此」字、「出」後「而」字與「謂」後「之玄」二字，讀作「此兩者同出而異名，同謂之玄，玄之又玄，衆妙之門」。彼此經義雖無原則差異，但句型則有顯著不同。帛書甲本在「異名同謂」之下標有句號，故帛書組斷四字一句，可從。

「兩者」究屬何指，舊注甚爲分歧。河上公注：「兩者，謂有欲、無欲也。」王弼注：「兩者，『始』與『母』也。」范應元注：「兩者，『常無』與『常有』也。」王安石注：「兩者，『有』、『無』之道，而同出於道也。」高亨云：「兩者，謂『有』與『無』也。」張松如云：「細審文義，當是承上兩句『其妙』、『其徼』而言，也就是說的無名自在之道的微妙與有名爲我之道的運行這兩個方面。或曰：『兩者』遥指『道』與『名』，即『恒道』與『可道』或『無名』與『有名』，此義自可與『其妙』、『其徼』相通。」舊釋已將經文中相對詞語如「道」與「名」、「恒道」與「可道」、「無名」與「有名」、「無欲」與「有欲」、「無」與「有」、「始」與「母」、「妙」與「徼」等等，皆已講遍，諸家理解不同，各抒己見，而使讀者無可適從。以經文分析，竊以爲王弼注似較切於本義。但是，王注字有衍奪謬誤，幾不可讀，樓宇烈王弼集校釋據陶鴻慶説予以整理。王注云：「兩者，『始』與『母』也。『同出』者，同出於玄也。在首則謂之『始』，在終則謂之『母』。玄者，冥默無有也；始，母之所出也。不可得而名，故不可言同名曰『玄』。而言同謂之『玄』者，取於不可得而謂之然也。不可得而謂之然，則不可以定乎一玄已。若定乎一玄，則是名則失之遠矣。故曰『玄之又玄』也。『衆妙』皆從玄而出，故曰『衆妙之門』也。」所謂「玄」，是一非常抽象的描述，形容其深遠黝然而不可知。蘇轍云：「凡遠而無所至極者，其色必玄，故老子常以『玄』寄極也。」王弼認爲，老子以「玄」形容一種「冥默無有」的狀態。不是確定的名稱，是對「道」的形容，而是不可稱謂之稱謂。他在老子指略中説：「然則道、玄、深、大、微、遠之言，各有其義，未盡其極者也。然彌綸無極，不可曰『細』；微妙無形，不可名『大』。是以篇云『字之曰道』，『謂之曰玄』而不名也。」

二（今本道經第二章）

甲本：天下皆知美爲美，惡已；皆知善，訾（斯）不善矣。

乙本：天下皆知美之爲美218下，亞（惡）已；皆知善，斯不善矣。

王本：天下皆知美之爲美，斯惡已；皆知善之爲善，斯不善已。

范應元本後句「皆」前也有「天下」二字，作「天下皆知善之爲善，斯不善已」；蘇轍本兩句句尾「已」字均作「矣」，謂「斯惡矣」，「斯不善矣」。

帛書甲本第一個「美」下捝一「之」字，當同乙本作「天下皆知美之爲美，惡已」。帛書本與世傳今本前後句對偶不同，但經義無別。今本中類似這種駢文形式，可能受六朝文體的影響而改動；帛書甲、乙本文簡而義顯，乃存先秦文體。

人世間揚美而惡自顯，舉善而不善明。王弼注：「美者，人心之所進樂也；惡者，人心之所惡疾也。美、惡猶喜怒也；善、不善猶是非也。喜怒同根，是非同門，故不可得而偏舉也。」蔣錫昌云：「無名時期以前，本無一切名，故無所謂美與善，亦無所謂惡與不善。迨有人類而後有名，有名則有對待。既有美與善之名，即有惡與不善之名。人類歷史愈久，則相涉之事愈雜，則對待之名亦愈多。自此以往，天下遂紛紛擾擾，而迄無清静平安之日矣。下文乃舉『有無』等六對以明之。」

甲本：有无之相生也，難易之相成也，長短之95相刑（形）也，高下之相盈也，意（音）聲之相和也，先後之相隋（隨），恒也。

乙本：〔有无之相〕生也，難易之相成也，長短之相刑（形）也，高下之相盈也，音聲之相和

219上也，先後之相隋（隨），恒也。

王本：故有無相生，難易相成，長短相較，高下相傾，音聲相和，前後相隨。

敦煌甲本同王本，但句首無「故」字；河上、吳澄二本「較」字作「形」，謂「長短相形」；遂州、顧歡二本「較」字亦作「形」，又「前」字作「先」，謂「長短相形」，「先後相隨」；邢玄、景福、慶陽、樓古、磻溪、孟頫、樓正、傅、范、司馬等諸本「較」字亦作「形」，「相」前皆有「之」字，作「有無之相生，難易之相成，長短之相形，高下之相傾，音聲之相和，前後之相隨」；蘇、邵、彭三本與之同，唯「音聲」二字作「聲音」，謂「聲音之相和」，稍異；焦竑本「較」字作「形」，「音聲」二字作「聲音」，謂「長短相形」，「聲音相和」。

帛書甲、乙本經文相同，「相」前皆有「之」字，句末皆有「也」字。與今本勘校王本「較」字，帛書作「形」，謂「長短之相形也」；又今本「前」字，帛書作「先」，謂「先後之相隨」；又今本「高下相傾」，帛書作「高下之相盈也」。尤異於今本者，甲、乙本最後有「恒也」二字。畢沅云：「古無『較』字。本文以『形』與『傾』爲韻，不應作『較』。」劉師培云：「文子云『長短不相形』，淮南子齊俗曰『短修相形』，疑老子本文亦作『形』，與『生』、『成』、『傾』協韻。『較』乃後人旁註之字，以『較』釋『形』，校者遂以『較』易『形』矣。」蔣錫昌云：「按顧本成玄英疏：『長短相形……何先何後？』是成『較』亦作『形』，『前』作『先』。强本嚴君平注：『先以後見，後以先明。』是嚴亦作『先』。老子本書『先』、『後』連言，不應於此獨異。如七章『是以聖人後其身而身先』，六十六章『欲先民必以身後之』，六十七章『舍後且先』，皆其證也。『較』當從畢、劉二說作『形』，『前』應從本書之例作『先』。」畢、劉、蔣三氏之說至確，帛書甲、乙本卽作「長短之相形也」，以「刑」字假「形」而不作「較」；作「先後之相隨」，而不作「前後之相隨」，爲此得一確證。帛書甲、乙本「高下之相盈也」，世傳今本皆作「相傾」，帛書整理組云：「盈，通行本作『傾』，蓋避漢惠帝劉盈諱改。『盈』假爲『呈』或『逞』，呈現。帛書經法四度：『高下不蔽其形。』」其說甚是。綜合上述討論，足證帛書甲、乙本此節經文遠優於今本，尤其是最後有「恒也」二字，今本挩漏。它是對前文諸現象的總概述，指明事物矛盾對立統一是永恒存在的。有「恒也」二字則前後語意完整；無此二字則語意未了，似有話待言之感。再如經文本韻讀，「生」、「成」、「形」、「盈」、「恒」協韻，語尾無「恒」字，則失韻。

蘇轍云：「天下以形名言美惡，其所謂美且善者，豈信美且善哉！彼不知有無、長短、難易、高下、聲音、前後之相生相奪，皆非其正也。方且自以爲長，而有長於我者臨之，斯則短矣；方且自以爲前，而有前於我者先之，斯則後矣。苟從其所美而信之，則失之遠矣。」老子教育人們從正反兩面觀察事物，不得偏舉，第一次指出宇宙間一切事物皆有正與反兩個方面，彼此相反而又互相依存。舉「有無」、「難易」、「長短」、「高下」、「音聲」、「先後」六事爲例，具體闡述它們的矛盾現象，無「有」卽無所謂「無」，無「難」卽無所謂「易」。諸如「長短」、「高下」、「音聲」、「先後」以至於美醜、善惡，皆爲相反相成，相互影響和作用。他利用事物相對的比較關係，概括說明自然界和人類社會的各種現象和本質。並進而指出，宇宙間的矛盾是永遠存在的。

甲本：是以聲（聖）人居无爲之事，行〔不96言之教〕。

乙本：是以𦔻（聖）人居无爲之事，行不言之教。

王本：是以聖人處無爲之事，行不言之教。

敦煌甲、遂州、顧歡三本「聖人」下有「治」字，作「是以聖人治處無爲之事」。

馬叙倫云：「尋十七章王弼注曰：『太上，大人在上。「居無爲之事，行不言之教，萬物作焉而不爲始」。』『居無爲之事』三句，即引此文，則王『處』作『居』。」帛書甲、乙本均作「居无爲之事」，六十三章王弼注：「以無爲爲居，以不言爲教。」亦引此文，老子原文當如此。蔣錫昌云：「聖人治國，無形無名，無事無政，此聖人『處無爲之事』也。聖人一面養成自完；一面以自完模範感化人民，讓人民自生自營，自作自息，能達『甘其食，美其服，安其居，樂其俗』之自完生活，即爲已足。過此而求進取，謀發明，增享樂，便是多事。五十七章云：『我無爲而民自化，我好静而民自正，我無事而民自富，我無欲而民自樸。』所謂『好静』、『無事』、『無欲』，皆爲人君自完之模範；而『自正』、『自富』、『自樸』，則人民受感化後之自完生活。此聖人『行不言之教』（即以身爲教）也。」

甲本：〔萬物作而弗始〕也，爲而弗志（恃）也，成功而弗居也。

乙本：萬物昔（作）而弗始，爲而弗侍（恃）也219下，成功而弗居也。

王本：萬物作焉而不辭，生而不有，爲而不恃，功成而弗居。

景龍、易玄、邢玄、景福、樓古、磻溪、孟頫、樓正、彭、徽、邵、司、蘇、吴等諸本無「焉」字，作「萬物作而不辭」。敦煌甲本無「生而不有」一句，「辭」字作「爲始」，謂「萬物作而不爲始，爲而不恃」；遂州本與之全同，唯「恃」前捝一「不」字，作「萬物作而不爲始，爲而恃」；傅本亦作「萬物作而不爲始」；范本作「萬物作焉而不爲始」。末句景龍碑「功成」二字作「成功」，無「而」字，並「弗」字作「不」，謂「成功不居」；敦煌甲與遂州二本與之相同，唯「居」字作「處」，謂「成功不處」；傅本作「功成不處」；范本作「功成而不處」；易玄、景福、慶陽、樓古、磻溪、孟頫、樓正、彭、徽、邵、司馬、蘇等諸本作「功成不居」；吴、焦二本作「功成而不居」，顧本作「功成弗居」。

帛書甲本首句稍殘，乙本作「萬物作而弗始」，「作」字假「昔」爲之。與今本勘校，甲、乙本均無「生而不有」一句；王本「功成而弗居」，甲、乙本作「成功而弗居也」，范本作「功成而不處」。易順鼎云：「考十七章王注云：『大人在上，居無爲之事，行不言之教，萬物作焉而不爲始』數語，全引此章經文，是王本作『不爲始』之證，但比傅本多一『焉』字耳。作『不辭』者，蓋河上本，後人因妄改王本以合之。幸尚存此注，可藉以見王本之真。」蔣錫昌云：「易説甚塙。三十章王注：『爲始者務欲立功生事。』三十七章王注：『輔萬物之自然而不爲始。』二注皆自此經文而來，亦其證也。顧本成疏：『始，先也。』是成亦作『不爲始』。」帛書乙本作「萬物作而弗始」，則爲易、蔣二氏之説得一確證。「始」、「辭」古皆之部字，讀音相同，在此則「辭」字假爲「始」，「始」爲本字。「萬物作而弗始」，謂宇宙間萬物皆順其自然發展，聖人不造不始。如第三十章王弼注：「爲始者，務欲立功生事，而有道者務欲還反無爲。」「弗始」者，即不造作事端，「立功生事」，而無事、無爲也。

帛書甲、乙本均無「生而不有」一句，敦煌甲本與遂州本亦無此句。按老子中同此文相近者今本有四處，除本章外，如第十章：「生而不有，爲而不恃，長而不宰，是謂玄德。」第五十一章亦云：「生而不有，爲而不恃，長而不宰，是謂玄德。」此二處「爲而不恃」句前，皆有「生而不有」一句，故後人仿此而妄增。今本第七十七章云：「是以聖人爲而不恃，功成而不處。」行文語法均與本文相同，皆無「生而不有」一句，足證老子原本卽當如此，今本衍此四字。高亨云：「『恃』猶『德』也，心以爲恩之意。『爲而不恃』猶言施而不德，謂施澤萬物而不以爲恩也。莊子應帝王篇曰：『化貸萬物而民弗恃。』『而民弗恃』猶言民弗德，謂民不以爲恩也。在宥篇曰：『會於仁而不恃。』『不恃』猶言不德，謂不以爲恩也。老莊書之『恃』字，同於他書之『德』字，易繫辭曰：『勞而不伐，有功而不德。』謂有功而不以爲恩也。管子正篇曰：『愛之生之，養之成之，利民不德。』『利民不德』，謂利民而不以爲恩也。此他書用『德』字之例。『恃』、『德』古聲同，故其義同。『恃』從寺得聲，『德』從直得聲，古音並在之部。詩柏舟篇曰『實維我特』，釋文曰：『特，韓詩作直。』……卽『寺』、『直』聲同之證，然則『恃』、『德』亦可通用矣。」

甲本：夫唯居，是以弗去。

乙本：夫唯弗居，是以弗去。

王本：夫唯弗居，是以不去。

河上公本「唯」字作「惟」，謂「夫惟弗居」；景龍、易玄、邢玄、樓古、孟頫、樓正、顧、徽、邵、司馬、蘇、遂州、吴、焦等諸本「弗」字均作「不」，謂「夫唯不居」；磻溪、彭耜作「夫惟不居」，傅奕、范應元作「夫惟不處」。

帛書甲本「居」前挩一「弗」字，抄寫之誤，當同乙本共作「夫唯弗居，是以弗去」。此之謂聖人無事，無欲，不造作生事，亦不居天下之功。因不居天下之功，故其功永存而不滅。王弼以反意注云：「使功在己，則功不可久也。」

三（今本道經第三章）

甲本：不上賢，〔使97民不争。不貴難得之貨，使〕民不爲〔盜。不見可欲，使〕民不亂。

乙本：不上賢，使民不争。不貴難得之貨，使民不爲盜。不見可欲，使220上民不亂。

王本：不尚賢，使民不争。不貴難得之貨，使民不爲盜。不見可欲，使民心不亂。

邢玄、景福、磻溪、孟頫、樓正、河上、顧、徽、邵、司馬、蘇、彭、焦等諸本與王本同，唯最後一句無「民」字，作「使心不亂」。景龍碑「尚」字作「上」，無「爲」字，最後一句亦無「民」字，作「不上賢，使民不争。不貴難得之貨，使民不盜。不見可欲，使心不亂」；遂州本與之全同，唯「民」字均作「人」；易玄本亦與之同，唯「不上賢」作「不尚賢」；敦煌甲本亦同景龍碑，唯「賢」作「寶」，謂「不上寶，使民不争」。

帛書甲本殘損較甚，乙本保存完好，可據補甲本缺文。與今本勘校，帛書乙本首句「不上賢」，世傳諸本多同王本作「不尚賢」，唯景龍碑作「不上賢」，與乙本同。甲、乙本末句「使民不亂」，王本作「使民心不亂」，世傳諸本多作「使心不亂」。劉師培云：「文選東京賦注引作『使心不亂』，易艮卦孔疏引此文亦無『民』字。蓋唐初避諱，删此字也。古本實有『民』字，與上兩『使民』一律。淮南子道應引此文亦無『民』字，疑亦後人據唐本所删。」易順鼎亦云：「晉書吴隱之傳曰：『不見可欲，使心不亂。』文選東京賦注、沈休文鍾山詩注兩引亦皆無『民』字。素問卷一王冰注引老子亦無『民』字。」馬叙倫、蔣錫昌對此均有議論，皆謂老子經文當作「使心不亂」而無「民」字。帛書甲、乙本同作「使民不亂」，無「心」字，則同前文「使民不争」、「使民不爲盜」章法一律，可見世傳今本作「使民心不亂」或「使心不亂」，皆非原文。劉師培云「民」乃「唐初避諱删此字也」，蔣錫昌非之，他說：「老子一書用『民』字甚多，如唐初欲删，不應留全書所有『民』字，而獨删此一字也。且依避諱通例，『民』字儘可改易『人』字，亦不應並『民』字而删之也。」蔣説誠是，雖説因避諱而删「民」字不確，但謂「使心不亂」也有訛誤。今從帛書甲、乙本考察，老子原文當作「不見可欲，使民不亂」，今本作「使民心不亂」或「使心不亂」者，皆後人所改。

王弼注：「『賢』猶『能』也。『尚』者，嘉之名也。『貴』者，隆之稱也。唯能是任，尚也曷爲？唯用是施，貴之何爲？尚賢顯名，榮過其任，爲而常校能相射。貴貨過用，貪者競趣，穿窬探篋，没命而盜，故可欲不見，則心無所亂也。」「相射」猶言「相勝」，即相互争勝。「爲而常校能相射」，乃謂「尚賢顯名，榮過其任」，勢必使民相互競技比能，争强好勝，遂即詐慮之謀起矣。

甲本：是以聲（聖）人之〔治也，虚98其心，實其腹，弱其志〕，强其骨。

乙本：是以耶（聖）人之治也，虛其心，實其腹，弱其志，强其骨。

王本：是以聖人之治，虛其心，實其腹，弱其志，强其骨。

景龍、敦煌甲、遂州三本首句均無「是以」和「之」三字，作「聖人治」；易玄、河上、顧歡三本亦無「之」字，作「是以聖人治」；傅、范、蘇三本「治」下有「也」字，作「是以聖人之治也」；唐李約道德真經新註（道藏能一——能四）、元李道純道德會元（道藏談三——談四）均無「之治」二字，作「是以聖人」。

帛書甲本殘損十一字，乙本保存完好，可據補甲本缺文。與今本勘校，帛書首句句尾有「也」字，其餘經文全同王本。

所謂「聖人之治」，主要是使民無知無欲，甘食肚飽，健强體魄，而無憤無爭，安居樂俗，永遠過着「小國寡民」、互不往來之樸實生活。

甲本：〔恒〕使民无知无欲也，使〔夫智不敢，弗爲而已，則无不治矣〕99。

乙本：恒使民无知无欲也，使夫220下知（智）不敢，弗爲而已，則无不治矣。

王本：常使民無知無欲，使夫智者不敢爲也，爲無爲，則無不治。

易玄本首句「民」字作「人」，謂「常使人無知無欲」；顧歡本「民」字作「心」，謂「常使心無知無欲」；遂州本無「民」字，作「常使無知無欲」。後一句，顧歡本無「夫」、「也」二字，「智」字作「知」，謂「使知者不敢爲，爲無爲，則無不治」；景龍與之同，唯無「爲無爲」三字，作「使知者不敢爲，則無不治」；易玄、景福二本無「也」字，作「使夫知者不敢爲，爲無爲，則無不治」；徽、司馬、邵、蘇、吳、彭諸本與之同，唯最後有「矣」字；敦煌甲本作「使知者不敢，不爲，則無不治」；遂州本作「使夫智者不敢，不爲也，爲無爲，則無不治」；傅奕本作「使夫知者不敢爲，爲無爲，則無不爲矣」；范應元本與之全同，唯第一個「爲」後有「也」字，作「使夫知者不敢爲也」。

帛書甲、乙本首句均保存完好，甲本僅殘一「恒」字；後一句，甲本殘甚，僅存一「使」字，乙本保存完好，可據補甲本缺文。與今本勘校，乙本後一句作「使夫知不敢，弗爲而已，則无不治矣」，與敦煌甲、遂州二本經義相近，而異於其它今本。朱謙之云：「據羅氏影印貞松堂藏西陲秘籍叢殘校敦煌本，『敢』下有『不』字，羅考異中失校。又遂州碑本亦作『不敢不爲也』。强思齊引成玄英疏：『前既捨有欲無欲，復恐無欲之人滯於空見，以無欲爲道，而言不敢不爲者，卽遣無欲也。恐執此不爲，故繼以不敢也。』是成疏本亦作『不敢不爲』。惟顧本成疏作『而言不敢爲者，卽遣無欲也』，脱此『不』字。今案『不敢』、『不爲』乃二事，與前文『無知、無欲』相對而言，『不敢』斷句。經文三十章『不以取强』，各本『不』下有『敢』字，『敢』字衍文。但六十七章『不敢爲天下先』，六十九章『吾不敢爲主而爲客，不敢進寸而退尺』，七十三章『勇於不敢則活』，以『不敢』與『不爲』對，知顧本成疏經文有誤脱。老子原意謂常使一般人民無知，無欲，常使少數知者不敢、不爲，如是則清静自化，而无不治。」又云：「『不敢』、『不爲』，卽不治治之。論衡自然篇曰：『蘧伯玉治衛，子貢使人問之：「何以治衛？」對曰：「以不治治之。」夫不治之治，無爲之道也。』誼卽本此。蓋老子之意，以爲太上無治。世之所謂治者，尚賢則民争；貴難得之貨，則民爲盜；

見可欲則心亂。今一反之，使民不見可尚之人、可貴之貨、可欲之事。如是，則混混沌沌，反樸守醇；常使民無知無欲，則自然泊然，不争不盜不亂，此所以『知者不敢，不爲』。至德之世，上如標枝，民如野鹿；含哺而熙，鼓腹而遊。此則太古無爲而民自化，翺翔自然而無物不治者也。」朱説誠是，帛書乙本則爲其説得一確證。古籍多不標句，「不敢，不爲」如連讀，則同前文「恒使民无知无欲」意不相屬。後人不解其義，故刪「不」字，改作「使夫知者不敢爲也」，文字雖通，但與老子經義相背。此當從朱説，今本均當據帛書本勘正。

四（今本道經第四章）

甲本：〔道盅，而用之又弗〕盈也。瀟（淵）呵，始（似）萬物之宗。

乙本：道沖（盅），而用之有（又）弗盈也。淵呵，似萬物之宗。

王本：道沖，而用之或不盈。淵兮，似萬物之宗。

傅奕、樓古二本首句「沖」字作「盅」，傅本作「道盅而用之，又不滿」，樓古作「道盅而用之，或似不盈」；景龍、遂州、敦煌甲、范應元諸本「或」字作「又」，謂「道沖而用之，又不盈」；景龍碑、遂州本「沖」字寫作「冲」（朱謙之謂景龍碑「又」字作「久」，誤校）；景福本「又」下有「則」字，作「道沖而用之，又則不盈」；磻溪、樓正、蘇轍三本作「道沖而用之，或似不盈」。後一句，敦煌甲本無「兮」字，作「淵，似萬物之宗」；易玄、遂州二本作「淵，似萬物宗」；彭耜本作「淵兮，似萬物宗」；河上、顧、志、孟頫諸本「兮」字作「乎」，謂「淵乎，似萬物之宗」，景龍碑作「深乎，萬物宗」。

帛書甲本稍殘，乙本保存完好，經文與王本基本相同。王本「道沖，而用之或不盈」，乙本作：「道沖，而用之有弗盈也」，稍異。俞樾云：「説文皿部：『盅，器虛也。老子曰：道盅而用之。』『盅』訓『虛』，與『盈』正相對。作『沖』者，假字也。……『或不盈』，唐景龍碑作『久不盈』。久而不盈，所以爲盅，殊勝今本。」易順鼎云：「『或不盈』，俞氏樾據唐景龍碑作『久不盈』，非也。景龍碑作『久』，乃『又』字之誤，或讀碑者諦視未真耳。古『或』字通作『有』，『有』字通作『又』，三字義本相同。此文作『或』、作『有』、作『又』皆通，而斷無作『久』之理。竊謂王本作『又』，河上本作『或』。王注云：『故沖而用之，又復不盈，其爲無窮，亦已極矣。』足證王本作『又』無疑。淮南道應訓引老子曰：『道沖而用之，又弗盈也。』文子微明篇亦云：『道沖而用之，又不滿也。』此皆作『又』之證。又御覽三百二十二引墨子曰：『善持勝者以强爲弱，故老子曰：『道沖而用之，有弗盈也。』是古本一作『有弗盈』矣。」帛書乙本即作「道沖，而用之有弗盈也」，「有」「又」二字相通，「有弗盈」即「又弗盈」。「又」字與「或」亦通，如詩經小雅賓之初筵「或佐之史」，箋云：「又助以史。」經之本誼當作「又弗盈」，作「或不盈」者，後人所改。「沖」當從傅奕、樓古作「盅」，蔣錫昌云：「古言『盈沖』，亦言『盈虛』。後漢蔡邕傳『消息盈沖，取諸天紀』，即易豐卦之『天地盈虛，與時消息』也。唯『盅』本義以器虛爲比，故下亦以『不盈』爲言。四十五章『大盈若沖，其用不窮』，然則『不盈』猶言『不窮』矣。」

王弼注：「地雖形魄，不法於天則不能全其寧；天雖精象，不法於道則不能保其精。沖而用之，用乃不能窮。滿以造實，實來則溢。故沖而用之，又復不盈，其爲無窮亦已極矣。形雖大，不能累其體；事雖殷，不能充其量。萬物舍此而求主，主其安在乎？不亦『淵兮似萬物之宗』乎？」

甲本：銼（挫）其，解其紛，和其光，同〔其塵〕。

乙本：銼（挫）其兑（鋭），解其芬（紛），和其光，同221上其塵。

王本：挫其鋭，解其紛，和其光，同其塵。

今本此文多同王本，唯景龍、易玄、敦煌甲、遂州、顧歡諸本「紛」字作「忿」，謂「解其忿」。

帛書甲、乙本經文相同，與世傳今本也基本一致。唯甲本首句「其」下挩一「鋭」字，當是抄寫之誤，非異文也。乙本第二句作「解其芬」，景龍碑、顧歡本等作「解其忿」。俞樾云：「陸德明曰：『河上本作『芬』。然『芬』字無義，此句亦見五十六章。河上於此注曰：『紛，結恨也。』於彼注曰：『結恨不休。』則『芬』當讀爲『忿』。顧歡本正作『忿』，『芬』、『紛』皆假借耳。」馬叙倫云：「宋河上作『紛』，臧疏、羅卷、趙並作『忿』。成疏曰：『忿，嗔怒也。』則成亦作『忿』。各本及文選魏都賦注、三國名臣序贊注引並作『紛』。弼注曰：『紛解而不勞。』又五十六章注曰：『除争原也。』則王本作『紛』。『紛』字是。説文：『紛，馬尾弢也。』」莊子知北遊篇曰『解其天弢』，即此文義。且『弢』與『鋭』義類，『忿』則不倫矣。」

王弼注：「鋭挫而無損，紛解而不勞，和光而不污其體，同塵而不渝其真。」經文主要在闡述道的作用。道之旨，主張虛靜無爲，無知無欲，而「鋭」與「紛」皆源於「知」和「欲」，知多而欲鋭，欲鋭而紛爭。使民無欲無争，所謂「挫其鋭，解其紛」。則從矛盾的另一方面，乃杜絶其滋欲之源，即前文所述「不尚賢」，「不貴難得之貨」，「不見可欲」，如此則鋭挫既無損，紛解亦不勞，使民無知、無欲、虛心、實腹、弱志、强骨，皆無殊無異，和光同塵，即可達到無爲之治的理想世界。故用此文具體説明「道盅，而用之又弗盈」之深遠道理。譚獻云：「五十六章亦有『挫其鋭，解其紛，和其光，同其塵』四句，疑羼誤。」馬叙倫亦云：「易順鼎據文選魏都賦注及運命論注引五十六章『知者不言，言者不知，是謂玄同』，無『塞其兑，閉其門，挫其鋭，解其紛，和其光，同其塵』六句，謂『挫其鋭』四句乃此章之文。倫謂此文『挫其鋭』四句，乃五十六章錯簡，而校者有增無删，遂複出也。」按老子一書，同文複出者多矣，情況各不相同，應具體分析。有些則因經文所需，絶不能因其複出即視爲錯簡。今從帛書甲、乙本勘校，本章與第五十六章皆有此四句，而且均與前後經文連通，足見今本老子此文不誤，譚、馬二氏之説不確。

甲本：〔湛呵似〕[100]或存，吾不知〔其誰之〕子也，象帝之先。

乙本：湛呵似或存，吾不知其誰之子也，象帝之先。

王本：湛兮似或存，吾不知誰之子，象帝之先。

景龍、易玄二本「兮似或」三字作「常」，「誰」下無「之」字，謂「湛常存，吾不知誰子，象帝之先」；敦煌甲及遂州二本與之全同，唯首句「常」前有「似」字，作「湛似常存」；河上、志、孟頫諸本「或」字作「若」，謂

「湛兮似若存」，景福、慶陽、磻溪、孟頫、范本後一句作「吾不知其誰之子，象帝之先」；樓正、司馬二本作「吾不知誰子，象帝之先」。

帛書甲本稍殘，乙本保存完好，經文與王本同。唯第二句「吾不知其誰之子也」，王本無「其」字與「也」字，作「吾不知誰之子」。蔣錫昌云：「王本『知』下有『其』字，二十五章王注『不知其誰之子』係引此文，可證。『吾』者，老子自謂。『其』者，指道而言。」蔣説是，有「其」字義勝。

奚侗云：「道不可見，故云『湛』。説文：『湛，没也。』小爾雅廣詁：『没，無也。』道若可見，故云『似或存』。十四章『無狀之狀，無物之象』，二十一章『忽兮恍兮，其中有象；恍兮忽兮，其中有物』，即此證。」道是非以人之器官能感覺到的，她是「無狀之狀，無物之象」。老子不僅將其視爲「萬物之始」，「先天地生」，而且認爲「象帝之先」。這是先秦學者第一次將這位主宰宇宙、至高無上的帝，降到與萬物相等的地位，視帝産於道後，爲道所生。

五（今本道經第五章）

甲本：天地不仁，以萬物爲芻狗；聲（聖）人不仁，以百省（姓）〔爲芻〕101狗。

乙本：天地不仁，以萬物爲芻狗；耶（聖）人不仁211下，〔以〕百姓爲芻狗。

王本：天地不仁，以萬物爲芻狗；聖人不仁，以百姓爲芻狗。

世傳今本多同王本，唯景龍碑「芻狗」二字作「𫇭狗」，景福、遂州二本作「蒭狗」，敦煌甲與孟頫二本作「茤狗」。

帛書甲、乙本均稍有殘損，經文亦與王本同。「芻狗」乃草製祭物，「𫇭」、「蒭」、「茤」皆「芻」字之別體。劉師培云：「案『芻狗』者，古代祭祀所用之物也。淮南齊俗訓曰：『譬若芻狗土龍之始成，文以青黄，絹以綺繡，纏以朱絲，尸祝袀袨，大夫端冕，以送迎之；及其已用之後，則壤土草蘞而已，夫有孰貴之？』高誘注：『芻狗，束芻爲狗，以謝過求福。』說山訓云：『聖人用物，若用朱絲約芻狗。』又曰：『芻狗待之以求福。』高注：『待芻狗之靈，而得福也。』是古代祭祀，均以芻狗爲求福之用。蓋束芻爲狗，與芻靈同，乃始用終棄之物也。老子此旨曰：天地之於萬物，聖人之於百姓，均始用而旋棄。故以芻狗爲喻，而斥爲不仁。」朱謙之云：「呂氏春秋貴公篇高誘注引老子二句同。又莊子庚桑楚篇『至仁無親』，齊物論『大仁不仁』，天運篇『夫芻狗之未陳也，盛以篋衍，中以文繡，尸祝齋戒以將之；以其已陳也，行者踐其首脊，蘇者取而爨之而已』，語皆出此。」「天地不仁」，言天地無施，則萬物自長；「聖人不仁」，言聖人無施，則百姓自養。萬物生死勢所必然，無生死之迭續，即無萬物之亘延。老子以「芻狗」爲喻，任其自然。

甲本：天地〔之間〕，其〔猶〕橐籥輿？虛而不淈（屈），踵（動）而俞（愈）出。

乙本：天地之間，其猶橐籥輿？虛而不淈（屈），勭（動）而俞（愈）出。

王本：天地之間，其猶橐籥乎？虛而不屈，動而愈出。

遂州本無「之」與「乎」二字，作「天地間，其猶橐籥」；易玄本無「乎」字，作「天地之間，其猶橐籥」；景龍碑無「乎」，而「愈」字作「俞」，謂「天地之間，其猶橐籥。虛而不屈，動而俞出」；范應元本後一句亦作「虛而不屈，動而俞出」；傅奕本作「虛而不詘，動而俞出」。

帛書甲本稍殘，乙本保存完好，經文內容皆與王本同。唯「乎」、「屈」、「愈」三字，甲、乙本分別作「與」、「淈」、「俞」；「動」字，甲本又假「踵」爲之。羅振玉云：「今本王作『屈』，與景龍、御注、景福三本同。釋文出『掘』字，知王本作『掘』。釋文又云：『河上本作屈，顧作掘。』」按王弼注「故虛而不得窮屈」，作「屈」是，當從王本。

吴澄云：「橐籥，冶鑄所以吹風熾火之器也。爲函以周罩於外者，橐也；爲轄以鼓扇於內者，籥也。『天地間猶橐籥』者，『橐』象大虛，包含周徧之體；『籥』象元氣，絪緼流行之用。」吴說近是，但未全備。橐是用獸皮做的製風主體；籥是用竹管做成，上面有吸氣和排氣的孔眼，皮橐受壓力鼓動，空氣即可從籥管中吸入或排出。正如程大昌云：「橐冶鞴也，籥其管也。橐吸氣滿而播諸爐，管受吸而噓之，所以播也。」老子謂天地如同橐籥，體內本空虛無物，則愈動而風愈出，乃自然使之；謂天地本亦自然而成，無私無愛，虛静無爲，故以爲喻。誠如蘇轍所云：「排之有橐與籥也，方其一動，氣之所及無不靡也。不知者以爲機巧極矣，然橐籥則何爲哉！蓋亦虛而不屈，是以動而愈出耳。天地之間其所以生殺萬物，雕刻衆形者，亦若是而已矣。見其動而愈出，不知其爲虚中之報也。」老子用以喻天地無爲，聖人不作也。

甲本：多聞數窮，不若守於中。

乙本：多聞數窮，不若守於中。

王本：多言數窮，不如守中。

世傳今本多同王本作「多言數窮」，傅奕本「多言」二字作「言多」，謂「言多數窮」；遂州本和想爾注本「言」字作「聞」，謂「多聞數窮」；又遂州「中」字又作「忠」，謂「不如守忠」。

帛書甲、乙本皆作「多聞數窮」，今本多同王本作「多言數窮」。遂州本與想爾注本作「多聞數窮」，同帛書甲、乙本；强本成疏謂「多聞博瞻也」，是知成亦作「多聞」。諭之古籍，文子道原篇引作「多聞數窮」，淮南子道應訓引作「多言數窮」。「多聞」與「多言」義甚别，舊注各執己見，解説不一。今從帛書甲、乙本觀察，作「多聞數窮」者是。先從道旨分析，老子主張虚静無爲，無知無欲。他認爲知識是一切紛争的源泉。六十五章云：「夫民之難治，以其知也。」十九章：「絶聖棄智，民利百倍。」依老子看來最好是「使民無知無欲」，不學寡聞，如六十四章所云：「學不學，而復衆人之所過。」「多聞」即多學，如論語季氏「友多聞」，邢昺疏：「多聞謂博學。」可見「多聞」同老子主張的「使民無知無欲」和「學不學」相抵觸，故此經云「多聞數窮」，前後思想、脈絡完全一致。再如，淮南子道應訓用王壽焚書來説明此經，如云：「王壽負書而行，見徐馮於周。徐馮曰：『事者應變而動，變生於時，故知時者無常行。書者言之所出也，言出於知者，知者藏書（王念孫讀書雜志云：「本作『知者不藏書』，今本脱『不』字」）。』於是王壽焚書而舞之。故老子曰：『多言數窮，不如守中。』」王壽焚書故事也見於韓非子喻老篇，但引老子語則爲「故曰：學不學，復歸衆人之所過也。」（第六十四章文）「多言數窮」與「學不學」意義全不相同，爲何兩書同舉王壽焚書而引文意義相反呢？其中必有一誤。但就「多聞數窮」分析，却與「學不學」意義一致，如前文所舉「多聞謂博學」，「多聞數窮」與「學不學」，皆爲棄學之同義語，故同舉王壽焚書以作説明。從而足證道應訓引文有誤，本當作「多聞數窮」。還如本經訓：「博學多聞，而不免於惑。」卽本老子此文。綜合上述，説明帛書甲、乙本保存了老子原文，今本多誤。

六（今本道經第六章）

甲本：浴（谷）神〔不〕102死，是胃（謂）玄牝，玄牝之門，是胃（謂）〔天〕地之根。

乙本：浴（谷）神不死，是222上胃（謂）玄牝，玄牝之門，是胃（謂）天地之根。

王本：谷神不死，是謂玄牝，玄牝之門，是謂天地根。

世傳諸本多同王本，唯景龍、易玄、遂州三本後二句皆無「是謂」二字與「之」字，作「玄牝門，天地根」；景福、傅奕二本作「玄牝之門，是謂天地之根」。

帛書甲、乙本與王本經文基本相同，唯「谷」字作「浴」。畢沅曰：「陸德明曰：『谷，河上本作「浴」。』後漢陳相邊韶建老子碑銘引亦作『浴』。」俞樾云：「爾雅釋天：『東風謂之谷風。』詩正義引孫炎曰：『谷之言穀，穀生也。』生亦養也。王弼所據本作『谷』者，『穀』之叚字；河上本作『浴』者，『谷』之異文。」洪頤煊云：「『谷』、『浴』並『欲』之借字。易損『君子以懲忿窒欲。』孟喜本『欲』作『浴』，其例證也。孟子盡心章：『養心莫善於寡欲。』是以欲神不死。」蔣錫昌云：「老子言『谷』者多矣，如十五章『曠兮其若谷』，二十八章『爲天下谷』，三十二章『譬道之在天下，猶川谷之於江海』，三十九章『谷得一以盈』，四十一章『上德若谷』，誼皆取其空虛深藏，而未有爲他訓者，此字當亦同之。『浴』、『穀』、『欲』雖可與『谷』並通，然以老校老，仍當以『谷』爲當。」蔣説誠是，甲、乙本「浴」乃「谷」之假字。

「谷神不死」一句，舊注紛紜不一。大略言之，如河上公云：「谷，養也。人能養神則不死也。『神』謂五藏之神也。肝藏魂，肺藏魄，心藏神，腎藏精，脾藏志，五藏盡傷則五神去矣。」王弼注：「谷神，谷中央無者也。無形無影，無逆無違，處卑不動，守靜不衰，物以之成而不見其形，此至物也。」王釋「谷神」爲山谷，以其虛懷無物，無形無影，處卑守靜，不可名狀，以喻道。蔣錫昌以胎息養生之術，曰：谷「乃用以象徵吾人之腹，即道家所謂丹田，以腹亦空虛深藏如谷也。『神』者，腹中元神，或元氣也」。謂：「有道之人，善引腹中元氣，便能長生康健，此可謂之微妙之生長也。」司馬光云：「中虛故曰『谷』，不測故曰『神』，天地有窮而道無窮，故曰『不死』。」嚴復云：「以其虛，故曰『谷』；以其因應無窮，故曰『神』；以其不屈愈出，故曰『不死』。三者皆道之德也。」是知「谷」、「神」乃指二事，不得連讀。朱謙之云：「惟老子書中，實以『谷』與『神』對。三十九章『神得一以靈，谷得一以盈』，卽其證。」綜觀上述諸釋，竊以爲司馬光、嚴復、朱謙之三氏之説更切本義。「谷神不死，是謂玄牝」，「谷」喻其虛懷處卑，「神」謂其變化莫測，「不死」指其永存不滅，三者乃道之寫狀。「牝」爲母性之生殖器官，「玄牝」是用以形容道生天地萬物而無形無迹，故謂其微妙幽深也。蘇轍云：「謂之『谷神』，言其德也；謂之『玄牝』，言其功也。牝生萬物而謂之『玄』焉，言見其生之，而不見其所以生也。『玄牝之門』，言萬物自是出也；『天地根』，言天地自是生也。」其説似也貼切。

甲本：緜緜呵若存，用之不堇（勤）。

乙本：緜緜呵其若存，用之不堇（勤）。

王本：緜緜若存，用之不勤。

景龍、磻溪、河上、顧歡、傅奕、范應元、彭耜諸本「緜」字寫作「綿」，謂「綿綿若存」；邢玄本作「綿緜若存」；景福本作「綿綿兮若存」。後一句樓古本「勤」字作「懃」，謂「用之不懃」。

帛書甲、乙本均有「呵」字，甲本作「緜緜呵若存」，乙本作「緜緜呵其若存」，互異。今本「勤」字，甲、乙本均作「堇」。

朱謙之云：「綿綿，諸本作『緜緜』。成玄英曰：『綿綿，微細不斷貌也。』『綿』爲俗字。玉篇：『緜，新絮也，纏也，緜緜不絶。今作「綿」。』五經文字云：『作「綿」者譌。』又『緜緜』下景福本有『兮』字，室町本有

『乎』字。『勤』字武内敦本作『懃』。」

王弼釋『勤』爲『勞』，如云：「無物不成而不勞也，故曰『用而不勤』也。」洪頤煊云：「案『勤』通作『廑』字。文選長楊賦李善注引古今字詁：『僅，今「勤」字。』漢書文帝紀晉灼曰：『廑，古「勤」字。』說文：『廑，少劣之凥。』言其氣息綿綿若存，其用之則不弱少也。」于省吾云：「按舊多讀『勤』如字，洪頤煊讀『用之不勤』之『勤』爲『廑』，訓爲『弱少』。『用之弱少』，不辭甚矣。『勤』應讀作『覲』，金文『勤』、『覲』並作『堇』。……詩韓奕『韓侯入覲』，左僖二十八年傳『出入三覲』，覲，見也。『用之不覲』，言用之不見也。」于說也未切本義，既言「若存」，即有存而不見之意。如王弼注：「欲言存邪，則不見其形。」蘇轍亦云：「緜緜，微而不絕，若存，存而不可見也。」前句既言「若存」，後句不得再重「不覲」，尤言「用之不覲」，亦不辭也。「勤」當訓「盡」，「用之不勤」，猶言「用之不盡」。高亭云：「按淮南子原道訓曰：『旋縣不可究，纖微而不可勤。』高注曰：『勤，盡也。』是『勤』有『盡』義，於古有徵。原道訓又曰『用之而不勤』，謂用之不盡也。又淮南子主術訓曰『力勤財匱』，文子上仁篇曰『力勤財盡』，晏子諫篇下曰『百姓之力勤矣』，『力勤』皆謂『力盡』也。然則此云『用之不勤』，正謂『用之不盡』矣。」

七（今本道經第七章）

甲本：天長地久。天地之所以能〔長〕103且久者，以其不自生也，故能長生。

乙本：天地久。天地之所以能長且久者，以222下其不自生也，故能長生。

王本：天地久。天地所以能長且久者，以其不自生，故能長生。

遂州本「天長地久」作「天地長久」，無「且」字，末句「生」字作「久」，謂「天地長久。天地所以能長久者，以其不自生，故能長久」；景龍碑與之全同，唯首句同王本作「天長地久」；易玄本第二句亦作「天地所以能長久者」；邢玄本作「天地所能長且久者」；吳澄本末句「生」字亦作「久」，謂「故能長久」。

帛書甲、乙本經文與王本同，僅多「之」與「也」二字。朱謙之云：「長久，各本作『長生』。嚴可均曰：『王氏萃編引邢州本與此同，易州石柱及河上、王弼作『長生』，非也。』又案敦煌本與晉紀瞻易太極論引均作『長久』。此『久』字蓋叚借爲『有』，與前二『久』字稍別。列子天瑞篇：『精神者，天之久；道進乎本不久。』注：『當作有。』『故能長久』，卽言『故能長有』也。」案帛書甲、乙本並作「以其不自生也，故能長生」。「以其不自生」，則謂天地不自私其生。第五十章云：「生之徒十有三，死之徒十有三，而民生生，動皆之死地十有三，夫何故也？以其生生也。」「生生」卽貴於養生，俗謂貪生怕死，故而死之機遇反倍於生。本章謂天地不自私其生，「故能長生」。二者從正反兩面闡述，語異而義同，足見老子原作「長生」，朱說不確。張松如云：「以本章末二句兩『私』字例之，作『長生』是。」此如第七十五章所云：「夫唯無以生爲者，是賢於貴生。」

甲本：是以聲（聖）人芮（退）其身而身先，外其身而身存。

乙本：是以耶（聖）人退其身而身先，外其身而身先，外其身而身存。

王本：是以聖人後其身而身先，外其身而身存。

世傳今本多同王本，唯唐杜光庭道德真經廣聖義疏（道藏羔一——行十二）無「是以聖人後其身而身先，外其身而身存」二句。

帛書甲、乙本經文與王本基本相同，唯今本「後其身」，甲、乙本均作「退其身」。甲本又以「聲」字借爲「聖」，以「芮」字借爲「退」；乙本在「外其身而身存」之前，衍「外其身而身先」六字。河上公注云：「先人而後己者也，天下敬之先以爲長。薄己而厚人也，百姓愛之如父母，神明祐之若赤子，故身常存。」此卽相反相成，辯證統一的道理。老子謂之爲「反者道之動，弱者道之用」。

甲本：不以其无（私）104輿（與）？故能成其私。

乙本：不以其无私輿（與）？故能成223上其私。

王本：非以其無私邪？故能成其私。

景龍碑無「非」與「邪」二字，作「以其無私，故能成其私」；遂州本與之同，唯「私」字作「尸」，謂「以其無尸，故能成其尸」；傅奕本「非」字作「不」，謂「不以其無私邪，故能成其私」；景福、易玄二本作「非以其無私，故能成其私」。

帛書甲、乙本經文內容與王本同，唯「非」字作「不」，「邪」字作「與」，並借「輿」字爲「與」；首句作「不以其无私與」，稍異。陳碧虛云：「河上公、嚴君平本『以其無私』，王弼、古本作『不以其無私邪』。」是知王本原「非」字亦作「不」，與帛書甲、乙本同。

王弼注：「無私者，無爲於身也。身先身存，故曰『能成其私』也。」蘇轍云：「雖然彼其無私，非求以成私也；而私以之成，道則固然耳。」

八（今本道經第八章）

甲本：上善治（似）水，水善利萬物而有靜。

乙本：上善如水，水善利萬物而有争（静）。

王本：上善若水，水善利萬物而不争。

景龍、易玄、邢玄、慶陽、樓古、磻溪、樓正、遂州、司馬等諸本「而」字作「又」，謂「水善利萬物又不爭」。

帛書甲本首句作「上善治水」，古文「台」與「以」同字，「治」與「似」同音，故借「治」字爲「似」，謂「上善似水」；末句作「水善利萬物而有静」。乙本作「上善如水，水善利萬物而有争」；世傳今本多同王本作「上善若水，水善利萬物而不争」；或作「水善利萬物又不争」。首句甲本「似水」、乙本「如水」，今本「若水」，「似」、「如」、「若」三字義同。末句甲本「而有静」，乙本作「而有争」，今本作「而不争」或「又不争」。

「有静」、「有争」與「不争」，三者意義差别甚大，其中必有訛誤。帛書研究組在甲本「静」後注一「争」字，讀作「而有争」。注十五云：「乙本亦作『而有争』，通行本作『而不争』，義正相反。按下文云『夫唯不争故無尤』，疑通行本是。」此説可從。但是，從帛書二本共同記載的内容來看，似乎還可作另一種解釋。帛書本身確有誤句、錯字、衍文等等，皆因抄寫不慎而造成。但多是在其中一本中發生，一般是甲本誤，則乙本不誤；反之亦如是。從不發現兩本同在一處，而且是共有同一錯誤者。尤其是甲、乙二本既非同一來源，亦非同時抄寫，不可能出現如此巧合。故此僅據末句「夫唯不争故無尤」，即斷定甲本「有静」與乙本「有争」，統爲「不争」之誤，似證據甚弱，難以肯定。帛書用字不嚴，「争」字與「静」互假，甲本「有静」可讀作「有争」，乙本「有争」也同樣可讀作「有静」。此文完全可以從甲本讀作「上善似水，水善利萬物而有静」。「有」字有求取之義，廣雅釋詁一：「有，取也。」「有静」猶言取於清静也。景龍、遂州諸本作「水善利萬物又不争」，今據帛書論之，其中「不」字又像是後人仿王本而增入。王弼於「水善利萬物而不争」下無注，僅於「處衆人之所惡」下注「人惡卑也」一句。河上公注云：「衆人惡卑濕垢濁，水獨静流居之也。」「水獨静流居之」，正是對「有静」之詮釋。以上兩種解釋皆通，故均記於此，以備參考。

蔣錫昌云：「『上善』謂上善之人，即聖人也。『善利』之『善』，猶好也。襄公二十八年傳『慶氏之馬善驚』，正義：『「善驚」謂數驚，古人有此語。今天謂數驚爲好驚，好亦善之意也。』」

甲本：居衆之所惡，故幾於道矣。

乙本：居衆人之所亞（惡），故幾於道矣。

王本：處衆人之所惡，故幾於道。

傅奕本「處」字作「居」，最後有「矣」字，作「居衆人之所惡，故幾於道矣」；范本與之全同，唯最後無「矣」字，稍異；徽、彭二本無「之」與「矣」二字，作「處衆人所惡，故幾於道」；遂州本無「所」字，作「處衆人之惡，故幾於道」。

帛書甲本首句作「居衆之所惡」，乙本作「居衆人之所惡」，甲本脱一「人」字。世傳今本除傅、范二本與帛書經文相同之外，其它多同王本，作「處衆人之所惡，故幾於道」。

王弼云：「道無水有，故曰『幾』也。」爾雅釋詁：「幾，近也。」言道乃無形，水則有形，故曰『水之德近於道』。」日人大田晴軒云：「幾，平聲，近也。繫辭上傳曰：『乾坤或幾乎息矣。』禮樂記曰：『知樂則幾於禮矣。』注『幾，近也。』莊子漁父篇曰：『幾於不免矣。』呂氏春秋大樂篇曰：『則幾於知之矣。』注『幾，近也。』道者無形，而水猶有形，故水之利萬物與諸生，其爲可見也，未能若道之無形施與也，故曰『幾於道矣』。」老子所言水近於道者，還包括下述七善。

甲本：居善地105，心善潚（淵），予善，信，正（政）善治，事善能，踵（動）善時。

乙本：居善地，心善淵，予善天，言223下善信，正（政）善治，事善能，動善時。

王本：居善地，心善淵，與善仁，言善信，正善治，事善能，動善時。

景龍、傅奕、孟頫三本「仁」字作「人」,「正」字作「政」,此二句謂「與善人」,「政善治」;慶陽本亦作「與善人」;易玄、邢玄、景福、磻溪、樓正、顧、范、徽、邵、司馬、彭、蘇、遂州、吴、志、焦等諸本「正」字均作「政」,謂「政善治」。

帛書甲本「予善」下挩一「天」字,「信」上挩「言善」二字,此二句當從乙本作「予善天,言善信」。乙本保存完好。同今本勘校,乙本「予善天」,今本作「與善仁」或「與善人」;甲、乙本「正善治」,王本也作「正善治」,其它今本多作「政善治」。作「政」字是,「正」字假借爲「政」。

「居善地」,「善」猶「好」也。荀子儒效篇:「至下謂之『地』。」禮論篇:「地者,下之極也。」此言水好居下。如本章云「居衆人之所惡」,乃謂其所處卑下也。第六十六章:「江海所以能爲百谷王者,以其善下也。」「心善淵」,爾雅釋詁:「淵,深也。」釋天:「淵,藏也。」言心好深藏若虚。十五章:「古之爲道者,微妙玄通,深不可識。」

「予善天」,甲本「天」字挩漏,抄寫之誤,當據乙本補。今本作「與善仁」或「與善人」。馬叙倫云:「『人』與『仁』古通。」近年内出版之老子注譯,此經文多從今本,將帛書甲、乙本改作「與善仁」。竊以爲「予」字和「與」詞義雖同,而「天」字與「仁」意義迥别。問題未待深研,即隨意改動帛書經文,則不可取。按「仁」是儒家崇尚的行爲,而道家視「仁」乃有爲之表現,故甚藐視。如第三十八章云「上仁爲之」,「失德而後仁」,十八章云「大道廢有仁義」,十九章云「絶仁棄義,民復孝慈」。足見「仁」同老子道旨是抵牾的,經文不會是「與善仁」。老子視天如道,如第二十五章「天法道」,十六章「天乃道」,第九章「功遂身退天之道」，第七十七章「天之道，損有餘而補不足」。再如第二十五章「地法天」，河上公注云：「天湛泊不動，施而不求報，生長萬物無所收取。」此卽說明水所以「予善天」之義。本經河上公注：「萬物得水以生，與虛不與盈也。」所云並非釋「仁」，「與虛不與盈」正指天道。如第七十七章云：「天之道猶張弓也，高者抑之，下者舉之，有餘者損之，不足者補之。」經文所謂「予善天」，猶言水施惠萬物而功遂身退好如天。且經文多韻讀，「心善淵，予善天，言善信」，「淵」、「天」、「信」皆真部字，諧韻。今本作「與善仁」者，「仁」乃「天」字之誤，或爲後人所改。

「言善信」，猶謂言必守信。第八十一章云：「信言不美，美言不信。」（今本錯簡，帛書甲、乙本此章均在第六十七章前）老子主張言不求美而好真誠。

「政善治」，老子主張無爲而治，卽所謂「無爲自化，清靜自正」（史記太史公自序）。也卽第四十五章所云：「清靜可以爲天下正。」如何才能使民「自化」、「自正」？具体作法如第五十七章所講：「我無爲而民自化，我好靜而民自正，我無事而民自富，我欲無欲而民自樸。」

「事善能」，廣雅釋詁：「能，任也。」老子認爲最好的處事態度是「事無事」，任其自然發展。如第二章所云：「是以聖人處無爲之事，行不言之教，萬物作而不爲始，生而不爲有。」

「動善時」，所謂「善時」者，卽任其自然自作自息也。蔣錫昌云：「莊子天下篇述老聃之學曰：『其動若水，其靜若鏡，其應若響。』司馬遷傳述道家之學曰：『與時遷徙，應物變化。』皆此所謂『動善時』也。其實老子所謂『動善時』者，非聖人自己有何積極之動作而能隨時應變，乃聖人無爲無事，自己淵默不動，而一任人民之自作自息也。」

自「居善地」以下七言，皆喻水之静虚不争之德，幾似於道。正如王弼注云：「言水皆應於此道也。」

甲本：夫唯不静（争），故无尤。

乙本：夫唯不争，故无尤。

王本：夫唯不争，故無尤。

顧、傅、徽、邵、彭、孟頫諸本「尤」下有「矣」字，作「故無尤矣」。

帛書甲本作「夫唯不静，故无尤」，「静」字假爲「争」，當同乙本作「不争」。馬叙倫云：「『尤』爲『訧』省，説文曰：『訧，罪也。』」其實不必改字，「尤」字本來就有咎怨之義。如商代卜辭多言「亡尤」，即亡咎。再如論語憲問「不尤人」，即不怨人也。此言「故無尤」，河上公注：「水性如是，故天下無有怨尤水者也。」

九（今本道經第九章）

甲本：㨁（持）而盈之，不〔若其已。揣106而〕兑（鋭）□之，〔不〕可長葆（保）之〔也〕。

乙本：㨁（持）而盈之，不若其已，㧬（揣）而兑（鋭）之，不可長葆（保）也。

王本：持而盈之，不如其已。揣而梲之，不可長保。

景龍碑「如」字作「若」，「已」字作「以」，「挩」字作「銳」，謂「持而盈之，不若其以。揣而銳之，不可長保」；遂州本與之同，唯後一句「保」字作「寶」，謂「不可長寶」；司馬光本「持」字作「恃」，「梲」字作「銳」，謂「恃而盈之，不若其已。揣而銳之，不可長保」；傅奕本「揣」字作「敱」，此句謂「敱而梲之」；易玄、邢玄、景福、慶陽、磻溪、樓正、河上、顧、范、彭、徽、邵、蘇、吴、志等諸本「梲」字皆作「銳」，此句謂「揣而銳之」。

帛書甲、乙本「持」字作「㨁」，當爲「持」字之別構。甲本殘損較甚，「不」字後缺「若其已，揣而」五字，又在「銳」字後有衍文。帛書研究組注云：「乙本作『⿰扌短而允之』，通行本作『揣而銳之』，河上公註：『揣，治也。』此處『之』上殘字缺左旁，右從㕣，疑是『鉛』字。『鉛』作動詞用，荀子中常見。如榮辱篇『鉛之重之』，註：『鉛與沿同，循也，撫循之。』『允』、『鉛』古音同，可通用。『銳』則『鉛』字之誤。又此多出『□之』二字，當是筆誤。」細審帛書甲本，右側所從「㕣」恐非「鉛」字，乃「兑」字殘文。如甲本第五十六章「挫其銳」之「銳」字，假「閱」字爲之，其中聲符「兑」寫作「𠬤」；第七十五章「食稅」之「稅」字作「殺」。「兑」字上部帛書皆作「㕣」，與「鉛」字聲符「㕣」形近，但「口」之形體各異。甲本殘字「㕣」，即「兑」字的上部，因右邊的捺拉的很長，故在「㕣」下還留有捺的殘迹。因此帛書組認爲「多出『□之』二字」。其實「兑之」間只衍一字，也可能是廢字，因殘損不清，難以斷定。乙本「⿰扌短」字即「揣」別構，二字聲符一作「短」，一作「耑」，「短」與「耑」皆端紐元部字，讀音相同。「允」字也非「允」字，乃是「兑」字之誤寫，或因上部之「八」墨迹挩落，變「兊」成「允」了。總之，帛書甲、乙本此句經文和今本是一致的，皆作「揣而銳之」。「兑」字乃「銳」之假字。

馬叙倫云：「淮南道應訓及後漢書折象傳注、申屠剛傳注、蔡邕傳注引並同此。申屠剛對策曰：『持滿之戒，老氏所慎。』則剛所見本亦作『持』，惟『盈』字作『滿』。」蔣錫昌云：「越語『持盈者與天』，史記楚世家『此持滿之術也』，詩鳧鷖序『能持盈守成』，皆『持盈』連言，蓋爲古人成語。『盈』之作『滿』，則以惠帝諱而改。老子欲與下句『揣而棁之』相對，故將『持盈』二字變作『持而盈之』也。說文：『持，握也。』鳧鷖序疏：『執而不釋謂之持。』是『持盈』猶執盈而不失也。王弼注：『持，謂不失德也。既不失其德，又盈之，勢必傾危。』以『持盈』二字分解，非是。河上注：『已，止也。』『持而盈之、不如其已』，言持盈不失，不如止而勿行也。下文『金玉滿堂，……富貴而驕』，即此所謂『持而盈之』。」

孫詒讓云：「『敓』即『揣』之或體，見集韻四紙。然『揣』當讀爲『捶』。說文：『揣，量也；一曰「捶之」。』蓋『揣』與『捶』聲轉字通也。」易順鼎云：「『棁』字當同河上本作『鋭』。說文：『棁，木杖也。』『棁』既爲木杖，不得云『揣而棁之』。釋文雖據王本作『棁』，然云：『棁字，音菟奪反，又徒活反。』考玉篇手部：『挩，徒活、兔奪二切。說文云：「解也。」』木部『棁』字兩見，一之悦切，一朱悦切，並無菟奪、徒活兩音。則釋文『棁』字明係『挩』字之誤。……實則王本作『鋭』，與古本作『挩』不同。注云：『既揣末令尖，又鋭之令利，勢必摧衄。』是其證。文子微明篇、淮南道應訓作『鋭』，並同。」易氏之說甚是，王注既云「又鋭之令利」，足證王本原作「揣而鋭之」，當與第四章及第五十六章「挫其鋭」之「鋭」字誼同。今見王本作「揣而棁之」，顯爲後人所改。據上述古今各本勘校，此文當訂正爲：「持而盈之，不若其已。揣而鋭之，不可長保也。」

甲本：金玉盈室，莫之守也。貴富而驕（驕），自遺咎也。

乙本：金玉224上〔盈〕室，莫之能守也。貴富而驕，自遺咎也。

王本：金玉滿堂，莫之能守。富貴而驕，自遺其咎。

傅奕、范應元二本「堂」字作「室」，謂「金玉滿室」；易玄、邢玄、樓正、司馬等諸本「驕」字作「憍」，謂「富貴而憍」；樓古本又作「富貴而憍」。

帛書甲本作「金玉盈室，莫之守也」；乙本「盈」字殘損，下句作「莫之能守也」；今本多同王本作「金玉滿堂，莫之能守」。范應元云：「『室』字，嚴遵、楊孚、王弼同古本。」陳碧虛云：「嚴君平、王弼本作『金玉滿室』。」馬叙倫云：「各本及後漢書折像傳注引並作『堂』。『室』字是，『室』與『守』韻。」此經當從帛書甲本作「金玉盈室」，作「滿室」者，因避漢惠帝諱而改；因「盈」字改作「滿」，於是又改「滿室」爲「滿堂」。帛書甲、乙本「貴富而驕，自遺咎也」，今本多作「富貴而驕，自遺其咎」。經文雖稍有差異，而意義無別。河上公注：「大富當賑貧，貴當憐賤，而反驕恣，必被禍患也。」滿而不溢，高而不危，何能不溢不危，則法天道。四時運行，功成自退。

甲本：功述（遂）身芮（退），天〔之107道也〕。

乙本：功遂身退，天之道也。

王本：功遂身退，天之道。

景龍、易玄、慶陽、樓古、磻溪、孟頫、河上、顧、范、徽、彭、邵、司馬、蘇、吴、彭、志、焦等諸本皆作「功成名遂身退」；景福本與之同，唯最後有「也」字，作「天之道也」；傅奕本作「成名功遂身退」，邢玄、遂州二本作「名成功遂身退」。

帛書甲、乙本均作「功遂身退」，與王本同。馬叙倫云：「牟子理惑論引一同此，一同王弼本。漢書疏廣傳：『廣謂受曰：吾聞知足不辱，知止不殆，功遂身退，天之道。』蓋本此文，則疏所據本同王本。陸謂『遂』本又作『成』。論王注曰：『四時更運，功成則移。』是王本作『成』也。老子古本蓋作『功成身退，天之道』。」按禮記月令「百事乃遂」，鄭注：「遂，成也。」「功遂」猶「功成」，王弼注「功成則移」，乃釋所謂「功遂身退」之義，非引述經文也。義如第二章「功成而不居」。帛書甲、乙本同作「功遂身退」，足證王本不誤。其它如作「功成名遂身退」、「成名功遂身退」或「名成功遂身退」者，皆由後人妄改。

十（今本道經第十章）

甲本：〔載營魄抱一，能毋離乎？摶氣致柔〕，能嬰兒乎？

乙本：載營柏（魄）抱一，能毋离（離）乎？槫（摶）224下氣至（致）柔，能嬰兒乎？

王本：載營魄抱一，能無離乎？專氣致柔，能嬰兒乎？

樓古、傅奕二本「抱」字作「衺」，末句「能」後有「如」字，作「載營魄衺一，能無離乎？專氣致柔，能如嬰兒乎」，景龍、易玄、敦煌英本、乙本、丙本、河上、遂州、志等諸本均無「乎」字，作「載營魄抱一，能無離？專氣致柔，能嬰兒」；河上本、景福碑「嬰」字又寫作「孾」；景福、磻溪、樓正、孟頫、顧、范、彭、徽、邵、司馬、蘇等諸本，末句「能」後有「如」字，同傅本作「能如嬰兒乎」。

帛書甲本殘損較甚，僅存「能嬰兒乎」四字；乙本保存完好，經文内容與王本基本一致。

元劉惟永道德真經集義（道藏詩一——染八）引褚伯秀云：「首『載』字諸解難通，蓋以前三字爲句，『抱一』屬下文，與後語不類，所以費解牽合。嘗深考其義，得之郭忠恕佩觿集引開元詔語云：『朕欽承聖訓，覃思玄宗，頃改正道德經十章『載』字爲『哉』，仍屬上句。及乎議定，衆以爲然。遂錯綜真詮，因成注解。』此説明當可去千載之惑。蓋古本不分章，後人誤以失之。『道哉』句末字加次章之首，傳録又訛爲『載』耳。五十三章末『非道也哉』句法可證。」孫詒讓云：「案舊注並以『天之道』斷章，而讀『載營魄抱一』爲句，淮南子道應訓及群書治要三十九引『道』下並有『也』字，而章句亦同。楚辭遠遊云『載營魄而登霞兮』，王注云：『抱我靈魂而上升也。』屈子似即用老子語。然則自先秦西漢至今，釋此書者，咸無異讀。惟册府元龜載唐玄宗天寶五載詔云：『頃改道德經『載』字爲『哉』，仍隸屬上句，遂成注解。』郭忠恕佩觿則云：『老子上卷改『載爲哉』。注亦引玄宗此詔。檢道經三十七章王本及玄宗注本，並止第十章有一『載』字，則玄宗所改爲『哉』者，即此『載』字。又改屬上章『天之道』爲句。今易州石刻玄宗道德經注仍作『載』讀，亦與舊同者。彼石立於開元二十年，蓋以後别有改定，故特宣示，石刻在前，尚沿舊義也。『載』、『哉』古字通，玄宗此讀，雖與古絶異，而審文校義，亦尚可通。天寶後定之注，世無傳帙，開元頌本雖石刻具存，而與天寶詔兩不相應。近代畢沅（考異）、錢大昕（潛研堂金石跋尾）、武億（授堂金石跋）、王昶（金石萃編）考録御注，咸莫能證覈。今用詔文推校石本，得其轍迹，聊復記之，以存異讀。」今論之帛書，甲本此文殘損，乙本「天之道」下有「也」字，足證舊讀不誤。玄宗妄改經文，切不可信從。

劉師培云：「案素問調經論云：『取血於營。』淮南子俶真訓云：『夫人之事其神，而嬈其精營（句），慧然而有求於外，（高注營慧連讀，失之。）此皆失其神明，而離其宅也。』法言修身篇云：『熒魂曠枯，糟莩曠沈。』此之『營魄』，卽素問、淮南所言『營』，法言所謂『熒魂』也。楚辭遠遊『載營魄而登遐兮』，王注：『抱我靈魂而上升也。』以『抱』訓『載』，以『靈魂』訓『營魄』，是爲漢人故訓。『載營魄』者，卽安持其神。『載』、『抱』同義。至於此文『乎』字，當從河上本。景龍碑衍，下文諸『乎』字亦然。」朱謙之云：「劉説雖是，但以『靈魂』訓『營魄』，似有未至。『魄』形體也，與『魂』不同，故禮運有『體魄』，郊特牲有『形魄』。又『魂』爲陽爲氣，『魄』爲陰爲形。高誘注淮南説山訓曰：『魄，人陰神也；魂，人陽神也。』王逸注楚辭大招曰：『魂者，陽之精也；魄者，陰之形也。』此云『營魄』卽『陰魄』。素問調精論『取血於營』，注：『營主血，陰氣也。』又淮南精神訓『燭營指天』，知『營』者陰也，『營』訓爲陰，不訓爲靈。『載營魄抱一』，是以陰魄守陽魂也。『抱』如鷄抱卵；一者，氣也、魂也。『抱一』，則以血肉之軀，守氣而不使散洩，如是則形與靈合，魄與魂合，抱神以靜，故曰『能無離』？」朱氏謂「一」爲「魂」，似也未確。河上公注：「營魄，魂魄也。」王弼注：「『載』猶『處』也。」魂載魄，神歸舍，形神相依，抱一守道。虛靜無爲，不以物累身，不以欲害神。「能毋離乎」？謂其易知而難行也。「摶氣致柔，能嬰兒乎」？朱謙之云：「卽管子內業之『摶氣』，所謂『摶氣如神，萬物備存。』（尹注：『摶，謂結聚也。』）又曰：『此氣也，不可止以力。』『心靜氣理，道乃可止。』皆與『專氣致柔』説同。」集聚精氣以致柔和，能若嬰兒含德之厚，精和之至乎？此亦易知難行，故作此疑問。原本當有「乎」字，今本多挩誤。

甲本：脩（滌）除玄藍（鑒），能毋疵乎？〔愛民治國108，能毋以智乎〕？

乙本：脩（滌）除玄監（鑒），能毋有疵乎？愛民栝（治）國，能毋以知（智）乎？

王本：滌除玄覽，能無疵乎？愛民治國，能無知乎？

河上本無「乎」字，作「滌除玄覽，能無疵；愛民治國，能無知」；遂州本後一句「民」字作「人」，「能」字作「而」，謂「愛人治國，而無知」；敦煌丙本作「愛民治國，而無知」；易玄、敦煌英、林志堅三本作「愛民治國，能無爲」；景龍碑與之同，唯「民」字作「人」；邢玄、慶陽、樓古、磻溪、孟頫、樓正、顧、彭、徽、邵、司馬、蘇、吴、焦等諸本與王本同，唯後一句「知」字作「爲」，謂「愛民治國，能無爲乎」；傅、范二本亦與王本同，唯「知」上有「以」字，「愛民治國，能無以知乎」。

帛書乙本「脩除玄監」，甲本作「脩除玄藍」，今本均作「滌除玄覽」。「監」即古「鑒」字，商代甲骨文「監」字寫作「」，作人向皿中水照面，實即「鑒」之本字。後因字義引申，「監」字别有它用，又在其中增一「金」符，而寫作「鑒」或「鑑」，從此分道揚鑣，别爲二字。甲本「藍」字在此亦讀爲「鑒」，借字耳。「脩除玄鑒，能毋有疵乎」？「脩」字與今本「滌」字，古音相同，乃聲之轉也。「滌」字從「條」得音，「條」

字與「脩」字之聲符皆爲「攸」。「脩」、「滌」義亦相通，禮記中庸「脩其祖廟」，鄭注：「脩，掃糞也。」「脩除」與「滌除」同義。「疵」字猶「瑕」，尚書大誥「知我國有疵」，馬注：「疵，瑕也。通稱玉病爲『瑕』。」此以「疵」言鑒之病，猶謂清洗心鑒，能使其無有瑕疵嗎？以喻爲道者，應虛静無爲，不得存有半點私欲。

帛書甲本後一句殘缺，乙本作「愛民栝國，能毋以知乎」；今本多同王本作「愛民治國，能無知乎」，或「愛民治國，能無爲乎」。「國」前一字均作「治」，與乙本不同；「能」後二字又分爲「無知」與「無爲」兩說。帛書研究組將「栝」字讀作「活」，謂「愛民活國」，並加注云：「通行本作『治國』，經典釋文出『民治』，云：『河上本又作「活」。』帛書中『活』寫作『栝』，此『栝國』即『活國』，河上公舊本蓋與此同。」按「活國」甚不辭，古籍不見。李翹老子古注云：「『愛民治國』，河上本『治』作『活』，譌。」乙本中「栝」字，不應讀作「活」，應當讀作「治」，「栝國」卽今本之「治國」，「栝」字與「治」乃聲之轉也。廣韻：「栝，他玷切。」讀音近似於「胎」，與「治」字通。「栝」字古音屬透紐談部，「治」字屬定紐之部，「透」、「定」古同爲舌頭，「之」、「談」旁對轉也，音同通假。如王本第四十一章「善貸且成」，敦煌戊本作「善始且成」，范應元本作「善貸且善成」，帛書乙本作「善始且善成」。于省吾云：「敦煌『貸』作『始』，乃聲之轉。」「貸」字假爲「始」，與此「栝」字假爲「治」同例。

易順鼎云：「『愛民治國，能無知』，當作『能無以智』，與下句『無知』不同。王注云：『治國無以智，猶棄智也。能無以智乎？則民不辟而國治之也。』是王本正作『能無以智』。以，用也。無用智，故曰『猶棄智』。六十五章：『故以智治國，國之賊；不以智治國，國之福。』正與此文互相證明。今王本作『無知』，實非其舊。釋文出『以知乎』三字，下注云：『音「智」，河上本又直作「智」。』此條幸在，可以破後人妄改之案，而見王注古本之真。」易説至確，帛書乙本即作「能毋以知乎」，「知」字當讀作「智」。今本「知」上挩「以」字，而有作「無爲」者，顯爲後人所改。

甲本：此段經文全部殘毁。

乙本：天門啟闔，能爲雌乎？明白四達225上，能毋以知乎？

王本：天門開闔，能無雌乎？明白四達，能無爲乎？

邢玄、景福、慶陽、磻溪、樓正、徽、邵、司馬、蘇、吴、彭諸本「無雌」二字作「爲雌」，「爲」字作「知」，謂「天門開闔，能爲雌乎？明白四達，能無知乎」；景龍、易玄二本與之同，唯無二「乎」字；敦煌乙本第一個「能」字作「而」，謂「天門開闔，而爲雌？明白四達，能無爲」；河上本作「天門開闔，能無雌？明白四達，能無知」；志、焦二本與之同，唯兩句句末皆有「乎」字；傅、范二本作「天門開闔，能爲雌乎？明白四達，能無以爲乎」；遂州本「能」字均作「而」，無二「乎」字，「天門」與「明白」兩句前後互倒，作「明白四達，而無爲？天門開闔，而無雌」；敦煌丙本與之同，唯「門」字作「地」，謂「天地開闔，而爲雌」；顧歡本作「明白四達，能無知乎？天門開闔，能無雌乎」，亦前後兩句互倒。

帛書甲本此段經文全部殘毁，乙本保存完好，同王本勘校有三處不同：一、乙本「啟闔」，王本作「開闔」；二、乙本「爲雌」，王本作「無雌」；三、乙本「能毋以知乎」，王本作「能無爲乎」。按「啟」、「開」二字之別，係因避漢景帝劉啟之諱，而改「啟」爲「開」；然而後二處之不同，則確有正誤之分。

俞樾云：「按唐景龍碑作『愛民治國能無爲？天門開闔能爲雌？明白四達能無知』，其義並勝，當從之。『愛民治國能無爲』，即老子『無爲而治』之旨。『明白四達能無知』，即『知白守黑』之義也。王弼本誤倒之。河上公本兩句並作『無知』，則詞複矣。『天門開闔能無雌』，義不可通，蓋涉上下文諸句而誤。王弼注云：『言天門開闔，能爲雌乎？則物自賓而處自安矣。』是王弼本正作『能爲雌』也。河上公注云：『治身當如雌牝，安靜柔弱。』是亦不作『無雌』，故知『無』字乃傳寫之誤。」俞説雖是，但仍有未盡其義者。「天門開闔，能爲雌？明白四達，能無知」兩句，景龍碑確較王本義勝。俞氏據以考證經文「無雌」當作「爲雌」，「無爲」當作「無知」，其説與帛書乙本相同。但謂「愛民治國能無爲」則不確，當如前述「愛民治國，能毋以智乎」。

河上公注：「治身，『天門』謂鼻孔，『開』謂喘息，『闔』謂呼吸也。」高亨云：「莊子天運篇『其心以爲不然者，天門弗開矣』，『天門』亦同此義。言心以爲不然，則耳目口鼻不爲用。禮記大學『心不在焉，視而不見，聽而不聞，食而不知其味』，即此意也。耳目口鼻之開闔，常人競於聰明敏達，道家所忌，故欲爲雌，不欲爲雄。」按生物雄强雌柔，老子主張去强居柔，如第二十八章「知其雄，守其雌」。文子道德篇亦云「退讓守柔爲天下雌」，即此「爲雌」之義。

「明白四達，能毋以知乎」，「以」字在此作「用」解，猶言明白四達能不用知嗎？可見王弼本作「明白四達，能無爲乎」，確如俞樾所云有誤。「明白四達」需依「知」，與「無爲」義不相屬，當從乙本爲是。根據上述古今各本勘校，自前文「滌除玄鑒」至「明白四達」四句經文，當訂正爲：「滌除玄鑒，能毋有疵乎？愛民治國，能毋以智乎？天門啟闔，能爲雌乎？明白四達，能毋以知乎？」

甲本：生之畜之，生而弗〔有，長而弗宰也，是[109]謂玄〕德。

乙本：生之畜之，生而弗有，長而弗宰也，是胃（謂）玄德。

王本：生之畜之，生而不有，爲而不恃，長而不宰，是謂玄德。

世傳今本多同王本，作「生之畜之，生而不有，爲而不恃，長而不宰，是謂玄德」。帛書甲本有殘損，乙本保存完好，作「生之畜之，生而弗有，長而弗宰也，是謂玄德」，可據補甲本缺文。與今本勘校，乙本共四句，王本共五句，多出「爲而不恃」一句。類似之排列句，在老子書中還有三處：其一，第二章甲、乙本同作「萬物作而弗始，爲而弗恃，成功而弗居也」，王本作「萬物作焉而不辭，生而不有，爲而不恃，功成而弗居。」王本較帛書多衍「生而不有」一句，説見前文。其二，第五十一章帛書甲本（乙本殘）作「生而弗有也，爲而弗恃也，長而弗宰也，此之謂玄德」，王本作「生而不有，爲而不恃，長而不宰，是謂玄德」。王本與帛書經文基本相同，唯甲本在各句句末均有「也」字，稍異。其三，第七十七章帛書乙本（甲本殘）作「是以聖人爲而弗有，成功而弗居也。若此，其不欲見賢也」，王本作「是以聖人爲而不恃，功成而不處，其不欲見賢」。乙本「爲而弗有」，王本誤作「爲而不恃」，説見前文。通過以上勘校，則知老子經文中只有第二章與第五十一章有「爲而不恃」一句，今本其它章多爲後人增入。

十一（今本道經第十一章）

甲本：卅（三十）〔輻同一轂，當〕其无，〔有車〕之用〔也〕。燃（埏）埴爲器，當其无，有埴器〔之用也〕。

乙本：卅（三十）楅（輻）同一轂，當其无，有車225下之用也。燃（埏）埴而爲器，當其无，有埴器之用也。

王本：三十輻共一轂，當其無，有車之用。埏埴以爲器，當其無。有器之用。

唐廣明元年泰州道德經幢、敦煌乙本、丙本「三十」二字均寫作「卅」。易玄、邢玄、樓古、敦煌乙、丙和范應元諸本「埏」字作「挻」，謂「挻埴以爲器」。

帛書甲本有殘損，乙本保存完好，首句作「卅楅同一轂」，「楅」字假爲「輻」；第四句作「燃埴而爲器」，「燃」字乃「埏」之別構。吴雲云：「卅，諸本作『三十』，是也。玉篇：『卅，先闔切，三十也。』」錢坫車制考（皇清經解讀編卷二百十六）云：「考工記曰：『輪輻三十，象日月。』日三十日而與月會，輻數象之，老子亦云。又曰：『輻所湊，謂之轂。』老子曰：『三十輻共一轂，當其無有，車之用。』河上公説：『無有，謂空處故。』考工記注亦云：『利轉者，以無有爲用也。』説文解字：『轂，輻所湊也。』言轂外爲輻所湊，而中空虚受軸，以利轉爲用。」畢沅云：「本皆以『當其無』斷句。案考工記『利轉者，以無有爲用也』，是應以『有』字斷句。下並同。」按此段經文現有兩種斷句方法：其一，以「無」字斷句，讀作「當其無，有車之用」。其二，畢氏據考工記「以無有爲用」，謂此經當以「有」字斷句，讀作「當其無有，車之用」。老子以車轂、陶器、房屋爲喻，説明「無」和「有」兩個方面的作用，並特别强調「無」的作用。車轂除共轂身和滙集之三十根輻，轂之中是空虚無物的，故可以受軸而利轉，轂與輻皆爲有的方面，轂之中則爲無的方面。由於「無」可受軸利轉，才能有車之用，故竊以爲當以「無」字斷句爲是。蔣錫昌云：「考工記『無、有』用爲二名，『無』指車轂内外空間而言；『有』指車轂而言。有車轂而無空間，固不能利轉；有空間而無車轂，亦不能利轉。老子此『無』與考工記誼同；但『有』則爲『有無』之『有』，乃常語耳。畢氏誤讀考工記，以爲『無有』即同俗語所謂『没有』，而復據誤讀者來誤讀老子，非是。」

馬叙倫云：「説文無『埏』字，當依王本作『挻』，而借爲『摶』，耕、元之部古通也。」朱謙之云：「『埏』、『挻』義通，不必改字。説文：『挻，長也；從手從延。』字林：『挻，柔也；今字作「揉」。』朱駿聲曰：『凡柔和之物，引之使長，持之使短，可折可合，可方可圓，謂之「挻」。』王念孫曰：『挻，亦和也。老子「挻埴以爲器」，河上公曰：「挻，和也；埴，土也；和土以爲飲食之器。」』……又荀子性惡篇：『陶人埏埴以爲器。』又云：『陶人埏埴而生瓦。』注：『埏，音羶，擊也；埴，黏土也。』又莊子馬蹄篇：『陶人曰：我善治埴。』崔云：『土也。』司馬云：『埴土可以爲陶器。』文誼均與老子同，當從之。」製作陶器，器壁與器底皆爲有，器腹中空無物，則可爲飲食之器也。

甲本：〔鑿户牖〕110，當其无，有〔室之〕用也。

乙本：鑿户牖，當其无，有室之用也。

王本：鑿户牖以爲室，當其無，有室之用。

世傳今本皆與王本相同。帛書甲本有殘損；乙本保存完好，首句只作「鑿户牖」，無「以爲室」三字，與今本稍異。

河上公云：「謂作屋室，户牖空虚，人得以出入觀視；室中空虚，人得以居處，是其用。」此與前述之車轂、埏埴寓義相同。造室則有頂壁與門窗，其中必有一定的空間，人們才能作爲居室之用。

甲本：故有之以爲利，无之以爲用。

乙本：故有之以爲利，无之以226上爲用。

王本：故有之以爲利，無之以爲用。

世傳今本多同王本，唯景龍、遂州、敦煌乙本、丙本句首無「故」字，作「有之以爲利，無之以爲用」。帛書甲、乙本均有「故」字，與王本經文全同。

王弼云：「木、埴、壁所以成三者，而皆以無爲用也。言無者，有之所以爲利，皆賴無以爲用也。」張松如云：「本章『有之以爲利，無之以爲用』，正説明了『弱者道之用』的道理。在這裏，老子借器物之『有』和『無』來説明其『利』和『用』。有與無相互發生，利和用相互顯著。……因爲老子是以利説有，以用説無，或者説是以有見利，以無見用。有與無，利與用，是相對的，不可拆開。淮南子説山訓：『鼻之所以息，耳之所以聽，終以其無用者爲用矣。物莫不因其所有，用其所無，以爲不信，視籟與竽。』足爲此章確箋。」

十二（今本道經第十二章）

甲本：五色使人目明（盲），馳騁田臘（獵）使人〔心發狂〕111，難得之價（貨）使人之行方（妨），五味使人之口啪（爽），五音使人之耳聾。

乙本：五色使人目盲，馳騁田臘（獵）使人心發狂，難得之貨使人之行仿（妨），五味使人之口爽226下，五音使人耳〔聾〕。

王本：五色令人目盲，五音令人耳聾，五味令人口爽，馳騁畋獵令人心發狂，難得之貨令人行妨。

世傳今本多同王本，唯景龍、景福、易玄、邢玄、慶陽、樓古、磻溪、孟頫、樓正、遂州、河上、顧、傅、范、彭、徽、邵、司馬、蘇、吳、志等諸本，第四句「畋」字作「田」，謂「馳騁田獵令人心發狂」。

帛書甲、乙本「使人」二字，今本均作「令人」；「田獵」二字王本等作「畋獵」。甲、乙本語序亦與今本不同，除第一句同作「五色使人目盲」之外，甲、乙本第二句「馳騁田獵使人心發狂」，相當於今本之第四句；甲、乙本第三句「難得之貨使人之行妨」，相當於今本之第五句；甲、乙本第四句「五味使人之口爽」，相當於今本之第三句；甲、乙本第五句「五音使人之耳聾」，相當於今本之第二句。

王弼云：「夫耳、目、口、心，皆順其性也。不以順性命，反以傷自然，故曰『盲』、『聾』、『爽』、『狂』也。」目以視色，耳以聽音，口以嘗味，皆本於性。如肆意縱欲，無所節制，必奪性傷本。故視而不見其色，聽而不聞其聲，嘗而不知其味。如莊子天地篇云：「五色亂目，使目不明；……五聲亂耳，使耳不聰；……五味濁口，使口厲爽。」易順鼎云：「楚詞招魂『厲而不爽』，王逸章句：『爽，敗也。』象經音義卷二、卷十皆云：『爽，敗也。楚人羹敗曰「爽」。』」奚侗云：「古嘗以『爽』爲口病專名。如列子仲尼篇：『口將爽者，先辨淄澠。』莊子天地篇：『五味濁口，使口厲爽。』淮南子精神訓，『五味亂口，使口爽傷。』疑『爽』乃『喪』之借字，由喪亡誼，引申爲敗爲傷。」

王本：「畋獵」二字，帛書甲、乙本均作「田臘」，「臘」字假借爲「獵」。敦煌乙本作「田猲」，丙本作「田獦」，「猲」、「獦」皆「獵」字之別體。「田」即古「畋」字，說文段注：「田，即『畋』字。」不僅古文獻多用「田」字爲「畋」。早在商代甲骨文中即如此，卜辭中「畋獵」之「畋」字，皆寫作「田」。「心發狂」，指心性浮躁、輕率妄爲。「難得之貨使人行妨」，指奇異珍寶很容易誘引人們傷德敗行。如三章所云：「不貴難得之貨，使民不爲盜。」

經文五句「盲」、「狂」、「妨」、「爽」、「聾」諧韻。王念孫云：「『爽』字古讀若『霜』，正與『明』、『聰』、『揚』爲韻。故老子『五味令人口爽』，亦與『盲』、『聾』、『狂』、『妨』爲韻。而莊子天地篇『五色亂目，使目不明；五聲亂耳，使耳不聰；五味濁口，使口厲爽；趣舍滑心，使性飛揚』，即淮南所本也。」

甲本：是以聲（聖）人之治也，爲腹不〔爲目〕112，故去罷（彼）耳（取）此。

乙本：是以耶（聖）人之治也，爲腹而不爲目，故去彼而取此。

王本：是以聖人爲腹不爲目，故去彼取此。

世傳今本皆同王本，帛書甲、乙本首句「聖人」下均有「之治也」三字。乙本第二、第三句多二「而」字，作「爲腹而不爲目，故去彼而取此」。甲本以「罷」字假「彼」，「取」字誤寫作「耳」。

帛書甲、乙本經文「是以聖人之治也，爲腹而不爲目」，猶第三章所云「是以聖人之治也，虛其心，實其腹」，彼此意義相似。「腹」皆謂民之溫飽，如王弼注云：「爲腹者以物養己。」此之所謂「聖人」，系指善治之國君，故經文亦應與第三章一致，有「之治也」三字，當如帛書甲、乙本作「是以聖人之治也」爲是，今本似有捝漏。

蔣錫昌云：「按『腹』者，無知無欲，雖外有可欲之境而亦不可見。『目』者，可見外物，易受外境之誘惑而傷自然。故老子以『腹』代表一種簡單清靜，無知無欲之生活；以『目』代表一種巧僞多欲，其結果竟至『目盲……耳聾，……口爽，……發狂，……行妨』之生活。明乎此，則『爲腹』卽爲無欲之生活，『不爲目』卽不爲多欲之生活。『去彼取此』謂去目（多欲之生活）而取腹（無欲之生活）也。」

十三（今本道經第十三章）

甲本：龍（寵）辱若驚，貴大梡（患）若身。苛（何）胃（謂）龍（寵）辱若驚？龍（寵）之爲下。

乙本：弄（寵）辱若驚，貴大患若身。何胃（謂）217上弄（寵）辱若驚？弄（寵）之爲下也。

王本：寵辱若驚，貴大患若身。何謂寵辱若驚，寵爲下。

易玄、敦煌丙、樓古、磻溪、樓正、遂州、顧、范、彭等諸本無第二「若驚」二字，作「何謂寵辱？寵爲下」；景龍、河上、吳、志諸本亦無第二「若驚」二字，又第三個「寵」字作「辱」，作「何謂寵辱？辱爲下」；景福碑及宋陳景元道德真經藏室纂微篇（道藏欲一—難二，難三—難七）作「何謂寵辱？寵爲下，辱爲上」；元李道純道德會元（道藏談三—談四）作「何謂寵辱若驚？寵爲下，辱爲上」。

帛書甲、乙本經文與王本相同，唯甲本「寵」字寫作「龍」，末句作「寵之爲下」；乙本「寵」字寫作「弄」，末句作「寵之爲下也」。

俞樾云：「河上本作『何謂寵辱？辱爲下』，注曰：『辱爲下賤。』疑兩本均有奪誤。當云：『何謂寵辱若驚？寵爲上，辱爲下。』河上公作注時，上句未奪，亦必有注，當與『辱爲下賤』對文成義，傳寫者失上句，遂並注失之。陳景元、李道純本均作『何謂寵辱若驚？寵爲上，辱爲下』，可據以訂諸本之誤。」勞健亦云：「『寵爲上，辱爲下』，景福本如此。傅、范與開元本諸王本皆作『寵爲下』一句，景龍與河上作『辱爲下』一句。以景福本證之，知二者皆有闕文。道藏陳景元、李道純、寇才質諸本並如景福，亦作二句。

陳云：『河上本作「寵爲上，辱爲下」，於經義完全，理無迂濶。知古河上本原不闕上句。』按『寵辱』，謂寵辱之見也；『爲上』、『爲下』，猶第六十一章『以其静爲下』，『大者宜爲下』，諸言爲下之見也。蓋謂以『爲上』爲『寵』，以『爲下』爲『辱』，則得之失之，皆有以動其心，其驚惟均也。若從闕文作『寵爲下』一句而解，如以受寵者爲下，故驚得如驚失，非其旨矣。』今同帛書甲、乙本勘校，同王本作「寵爲下」一句者，不闕亦不誤，老子原本如此。王弼注：『寵必有辱，榮必有患；寵、辱等，榮、患同也。爲下得寵辱榮患若驚，則不足以亂天下也。』「寵辱」相附相成，辱則生寵，受寵者必爲下殘者也。蘇轍云：「古之達人，驚寵如驚辱，知寵之爲辱先也；貴身如貴大患，知身之爲患本也。是以遺寵而辱不及，忘身而患不至。所謂『寵辱』非兩物也。辱生於寵而世不悟，以寵爲上而以辱爲下者皆是也。若知辱生於寵，則寵固爲下矣。故古之達人得寵若驚，失寵若驚，未嘗安寵而驚辱也。」明釋德清老子道德經解云：「『寵爲下』，謂寵乃下賤之事也。譬如僻倖之人，君愛之以爲寵，雖巵酒臠肉必賜之。非此不見其爲寵。彼無寵者，則傲然而立。以此較之，雖寵實乃辱之甚也，豈非下耶？故曰『寵爲下』。」舊注據王本「寵爲下」釋之，切合經義。俞、勞二氏據誤本譌句强爲之解，從者甚多，遺患亦大，故不得不辨。今依帛書甲、乙本證之，王、傅、范、開元諸本作「寵爲下」者，乃存老子之舊；作「辱爲下」或「寵爲上，辱爲下」者，皆由後人增改，均當據以刊正。俞、勞之説皆不可信。

甲本：得之若驚，失〔之〕113若驚，是胃（謂）龍（寵）辱若驚。

乙本：得之若驚，失之若驚，是胃（謂）弄（寵）辱若驚。

王本：得之若驚，失之若驚，是謂寵辱若驚。

世傳今本多同王本，唯吴澄本無「是謂寵辱若驚」一句，朱謙之云：「林希逸亦無此六字。」

帛書甲、乙本經文與王本同，甲本「寵」字寫作「龍」，乙本「寵」字寫作「弄」，皆假字耳。

本章經文首句爲「寵辱若驚」，前文言「何謂寵辱」，此又言「得之若驚，失之若驚，是謂寵辱若驚」。這兩段經文皆爲老子對「寵辱若驚」自作的詮釋。河上公注云：「身寵亦驚，身辱亦驚。得寵榮驚者，處高位如臨深危也。失者，失寵處辱也。驚者，恐禍重來也。」身居虚静，無欲無私，既無寵辱，也無驚恐矣。

甲本：何胃（謂）貴大梡（患）若身？吾所以有大梡（患）者，爲吾有身也；及吾无身114，有何梡（患）？

乙本：何胃（謂）貴大患227下若身？吾所以有大患者，爲吾有身也；及吾無身，有何患？

王本：何謂貴大患若身？吾所以有大患者，爲吾有身；及吾無身，吾有何患！

遂州本「謂」字作「爲」，第二個「吾」字作「我」，謂「何爲貴大患若身？吾所以有大患者，爲我有身；及吾無身，吾有何患」；景龍、敦煌丙本無「者」字，第二、三兩個「吾」字作「我」，謂「何謂貴大患若身？吾所以有大患，爲我有身；及我無身，吾有何患」；敦煌乙本與之同，唯第二句有「者」字，作「吾所以有大患者」，稍異；景福碑最後一句末尾有「乎」字，作「及吾无身，吾有何患乎」；范應元本「及」字作「苟」，謂「苟吾无身，吾有何患」；傅奕本作「苟吾無身，吾有何患乎」。

帛書甲、乙本經文與王本基本相同，甲本「患」字寫作「梡」，同音假借。王本「爲吾有身」，甲、乙本作「爲吾有身也」；王本「吾有何患」，甲、乙本作「有何患」，稍有差異。又帛書甲、乙本「及吾无身」，與王本同，傅、范二本作「苟吾無身」。王引之經傳釋詞卷五云：「『及』猶『若』也。……老子曰：『吾所以有大患者，爲吾有身；及吾無身，吾有何患！』言若吾無身也。又曰：『取天下常以無事，及其有事，不足以取天下。』言若其有事也。『及』與『若』同義，故『及』可訓『若』，『若』亦可訓爲『及』。」朱謙之云：「今證之古本，知『及』與『若』同，與『苟』字亦可互用。」

「何謂貴大患若身」，此亦老子自對前文「貴大患若身」所設之疑問，「貴」字在此爲動詞，猶今言「重視」。義若何謂重視自身，猶如重視大患？經文「身」、「患」二字位置相倒。焦竑云：「『貴大患若身』，當云『貴身若大患』。倒而言之，古語類如此。」其説甚是。「吾所以有大患者，爲吾有身；及吾无身，有何患」，言身與患相鄰，身存而患隨，無身則無患，故防患當貴身。司馬光云：「有身斯有患也。然則既有此身，則當貴之、愛之，循自然之理，以應事物，不縱情欲，俾之無患可也。」范應元云：「輕身而不修身，則自取危亡也。是以君子安而不忘危，存而不忘亡，故終身無患也。」

甲本：故貴爲身於爲天下，若可以迈（託）天下矣；愛以身爲天下，女（如）可以寄天下。

乙本：故貴爲身於爲天下，若可以橐（託）天下228上〔矣〕；愛以身爲天下，女（如）可以寄天下矣。

王本：故貴以身爲天下，若可寄天下；愛以身爲天下，若可託天下。

世傳今本此段經文多有差異，兹將本書所據勘本異於王本者，分別録之於下：

景龍碑：故貴身於天下，若可託天下；愛以身爲天下者，若可寄天下。

景福碑：故貴以身爲天下者，則可以寄於天下；愛身以爲天下者，乃可以託於天下。

敦煌丙本：故貴以身於天下，若可託天下；愛以身爲天下，若可寄天下。

遂州本：故貴以身於天下者，可託天下；愛以身於天下者，可寄天下。

河上本：故貴以身爲天下者，則可寄於天下；愛以身爲天下者，乃可以託於天下。

顧歡本：故貴以身爲天下者，若可寄於天下矣；愛以身爲天下者，乃可託於天下矣。

傅奕、范應元二本：故貴以身爲天下者，則可以託天下矣；愛以身爲天下者，則可以寄天下矣。

司馬光本：故貴以身爲天下者，可以託天下矣；愛以身爲天下者，則可以寄天下矣。

吴澄本：故貴以身爲天下，則可以寄天下；愛以身爲天下，則可以託天下。

林志堅本：故貴以身爲天下者，則可以寄於天下，愛以身爲天下者，乃可以託於天下。

焦竑本：故貴以身爲天下者，可以寄天下；愛以身爲天下者，可以託天下。

帛書甲、乙本經文相同，而與今本皆有差異。甲、乙本同作「貴爲身」，「可以託天下」；「愛以身」，「可以寄天下」。今本中除傅、范等少数版本與之相近外，其它皆作「貴以身」，「寄天下」；「愛以身」，「託天下」。彼此經文相倒。陶邵學云：「王注：『無以易其身，故曰「貴」也；如此，乃可以託天下也。無物可以損其身，故曰「愛」也。如此，乃可以寄天下也。』是王本亦上句作『託』，下句作『寄』。」蔣錫昌云：「按陳碧虛云：『王弼本作「故貴以身爲天下者，則可以託天下矣；愛以身爲天下者，則可以寄天下矣」。』陶氏據王注，謂王本上句作『託』，下句作『寄』，正與相合。是陳見王本，與傅、范二本同，蓋古本如此。」今從帛書甲、乙本勘校，足證老子原本當上句作「託」，下句作「寄」，今本與之相反者，皆誤。樓宇烈云：「莊子讓王：『夫天下至重也，而不以害其生，又況他物乎？惟無以天下爲者，可以託天下也。』又『託』字，陶鴻慶説當與下節注之『寄』字互易。按陶説非。此非注文竄易，而是今本老子竄易。據長沙馬王堆三號漢墓出土帛書老子甲、乙本，此節經文均作『可以託天下』，而下節經文則作『可以寄天下』，可證此注文不誤。」從莊子在宥、讓王、淮南子道原等古籍引述老子此語，皆「寄」字在上，「託」字在下，可見此一訛誤來源久矣，非帛書甲、乙本共同證之，此案難以訂正。

按此節經文今本多變易，舊注亦莫衷一是，議論紛紜。帛書甲、乙本經文完全相同，誼甚暢明，當從之。「故貴爲身於爲天下，若可以託天下矣」，「貴」字仍如前文作動詞，可釋作「重視」；「於」字介詞，用以表示重視自身與重視天下之不同。「貴爲身於爲天下」，猶言爲身貴於爲天下，乃動詞前置。即謂重視爲自身甚於重視爲天下，若此可以託天下矣。「愛以身爲天下」，此節經文與王本同。「愛」字爲動詞，亦置於句首，即謂以自身爲天下之最愛者，如王弼注：「無物以損其身，故曰『愛』也。」譯爲今語，則謂愛自身勝於愛任何物，勝於愛天下，如此，可以寄天下矣。莊子讓王篇：「道之真以治身，其緒餘以爲國家，其土苴以治天下。由此觀之，帝王之功，聖人之餘事也，非所以完身養生也。」此乃老子此章「故貴爲身於爲天下」與「愛以身爲天下」之最確切的釋義。

十四（今本道經第十四章）

甲本：視之而弗115見，名之曰聾（微）。聽之而弗聞，名之曰希。揗之而弗得，名之曰夷。

乙本：視之而弗見，〔名〕之曰微。聽之而弗聞，命（名）之曰228下希，揗之而弗得，命（名）之曰夷。

王本：視之不見名曰夷，聽之不聞名曰希，搏之不得名曰微。

范應元本「夷」字作「幾」，謂「視之不見名曰幾」。吴澄、林志堅二本「搏」字作「摶」，謂「摶之不得名曰微」；遂州本「搏」字作「博」，謂「博之不得名曰微」。

帛書甲、乙本經文相同，唯甲本「名」字，乙本作「命」，稍異。乙本在「揗」字前衍一「聽」字，抄寫之誤，又似有删去之墨痕。據帛書甲、乙本與今本勘校，彼此有兩處差異，現分别加以討論：

一、帛書甲、乙本「視之而弗見，名之曰微」，世傳今本多同王本作「視之不見名曰夷」，唯范應元本作「視之不見名曰幾」。范應元云：「『幾』字，孫登、王弼同古本。傅奕云：『幾者，幽而無象也。』」馬叙倫云：「范『夷』作『幾』。范謂孫登、王弼同古本。傅奕云：『幾者，幽而無象也。』是王、傅二本並作『幾』。依義，作『幾』爲長。說文：『幾，微也；從𢆶，𢆶微也。』『幽』亦從𢆶從火（依甲文）。傅謂『幾者，幽而無象』，是其義矣。」「幾」、「微」義同，禮記學記「微而臧」，孔穎達疏謂「微」爲「幽隱」；檀弓「禮有微情者」，疏云：「微者，不見也。」幽隱無象，故曰「視之而弗見，名之曰微」。足證帛書甲、乙本保存了老子之舊；今本作「視之不見名曰夷」者誤。再如，第三句帛書甲、乙本「捪之而弗得，名之曰夷」，今本作「搏之不得名曰微」。顯然是今本將屬第一句之「微」字與屬第三句之「夷」字前後顛倒，張冠李戴。

二、帛書甲、乙本第三句「捪之而弗得，名之曰夷」，今本多同王本作「搏之而不得名曰微」，唯吳澄、林志堅本作「搏之不得名曰微」。這裏不僅誤「夷」字爲「微」，並且誤「捪」字爲「搏」。說文：「捪，撫也，一曰摹也。」「捪」字也可寫作「捪」，廣雅釋詁：「捪，循也。」易經乾鑿度、列子天瑞篇皆作「視之不見，聽之不聞，循之不得」；淮南子原道也作「視之不見其形，聽之不聞其聲，循之不得其身」。「循之不得」，即帛書甲、乙本「捪之而弗得」，猶言撫摸不着。廣雅釋詁：「夷，滅也。」「捪之而弗得」，正與「名之曰夷」義相合。足證今本不僅誤「捪」字爲「搏」，而且誤「夷」字爲「微」，而失原義遠矣。今本之訛誤，均當據帛書甲、乙本訂正。

甲本：三者不可至（致）計（詰），故園（混）〔而爲一〕116。

乙本：三者不可至（致）計（詰），故緒（混）而爲一。

王本：此三者不可致詰，故混而爲一。

世傳今本多同王本，唯林志堅本「可」下有「以」字，作「此三者不可以致詰」；慶陽、磻溪、蘇轍諸本「故」下有「復」字，作「故復混而爲一」。

帛書甲本稍殘，乙本保存完好。二本經文相同，唯「混」字甲本寫作「圂」，乙本寫作「䋌」。馬叙倫云：「案『混』借爲『棞』，古書言『混沌』者，皆謂未分析。説文：『棞，完木未析也。』今通用『混』。」帛書研究組據馬説增注云：「按『圂』從束從口，疑即説文部首之『㯻』字，在此讀爲『棞』，完木未析也。」乙本注：「䋌，疑爲『緄』字，……在此讀爲『掍』。」按「䋌」字從君得聲，「混」字從昆得聲，「君」、「昆」皆見紐文部字，古讀音相同，故甲本「圂」字與乙本「䋌」字，均當從今本假爲「混」。帛書「計」字乃「詰」之借字。經文當從今本作「三者不可致詰，故混而爲一」。

河上公注：「三者，謂『夷』、『希』、『微』也。不可致詰者，夫無色，無聲，無形，口不能言，書不能傳，當受之以静，永之以神，不可詰問而得之也。混，合也。故合於三，名之而爲『一』。」蔣錫昌云：「泰初時期，天地未闢，既無聲色，亦無形質，此種境界不可致詰，亦不可思議。老子以爲此即最高之道，無以名之，姑名之曰『一』也。」

甲本：一者，其上不攸（皦），其下不忽（昧），尋尋呵不可名也，復歸於无物。

乙本：一者，其上不謬（皦），其下不忽（昧），尋尋呵不可命（名）229上也，復歸於无物。

王本：其上不皦，其下不昧，繩繩不可名，復歸於無物。

傅奕本句首有「一者」二字，作「一者，其上不皦，其下不昧」。景龍碑「皦」字作「曒」，第二個「其」字作「在」，謂「其上不皦，在下不昧」；磻溪、焦竑二本「皦」字亦作「曒」。景福、孟頫、傅奕、徽、邵、司馬、吴、彭、焦諸本「繩繩」下有「兮」字，作「繩繩兮不可名，復歸於無物」；遂州與想爾注本「昧」字作「忽」，「繩繩」二字作「蠅蠅」，謂「其上不皦，其下不忽，蠅蠅不可名，復歸於無物」。

帛書甲、乙本皆有「一者」一句，今本除傅奕本保存此句外，其它皆無。按此乃承上文「混而爲一」而言，當有「一者」爲是，無則挩漏，應據甲、乙本補。帛書甲本「其上不攸，其下不忽」，乙本作「其上不謬，其下不忽」，今本多同王本作「其上不皦，其下不昧」。三者各不相同，當從孰是？許抗生、張松如皆據莊子天下篇「謬悠之説」一句，許謂「謬義爲勝，今從乙本」；張謂：「疑當作『攸』，讀爲『悠』，意爲謬悠虚遠。」按天下篇云：「古之道術有於是者，莊周聞其風而悦之。以謬悠之説，荒唐之言，無端崖之辭。」「謬悠之説」，乃謂其説之虚妄，釋文謂：「若忘於情實者也。」則同本經文「其上不謬，其下不忽」不類。從字音分析，「攸」、「謬」、「皦」三音雖用字各異，而讀音相同。如「攸」字古屬喻紐幽部，「謬」字屬明紐幽部，「喻」、「明」二紐古相通轉。如喻紐「溢」字與明紐「謐」字通假，詩周頌維天之命「假以溢我」，説文卷三引作「誐以謐我」。段玉裁注：「謐，鉉本作『溢』，此用毛詩改竄也，廣韵引説文作『謐』。按毛詩『假以溢我』，傳曰『假嘉溢慎』，與『誐』、『謐』字異義同。許所偁蓋三家詩『誐』、『謐』皆本義，『假』、『溢』皆假借也。」又如説文「璊」字，先云「從玉㒼聲」，莫奔切，屬明紐；又云「璊或從允」，「允」余準切，屬喻紐。此皆「喻」、「明」二紐通轉之證。「攸」、「謬」古音相同，而「攸」、「皦」與「謬」、「皦」古音皆通。「謬」、「攸」皆幽部字，「皦」屬宵部，「宵」、「幽」旁轉。「謬」聲在明紐，「皦」在見紐，「明」、「見」二紐相通。如左傳莊公十年「曹劌請見」，史記魯世家、刺客列傳均作「曹沫」，「劌」屬見紐，「沬」在明紐。周禮考工記匠人「廟門容大扃七個」，説文鼎部引作「廟門容大鼏七箇」。「鼏」莫狄切，明紐字；「扃」古熒切，見紐字。皆「明」、「見」二紐通用之證。「攸」聲在喻紐，「皦」在見紐，「喻」、「見」二紐發音相近。如「貴」見紐字，加辵符讀作喻紐「遺」；「谷」見紐字，加水符讀作喻紐「浴」；反之，「異」喻紐字，加北符讀作見紐「冀」。以上參見黄焯古今聲類通轉表。下句「忽」、「昧」二字古音亦通，「忽」字从勿得聲，與「昧」字同爲明紐物部字，乃雙聲疊韵，音同互假。

通過以上分析，帛書甲本「其上不攸，其下不忽」，乙本「其上不謬，其下不忽」，今本「其上不皦，其下不昧」，三者用字雖異，而古讀音相同。「攸」、「謬」、「皦」通假，「忽」與「昧」通假。今本用本字，帛書用借字，當從今本。河上公釋「皦」字爲「光明」，釋「昧」字爲「闇冥」。蘇轍亦云：「物之有形者，皆麗於陰陽，故上皦下昧不可逃也。道雖在上而不皦，雖在下而不昧，不可以形數推也。」此言道者上不皦下不昧，超然自若，不可以物比，不可以言狀。從經義分析，古注不誤，當從之。

帛書甲、乙本「尋尋呵不可名也，復歸於無物」，乙本假「命」字爲「名」。今本「尋尋」二字作「繩繩」，傅奕及諸宋本「繩繩」下多有「兮」字，王弼本挩此字。「尋尋」、「繩繩」同音，皆重言形況字，此當從今本作「繩繩」爲是。詩周南螽斯「宜爾子孫繩繩兮」，大雅抑「子孫繩繩」，毛傳、鄭箋皆據爾雅訓「戒」訓「慎」。河上公注：「繩繩者，動行無窮極也。」成玄英疏云：「繩繩，運動之貌也。言道運轉天地，陶鑄生靈，而視聽莫尋，故不可名也。復歸者，還源也。無物者，妙本也。夫應機降迹，即可見可聞；復本歸根，即無名無相；故言復歸於無物也。」

甲本：是胃（謂）无狀之狀，无物之［象，是謂忽[117]恍］。

乙本：是胃（謂）无狀之狀，无物之象，是胃（謂）沕（忽）望（恍）。

王本：是謂無狀之狀，無物之象，是謂惚恍。

敦煌丙本首句無「謂」字，作「是無狀之狀，無物之象」；遂州本亦無「謂」字，「象」字作「像」、「惚恍」二字作「忽怳」，謂「是無狀之狀，無物之像，是謂忽怳」。邢玄本最後二字亦作「忽怳」；景龍、易玄、景福、孟頫、河上諸本作「忽恍」；傅、范二本作「芴芒」；徽、邵、彭、志諸本作「恍惚」。司馬本「無物之象」句重；蘇轍、吳澄二本作「無象之象」。

帛書甲本稍殘，乙本保存完好，經文均與王本同；唯乙本「惚恍」作「沕望」，假借字也；王本作「惚恍」。蔣錫昌云：「强本嚴注：『無象之象，無所不象。』是嚴作『無象之象』。諸本或作『無象之象』，以與上句『無形之形』一律，不知老子自作『無物之象』。二十一章：『惚兮！恍兮！其中有象。恍兮！惚兮！其中有物。』『物』、『象』對言，即據此文『無物之象』而來，可證也。『無狀之狀，無物之象』，謂道若有若無；若可見，若不可見；其爲物也，無色無體，無聲無響，然可思索而得，意會而知。此思索而得之狀，意會而知之象，無以名之，名之曰『無狀之狀，無物之象』也。王注：『欲言無邪，而物由以成；欲言有邪，而不見其形。故曰『無狀之狀，無物之象』也。」「惚恍」則正言「恍惚」。二十一章「道之爲物，惟恍惟惚」，王弼注：「恍惚，無形不繫之歎。」此言「惚恍」，爲取與「狀」、「象」諧韻，故作「惚恍」，顛倒讀之。

甲本：〔隨而不見其後，迎〕而不見其首。

乙本：隨而不見其後，迎而不見229下其首。

王本：迎之不見其首，隨之不見其後。

景龍、易玄、邢玄、敦煌丙本均無兩個「之」字，作「迎不見其首，隨不見其後」；景福碑「迎之」句在「隨之」句下，作「隨之不見其後，迎之不見其首」，與帛書甲、乙本語序相同。

帛書甲、乙本與今本經義相同，唯「之」字甲、乙本均作「而」，且「隨而」句在「迎而」句之前，稍異。成玄英疏：「迎不見其首，明道非古無始也；隨不見其後，明道非今無終也。」言道既不知其始，亦不知其終，則無始無終；出現在天地之前，又「象帝之先」。

甲本：執今之道，以御今之有，以知古始，是胃（謂）〔道紀〕。

乙本：執今之道，以御今之有，以知古始，是胃（謂）道紀。

王本：執古之道，以御今之有，能知古始，是謂道紀。

景龍碑「御」字作「語」，「能」字作「以」，「紀」字作「己」，謂「執古之道，以語今之有，以知古始，是謂道己」；景福、敦煌丙、河上、志諸本「能」字均作「以」，謂「以知古始，是謂道紀」；顧歡本作「是謂道紀也」，最後有「也」字。

帛書甲、乙本均作「執今之道，以御今之有，以知古始，是謂道紀」，今本多同王本作「執古之道，以御今之有，以知古始，是謂道紀」。甲、乙本「執今之道」，今本皆作「執古之道」，「今」、「古」一字之差，則意義迥然有别。按托古御今是儒家的思想，法家重視現實，反對托古。史記商君列傳：「衛鞅曰：『治世不一道，便國不法古。』」荀子非相篇：「舍後王而道上古，譬之是猶舍己之君而事人之君也。故曰：『欲觀千歲，則數今日。』」太史公自序言及道家則云：「有法無法因時爲業，有度無度因物與合。故曰：『聖人不朽，時變是守。』」從而足證經文當從帛書甲、乙本作「執今之道，以御今之有」爲是。「御」猶「治」，詩大雅思齊「以御于家邦」，鄭箋：「御，治也。」劉師培云：「『有』卽『域』字之叚字也。『有』通作『或』，『或』卽古『域』字。詩商頌烈祖『奄有九有』，毛傳：『九有，九州也。』又『正域彼四方』，毛傳：『域，有也。』國語楚語『共工氏之伯九有也』，韋注：『有，域也。』此文『有』字與『九有』之『有』同。『有』卽『域』，『域』卽二十五章『域中有四大』之『域』也。『御今之有』，猶言御今之天下國家也。」謂執今之道，治理今之天下國家。

「以知古始，是謂道紀」，奚侗云：「禮記樂記『中和之紀』，鄭玄注：『紀，總要之名也。』」蔣錫昌云：「古『能』、『而』通用，『以』、『而』亦通用，故諸本或假『以』爲『能』也。古始，泰初無名之始也。……顧本成疏：『古始，卽無名之道也。』『能知古始，是謂道紀』，謂聖人能知泰初無名之道，是謂得道之總要也。」

十五（今本道經第十五章）

甲本：〔古之118善爲道者，微妙玄達〕，深不可志（識）。夫唯不可志（識），故强爲之容。

乙本：古之善爲道者，微眇（妙）玄達，深不可志（識）。夫唯230上不可志（識），故强爲之容。

王本：古之善爲士者，微妙玄通，深不可識。夫唯不可識，故强爲之容。

傅奕、樓古二本「士」字作「道」，謂「古之善爲道者」。范應元本「識」字作「測」，謂「微妙玄通，深不可測。夫惟不可測，故强爲之容」；司馬本無第二個「可」字，作「夫唯不識，故强爲之容」；遂州本無「故」字，作「夫唯不可識，强爲之容」。

帛書甲本殘十字，乙本保存完好。與今本勘校，乙本「古之善爲道者」，今本除傅奕、樓古二本與之相同外，其它皆作「古之善爲士者」。乙本「微眇玄達」，今本皆作「微妙玄通」。甲、乙本並假「志」字爲「識」。

河上本今作「古之善爲士者」，注云：「謂得道之君也。」顯見原本「士」字當作「道」。馬叙倫云：「後漢書黨錮傳注引作『道』；依河上注，蓋河上亦作『道』字。范、易州、羅卷、臧疏、張之象並作『士』，成疏曰：『故援昔善修道之士以軌則聖人。』則成亦作『士』。論文『道』字爲是，今王本作『士』者，蓋六十八章之文。」朱謙之云：「依河上公注，『善爲士者』當作『善爲道者』。傅奕本『士』作『道』，即其證。畢沅曰：『道，河上公、王弼作「士」。」案：作『道』是也，高翿本亦作『道』。」今據帛書乙本論之，則爲馬、朱二氏之說得一確證，老子原作「善爲道者」，「士」字乃後人所改。

帛書乙本「微眇玄達」，今本作「微妙玄通」，「眇」、「妙」二字通用，「通」、「達」二字義同，此當從今本。蔣錫昌云：「史記老子列傳：『老子曰：……良賈深藏若虛，君子盛德，容貌若愚。』皆此文『微妙玄通，深不可識』之誼也。」

易順鼎云：「文選魏都賦張載注引老子曰：『古之士，微妙元通，深不可識。夫唯不可識，故強爲之頌。』……作『頌』者古字，作『容』者今字。……『強爲之容』猶云『強爲之狀』。」此之謂善爲道者，將以成聖而盡神，容狀不可識，免強言之，則如下文。

甲本：曰：與（豫）呵其若冬〔涉水。猶呵 119 其若〕畏四〔鄰。嚴呵〕其若客。

乙本：曰：與（豫）呵其若冬涉水。猶呵其若畏四哭（鄰）。嚴呵其若客。

王本：豫焉若冬涉川。猶兮若畏四鄰。儼兮其若容。

傅奕本句首有「曰」字，「焉」字作「兮」，謂「曰：豫兮若冬涉川」；景福、范、徽、邵、司馬、彭、志諸本與之同，唯句首無「曰」字；河上本「豫」字作「與」，謂「與兮若冬涉川」；景龍、易玄、邢玄、樓古、磻溪、樓正、敦煌丙、遂州、顧、蘇諸本無「焉」字，作「豫若冬涉川」。第二句景龍、邢玄、易玄、樓古、磻溪、樓正、遂州、顧、蘇、焦諸本無「兮」字，作「猶若畏四鄰」。第三句景福、孟頫、河上、司馬、吴、志諸本「容」字作「客」，謂「儼兮其若客」，景龍、邢玄、易玄、磻溪、樓正、顧、傅、焦諸本作「儼若客」；樓古、遂州、徽、邵、蘇、彭諸本作「儼若容」。

帛書甲、乙本句首均有「曰」字，世傳今本唯傅本有，其它皆無。按此乃承前文「强爲之容」而言，下述七排列句皆謂「善爲道者」之行表與儀態，爲「曰」之賓語。無「曰」字則無謂語，語意不明。今本誤挩，當據帛書甲、乙本補。甲、乙本「曰」下七句每句皆有「其」字，「其」在此爲「善爲道者」之代詞，乃是每一句中之主語。王本僅第三、五、六、七共四句中有「其」字，而第一、二、四共三句中有遺漏，本當一律。論之古籍，文子上仁篇引此文皆有「其」字，句型亦與帛書甲、乙本同，作「豫兮其若冬涉大川。猶兮其若畏四鄰」。文子「冬涉大川」，老子今本作「冬涉川」，甲、乙本同作「冬涉水」。「水」、「川」二字古文形近易混，「水」共名，「川」專名，義同。「儼兮其若容」，帛書「容」字作「客」，河上、傅奕及諸唐本亦多作「客」。作「客」是，「容」字係因形近而誤。

説文象部：「豫，象之大者。」犬部：「猶，玃屬。」段玉裁注：「曲禮曰：『使民決嫌疑，定猶豫。』正義云：『説文：「猶，玃屬」。「豫，象屬。」此二獸皆進退多疑，人多疑惑者似之，故謂之「猶豫」。』按古有以聲不以義者，如『猶豫』雙聲，亦作『猶與』，亦作『冘豫』，皆遲疑之貌。老子：『豫兮如冬涉川。猶兮若畏四鄰。』離騷：『心猶豫而狐疑。』以『猶豫』二字皃其狐疑耳。」王弼注：「冬之涉川，豫然若欲度，若不欲度，其情不可得見之貌也。」以喻「善爲道者」遇事遲疑審慎不敢妄爲。「猶呵其若畏四鄰」，河上公注：「其進退猶猶如拘制，若人犯法畏四鄰知之也。」王弼注：「四鄰合攻中央之主，猶然不知所趣向者也。上德之人，其端兆不可覩，意趣不可見，亦猶此也。」王弼以「鄰」爲鄰國，河上公以「鄰」爲鄰人，論之經義，似以王説義長。蔣錫昌云：「言聖人常畏四鄰侵入，故遲疑戒慎，柔弱自處，而不敢爲天下先也。」「嚴呵其若客」，「嚴」字今本「嚴」字作「儼」，吴澄云：「矜莊貌。」此乃端莊嚴謹之謂也。言其如作賓客，則舉止端莊，謙恭卑下，自慎自愛，不敢妄作。唯恐失禮不敬，招來非議。

甲本：涣呵其若淩（凌）澤（釋）。 王□（敦）呵其若楃（樸）。

乙本：涣呵230下其若淩（凌）澤（釋）。 沌（敦）呵其若樸。

王本：涣兮若冰之將釋。 敦兮其若樸。

景龍、易玄、邢玄、樓古、磻溪、樓正、顧、傅、徽、彭、邵、蘇諸本，首句無「兮」與「之」二字，作「涣若冰將釋」；遂州本作「涣若冰將汋」；孟頫本無「之」字，作「涣兮若冰將釋」。景龍、易玄、顧歡三本，下句無「兮其」二字，作「敦若樸」；遂州本作「混若樸」。

帛書甲、乙本假「澤」字爲「釋」，作「其若凌釋」，今本作「若冰之將釋」或「若冰將釋」。按「若」前應有「其」字，「冰」、「凌」二字義同，此當從帛書甲、乙本作「其若凌釋」爲是。帛書甲本下句「呵」前一字殘，其左側僅存一「玉」字形符；乙本作「沌」；今本作「敦」。甲本此殘字亦必「敦」之同音假借字，此當從今本作「敦兮其若樸」。

劉師培云：「文子上仁篇作『涣兮其若冰之液』。疑老子古本作『液』，『將釋』二字係後人旁記之詞，校者用以代正文。」蔣錫昌云：「按説文：『釋，解也。』『液，水盡也。』『冰』可言解，而不可言水盡，誼固以『釋』爲長。然『釋』字古亦假『液』爲之。禮記月令『冰凍消釋』，釋文：『釋，本作「液」。』是其例也。文子作『液』者，假字；老子作『釋』者，乃本字也。」劉説非是。此句與上句相對爲言，謂聖人外雖儼敬如客，而内則一團和氣，隨機舒散，無復凝滯，涣然如冰之隨消隨化，毫無跡象可見也。「敦兮其若樸」，河上公注：「『敦』者質厚，『樸』者形未分，内守精神，外無文采也。」乃謂「善爲道者」，純厚的好象尚未加工雕琢的原木。

甲本：湷（混）〔呵其若濁。湷（曠）呵120其〕若浴（谷）。

乙本：湷（混）呵其若濁。湷（曠）呵其若浴（谷）。

王本：曠兮其若谷。混兮其若濁。

邢玄、磻溪、孟頫、樓正、河上、徽、范、彭、邵、司馬、蘇、吴諸本「混」字作「渾」，謂「渾兮其若濁」；志本作「渾兮其如濁」；顧歡本作「曠若谷，渾兮若濁」；易玄作「曠若谷，渾若濁」；遂州作「曠若谷，沌若濁」。景福碑「混兮」句在「曠兮」句之前，語序與帛書甲、乙本同，作「混兮其若濁，曠兮其若谷」；景龍碑語序也如此，但經文作「混若濁，曠若谷」。

帛書甲本殘損七字，乙本保存完好，惟王本「混兮」二字，乙本作「湷呵」；「曠兮」二字作「湷呵」；「谷」字作「浴」。皆同音假借字，經義無别，只是語序彼此顛倒。文子上仁篇「曠」字作「廣」，該句亦在

「混兮」句下，與帛書甲、乙本及景龍、景福二碑語序相同，疑古本如此。河上公注：「『曠』者寬大，『谷』者空虛，不有德功名，無所不包也。『渾』者守舉真，『濁』者不照然也，與衆合同不自尊。」此以寬博融合喻「善爲道者」之寬大能容，和光同塵，不可得形名也。

自「曰」字以下七句，皆喻「善爲道者」之儀態。王弼云：「凡此諸『若』，皆言其容象不可得而形名也。」宋人蘇轍對此有一簡明解釋，如云：「戒而後動曰『豫』，其所欲爲，猶迫而後應，豫然若冬涉川，逡巡如不得已也。疑而不行曰『猶』，其所不欲，遲而難之，猶然如畏四鄰之見之也。若客無所不敬，未嘗惰也。若冰將釋，知萬物之出於妄，未嘗有所留也。若樸，人僞已盡，復其性也。若谷，虛而無所不受也。若濁，和其光，同其塵，不與物異也。」

甲本：濁而情（靜）之余（徐）清，女（安）以重（動）之余（徐）生。

乙本：濁而靜之徐清，女（安）以重（動）之徐生。

王本：孰能濁以靜之徐清，孰能安以久動之徐生。

此二句經文今本多不同，兹將異於王本者録之於下：

景龍：孰能濁以靜之徐清，安以動之徐生。

景福：孰能濁以靜之徐清，孰安以久動之徐生。

樓古、孟頫、徽、邵、吴、彭諸本：孰能濁以靜之徐清，孰能安以動之徐生。

司馬：孰能濁以静之徐清，孰能安以久之徐生。

傅奕：孰能濁以澄靖之而徐清，孰能安以久動之而徐生。

范本：孰能濁以靖之而徐清，孰能安以久動之而徐生。

志本：孰能濁以久静之徐清，孰能安以久動之徐生。

遂州：濁以静之徐清，安以動之徐生。

顧歡：濁以静之徐清，安以久動之徐生。

帛書甲、乙本無「孰能」二字，作「濁以静之徐清，安以動之徐生」。今本經文有兩冠「孰能」者，也有一冠「孰能」者，參差不一。唯遂州、顧歡二本無此二字，尤以遂州本經文與帛書甲、乙本全同，顧歡本僅於下句多一「久」字。因今本經文内容參差，諸家注釋多不一致。王弼注有「夫晦以理物則得明」一語，本爲下文「濁以静」與「安以動」二句作解，而易順鼎、馬叙倫二人據此，均謂經文蓋挩「孰能晦以理之徐明」一句。今據帛書甲、乙本論之，原文僅有「濁以静」與「安以動」兩句，今本不誤，易、馬之説非。經文原爲陳述句，非疑問句，今本中「孰能」二字，無論出現一次或兩次，皆後人所增，非老子原有。「徐清」與「徐生」乃對語。「徐」有舒緩之義，説文謂之「安行也」。説文通訓定聲引春秋元命苞云：「徐之言舒也。」釋名釋州國：「徐，舒也。土氣舒緩也。」吴澄注云：「濁者，動之時也，繼之以静，則徐徐而清矣。安者，静之時也，静繼以動，則徐徐而生矣。」蘇轍亦云：「世俗之士，以物汩性，則濁而不復清；枯槁之士，以定滅性，則安而不復生。今知濁之亂性也，則静之；静之而徐自清矣。知滅性之非道也，則動之；

動之而徐自生矣。」

甲本：葆（保）此道不欲盈，夫唯不欲〔盈，是以能敝而不〕121成。

乙本：葆（保）此道〔不〕231上欲盈，是以能褩（敝）而不成。

王本：保此道者不欲盈，夫唯不盈，故能蔽不新成。

遂州本作「夫唯不欲盈，能弊復成」；景龍碑作「夫唯不盈，能弊復成」；磻溪、孟頫二本「唯」字作「惟」，謂「夫惟不盈，故能弊不新成」；范、彭二本與之全同，唯「弊」字作「敝」，稍異。司馬本作「是以能弊復成」；傅奕本作「是以能敝而不成」；易玄、邢玄、易福、樓古、樓正、顧、蘇諸本「蔽」字作「弊」，謂「故能弊不新成」；徽、邵、吴、志、焦諸本「蔽」字作「敝」，謂「故能敝不新成」。

帛書甲本末句殘毀七字，乙本保存較好，僅殘損一字，經文彼此可互補。但是，乙本脱「夫唯不欲盈」一句，作「保此道不欲盈，是以能褩而不成」。馬叙倫云：「莊本淮南道應訓引『保』作『復』，汪本引同此。文子守弱篇引作『服』。倫謂『保』、『復』、『服』之幽二類通假也。」蔣錫昌認爲「保」、「復」、「服」雖可通假，但應從莊本引淮南作「復」。他説：「『復』與返還誼同，四十章『反者道之動』，『反』即『返』。『復此道者不欲盈』，猶言『返此道者不欲盈』也。」按「保」字有守、恃之義，「保此道」猶言「守此道」，蔣説亦非。俞樾云：「『蔽』乃『敝』之叚字；唐景龍碑作『弊』，亦『敝』之叚字；永樂大典正作『敝』。『不新成』三字，景龍碑作『復成』二字。然淮南子道應篇引老子曰：『服此道者不欲盈，故能弊而不新成。』則古本如此。但今本無「而」字，於文義似未足耳。」俞氏云「『蔽』乃『敝』之假借字」誠是，但是他據淮南道應，而謂此文爲「故能弊而不新成」則不確。帛書老子此文作「是以能敝而不成」，無「新」字；傅奕本經文與帛書同；景龍、遂州、司馬諸本雖誤作「能弊復成」，但也不作「新成」。足以説明老子原本即當如此，今本「新」字乃由後人妄增。按此節經文，帛書甲本字有殘損，乙本句亦有脱漏，世傳今本則多有衍誤。兹據上舉古今各本共同勘校，此文當訂正爲：「保此道不欲盈，夫唯不欲盈，是以能敝而不成。」

劉師培云：「『能弊』之『能』，義與『寧』同，言寧損弊而不欲清新廉成。」劉氏謂「能」字讀作「寧」，甚爲精闢。王引之經傳釋詞云：「『能』與『寧』一聲之轉，而同訓爲『乃』，故詩『寧或滅之』，漢書谷永傳作『能或滅之』。」經文則謂：守此道不欲盈，正因爲不欲盈，故而寧敝壞而不圖成。如文子上仁篇所云「自虧缺不敢全也」。

十六（今本道經第十六章）

甲本：至（致）虚極也，守情（静）表（篤）也，萬物旁（並）作，吾以觀其復也。

乙本：至（致）虚極也，守静督（篤）也，萬物旁（並）作，吾以觀其復也。

王本：致虚極，守静篤。萬物並作，吾以觀復。

景福、河上二本「致」字作「至」，謂「至虚極」；傅奕本「静」字作「靖」，謂「守靖篤」；景龍、景福、孟頫三本「篤」字作「薦」，謂「守静薦」。景龍、易玄、邢玄、景福、慶陽、樓古、磻溪、孟頫、樓正、遂州、敦煌英、河上、顧、傅、范、徽、邵、司馬、蘇、彭、吴、志諸本「觀」下有「其」字，作「吾以觀其復」。

帛書甲本「守情表也」，乙本作「守静督也」，今本皆作「守静篤」。古代「情」、「静」二字同音，「督」、「篤」二字亦同音，皆可互假，當從今本作「守静篤」。但是甲本「表」字與「篤」古音非類，顯爲誤字。帛書整理組認爲「『表』或是『裻』字之誤」。按「裻」字或從衣毒聲，寫作「襩」，「襩」、「篤」二字同音，其説可信。帛書甲、乙本「吾以觀其復也」，今本多作「吾以觀其復」，唯王本奪「其」字。文子道原篇引作「吾以觀其復」，句末無「也」字；淮南道應篇作「吾以觀其復也」，與甲、乙本同。帛書甲、乙本在「極」、「篤」、「復」三字之後皆有「也」字。

「虚」者無欲，「静」者無爲，此乃道家最基本的修養。「極」與「篤」是指心靈修煉之最高狀態，即所謂極度和頂點。蘇轍云：「致虚不極，則『有』未亡也；守静不篤，則『動』未亡也。丘山雖去，而微塵未盡，未爲『極』與『篤』也。蓋致虚存虚，猶未離有；守静存静，猶陷於動；而況其他乎！不極不篤，而責虚静之用，難已。虚極静篤，以觀萬物之變，然後不爲變之所亂，知凡作之未有不復也。」「復」字指反復，即所謂循環。吴澄云：「復，反還也。物生，由静而動，故反還其初之静爲復。植物之生氣下藏，動物之定心内寂也。」蔣錫昌云：「爾雅釋言：『復，返也。』萬物自生至死，猶人行路之往而復來，比喻適當，此正老子用字之精。『萬物並作，吾以觀其復』，謂萬物競生，吾因觀其歸終之道也。」

甲本：天（夫）物雲雲，各復歸於其〔根〕。

乙本：天（夫）物231下秐秐，各復歸於其根。

王本：夫物蕓蕓，各復歸其根。

傅、范二本「夫」字作「凡」，「蕓蕓」二字作「䝨䝨」，無「復」字，謂「凡物䝨䝨，各歸其根」；景龍、遂州二本「蕓蕓」二字作「雲雲」，亦無「復」字，謂「夫物雲雲，各歸其根」；孟頫、顧、徽、邵、蘇、吳、彭、焦諸本皆無「復」字，作「夫物蕓蕓，各歸其根」。

帛書甲、乙本「夫」字皆寫作「天」，筆誤也。甲本「雲雲」二字，乙本作「秐秐」，王本作「蕓蕓」，傅、范二本作「䝨䝨」。畢沅云：「莊子作『萬物云云，各復其根』。說文解字有『物數紛䝨』之言，是奕用正字。」馬叙倫云：「䝨，俞先生謂是俗字，是也。說文曰：『員，物數也。』當作『員員』。莊子作『云云』者，『云』、『員』同聲，故得通假。詩『聊樂我員』，釋文作『云』，是其證。」蔣錫昌云：「說文云：『員，物數也。』又云：『䝨，物數紛䝨亂也。』段注：『「紛䝨」謂多，多則亂也。』古假『芸』爲『䝨』。老子：『夫物芸芸，各歸其根。』是『員』、『䝨』二字不同，一指物數而言，一指物數之紛亂而言。『云』、『芸』皆『䝨』之假。傅、范二本作『䝨』，乃用正字。馬依俞說，以爲『䝨䝨』當作『員員』，不可從也。」朱謙之云：「云云，河上、王弼本作『芸芸』，傅、范本作『凡物䝨䝨』，莊子在宥篇、文選江淹雜擬詩注引、與遂州碑本均作『云云』。案作『云云』是。『䝨』、『芸』二字亦通。顧野王玉篇云部引老子：『凡物云云，復歸其根。』案『云』，不安靜之辭也。呂氏春秋『雲氣西行，云云然冬夏不輟』，漢書『談說者云云』，並是也。又『䝨』，玉篇云：『音云，又音運，物數亂也。」說文：「物數紛䢵亂也。」義亦可通。一說「云云」是「䢵䢵」之省，奕用正字。又「芸」，河上公注：「芸芸者，華葉盛。」彭耜集注釋文曰：「『芸芸』喻萬物也，以茂盛爲動，以凋衰爲静；『云云』者喻人事也，以逐欲爲動，以息念爲静；義同。蓋經有『根』字，故作『芸芸』。」」按「云云」、「芸芸」、「䢵䢵」，帛書乙本又作「秐秐」，皆重言形況字，所表達的意義相同，很難確定孰爲正字，孰爲假借。段玉裁云「古有以聲不以義者」，此即其中一例。「夫物雲雲，各復歸其根」，這是在「致虚極，守静篤」的前題下，從「萬物並作」中觀察到宇宙間循環往復之自然規律，從而體會到作爲一定運動形態之物，雖紛然雜陳，但最終仍然是無一不復歸於其根，即復歸於創造宇宙本體的道。

甲本：〔歸根曰静〕122，静，是胃(謂)復命。復命常也，知常明也；不知常，巿(妄)，巿(妄)作，兇。

乙本：曰静，静，是胃(謂)復命。復命常也，知常明也；不知常，芒(妄)，芒(妄)作，兇。

王本：歸根曰静，是謂復命。復命曰常，知常曰明；不知常，妄作，凶。

景龍、易玄、邢玄、慶陽、樓古、磻溪、孟頫、樓正、遂州、徽、范、邵、司馬、蘇、彭、吳、志、焦諸本，「是謂復命」皆作「静曰復命」；彭本「知常曰明」作「知常，明」；景龍本「妄作」作「忘作」；河上本作「萎作」。

帛書甲本首句殘損，乙本作「曰静」，今本皆作「歸根曰静」。按此節經文乃承前文「夫物云云，各復歸於其根」而言，故綴連前文「歸根」二字，曰「歸根曰静」。甲本四字皆殘，乙本僅作「曰静」，無「歸根」二字，顯爲抄寫時挩漏，當據今本補正。又如此節經文每句皆作連綴重語，今本則將「静」、「妄」等連綴重語删去，雖然用字從簡，則經義不若帛書甲、乙本詳實。從經文内容分析，殊覺删之不當。今據古今各本勘校，此文當作：「歸根曰静，静，是謂復命。復命常也，知常明也；不知常，妄，妄作，凶。」

「復命常也」之「常」字，非常短之「常」也。韓非子解老篇云：「夫物之一存一亡，乍死乍生，初盛而後衰者，不可謂常。唯夫與天地之剖判也俱生，至天地之消散也，不死不衰者謂『常』。而『常』者，無攸易，無定理。無定理，而在於常（『而』字原誤作『非』，見陶鴻慶讀諸子札記），是以不可道也。聖人觀其玄虚，用其周行，强字之曰『道』，然而可論。」王弼注：「『常』之爲物，不偏不彰，無皦昧之狀，温涼之象，故曰『知常曰明』也。」德經第五十五章：「知和曰常，知常曰明。」「和」指陰陽相交，對立面的統一；「常」謂事物運動之永恒規律，與本章所言義同，皆以常爲道，如今言之自然法則。知此道者，可謂明也，不知此道者，盲目行事，故謂凶也。

甲本：知常容，容乃公，公乃王，王乃天，天乃道，〔道乃久〕123。沕（没）身不怠（殆）。

乙本：知常容，容乃公，公乃王，〔王232上乃〕天，天乃道，道乃〔久〕。没身不殆。

王本：知常容，容乃公，公乃王，王乃天，天乃道，道乃久。没身不殆。

世傳今本此段經文多與王本相同，唯景龍碑「乃」字作「能」，謂「知常容，容能公，公能王，王能天，天能道，道能久」；遂州碑與之同，唯「王」字作「生」，謂「公能生，生能天」。邢玄、傅、范三本最後一句

「没」字作「殁」，謂「殁身不殆」。

帛書甲本「道乃久」三字殘，乙本「久」字與「没身不殆」字跡不清。帛書研究組注云：「通行本作『道乃久』，此脱『久』字。又此下『没身不殆』四字損壞，帛書原件上尚可辨。」

「知常容，容乃公」，河上公謂「容」字爲「無所不包容也」。王弼謂「無所不包通」。蔣錫昌釋「容」字爲「法」。如云：「廣雅：『容，法也。』訓『容』爲『法』者，乃以『容』爲『鎔』。説文：『鎔，冶器法也。』故『法』者謂法象，即模範也。」又云：「『公乃王，王乃天』，『公』、『王』、『天』三字皆作實字。二十五章『故道大，天大，地大，王亦大』，與此文例相似，可證。此文『公』、『王』，即四十二章之『王公』。或先言『公』，或先言『王』，其爲實字則一也。」「此謂知常之人便可爲人模範，爲人模範者便可爲公，爲公者便可爲王；王與天合，天與道合，道則亘古恒在，其用不窮也。」蔣氏之説雖辨，但是他設計的「爲人模範者便可爲公，爲公者便可爲王」，此種三級遞遷制度，於先秦歷史無徵，故難苟同。勞健云：「『知常容，容乃公』，以『容』、『公』二字爲韻。『天乃道，道乃久』，以『道』、『久』二字爲韻。獨『公乃王，王乃天』二句韻相遠。『王』字義本可疑，王弼注此二句云：『蕩然公平，則乃至於無所不周普也；無所不周普，則乃至於同乎天也。』『周普』顯非釋『王』字。道藏龍興碑本作『公能生，生能天』，『生』字更不可通。按莊子天地篇云：『執道者德全，德全者形全，形全者神全，神全者聖人之道也。』此二句『王』字蓋即『全』字之譌。『公乃全，全乃天』，『全』、『天』二字爲韻。王弼注云『周普』是也。又吕覽本生篇『天子之動也，以全天爲故者也』，高注：『全，猶順也。』可補王注未盡之義。今本『王』字、碑本『生』字，當並是『全』之壞字；『生』字尤形近於『全』，可爲蛻變之驗也。」勞氏認爲「公乃王，王乃天」之「王」字，是「全」的壞字，王注「蕩然公平，則乃至於無所不周普也」，也非對「王」字的詮釋，而是對「全」字的注解。今從帛書甲、乙本觀查，兩本同作「公乃王，王乃天」，並無「全」字的痕跡，足見勞氏之説只是一種推測，並無可靠的依據。可是有人根據此説，已將經文「王」字改作「全」。細審帛書經文，同今本完全一致，古注也甚貼切，無須改换經文，經義十分明暢。經云：「知常容，容乃公，公乃王，王乃天，天乃道，道乃久。」王弼注：「無所不包通也。無所不包通，則乃至於蕩然公平也。蕩然公平，則乃至於無所不周普也。無所不周普，則乃至於同乎天也。與天合德，體道大通，則乃至於窮極虛無也。窮極虛無，得道之常，則乃至於不有極也。」王釋「容」字爲「無所不包」，釋「公」字爲「蕩然公平」，釋「王」字爲「無所不周普」。「周普」二字亦作「周溥」，猶今言「普遍」。説文：「王，天下所歸往也。」「無所不周普」與「天下所歸往」，文異而義同，皆爲對「王」字之詮釋。書周洪範：「無偏無黨，王道蕩蕩。無黨無偏，王道平平。」此可爲「公乃王」之最好注脚。蘇轍云：「無所不容，則彼我之情盡，尚誰私乎。無所不公，則天下將往而歸之矣。無所不懷，雖天何以加之。」則對「容」、「公」、「王」之解釋甚是。最後一句「没身不殆」，是從前文「容」、「公」、「王」、「天」、「道」、「久」六句中生發出來的結語。王注云：「無之爲物，水火不能害，金石不能殘。用之於心，則虎兕無所投其爪角，兵戈無所容其鋒刃，何危殆之有乎！」此之謂與天合德，得道之常，無殃無咎，何危之有！

十七（今本道經第十七章）

甲本：太上，下知有之。其次，親譽之。其次，畏之。其下，母（侮）之。

乙本：太上，下知又（有）〔之。其次〕，親譽之。其次，畏之。其下，母（侮）之。

王本：太上，下知有之。其次，親而譽之。其次，畏之。其次，侮之。

吴澄本「下」字作「不」，「而」字作「之」，「侮」前無「其次」二字，謂「太上，不知有之。其次，親之譽之。其次，畏之侮之」。焦竑本「下」字亦作「不」，「而」字作「之」，謂「太上，不知有之。其次，親之譽之。其次，畏之。其次，侮之」；景福、敦煌英、河上、顧歡、司馬諸本作「其次，親之譽之」；傅奕本作「其次，親之。其次，譽之」；易玄、邢玄、慶陽、樓古、磻溪、孟頫、樓正、遂州、徽、范、彭、邵、蘇、志諸本，作「其次，親之譽之。其次，畏之侮之」；景龍碑作「其次，親之豫之。其次，畏之侮之」。

帛書甲、乙本經文與王弼本基本一致，稍異者有二處：一是王本第二句「其次，親而譽之」，帛書作「其次，親譽之」。另一是王本第四句「其次，侮之」，帛書作「其下，侮之」。

吴本首句作「太上，不知有之」；吴澄云：「『太上』猶言『最上』。『最上』謂大道之世，相忘於無爲。」胡適云：「日本本『知』上有『不』字。」馬叙倫云：「韓非引此而説之曰：『此言太上之下，民無説也，則安取懷惠之民。』則韓意謂太上之下，民知有之而無説也。亦作『下知』，作『智』者非故書矣。論義則作『不知』爲長。本書『上無爲而民自化』，『民之飢以其上食税之多也』，皆以『民』與『上』對文，無作『下』者，可證也。」朱謙之云：「禮記曲禮『太上貴德，其次務施報』，鄭注『太上，帝皇之世，其民施而不惟報。』老子所云正指太古至治之極，以道在宥天下，而未嘗治之，民相忘於無爲，不知有其上也。『下知有之』，紀昀曰：『下，永樂大典作「不」，吴澄本亦作「不」。』今按焦竑老子翼從吴本。又王註舊刻附孫鑛考正云：『今本「下」作「不」。』作『不』義亦長。」如今所見除吴本外，諸如元鄧錡道德真經三解、明太祖御注道德真經、焦竑老子翼、周如砥道德經解集義、清潘静觀道德經妙門約等，皆作「太上，不知有之」。故而有些學者信從此說，甚至有人已將經文中之「下」字改作「不」，讀作「太上，不知有之」。今從帛書甲、乙本觀察，同作「太上，下知有之」。論之古籍，韓非子難三篇引此文作「太上，下智有之」，「智」乃「知」之借字。文子自然篇作「故太上，下知而有之」。足證老子原文如此，元明諸本作「太上，不知有之」者，乃由後人竄改。蔣錫昌云：「『太上』者，古有此語，乃最上或最好之誼。魏策：『故爲王計：太上，伐秦；其次，賓秦；其次，堅約而詳講與國，無相離也。』謂最上，伐秦也。襄二十四年傳：『太上，有立德；其次，有立功；其次，有立言。』謂最上，有立德者也。……皆其證也。此文『太上』，亦謂最好，係就世道升降之程度而言，猶謂最好之世也。」王注：『太上，謂大人也，大人在上，故曰「太上」。』河上注：『太上，謂太古無名之君也。』自此二注出，後世解老者，即皆以『太上』爲君，沿誤至今，莫能是正，而老子之誼晦矣。『下』者，在下之人民，即韓非『此言太上之下民無説也』句中之『下民』也。馬氏以『下』爲讀，將『下民』二字分開，實爲誤讀。『之』爲君之代名詞，下三『之』字並同。『太上，下知有之』，謂最好之世，下民僅知有一君之名目而已。意謂過此以外，即無所知也。蓋老子之意，以爲至德之世，無事無爲，清静自化。君民之間，除僅相知以外，毫不發生其他關係。古代所謂『帝力何有於我』，八十章所謂『民至老死不相往來』，皆指此種境界而言，此卽老子『聖人之治』也。」按老子將治世分作四個等級，如帛書甲、乙本所言「太上」、「其次」、「其次」、「其下」。「太上」最好；「其次」第二；第二個「其次」卽再其次，屬第三；最壞是「其下」。猶今言最上、其次、再次、最下。今本自「太上」以降，連言三個「其次」，似有誤文。今從帛書甲、乙本得證，當作「太上」、「其次」、「其次」，「其下」。「太上」以降，人君以仁義治世，下民得以親譽之，卽第十八章云「大道廢有仁義」，故言「其次」也。再降，仁義不足以爲治，則繼之以刑罰，下民畏之，此之謂再次也。又降，刑罰不足以爲治，加之以詐僞，下民侮之，此之謂最下也。

甲本：信不足，案有不信。

乙本：信不足，安232下有不信。

王本：信不足焉，有不信焉。

景龍、易玄、邢玄、慶陽、樓古、磻溪、樓正、遂州、敦煌英、顧、司馬、蘇、焦諸本皆無「焉」字，作「信不足，有不信」；吴澄本作「故信不足，有不信」；傅、徽、邵、彭、孟頫諸本作「故信不足焉，有不信」；景福碑作「信不足焉，有不信」；范、志二本作「故信不足焉，有不信焉」；河上本無「有不信焉」一句。

帛書甲本作「信不足，案有不信」，乙本作「信不足，安有不信」；王本作「信不足焉，有不信焉」，或將二「焉」字均屬下讀，作「信不足，焉有不信焉」。其它今本有二個「焉」字者，有一個「焉」字者，亦有無「焉」字者，多不同。

河上公注：「君信不足於下，下則應之以不信而欺君也。」可見河上本原有「有不信」一句，後人抄寫挩漏。王弼注：「夫御體失性，則疾病生；輔物失真，則疵釁作；信不足焉，則有不信；此自然之道也。」經作「信不足，焉有不信焉」讀者，依馬叙倫之説也。馬氏則據王念孫之説。王念孫云：「王弼本第十七章『信不足焉，有不信焉』，河上公本無下『焉』字者是也。『信不足』爲句，『焉有不信』爲句。焉，於是也。言信不足，於是有不信也。吕氏春秋季春篇注曰：『焉，猶於是也。』聘禮記曰：『及享，發氣焉盈容。』言發氣於是盈容也。……河上公注云：『君信不足於下，下則應之以不信而欺其君也。』『則』正解『焉』字之義。祭法曰：『壇墠有禱焉祭之，無禱乃止。』言壇墠有禱則祭之也。……後人不曉『焉』字之義，而讀『信不足焉』爲一句，故又加『焉』字於下句之末，以與上句相對，而不知其謬也。」馬氏於是謂王注「信不足焉，則有不信」，是王弼「不明『焉』字之義，故增『則』字解之」。按今本「焉」字，帛書甲本作「案」，乙本作「安」。「焉」、「案」、「安」三字皆如今語中之連詞「於是」或「則」，意義相同。王引之經傳釋詞卷二：「安，猶於是也，乃也，則也。『安』或作『案』，或作『焉』，其義一也。」

甲本：〔猶呵〕[124]，其貴言也。成功遂事，而百省（姓）胃（謂）我自然。

乙本：猶呵，其貴言也。成功遂事，而百姓胃（謂）我自然。

王本：悠兮，其貴言。功成事遂，百姓皆謂我自然。

景龍碑首句「悠」字作「由」，無「兮」字，謂「由其貴言」；易玄、樓正、敦煌英、顧、司馬、蘇諸本作「猶其貴言」；遂州本作「其猶貴言」；邢玄、慶陽、磻溪、河上、徽、范、邵、吴、彭、志、焦諸本作「猶兮，其貴言」；傅、范二本作「猶兮，其貴言哉」。後一句，景龍碑「功成」二字作「成功」，無「皆」字，謂「成功事遂，百姓謂我自然」；景福作「成功事遂，百姓皆謂我自然」；傅、范、徽、邵、司馬、彭、志諸本作「百姓皆曰我自然」；易玄、邢玄、慶陽、樓古、磻溪、樓正、遂州、顧、司馬、蘇諸本作「百姓謂我自然」。

帛書甲本首句殘二字，乙本作「猶呵，其貴言也」。今本「猶」字或作「由」，或作「悠」。朱謙之云：「『由』與『猶』同。荀子富國篇『由將不足以勉也』，注：『與「猶」同。』楚辭『尚由由而進之』，注：『猶豫也。』老子十五章『猶兮若畏四鄰』，與此『由其貴言』之『由』字誼同，並有思悠悠貌。故作『悠』字義亦通。」後一句，甲、乙本「成功遂事，而百姓謂我自然」，今本『成功』或作「功成」，多作「功成事遂，百姓皆謂我自然」。

王弼注：「自然，其端兆不可得而見也，其意趣不可得而覩也。無物可以易其言，言必有應，故曰『悠兮其貴言』也。居無爲之事，行不言之教，不以形立物，故功成事遂，而百姓不知其所以然也。」吴澄云：「貴，寶重也。寶重其言，不肯輕易出口。蓋聖人不言無爲，俾民陰受其賜，得以各安其生。」蔣錫昌云：「老子所謂『自然』，皆指『自成』而言。『自成』亦即三十六章及五十七章『自化』之意。『功成事遂，百姓皆謂我自然』，謂人民功成事遂，百姓皆謂吾儕自成，此即古時所謂『帝力何有於我』也。」「本章自首『其次』至『焉有不信』，言世道逐步下降之現象。自『悠兮』以下，言世道未衰以前之現象。二者相對，所以明聖人無爲之可貴，首句所謂『太上，下知有之』也。」

十八（今本道經第十八章）

甲本：故大道廢，案有仁義。知（智）快（慧）出，案有大125僞。

乙本：故大道廢，安有仁義。知（智）慧出，安有〔大僞〕233上。

王本：大道廢，有仁義。慧智出，有大僞。

傅奕本兩個「有」字上皆有「焉」字，「慧智」二字作「智慧」，謂「大道廢，焉有仁義。智慧出，焉有大僞」。范應元本「義」、「僞」二字下有「焉」字，「慧智」二字作「知惠」，謂「大道廢，有仁義焉。知惠出，有大僞焉」；景龍碑「廢」字作「癈」，「仁」字作「人」，「慧智」二字作「智惠」，謂「大道癈，有人義。智惠出，有大僞」；景福、孟頫、河上三本亦作「智惠出」；邢玄、樓古、磻溪、樓正、遂州、顧、彭、徽、邵、蘇、吴、志、焦諸本作「智慧出」；司馬本作「知慧出」。

帛書甲本「故大道廢，案有仁義。智慧出，案有大僞」，乙本「案」字作「安」，傅本作「焉」。「安」、「案」、「焉」三字用法和意義與前章「信不足，安有不信」完全相同，皆作「於是」解。范本將「焉」字移至句末，世傳本多同王本將「焉」字删去，皆誤，均應據帛書甲、乙本訂正。

甲本：六親不和，案有畜（孝）兹（慈）。邦家閲（昏）亂，案有貞臣。

乙本：六親不和，安又（有）孝兹（慈）。國家閲（昏）亂，安有貞臣。

王本：六親不和，有孝慈。國家昏亂，有忠臣。

范應元本句末均有「焉」字，「忠」字作「貞」，謂「六親不和，有孝慈焉。國家昏亂，有貞臣焉」；吴澄本「慈」字作「子」，謂「六親不和，有孝子」；傅奕本「忠」字作「貞」，謂「國家昏亂，有貞臣」。

帛書甲、乙本經文相同，「昏」字均作「悶」；唯甲本「案」字，乙本作「安」，用法和意義亦如前述。今本多同王本，皆有挩漏，當據甲、乙本補正。又甲、乙本均作「貞臣」，今本多同王本作「忠臣」，「忠」、「貞」二字皆竭誠之意，在此通用。

王弼注：「甚美之名，生於大惡，所謂美惡同門。六親，父子、兄弟、夫婦也。若六親自和，國家自治，則孝慈、忠臣不知其所在矣。魚相忘於江湖之道，則相濡之德生也。」蘇轍云：「六親方和，孰非孝慈。國家方治，孰非忠臣。堯非不孝也，而獨稱舜，無瞽叟也。伊尹、周公非不忠也，而獨稱龍逢、比干，無桀、紂也。涸澤之魚，相呴以沫，相濡以溼，不如相忘於江湖。此之謂仁義、大僞、忠臣、孝慈之興，皆由道廢、德衰、國亂，親亡之所致也。」

十九（今本道經第十九章）

甲本：絶聲（聖）棄知（智），民利百負（倍）。絶仁棄義，民126復畜（孝）兹（慈）。絶巧棄利，盜賊无有。

乙本：絕耶（聖）棄知（智），而民利百倍，絕仁棄義，而民233下復孝茲（慈）。絕巧棄利，盜賊无有。

王本：絕聖棄智，民利百倍。絕仁棄義，民復孝慈。絕巧棄利，盜賊無有。

遂州本「智」字作「知」，「民」字作「人」，謂「絕聖棄知，人利百倍」；易玄、傅、范三本「智」字亦作「知」，謂「絕聖棄知」；景龍碑「仁」字作「民」，謂「絕民棄義」；吳澄本「絕聖」一句在「絕仁」一句之下。

帛書甲、乙本與今本經文內容基本相同，唯乙本多出兩個虛詞「而」字，稍異。但今本「聖」字甲本寫作「聲」，乙本寫作「耶」；「智」字甲、乙本均作「知」；「倍」字甲本作「負」；「孝」字甲本作「畜」；「慈」字甲、乙本並作「茲」。皆同音假借字，今本所用爲本字。

「聖智」、「仁義」、「巧利」，皆人之憧憬競逐而不可盡得者也，老子力主於「絕」者何也？呂吉甫云：「聖人知天下之亂始於迷本而失性，惟無名之樸爲可以鎮之。『絕聖棄智，絕仁棄義，絕巧棄利』，乃所以復吾無名之樸而鎮之也。夫『絕聖棄智』，『絕仁棄義』，則不以美與善累其心矣。『絕巧棄利』，則不以惡與不善累其心矣。內不以累其心，而外不以遺其迹，則民利百倍，『民復孝慈，盜賊無有』，固其理也。蓋『絕聖棄智』，『絕仁棄義』，不尚賢之盡也；絕而棄之，則非特不尚而已。『絕巧棄利』，不貴難得之貨之盡也；絕而棄之，則非特不貴而已。人之生也，萬物皆備於我矣，則有至足之富。能絕聖棄智而復其初，則其利百倍矣。『民復孝慈』，則六親皆和，而不知有孝慈矣。『盜賊無有』，則國家明治，而不知有忠臣矣。不尚賢，使民不争；『民利百倍』，『民復孝慈』，則非特不争而已。不貴難得之貨，使民不爲盜，『盜賊無有』，則非特不爲盜而已。」

甲本：此三言也，以爲文未足，故令之有所屬。

乙本：此三言也，以爲文未足，故令之有所屬。

王本：此三者，以爲文不足，故令有所屬。

景龍、景福二本無「以」字，作「此三者，爲文不足」；遂州本作「此三者，言爲文不足」；司馬本作「此三者，以爲文而未足」；傅奕本作「此三者，以爲文而未足也」；范應元本作「三者，以爲文不足也」。

帛書甲、乙本經文相同，與今本之主要差别是：首句「此三言也」，今本多作「此三者」，或謂「三者」。所謂「三言」，係指前述之「聖智」、「仁義」、「巧利」而言。雖説「三言」、「三者」誼同，但從文義分析，當從帛書甲、乙本作「三言」更爲準確。吕吉甫云：「聖智也，仁義也，巧利也，此三者以爲文而非質，不足而非全，故絶而棄之，令有所屬。見素抱樸，少私寡欲，乃其所屬也。」于省吾謂「爲」字通「僞」，如云：「書堯典『平秩南僞』，史記五帝紀作『南爲』。禮記月令『毋或作爲淫巧』，注：『今月令「作爲」爲「詐僞」。』『文』讀荀子儒效『取是而文之也』之『文』，文飾也。『此三者』謂『聖智』、『仁義』、『巧利』。『以僞文不足』，言以僞詐文飾其所不足也。下言『故令有所屬，見素抱樸，少私寡欲』，是皆不以僞詐文飾爲事，絶之於彼，而屬之於此，此老子本義也。」

甲本：見素抱〔樸127，少私而寡欲〕。

乙本：見素抱樸，少私而寡欲。

王本：見素抱樸，少私寡欲。

易玄本「樸」字作「撲」，謂「見素抱撲」；孟頫本作「見素抱樸」。磻溪本「私」字作「思」，謂「少思寡欲」。

帛書甲本有殘損，乙本保存完好，經文與王本同，只多一虛詞「而」字。劉師培云：「案『私』字當作『思』。韓非子解老篇曰：『凡德者以無爲集，以無欲成，以不思安，以不用固。』『思』、『欲』並言。又文選謝靈運鄰里相送方山詩李注引老子曰『少思寡欲』，此古本作『思』之證。韓非子之『不思』，即釋此『少思』也。」論之帛書，甲本殘缺，乙本此字也殘剩半字。但將其殘迹與第七章諸『私』字比較，亦足證乙本原作「少私」無疑。劉氏以韓非解老子德經第三十八章文，證此「少私」二字爲「少思」，不足爲據，其説非是。蔣錫昌云：「莊子山木篇：『其民愚而樸，少私而寡欲。』其言本此，可證老子自作『私』，不作『思』。若李注作『思』，則爲『私』之誤。文選嵇叔夜幽憤詩及謝靈運田南樹園激流植援詩兩注引並作『少私寡欲』，可證。至韓非所言，與此章『少私』之誼無關。」

絲未染色者爲「素」，木未雕琢成器者爲「樸」，皆指物之本質和本性。老子以此爲喻，教人少私寡欲，以復其本。呂吉甫云：「『見素』則知其無所與雜而文，『抱樸』則知其不散而非不足。素而不雜，樸而不散，則復乎性。外物不能惑而少私寡欲矣。少私寡欲而後可以語絕學之至道也。」

甲本：四字全部殘毁。

乙本：絶學234上无憂。

王本：絶學無憂。

帛書甲本全部殘毁，乙本保存完好，經文與今本相同。按此句經文，世傳今本皆在第二十章之首。經學者考證，多認爲當屬第十九章之末。帛書甲、乙本皆不分章，此文上承「少私寡欲」，下接「唯與阿，其相去幾何」，中間無明顯章界。古籍章次，多爲漢人劃分，如秦之蒼頡、爰歷、博學三書，原不分章，漢閭里書師將其并爲一書，斷六十字爲一章，分作五十五章，即其例。今據帛書甲、乙本論之，今本章次非老子之意，亦必漢人所爲，並不完全可信。馬叙倫云：「『絶學無憂』一句，當在上章。」蔣錫昌云：「此句自文誼求之，應屬上章，乃『絶聖棄智，絶仁棄義，絶巧棄利』一段文字之總結也。晁公武郡齋讀書志，謂唐張君相三十家老子注以『絶學無憂』一句附『絶聖棄知』章末，以『唯之與阿』别爲一章，與諸本不同，當從之。後歸有光、姚鼐亦以此章屬上章，是也。」高亨云：「亨按馬説是也。請列三説以明之：『絶學無憂』與『見素抱樸，少私寡欲』句法相同，若置在下章，爲一孤立無依之句，其説一也。『足』、『屬』、『樸』、『欲』、『憂』爲韻，若置下章，於韻不諧，其説二也。『見素抱樸，少私寡欲，絶學無憂』文意一貫，若置在下章，則與文意遠不相關，其説三也。老子分章多有乖戾，決非原書之舊。」綜觀前人之研究，其説甚是。從經文内容分析，依今本將其斷爲第二十章之首，不若斷爲第十九章之末貼切。

蔣錫昌云：「按四十八章『爲學日益，爲道日損』，河上注：『學，謂政教禮樂之學也。』『日益』者，情欲文飾，日以益多。「道」謂自然之道也。「日損」者，情欲文飾，日以消損。』此『學』與彼『學』誼同，即河上所謂『政教禮樂之學』，如『聖』、『智』、『仁』、『義』、『巧』、『利』是也。莊子田子方：『始吾以聖知之言、仁義之行爲至矣；吾聞子方之師，吾形解而不欲動，口鉗而不欲言。吾所學者，直土梗耳。』莊子所謂『學』，亦指『聖知』、『仁義』而言，與老子同，可資參證。蓋『爲學』與『爲道』，立於相反之地位；『爲學』即不能『爲道』，『爲道』即不能『爲學』。唯『絕學』而後可以『爲道』，唯『爲道』而後天下安樂，故曰『絕學無憂』也。」

二十（今本道經第二十章）

甲本：唯與訶，其相去幾何？美與惡，其相去何若？人之〔所畏〕，亦不128〔可以不畏人〕。

乙本：唯與呵，其相去幾何？美與亞（惡），其相去何若？人之所畏，亦不可以不畏人。

王本：唯之與阿，相去幾何？善之與惡，相去若何？人之所畏，不可不畏。

傅奕、遂州二本「善」字作「美」，「若何」二字作「何若」，謂「美之與惡，相去何若」；景龍、易玄、邢玄、景福、慶陽、樓古、磻溪、孟頫、樓正、河上、顧、范、徽、邵、司馬、蘇、吳、彭、志諸本作「善之與惡，相去何若」。

帛書甲本稍有殘損，乙本保存完好，同王本勘校，彼此有三處差異：第一，甲本「唯與訶」，乙本作「唯與呵」，今本多同王本作「唯之與阿」；唯潘靜觀道德經妙門約作「唯之與訶」，與甲、乙本基本相同。劉師培云：「『阿』當作『訶』，說文：『訶，大言而怒也。』廣雅釋詁：『訶，怒也。』『訶』俗作『呵』，漢書食貨志『結而弗呵乎」，顏注：『責怒也。』蓋『唯』爲應聲，『訶』爲責怒之詞。人心之怒，必起於所否，故老子因叶下文『何』韻，以『訶』代『否』。『唯之與阿』，猶言從之與違也。」論之帛書，今本「阿」字甲本作「訶」，乙本作「呵」。古文「言」、「口」二形符通用，故「訶」、「呵」同字。此爲劉說得一確證，『阿』字當爲「訶」之借字。第二，帛書「美與惡，其相去何若」，今本多同王本作「善之與惡，相去若何」，唯傅奕、遂州二本作「美之與惡，相去何若」，與帛書甲、乙本基本相同。易順鼎云：「王本作『美之與惡，相去何若』，正與傅奕本同。王注：『唯阿美惡，相去何若。』是其證也。今本作『若何』，非王本之舊。」蔣錫昌云：「顧本成疏：『順心爲美，逆心爲惡。』是成作『美』、『惡』對言。傅本『善』字作『美』，應從之。此文『阿』、『何』、『惡』、『若』爲韻。諸本『若何』作『何若』，亦應從之。易氏據王注作『美之與惡，相去何若』，是也。」易、蔣二氏之說至確，甲、乙本均作「美與惡，相去何若」。今本「美」字作「善」，因形近而誤。第三，帛書乙本「人之所畏，亦不可以不畏人」，甲本有殘損，僅存「人之」與「亦不」共四字；今本皆作「人之所畏，不可不畏」，經文則與帛書大相徑庭。今本所言乃謂：人所懼怕的，不可不懼怕；帛書所言則謂：人所懼怕者，被懼怕者亦懼怕人。今本所言是正順式，帛書所言乃正反式。劉殿爵云：「今本的意思是：別人所畏懼的，自己也不可不畏懼。而帛書本的意思是：爲人所畏懼的——就是人君——亦應該畏懼怕他的人。兩者意義很不同，前者是一般的道理，後者則是對君人者所說有關治術的道理。」劉說誠是。帛書與今本經義大不相同，其中必有一誤。論之經義，前文云：「唯與呵，其相去幾何？美與惡，其相去何若？」『唯』與『呵』、『美』與『惡』皆正反相成，與帛書此文語例一律，足證誤在今本。此之謂爲國君者，不以無爲爲化，專賴威刑，民不堪威，反抗斯起，如七十四章云：「若民恒且不畏死，奈何以殺懼之也。」因民之反，爲君者或爲民殺，或爲民亡，史皆有徵，故老子云：「人之所畏，亦不可以不畏人。」

甲本：〔朢呵，其未央哉〕！衆人巸（熙）巸（熙），若鄉（饗）於大牢，而春登臺。

乙本：朢呵，其未央234下才（哉）！衆人巸（熙）巸（熙），若鄉（饗）於大牢，而春登臺。

王本：荒兮，其未央哉！衆人熙熙，如享大牢，如春登臺。

遂州本首句「荒」字作「莽」，無「兮」、「哉」二字，謂「莽其未央」；易玄作「荒其未央」；傅奕本首句無「哉」字，後一句「如」字作「若」，謂「荒兮，其未央！衆人熙熙，若享太牢，若春登臺」；景龍碑首句「荒」字作「忙」，「忙」下空一字，無「兮」、「哉」二字，後一句「如」字亦作「若」，謂「忙□其未央！衆人熙熙，若享太牢，若春登臺」；司馬、邵、范、吴、志、孟頫諸本最後一句作「如登春臺」。

帛書甲本首句六字殘損，乙本保存完好，作「朢呵，其未央哉！」「朢」字王本作「荒」，他本有作「忙」或「莽」者。王弼注：「歎與俗相反之遠也。」河上公注：「或言世俗人荒亂，欲進學爲文，未央止也。」後人本王弼、河上公之説，或訓「荒」字爲廣，或訓「荒」字爲亂。如蔣錫昌釋此文爲「廣大微妙而遠無涯際也」；張松如譯作「混亂呵，一切全無邊無際呀」；高亨獨創新意，訓「荒」字爲駹，譯作「奔走啊，没有終了」。因「荒」非本字，故各家訓釋皆未切經義。帛書作「朢呵，其未央哉」，「朢」字乃「望」之古體，今「望」行而「朢」廢。古「望」、「荒」、「忙」三字音同，可互爲假用，在此「望」爲本字。釋名釋姿容：「望，茫也，遠視茫茫也。」在此爲廣、遠之義。廣雅釋詁：「央，盡也。」經文「其未央哉」，歎其無涯際也。此以「望呵，無涯際」，以起下文「衆人熙熙，如饗大牢，而春登臺」。左傳襄公二十九年「廣哉熙熙乎」，杜注：「熙熙，和樂聲。」「大牢」，今本作「太牢」，義同，乃饗禮之最上者。周時宴饗之禮分五等級，計九鼎、七鼎、五鼎、三鼎和一鼎，大牢級別最高，用九鼎。「而春登臺」，今本「而」字作「如」，王引之經傳釋詞云：「『而』猶『如』也。」俞樾云：「按『如春登臺』與十五章『若冬涉川』一律。河上公本作『如登春臺』，非是。然其注曰：『春陰陽交通，萬物感動，登臺觀之意志淫淫然。』是亦未嘗以『春臺』連文。其所據本亦必作『春登臺』，今傳寫誤倒耳。」帛書甲、乙本均作「春登臺」，俞說至確。此之謂世俗之人縱情恣欲，其樂而無度。熙熙攘攘，如饗大牢盛宴，又如春日登臺，貪歡覓樂。

甲本：我泊焉未佻（兆），若〔嬰兒129未咳〕。纍呵，如〔无所歸〕。

乙本：我博（泊）焉未垗（兆），若嬰兒未咳。纍呵，似无所歸。

王本：我獨泊兮，其未兆，如嬰兒之未孩。儽儽兮，若無所歸。

景龍碑首句「泊」字作「魄」，「如」字作「若」，無「獨」、「兮」、「其」、「之」四字，作「我魄未兆，若嬰兒未孩」；遂州本作「我魄未兆，若嬰兒之未孩」；傅奕本作「我獨魄兮，其未兆，若嬰兒之未咳」；邢玄、樓古、磻溪、樓正、河上、司馬、志、焦諸本「泊」字作「怕」，謂「我獨怕兮，其未兆，如嬰兒之未孩」；景福、范本作「我獨怕兮，其未兆，如嬰兒之未咳」；徽、蘇、彭三本作「我獨怕兮，其未兆，若嬰兒之未孩」；顧歡作「我獨怕兮，未兆，若嬰兒之未孩」。後一句，景福碑「儽儽」二字作「乘乘」，謂「乘乘兮，其若無所歸」；邢玄、磻溪、樓古、樓正、河上、敦煌英、徽、邵、司馬、蘇、彭、吴、志、焦諸本作「乘乘兮，若無所歸」；顧歡、遂州二本「儽儽」二字作「魁」，無「兮」、「若」二字，作「魁無所歸」；傅奕作「儡儡兮，其不足以無所歸」；范應元作「儽儽兮，其若不足似無所歸」。

帛書甲本「泊焉」，乙本作「博焉」，今本作「泊兮」、「魄兮」或「怕兮」。帛書「未咳」，今本「未孩」、「未孩」間作。帛書「纍呵」，今本作「儽儽兮」、「乘乘兮」，還有僅作一單字「魁」者。

王弼注：「言我廓然無形之可名，無兆之可舉，如嬰兒之未能孩也。」易順鼎云：「釋文出『廓』字，云河上本作『泊』。據此，則王本作『廓』，可知。注云『言我廓然無形之可名』，是其證也。文選子虛賦、養生論注兩引作『怕』，皆河上本。今王本作『泊』，蓋後人據河上本改之。幸未改注文，猶可考見耳。」論之帛書甲、乙本，足證今見王本首句「我獨泊兮，其未兆」基本不誤。易氏據釋文出「廓」字，因謂王本「泊」字當作「廓」，不確。帛書甲本作「我泊焉未兆」，與王本近似；乙本作「博」，乃「泊」之借字。「泊」、「怕」二字義同通用，皆謂恬静無爲。如漢書司馬相如傳「泊乎無爲」，文選子虛賦作「怕乎無爲」，即其證。帛書甲、乙本「纍呵」，猶言「纍纍」，乃失志疲憊之狀。禮記玉藻：「喪容纍纍」，注「纍纍，羸憊貌也。」史記孔子世家：「纍纍若喪家之狗。」今本作「儽儽」，義同。説文：「咳，小兒笑也，从口亥聲。」又云：「孩，古文『咳』，从子。」經文則謂聖人恬静無爲，無跡無舉，若不知咳笑之嬰兒；而心身倦怠，若行無所歸。蘇轍云：「人各溺於所好，其美如享太牢，其樂如春登臺，嚣然從之，而不知其非。唯聖人深究其妄，遇之泊然不動，如嬰兒之未能孩也。乘萬物之理而不自私，故若無所歸。」

甲本：〔衆人〕皆有餘，我獨遺（匱）。我禺（愚）人之心也，惷惷（沌沌）呵。

乙本：衆人皆又（有）余（餘），我愚人之心235上也，湷湷（沌沌）呵。

王本：衆人皆有餘，而我獨若遺。我愚人之心也哉，沌沌兮。

景龍、易玄、遂州、傅、顧、徽、邵、吳、彭諸本無「而」字，作「我獨若遺」。後一句范應元本「我」下有「獨」字，作「我獨愚人之心也哉」，景龍、易玄、遂州三本無「也」、「哉」、「兮」三字，「沌」字作「純」，謂「我愚人之心，純純」；顧歡本作「我愚人之心，純純兮」；磻溪、樓古、樓正、徽、彭、邵、司馬、蘇、志諸本亦作「純純兮」；邢玄、敦煌英二本無「兮」字，作「純純」。

帛書甲本首句「衆人」二字殘損，乙本挩「我獨遺」三字，彼此可互據互補。與今本勘校，經文基本一致，唯各本所用虛詞稍異。

王弼釋「衆人皆有餘，而我獨若遺」云：「衆人無不有懷有志，盈溢胸心，故曰『皆有餘』也。我獨廓然無爲無欲，若遺失之也。」奚侗云：「『遺』借作『匱』，不足之意。禮記祭義『而窮老不遺』，釋文：『遺，本作「匱」。』是其證。」奚氏之説甚是。于省吾亦謂：「『遺』應讀作『匱』，二字均諧『貴』聲，音近字通……。廣雅釋詁『匱，加也。』王念孫謂『匱』當作『遺』，以『遺』有『加』義，『匱』無『加』義也。禮記樂記『其財匱』，釋文：『匱，乏也。』『衆人皆有餘，而我獨若匱』，匱乏與『有餘』爲對文。自來解者，皆讀『遺』如字，不得不以遺失爲言矣。」帛書甲本「惷惷呵」，乙本作「湷湷呵」，今本作「沌沌兮」或「純純兮」。「惷惷」、「湷湷」、「沌沌」、「純純」皆形況字。馬叙倫云：「案『沌』、『純』、『忳』並借爲『惇』，説文曰：『惇，厚也。』『惲，重厚也。』『惲惇』今通作『渾沌』。此三字當在『若嬰兒之未咳』上，所以形容嬰兒渾沌未分，不知咳笑，與『儡儡兮』對文。」因馬氏之説，遂有學者即將此句經文移至「若嬰兒之未咳」之前。今諭之帛書甲、乙本，「沌沌呵」三字均在「我愚人之心也」之後，與世傳今本同，非如馬説。蔣錫昌云：「『沌沌兮』三字連上文『我愚人之心也哉』爲句，與四十九章『聖人在天下歙歙焉』句法一律。『我愚人之心也哉』，謂聖人居心無識無求，一若愚人也。『沌沌兮』，所以形容聖人渾沌無知也。」

甲本：　鬻（俗）〔人昭昭130，　我獨若〕閽（昏）呵。　鬻（俗）人蔡（察）蔡（察），　我獨閩（悶）閩（悶）呵。

乙本：鬻（俗）人昭昭，我獨若悶（昏）呵。鬻（俗）人察察，我獨閩閩呵。

王本：俗人昭昭，我獨昏昏。俗人察察，我獨悶悶。

傅奕本「人」下有「皆」字，第一個「昏」字作「若」，「察」字作「詧」，「悶」字作「閔」，閔上有「若」字，謂「俗人皆昭昭，我獨若昏。俗人皆詧詧，我獨若閔閔」；范本與之同，唯「詧」字作「察」，稍異；河上本「俗」字作「衆」，第一個「昏」字作「若」，謂「衆人昭昭，我獨若昏」；景龍、易玄、慶陽、樓古、磻溪、樓上、敦煌英、顧、徽、邵、司馬、蘇、彭、志諸本亦作「我獨若昏」。景福碑末句作「我獨如昏」。

帛書甲本首句殘損六字，「昏」字寫作「闠」，「俗」字寫作「鬻」，「察」字作「蔡」，「悶」字作「閔」。乙本保存完好，「俗」字也寫作「鬻」，「昏」字作「閽」，「悶」字作「閩」。經義與王本同。

「俗人昭昭」，王弼注：「耀其光也。」釋德清云：「謂智巧現於外也。」蔣錫昌云：「『昭昭』卽自見之義。二十二章『不自見，故明』，七十二章『是以聖人自知不自見』，並與此文互明。『俗人皆昭昭』，謂普通之人君皆耀光以自見也。」「我獨若昏呵」，奚侗云：「『昏昏』，諸本作『若昏』。句法不協，茲從王本。莊子在宥篇：『至道之極，昏昏默默。』」按浙江書局王弼本作「昏昏」，道藏王弼本作「若昏」，景龍、易玄、敦煌英等唐本多作「若昏」。顧本成疏「故若昏也」，是成亦作「若昏」。諭之帛書甲、乙本，均作「若昏」，足證老子原作「若昏」，今本作「昏昏」者，乃後爲取句法相協而改。此乃謂聖人無識無爲，其狀若昏也。「俗人察察」，王弼注：「分別別析也。」釋德清云：「『察察』，卽俗謂分星擘兩，絲毫不饒人之意。」此之謂疾厲嚴苛。寡恩無情。若第五十八章「其政察察」，乃立刑名，明賞罰，以檢姦僞。「我獨悶悶」，傅、范作「我獨若閔閔」。馬叙倫云：「『閔閔』是，借爲『忞忞』。說文：『忞，亂也。』古書多以『察察』、『忞忞』對言。楚辭卜居『身之察察，物之汶汶』，『汶』亦『忞』之借字。」按「悶悶」、「閔閔」、「閩閩」乃至「忞忞」、「汶汶」，皆重言形況字，音同字異，意義相同，不必强爲分別也。王弼注：「無所欲爲，悶悶昏昏，若無所識。」在此乃形容無智無欲、昏噩惇樸之狀。若第五十八章「其政悶悶」，若無形、無名、無事、無政可舉。既無所欲，亦無所識。

甲本：忽呵，其若〔海〕。朢（恍）呵，其若无所止。

乙本：沕（忽）呵，其若海。朢（恍）呵，若无所止。

王本：澹兮，其若海。飂兮，若無止。

景福碑作「忽兮，其若海。漂兮，若無所止」；河上與志二本作「忽兮，若海。漂兮，若無所止」；顧歡本作「忽若海。飄若無所止」；易玄、慶陽、磻溪、樓正、敦煌英諸本作「忽若海。寂兮，似無所止」；司馬本作「忽兮，其若晦。飄兮，似無所止」；焦竑本作「忽兮，若晦。寂兮，似無所止」；蘇轍本作「忽若晦。寂若無所止」；遂州本作「忽若晦，寂無所止」；傅奕本作「淡兮，其若海。飄兮，似無所止」；景龍碑作「淡若海，漂无所止」；范應元本作「澹兮，若海。飄兮，若無止」；吳澄本作「漂兮，其若海。飂兮，若無所止」；樓古、孟頫、徽、邵、彭諸本首句與王弼同，後一句作「飂兮，似無所止」。

帛書甲本作「忽呵，其若海。朢呵，其若无所止」，乙本與之相同，唯「忽」字作「沕」，後「若」前無「其」字，稍異。世傳今本此句經文甚爲雜亂，無論用字或句型，彼此都各有差異；諸家注釋也各持一說，互相抵牾，讀者亦難以判斷是非。如王弼釋「澹兮，其若海」爲「情不可覩」；釋「飂兮，若無止」爲「無所繫縶」。河上公釋「忽兮，若海」爲「我獨忽忽如江海之流，莫知所窮極也」；釋「漂兮，若無所止」，爲「我獨漂漂若飛若揚無所止也，志意在神域也。」强本成疏釋「忽若晦」爲「聖智實明而忽忽如闇」；釋「寂無所止」爲「雖復同塵而恒自凝寂，又不住此寂，故無所止也」。馬叙倫據楚辭、文選等古籍，考定此文作「寂兮，若海。寥兮，似無所止」。謂：「所以形容道之空盡周徧，即莊子天下篇稱老子之説所謂無藏也故有餘者也。」諸如種種注釋，各爲一説，甚難適從。而且，因今本此文多誤，有學者疑其非屬本章，謂爲錯簡。如馬叙倫謂其爲二十五章文，嚴靈峯謂其爲十五章文。今論之帛書甲、乙本，此句經文同屬本章，絶非錯簡。依甲本則作「忽呵，其若海。朢呵，其若無所止」。帛書研究組讀「朢」字爲「恍」，甚是。王本第二十一章「惚兮恍兮」，帛書甲、乙本「恍」字均寫作「朢」。蔣錫昌云：「『惚恍』或作『忽恍』，或作『芴芒』，或作『惚怳』，雙聲叠字，皆可通用。蓋雙聲叠字，以聲爲主，苟聲相近，即可通假。『恍惚』亦即『仿佛』，説文：『仿，仿佛，相似視不諟也。』」「忽兮」、「恍兮」，皆形容幽遠無形，狀不可審諟。此乃承上文「俗人昭昭，我獨若昏。俗人察察，我獨悶悶」而言，故云：忽呵，其若海。恍呵，隨其蕩漾若無所止。此乃形容聖人無爲無欲，恬静無著之怡然自得之神態。

甲本：〔衆人皆有以，我獨頑〕131以悝（俚）。我欲獨異於人，而貴食母。

乙本：衆人皆235下有以，我獨閲（頑）以鄙。吾欲獨異於人，而貴食母。

王本：衆人皆有以，而我獨頑似鄙。我獨異於人，而貴食母。

景龍碑首句「以」字作「已」，無「而」字，謂「衆人皆有已，我獨頑似鄙」；司馬本無「有」與「而」二字，作「衆人皆以，我獨頑似鄙」；樓古、磻溪、樓正、孟頫、顧、范、蘇、焦諸本皆無「而」字，作「我獨頑似鄙」；邵、徽、彭三本作「而我獨頑且鄙」；傅奕本作「而我獨頑且圖」；遂州本作「我獨頑以鄙」。後一句，傅奕本「我」字作「吾」，「獨」下有「欲」字，作「吾獨欲異於人」；遂州本作「我欲異於人」；易玄、邢玄、磻溪、孟頫、樓正、范、徽、邵、彭諸本作「而貴求食於母」；蘇轍本作「兒貴食母」。

帛書甲本首句殘，僅存「以悝」二字；乙本保存完好，作「我獨頑以鄙」。甲本「悝」字假爲「俚」，「以俚」二字與「以鄙」義同。後一句甲、乙本同作「我欲獨異於人」，較王本多一「欲」字，則與傅奕、遂州二本相近似。

王本「衆人皆有以」，注云：「以，用也。皆欲有所施用也。」「而我獨頑似鄙」，注云：「無所欲爲，悶悶昏昏，若無所識，故曰『頑且鄙』也。」可見王本原作「頑且鄙」，不是「頑似鄙」。廣雅釋詁：「頑，愚也。」文選張衡東京賦李善注：「鄙，固陋不惠。」愚蠢無知曰「頑」、固陋不惠曰「鄙」，「頑」、「鄙」並列，其間不該是副詞或動詞，應該是連詞。世傳今本作「頑似鄙」者，中間「似」字顯然有誤。傅奕本作「頑且圖」，邵、徽、彭三宋本作「頑且鄙」；唯遂州本作「頑以鄙」，與帛書甲、乙本同。「以」字在此爲連詞，「頑以鄙」猶言「頑與鄙」或「頑而鄙」。俞樾云：「按『似』當讀爲『以』，古『以』、『似』通用。……『而我獨頑以鄙』六字爲句。『頑以鄙』猶言『頑而鄙』。」俞説至確。傅本作「頑且鄙」，則因「以」字寫作「㠯」，與「且」形近而誤。帛書本作「頑以鄙」，當爲老子故文。

王本「我獨異於人，而貴食母」，注云：「『食母』，生之本也。人皆棄生民之本，貴末飾之華，故曰『我獨欲異於人』。」足證王本此文原亦有「欲」字，今本挩漏。據帛書甲、乙本勘校，「欲」字應在「獨」字之前，讀作「我欲獨異於人」。從文意分析，似較王注引「我獨欲異於人」貼切，當從。勞健云：「『食』音嗣，養也。『母』謂本也。知養其本，乃可以絶役智外求諸末學，而無懮也。河上注：『食，用也；母，道也。』王注：『食母，生之本也。』與玄宗之『求食於母』，皆讀如飲食之『食』，并失其義。吴澄以『食母』爲乳母，如禮記内則之文，讀『食』爲飼，是矣；而以『母』爲人之稱，亦非也。老子書凡言『本』者常用『母』字，以取叶韻。第五十二章『既得其母，以知其子；既知其子，以守其母』，明指本末而言。他如第一章『萬物之母』，第二十五章『可以爲天地母』，第五十九章『有國之母』，義皆如『本』。『貴食母』與『復守其母』，同是崇本之旨，『食母』、『守母』，乃所以爲道，不可謂『母』即道也。」

二十一（今本道經第二十一章）

甲本：孔德之容，唯道是從。

乙本：孔德之容，唯道是從。

王本：孔德之容，惟道是從。

世傳今本多同王本，唯景龍碑「德」字作「得」，「惟」字作「唯」，謂「孔得之容，唯道是從」。

帛書甲、乙本此節經文與世傳今本多相同，僅其中「惟道是從」，甲、乙本均作「唯道是從」，稍異。

河上公注：「孔，大也。有大德之人，無所不容，能受垢濁處謙卑也。唯，獨也。大德之人，不隨世俗所行，獨從於道也。」王弼釋「孔」爲「空」，謂：「惟以空爲德，然後乃能動作從道。」按此二釋各有所得，又皆未全盡經義。高亭集二家之長，則云：「案河上注曰：『孔，大也。』是『孔德』猶云『大德』矣。『容』當借爲『搈』，動也。説文曰：『搈，動搈也。』『動搈』疊韻連語，古或以『動容』爲之。孟子盡心篇曰：『動容周旋中禮者，盛德之至也。』楚辭九章曰：『悲秋風之動容兮。』即其證。單言『搈』亦有動義。廣雅釋詁曰：『搈，動也。』古亦或以『容』字爲之。禮記月令曰：『有不戒其容止者。』鄭注曰：『容止，謂動靜也。』莊子天下篇曰：『語心之容，命之曰心之行；心之容，謂心之動也。』即其證。然則『容』可爲『搈』明矣。河上注曰『孔德之容，惟道是從』，言大德者之動惟從乎道也。王注曰『動作從道』，正以『動』釋『容』。『無所不容』，釋爲包容之容，失之。」其實不必改作「搈」，「容」本有「動」義，古「容」、「動」二字音義皆通。

甲本：道之物，唯朢（恍）唯忽。〔忽呵恍〕132呵，中有象呵。朢（恍）呵忽呵，中有物呵。

乙本：道之物，唯朢（恍）唯沕（忽）。沕（忽）呵朢呵，中又（有）象呵236上。朢（恍）呵沕（忽）呵，中有物呵。

王本：道之爲物，惟恍惟惚。惚兮恍兮，其中有象。恍兮惚兮，其中有物。

邢玄本首句「爲」字作「於」，謂「道之於物」；景龍碑、易玄本作「唯恍唯忽」；慶陽、遂州、顧、焦諸本作「惟怳惟惚」；傅、范二本作「惟芒惟芴」。後二句，景龍碑作「忽恍中有象，恍忽中有物」；顧歡本作「惚怳中有象，怳惚中有物」；遂州本作「怳惚中有物，怳惚中有像」；易玄、孟頫二本作「忽兮恍，其中有象。恍兮忽，其中有物」；邵、司馬、蘇三本與之同，唯「忽」字作「惚」，稍異；樓古、磻溪、樓正三本亦與之同，唯

「忽」字亦作「惚」，且「恍」字作「怳」；河上本作「忽兮怳兮，其中有像。怳兮忽兮，其中有物」；焦竑本與之同，唯「忽」字作「惚」，稍異；彭本作「惚兮恍兮，中有象兮。恍兮惚兮，中有物兮」；徽宗御解本作「惚兮恍兮，中有象焉。恍兮惚兮，中有物兮」；傅奕本作「芴兮芒兮，其中有象。芒兮芴兮，其中有物」；范應元本作「芴兮芒兮，中有象兮，芒兮芴兮，中有物兮」；吴澄本與王弼本同，唯「有物」一句在「有象」一句之前，獨異它本。

帛書甲、乙本經文相同，但同世傳今本皆有差異。如首句甲、乙本作「道之物」，王本作「道之爲物」，邢玄本作「道之於物」，各異。後二句「中有象呵」、「中有物呵」與范、彭二本句型相似。

「道之物，唯恍唯忽」，世傳今本多同王本作「道之爲物，惟恍惟惚」。按「道之爲物」與「道之物」，經義有别。句中「之」字在此有兩解：一、訓「之」字爲「是」。經傳釋詞：「之，是也。故爾雅曰：『之子者，是子也。』」二、訓「之」字爲「出」。説文云：「之，出也。」朱駿聲云：「指事，與『生』同意。」假「之」爲「是」，可將「道之物」釋作「道是物」，與今本「道之爲物」義近，任繼愈將其譯作「道這個東西」。釋「之」爲「生」，則「道之物」猶言「道生物」。過去哲學界對老子哲學究竟屬於唯心論或唯物論進行過多次討論，此句經文即是兩派争論的焦點之一。當時帛書老子尚未出土，兩派俱依今本「道之爲物」進行辯論。主張老子哲學爲唯心論者認爲，「道之爲物」就是「道創造萬物」。主張老子哲學爲唯物論者不同意這種解釋，如馮友蘭云：「甲方有人認爲老子書二十一章講的是道生萬物的程序：『道之爲物，惟恍惟惚。惚兮恍兮，其中有象。恍兮惚兮，其中有物。』依莊子的解釋，道是『非物』，可是它在『恍惚』之中就生出物來了。

如果老子書說『道之生物，惟恍惟惚』，這種解釋就對了。可是老子書明是說『道之爲物』，不是說『道之生物』。」我們不想參加辯論，只是通過帛書老子甲、乙本之勘校，澄清老子書中經文之是非，正確瞭解老子本義。從帛書老子甲、乙本考查，此文不作「道之爲物」，而作「道之物」，其中「爲」字似爲後人增入。從老子書中所言「萬物得一以生」，「道生之，德畜之，物形之，器成之」諸文分析，此文訓「之」字爲「生」，似較訓爲「是」更合本義。

俞樾云：「按『惚兮恍兮』二句當在『恍兮惚兮』二句之下。蓋承上『惟恍惟惚』之文，故先言『恍兮惚兮，其中有物』，與上『道之爲物，惟恍惟惚』四句爲韻；下文『惚兮恍兮，其中有象』，乃始變韻也。王弼注曰：『萬物以始以成，而不知其所以然，故曰：恍兮惚兮，惚兮恍兮，其中有象也。』注文當是全舉經文，而奪『其中有物』四字。然據此可知王氏所見本經文猶未倒也。」道藏河上與吳澄本皆作「恍兮惚兮，其中有物。惚兮恍兮，其中有像（河上本「恍」字作「怳」）」。與俞說合。但論之帛書甲、乙本，經文語序皆與王弼諸本相同，足證世傳今本不誤，俞氏變韻之說不確。王弼注：「以無形始物，不繫成物，萬物以始以成，而不知其所以然。故曰「恍兮惚兮，〔其中有物〕（依俞樾說補）。惚兮恍兮，其中有象也」。」樓宇烈云：「此處所講『有物』、『有象』，均爲『恍惚』之物象，亦即所謂『無狀之狀，無物之象』。十四章王弼注：『欲言無邪，而物由以成。欲言有邪，而不見其形。故曰「無狀之狀，無物之象」也。』」

甲本：⿰氵孿（幽）呵鳴（冥）呵，中有請（情）吔。其請（情）甚真，其中〔有信〕133。

乙本：幼（窈）呵冥呵，其中有請（情）呵。其請（情）甚真，其中有信。

王本：窈兮冥兮，其中有精。其精甚真，其中有信。

景龍、顧歡、遂州三本作「窈冥中有精」；遂州碑無「其精甚真」一句；易玄、慶陽、樓古、敦煌英、司馬諸本作「窈兮冥，其中有精」；磻溪、樓正二本作「杳兮冥，其中有精」；傅奕本作「幽兮冥兮，其中有精」；范應元本作「幽兮冥兮，中有精兮」；徽宗御解本與之同，唯「幽」字作「窈」，稍異；彭耜本作「窈兮冥兮，中有精兮」。

帛書甲本「中有請吔」，乙本作「其中有請呵」，世傳今本多同王本作「其中有精」。從本節經文分析，下文既言「其中有信」，上文似當作「其中有情」，前後句型一律。可見帛書甲本前句奪「其」字，乙本不奪。但甲本句後衍「吔」字，乙本衍「呵」字。朱謙之云：「案『窈』、『幽』、『杳』三字音近，可通用。」「窈冥」或「幽冥」皆形況字，乃形容情狀之深遠而幽隱。

王本「其中有精」，馮逸據莊子大宗師「夫道，有情有信」，謂老子此文「精」字當讀作「情」，「有精」即「有情」，其說甚是。帛書甲、乙本「精」字均作「請」，按「請」、「情」、「精」三字皆從「青」得聲，音同互假。從經義分析，與其依舊讀假「請」、「情」二字爲「精」，不若假「請」、「精」爲「情」義勝。再如，「請」字亦可讀「情」，古「請」、「情」同源字。古文「言」與「心」二形符可任作，從「言」之字亦可從「心」，反之亦如是。如「德」字从「心」，亦可从「言」作「⿰彳⿱𥄳言」；「警」字从「言」，亦可从「心」作「憼」；「訓」字从「言」，亦可从「心」作

「恖」等等，字例甚多。再如，詩經大雅大明「天難忱思」之「忱」字，韓詩作「訦」，讀作「天難訦思」，說文言部：「誖，从言孛聲。」又謂「或从心」作「悖」；「𧦝，或从言朔。愬，或从朔心。」就以「請」、「情」二字爲例，荀子成相篇「聽之經，明其請」，楊倞注：「『請』當爲『情』。」史記禮書「情文俱盡」，徐廣曰：「古『情』字或假借作『請』，諸子中多有此比。」以上諸例皆可說明，讀「請」字爲「精」，莫若讀「請」字爲「情」更爲貼切。「情」字在此訓「真」或「實」。周禮地官司市鄭注「知物之情僞」，賈公彥疏：「釋曰：『情，則真也。』」戰國策秦策「請謁事情」，高誘注：「情，實也。」後漢書西域傳：「莫不備寫情形，審求根實。」韓非子解老篇：「所謂處其厚不處薄者，行情實而去禮貌也。」所謂「情形」、「情實」，即真情、真實也。再如王弼釋「其中有精」，謂爲「以定其真」。可見王弼即讀「精」爲「情」，尚可作此解釋。「窈呵冥呵，其中有情」，乃承上文「其中有象」、「其中有物」而言。謂雖窈冥深遠似不可見，但其中則存實不虛。「其情甚真，其中有信」，此乃進而闡述其中之實不僅存在，而且甚真，並以其自身之運動規律可供信驗。後人不知「精」字當假爲「情」，皆讀爲本字，則釋作「精神」、「精力」、「精靈」、「精氣」，或謂「最微小的原質」等等。諸說雖辯，但皆與老子本義相違，均不可信。

甲本：自今及古，其名不去，以順衆佽（父）。吾何以知衆佽（父）之然，以此。

乙本：自今及古，其名不去，236下以順衆父。吾何以知衆父之然也，以此。

王本：自古及今，其名不去，以閱衆甫。吾何以知衆甫之狀哉，以此。

傳、范二本「自古及今」均作「自今及古」，「吾何以知衆甫之狀哉」均作「吾奚以知衆父之然哉」；遂州本「以閲衆甫」作「以閲終甫」，又同易玄、邢玄、樓古、磻溪、孟頫、樓正、河上、顧、彭、徽、邵、司馬、蘇、吴、志、焦諸本「狀」字作「然」，謂「吾何以知衆甫之然哉」；景福碑作「吾何以知衆父然哉」；景龍碑作「吾何以知衆甫之然」。

帛書甲、乙本同作「自今及古」。與傳、范二本同；世傳今本多同王本作「自古及今」，彼此相違。甲、乙本「以順衆父」，今本多作「以閲衆甫」。甲、乙本「吾何以知衆父之然也」，王本作「吾何以知衆甫之狀哉」，亦各有差異。

范應元云：「『自今及古』，嚴遵、王弼同古本。」馬叙倫云：「各本作『自古及今』，非是。『古』、『去』、『甫』韻。」馬説誠是，帛書甲、乙本正作「自今及古」。再如，宋道德真經集註引王弼注：「故曰『自今及古，其名不去』也。」則與范應元所見王本相合，足證今本作「自古及今」者，乃由後人所改。蔣錫昌云：「按此『其』字爲上文『道』之代名詞。『名』非空名，乃指其所以名之爲道之功用而言。『道名不去』猶言道之功用不絶，四十五章所謂『其用不窮』也。『自今及古，其名不去』，言道雖無形，然今古一切，莫不由之而成，故道之一名，可謂常在不去也。」

帛書甲、乙本「以順衆父」，世傳今本多同王本作「以閲衆甫」，遂州本作「以閲終甫」。釋名釋語言：「順，循也，循其理也。」易經説卦：「昔者聖人之作易也，將以順性命之理。」「以閲衆甫」之「閲」字，漢書文帝紀「閲天之義理多矣」，顔師古注引如淳曰：「閲，猶更歷也。」可見因「順」、「閲」義近，故互用之。

但是，老子爲何有此差異，二者孰爲本字，實難判斷。王弼注：「衆甫，物之始也，以無名閲萬物始也。」勞健據遂州本「以閲終甫」，謂「古『衆』字通作『終』，則知『衆甫』即『終始』之義。」俞樾云：「謹按『甫』與『父』通，『衆甫』者『衆父』也。四十二章『我將以爲教父』，河上公注曰：『父，始也。』而此注亦曰：『甫，始也。』然者『衆甫』卽『衆父』矣。」俞説誠是，「甫」、「父」二字皆可訓「始」，「衆」字不必假爲「終」，「終甫」仍應讀作「衆甫」。「衆甫」猶言衆物之甫，卽萬物之始也。第一章王弼注：「言道以無形無名始成萬物，萬物以始以成而不知所以然。」亦如本章前文所注：「以無形始物，不繫成物，萬物以始以成，而不知其所以然。」「以順衆父」，繼前文則謂以常存之道循歷萬物之始也。

帛書甲、乙本「吾何以知衆父之然也？以此」，甲本奪「也」字，今本多作「然哉」，王本作「狀哉」。案老子原本當作「然」字，不作「狀」字，因「狀」字與「然」形近而誤。王弼注：「此，上之所云也。」兹謂吾何以知萬物之始於無哉，以「自今及古，其名不去」之道而知之也。

二十二（今本道經第二十四章）

甲本：炊（企）者不立，自視（是）不章（彰），〔自〕134見者不明，自伐者无功，自矜者不長。

乙本：炊（企）者不立，自視（是）者不章（彰），自見者不明，自伐者无功，自矜者不長237上。

王本：企者不立，跨者不行。自見者不明，自是者不彰，自伐者無功，自矜者不長。

景龍碑「立」字作「久」，「跨」字作「夸」，無後面四個「者」字，謂「企者不久，夸者不行。自見不明，自是不彰，自伐無功，自矜不長」；邢玄、慶陽、磻溪、孟頫、樓正、河上、顧、范、彭、徽、邵、司馬、蘇、志、焦諸本「企」字作「跂」，謂「跂者不立」；易玄本首句與之同，又後面三句無「者」字，作「自是不彰，自伐無功，自矜不長」；景福碑作「跨者不行，跂者不立」，與它本語序互倒；遂州本作「喘者不久，跨者不行。自見不明，自是不彰，自饒無功，自矜不長」。

帛書甲、乙本經文相同，甲本第二句奪一「者」字，抄寫之誤。與今本勘校，甲、乙本首句僅有「炊者不立」四字，王本作「企者不立，跨者不行」，共八字，分兩句成對文。世傳本多同王本，唯邢玄、顧、范三本作「跂者不立」，景龍碑作「企者不久」，想爾注本與遂州本作「喘者不久」。諸本其下皆有「跨者不行」一句，成對文。均與甲、乙本不同。又甲、乙本「自是」句在「自見」句前，語序與王本互倒。

帛書研究組云：「『炊』疑讀爲『吹』，古導引術之一動作。」又謂：「通行本此句下有『跨者不行』一句，按文例當有，甲、乙本似誤脱。」按今本兩句文雜不一，説明曾經展轉傳抄，已生僞誤。帛書甲、乙二本同作「炊者不立」一句，似非偶然。帛書組讀「炊」字爲「吹」，謂爲「古導引術之一動作」，言無實據，亦不足信。愚以爲帛書「炊者不立」，當從今本讀作「企者不立」。「炊」字古爲昌紐歌部，「企」字屬溪紐支部，聲紐相通，「支」、「歌」爲旁對轉，故「炊」、「企」二字古音同通假。商代甲骨文「企」字寫作「」，慧琳音義引説文謂「舉踵而望也」。今説文作「舉踵也」。段玉裁注：「从人止，取人延竦之意。」「企」字與「跂」同義，皆指蹺起脚跟延身遠眺。蹺脚而立必不穩，故曰「企者不立」。河上公釋「不立」爲「不可久立」，隨後因襲此注而有「企者不久」、「喘者不久」繼踵而出，皆非老子之文。再如，今本「企者不立」下有「跨者不行」一句，兩句相對成偶，顯然出自六朝人之手，取用駢體對偶之文體，帛書組不察，則謂甲、乙本「脱誤」，實難苟同。誠然，老子確有對文，但多屬古諺，一般以排列句居多。例如此文「企者不立，自是者不彰，自見者不明……」，則與第二十三章「希言自然，飄風不終朝，驟雨不終日」句型一律。皆先用四字獨句開始，隨繼之五字排列句。並非句句成對文。今從帛書甲、乙本所見，「跨者不行」四字恐非老子舊文，無疑爲後人增入。「企者不立」似爲古諺，老子引以爲喻，從而説明：自以爲是者反而不彰，自逞己見者反而不明，自我炫耀者反而無功，自我尊大者反而不得敬重等等之輕躁行爲，皆反自然。恰同第二十二章「不自是故彰，不自見故明，不自伐故有功，不自矜故能長」語義相合。

甲本：其在道，曰粽（餘）食贅行，物或惡之，故有欲（裕）者〔弗〕[135]居。

乙本：其在道也，曰粽（餘）食贅行，物或亞（惡）之，故有欲（裕）者弗居。

王本：其在道也，曰餘食贅行，物或惡之，故有道者不處。

景龍碑首句無「也」字，第三句「或」下有「有」字，作「其在道，曰餘食贅行，物或有惡之，故有道不處」；顧、焦二本首句亦作「其在道」；樓古、磻溪、孟頫、樓正、敦煌英、范、司馬、蘇、志諸本作「其於道也」；景福碑作「於其道也，日餘食餟行」；易玄、慶陽二本作「其於道也，日餘食餟行」；潘静觀道德經妙門約作「其在道也，曰餘食贅形」；遂州作「其在道，曰餘食餟行，物有惡之，故有道不處」；河上、吴澄二本作「其於道也，曰餘食贅行，物或惡之，故有道者不處也」；傅、徽、彭三本末句亦作「故有道者不處也」。

帛書甲、乙本經文相同，只是甲本首句「道」下無「也」字，稍異。與今本勘校，唯經文末句帛書甲、乙本作「故有欲者弗居」，今本皆作「故有道者不處」。

「餘食贅行」是一句古成語，老子用它以喻上述「自是」、「自見」、「自伐」、「自矜」等輕躁行爲，謂此矜伐之人，以有道者看來，如若「餘食贅行」。由於它是一句貶義成語，故下文云「物或惡之，故有道者不居」。至於「餘食贅行」四字之原義，早已佚亡，難以確切説明。河上公注：「贅，貪也。」釋「餘食贅行」爲「歛餘禄食爲貪行」。王弼注：「其唯於道而論之，若郤至之行。盛饌之餘也，本雖美，更可薉也。本雖有功而自伐之，故更爲肬贅也。」後人多從王説，如唐李約道德真經新注云：「如食之殘，如形之剩肉也。」宋林希逸道德真經口義云：「食之餘棄，形之贅疣，人必惡之。」明焦竑老子翼云：「贅，疣贅也。『行』當作『形』，古字通也。『食餘』人必惡之，『形贅』人必醜之。」易順鼎云：「『行』疑通作『形』。『贅形』即王注所云『肬贅』。『肬贅』可言『形』，不可言『行』也。列子湯問篇『太形王屋二山』，張湛注：『形，當作「行」。』是古書『行』、『形』固有通用者。」「肬贅」亦稱「贅肬」，楚辭九章惜誦「反離羣而贅肬」，洪興祖注：「贅肬，瘤腫也。」依王弼注謂「贅」爲「肬贅」、爲「瘤腫」，故遭人厭，而盛饌之餘何厭之有？何以惡若瘤腫？因舊注難究，故劉師培更「食」字爲「德」，謂「餘食」當爲「餘德」。高亨更「行」字爲「衣」，謂「贅行」爲「贅衣」，更難令人致信，皆徒勞也。愚以爲「餘食贅行」目前只可理解爲一貶義成語，但是爲了幫助理解經義，姑且也可以王弼之説説之，至於其來源和確切含義，暫闕如也。

今本「故有道者不處」，帛書甲、乙本同作「故有欲者不居」。「有道者」與「有欲者」意義相悖，帛書研究組云：「居，儲蓄。此言惡物爲人所棄，雖有貪欲之人亦不貯積。」許抗生云：「疑『欲』字爲誤，『有欲者弗居』與老子無爲思想不合。」謂「欲」爲「貪欲」雖誤，然疑「欲」爲誤字亦非。從經文分析，此當從今本作「有道者」爲是。按「欲」字在此當假爲「裕」，方言卷三：「裕，道也。東齊曰『裕』，或曰『猷』。」廣雅卷四：「裕，道也。」王引之經義述聞卷四云：「周書康誥『遠乃猷裕』，即遠乃道也。君奭曰『告君乃猷裕』，與此同。」準此諸例，足證甲、乙本「欲」字當讀作「裕」，「故有裕者不居」，猶今本所言「故有道者不處」也。此乃謂有道者不自處其穢也。

本章經文王弼、河上公、傅奕、范應元等諸刻本，以及景龍、景福等諸碑本，均列爲道經之第二十四章。帛書甲、乙本雖不分章，但其位置則在第二十一章之後，當爲第二十二章。因今本錯簡，故按帛書甲、乙本編次，將今本第二十四章移此。

二十三（今本道經第二十二章）

甲本：曲則金（全），枉則定（正），洼則盈，敝則新，少則得，多則惑。

乙本：曲則全，汪（枉）則正，洼則盈，襒（敝）則新，少則得237下，多則惑。

王本：曲則全，枉則直，窪則盈，敝則新，少則得，多則惑。

景龍碑「直」字作「正」，「敝」字作「弊」，「惑」字作「或」，謂「枉則正」，「弊則新」，「多則或」；遂州本作「枉則正」，「弊則新」；蘇轍本作「弊則新」，「多則惑矣」；傅、范二本作「枉則正」；易玄、邢玄、景福、慶陽、樓古、孟頫、河上、顧、徽、邵、司馬、彭、志諸本「敝」字均作「弊」，謂「弊則新」。

帛書甲、乙本經文相同，只是在使用同音假借字方面稍有差異。如甲本「全」字誤作「金」，「正」字寫作「定」；乙本「枉」字寫作「汪」，「敝」字寫作「襒」。世傳今本經文用字亦有差異，如王本「枉則直」，傅、范、景龍諸本作「枉則正」；「敝則新」，景龍、易玄、河上諸本作「弊則新」。

朱謙之云：「『曲則全』，即莊子天下篇所述『老聃之道，人皆求福，己獨曲全』也。書洪範『木曰曲直』，此亦以木爲喻。曲者，莊子逍遥遊所謂『卷曲而不中規矩』，人間世所謂『拳曲而不可以爲棟梁』也。蓋『直木先伐，甘井先竭』，『吾行却曲，無傷我足』，此即『曲則全』之義。『枉則正』，『枉』，說文：『衺曲也，从木㞷聲。』廣雅釋詁一：『枉，詘也。』即詰詘之義，實爲屈。『正』，諸本作『直』，『枉』、『直』對文，『枉則直』者，大直若屈也。論語：『舉直錯諸枉。』淮南本經訓：『矯枉以爲直。』碑文作『正』，『正』亦『直』也。鬼谷子磨篇：『正者，直也。』廣雅釋詁一：『直，正也。』易文言傳：『直，其正也。』『直』、『正』可互訓。」蔣錫昌云：「莊子天下篇述老子之道曰：『人皆求福，己獨曲全。曰「苟免於咎」。』是『曲』者，即『苟免於咎』之誼。蓋唯能『苟免於咎』，方能全身而遠禍也。『曲則全』一語，爲古之遺訓，而老子述之。閲下文『古之所謂曲則全者，豈虚言哉』可知。『枉則正，窪則盈，蔽則新』三語，均文異誼同，皆承『曲則全』而言。『全』、『正』、『盈』、『新』爲韻。」「按四十四章：『名與身孰親？身與貨孰多？得與亡孰病？是故甚愛必大費，多藏必厚亡。知足不辱，知止不殆，可以長久。」是『少』即『知足』、『知止』之誼，『得』即『長久』之誼，『多』即『甚愛』、『多藏』之誼，『惑』即『大費』、『厚亡』之誼。而『少則得』又爲上文『曲則全』一誼之重複，『多則惑』乃『少則得』一誼之相反。」

甲本：是以聲（聖）人執一，以爲天下牧。

乙本：是以耶（聖）人執一，以爲天下牧。

王本：是以聖人抱一，爲天下式。

世傳今本多同王本，唯傅奕本無「是以」二字，而在「一」下有「以」字，作「聖人抱一以爲天下式」。

帛書甲、乙本經文相同，均作「是以聖人執一，以爲天下牧」；世傳今本多作「是以聖人抱一，爲天下式」，或作「聖人抱一以爲天下式」。則與帛書甲、乙本有所不同。

帛書甲、乙本「聖人執一」，今本皆作「聖人抱一」；甲、乙本「爲天下牧」，今本皆作「爲天下式」。王弼注：「一，少之極也。『式』猶『則』也。」河上公注：「抱，守法式也。聖人守一乃知萬事，故能爲天下法式也。」「執」與「抱」雖皆有「守」、「持」之義，但彼此也有原則區分，「執一」不同於「抱一」。老子所謂「執一」即「執道」，也即掌握對立統一之辯證法則。文子符言篇云：「老子曰：『執一無爲，因天地與之變化。』」先秦法家也主張「執一」，如管子心術篇：「君子執一而不失，能君萬物。」內業篇：「化不易氣，變不易智，惟執一之君子能爲此乎！」荀子堯問篇「執一無失」，「執一如天地」。韓非子揚權篇：「故聖人執一以靜，使名自命，令事自定。」儒家反對執一，主張執中。論語堯曰：「天之曆數在而躬，允執其中。」孟子盡心篇：「執中無權，猶執一也。所惡執一者，爲其賊道也。」「抱一」猶「合一」。老子第十章「載營魄抱一」，指精神與身軀合爲一體。賈誼新書道術篇「言行抱一謂之真」，指言與行一致。作爲哲學概念，「抱一」與「執一」是不同的。從而可見，老子原本作「聖人執一」，不是「聖人抱一」。帛書甲、乙本保存了原文和原義，今本則有訛誤，而且此一誤傳來源很久，早在南北朝期間即已造成，如今有帛書出土，才得見廬山面目。帛書甲、乙本「爲天下牧」，今本作「爲天下式」。王弼訓「式」字爲「則」，即法則；河上公釋爲「法式」。雖經義亦通，但不若帛書本釋『牧』字爲「治」義長。荀子成相篇「請牧基」，楊倞注：「牧，治也。」「是以聖人執一，以爲天下牧」，猶言聖人執一而爲天下治。即呂覽有度篇所云：「執一而萬物治，而使人不能執一者，物感之也。」

甲本：不〔自〕[136]視（是）故明（彰），不自見故章（明），不自伐故有功，弗矜故能長。

乙本：不自視（是）故章（彰），不自見也故明，不自伐故有功，弗矜故能長。

王本：不自見故明，不自是故彰，不自伐故有功，不自矜故長。

世傳今本多同王本，唯遂州本「不自是故彰」一句在「不自見故明」之前，與帛書甲、乙本語次相同；蘇轍本第三句無「有」字，作「不自伐故功」。

帛書甲、乙本經文相同，而甲本第一句「彰」字與第二句「明」字彼此誤倒，乙本第二句「見」字下衍一「也」字。與王本勘校，經義相同，唯第一句與第二句彼此互倒。

此乃承前章「自是者不彰，自見者不明，自伐者無功，自矜者不長」四句而言，故此謂「不自是故彰，不自見故明，不自伐故有功，弗矜故能長」。上下各四句，每句皆對語。但是，今本將本文列爲第二十二章，將前文列爲第二十四章，不僅彼此間隔，而且前後顛倒，顯然是因錯簡而致，今根據帛書甲、乙本經文次序予以更正。

甲本：夫唯不争，故莫能與之争。古〔之137所謂曲全者，豈〕語才（哉）！誠金（全）歸之。

乙本：夫唯不238上争，故莫能與之争。古之所胃（謂）曲全者，幾（豈）語才（哉）！誠全歸之。

王本：夫唯不争，故天下莫能與之争。古之所謂曲則全者，豈虚言哉！誠全而歸之。

遂州本無「天下」與「之」三字，「言哉」二字作「語」，「誠」字作「成」，其上有「故」字，謂「夫唯不争，故莫能與争。古之所謂曲則全者，豈虚語？故成全而歸之」；景龍碑後二句作「古之所謂曲則全，豈虚語？故成全而歸之」；傅奕本作「豈虚言也哉！誠全而歸之」；顧歡、孟頫二本末句作「故誠全而歸之」。

帛書甲本經文殘損七字，兹據乙本補；彼此經文基本一致。與今本勘校，除用同音假借字外，經義基本相同。淮南子原道訓：「以其無争於萬物也，故莫敢與之争。」即本老子此文。王念孫云：「案『莫敢』本作『莫能』，此後人依文子道原篇改之也，唯不與萬物争，故莫能與之争，所謂『柔弱勝剛彊』也。若云『莫敢』則非其旨矣。下文曰：『功大礦堅，莫能與之争。』老子曰：『夫唯不争，故天下莫能與之争。』

又曰：『以其不爭，故天下莫能與之爭。』皆其證也。」王說誠是，帛書老子甲、乙本此句皆作「故莫能與之爭」，不作「莫敢」。但無「天下」二字，與王氏所引有所不同。諭之北京圖書館藏敦煌寫本殘卷，唐李榮老子道德經注、遂州龍興碑亦無「天下」二字，皆與帛書甲、乙本相同。可見老子原文當如此。今本作「故天下莫能與之爭」者，爲後人依第六十六章文而贅增「天下」二字。

莊子天下篇「人皆求福，己獨曲全，曰『苟免於咎』。」孫子九地篇：「善爲道者，以曲爲全。」皆本「曲全」之說。老子云「古之所謂『曲則全』者」，可見「曲全」之說非始於老子，乃是當時流傳之古諺。帛書甲、乙本「幾語哉」，今本作「豈虛語」或「豈虛言哉」。「豈」字與「幾」乃雙聲疊韻，可互爲假用。如荀子榮辱篇：「幾直夫芻豢稻粱之縣糟糠爾哉！」楊倞注「幾，讀爲『豈』。」史記鯨布傳：「人相我當刑而王，幾是乎？」徐廣曰「幾，一作『豈』。」皆其證。在此「幾」字當假爲「豈」，「豈語哉」猶言「豈只一句話」。今本增「虛」字，作「豈虛言哉」，如言「豈只一句空話」。「豈只一句話」與「豈只一句空話」，並無差異，故「虛」字有無不傷本義。愚以爲帛書甲、乙本作「豈語哉」爲老子舊文，今本「虛」字乃爲後人增添。

「誠全歸之」，則謂苟行曲實得全，復歸自然也。老子所謂「歸」者，皆謂復原或恢復。如第二十八章「復歸於嬰兒」，「復歸於無極」，「復歸於樸」。馬叙倫疑「此三句似注文」，蓋謂此爲注文誤入於經者。其實「歸」與「復歸」皆老子習用常語，茲校證於帛書，今本不誤，馬說非是。

本章原爲王弼、河上公等今本道經之第二十二章，據帛書甲、乙本勘校，今本錯簡，原二十四章當爲第二十二章，本章則爲第二十三章，依甲、乙本編次，故移於此。

二十四（今本道經第二十三章）

甲本：希言自然，飄風不冬（終）朝，暴雨不冬（終）日。

乙本：希言自然，剽（飄）風不冬（終）朝，暴雨不238下冬（終）日。

王本：希言自然，故飄風不終朝，驟雨不終日。

傅奕本「希」字作「稀」，「終」字作「崇」，謂「稀言自然，故飄風不崇朝，驟雨不崇日」；景龍、易玄、邢玄、景福、慶陽、樓古、磻溪、孟頫、樓正、敦煌英、遂州、河上、顧歡、司馬、吳、志、焦諸本均無「故」字，作「飄風不終朝」；蘇轍本作「飄風不終朝，暴雨不終日」；范應元本作「暴雨不崇日」。

帛書甲、乙本經文相同，與王本勘校，「飄」前亦無「故」字，「驟雨」二字作「暴雨」。從經義分析，無「故」字者是；「驟雨」、「暴雨」誼同，當從帛書。奚侗云：「『希言』順乎自然，與第五章『多言數窮』相反。然以文例求之，必有偶語，上下或有脫簡。」馬叙倫亦謂「此句上下有脫文」。奚、馬二氏疑爲偶語，謂其上下有脫文者，無非是根據與其相鄰的今本第二十四章「企者不立，跨者不行」之文例，故而產生此疑。豈知今本第二十四章經文原也只有「企者不立」一句，「跨者不行」四字是由後人所增，老子原文並非偶語，句型文例均與本章一律。說見前文。奚、馬脫文之說非是。

河上公注：「『希言』者是愛言也，愛言者自然之道。『飄風』，疾風也；『驟雨』，暴雨也。言疾風不能長，暴雨不能久也。」蔣錫昌云：「按老子『言』字多指聲教法令而言。如二章『行不言之教』，五章『多言數窮』，十七章『悠兮其貴言』，均是。『希言』與『不言』、『貴言』同誼，而與『多言』相反。『多言』者，多聲教法令之治；『希言』者，少聲教法令之治。故一即有爲，一即無爲也。『自然』即自成之誼。『希言自然』，謂聖人應行無爲之治，而任百姓自成也。」

甲本：孰爲此？天地[138]〔而弗能久，又況於人乎〕！

乙本：孰爲此？天地而弗能久，有（又）兄（況）於人乎！

王本：孰爲此者？天地。天地尚不能久，而況於人乎！

景龍碑無「者」字，「尚」字作「上」，最後無「乎」字，謂「孰爲此？天地。天地上不能久，而況於人」；遂州本與之同，唯「上」字仍同王本作「尚」；易玄幢亦無「者」字，作「孰爲此」；傅、顧二本作「孰爲此者，天地也」，邵若愚本末句作「而況人乎」。

帛書甲本殘損九字，乙本保存完好，可據補甲本缺文。與世傳今本相互勘校，彼此經文差異有二：一、「天地」二字今本重複兩次，甲、乙本僅出現一次。二、甲、乙本「孰爲此」，今本多作「孰爲此者」。如王本：「孰爲此者？天地。天地尚不能久，而況於人乎？」乃作問答句。如云「孰爲此者？天地」，問誰是使「飄風不終朝，暴雨不終日」者？答曰「天地」。謂天地是其爲之者。果真如此，豈不與第一章「無名萬物之始」相抵牾。第一章王弼注：「凡有皆始於無，故未形無名之時，則爲萬物之始。及其有形有名之時，則長之、育之、亭之、毒之，爲其母也。」萬物既始於道，飄風暴雨亦必因道而生。但是，此言「天地」，豈不違反「万物得一以生」之旨？顯非老子之意。帛書甲、乙作：「孰爲此，天地而弗能久，又況於人乎！」是一陳述句，猶言孰使飄風暴雨如此，天地尚不能常久，又何況於人！不僅文暢義顯，而且符合「萬物作焉而不辭，生而不有，爲而不恃」之道義。由此可見，今本中之「者」與「天地」三字，皆爲後人忘增，非老子舊文，當從帛書甲、乙本爲是。

甲本：故從事而道者同於道，德者同於德，者〔失〕者同於失。同〔於德139者〕，道亦德之。同於〔失〕者，道亦失之。

乙本：故從事而道者同於道，德者同於德，失者同於失。同於德239上者，道亦德之。同於失者，道亦失之。

王本：故從事於道者，道者同於道，德者同於德，失者同於失。同於道者，道亦樂得之；同於德者，德亦樂得之；同於失者，失亦樂得之。信不足焉，有不信焉。

景龍碑作「故從事而道者，道德之；同於德者，德德之；同於失者，道失之」；遂州本作「故從事而道者，道得之；同於德者，德得之；同於失者，道失之」；顧歡本作「故從事於道者，道者同於道，道得之。同於德者，德亦得之。失者同於失。同於道者，道亦樂得之；同於德者，德亦樂得之；同於失者，失亦樂失之」；司馬本作「故從事於道者同於道，德者同於德，失者同於失。同於道者，道亦得之；同於德者，德亦得之；同於失者，失亦失之」；傅奕本作「故從事於道者，道者同於道。從事於得者，得者同於得。從事於失者，失者同於失。於道者道亦得之，於得者得亦得之，於失者失亦得之」；易玄、邢玄、慶陽、樓古、磻溪、樓正、孟頫、敦煌英、范、彭、徽、邵、蘇、吳等諸本同作「故從事於道者，道者同於道，德者同於德，失者同於失。同於道者，道亦得之；同於德者，德亦得之；同於失者，失亦失之」，景福碑同王本，唯首句作「故從事於道」，無「者」字；河上本亦同王本，唯末句作「同於失者，失亦樂失之」，稍異。

帛書甲本「失者同於失」一句，第一個「失」字誤寫作「者」，抄寫之誤。經文與乙本相同，均作「故從事而道者同於道，德者同於德，失者同於失。同於德者，道亦德之。同於失者，道亦失之」。「德」、「得」二字古通用，在此「德」字皆假爲「得」。易順鼎云：「按『德者同於德』兩『德』字皆當作『得』，與下『失者同於失』相對。」今本此文從上舉所見，多紛異失真。俞樾云：「按下『道者』二字衍文也，本作『從事於道者同於道』，其下『德者』、『失者』蒙上『從事』之文而省，猶云『從事於道者同於道，從事於德者同於德，從事於失者同於失』也。淮南子道應篇引老子曰『從事於道者同於道』，可證古本不疊『道者』二字。王弼注曰：『故從事於道者，以無爲爲居，不言爲教，緜緜若存，而物得其真，於道同體，故曰「同於道」。』是王氏所據本正作『故從事於道者同於道』。」今與帛書甲、乙本勘校，進一步證明俞説誠是，用王弼此注釋帛書，經注正相契合。按：此節經文豈只僅衍「道者」二字，下文更甚。帛書甲、乙本「同於德者，道亦德之。同於失者，道亦失之」，王本衍作「同於道者，道亦樂得之；同於德者，德亦樂得之；同於失者，失亦樂得之」。易順鼎云：「王冰四氣調神大論篇注引此並無『樂』字。」論之帛書，王本何祇並衍「樂」字，「同於道者，道亦樂得之」整句皆衍，而且又將末句「同於失者，道亦失之」誤作「同於失者，失者樂得之」。王弼注：「言隨其所行，故同而應之。」樓宇烈王弼集校釋云：「此節注文意爲，道隨物所行而應之。因此節經文已誤，故注文難解。今據長沙馬王堆三號漢墓出土帛書老子甲、乙本，此節經文均作『同於德者，道亦德之，同於失者，道亦失之』。王注之義正同此。」

世傳今本多同王本，衍「信不足焉，有不信焉」。景龍、邢玄、慶陽、樓古、磻溪、樓正、敦煌英、顧、范、徽、邵、司馬、遂州、蘇、彭、焦諸本無「焉」字，衍作「信不足，有不信」。奚侗云：「二句與上文不相應，已見第十七章，此重出。」馬叙倫云：「此二句疑一本有十七章錯簡在此，校者不敢删，因複記之，成今文矣。」帛書甲、乙本均無此二句，足證奚、馬二氏之説至確，當據以删去。

本章原爲王弼、河上公等今本之第二十三章，據帛書甲、乙本勘校，今本錯簡，原二十二章當爲第二十三章，本章則爲第二十四章，依甲、乙本編次，故移於此。

二十五（今本道經第二十五章）

甲本：有物昆（混）成，先天地生。繡（寂）呵繆（寥）呵，獨立（而不改）140，可以爲天地母。

乙本：有物昆（混）成，先天地生。蕭（寂）呵漻（寥）呵，獨立而不玹（改），可239下以爲天地母。

王本：有物混成，先天地生。寂兮寥兮，獨立不改，周行而不殆，可以爲天下母。

景龍碑「寥」字作「漠」，無「兮」與「而」二字，作「寂漠，獨立不改，周行不殆，可以爲天下母」；遂州本與之同，唯末句無「以」字，作「可爲天下母」；傅奕本作「寂兮寞兮，獨立而不改，周行而不殆，可以爲天下母」；范本與之同，唯末句作「可以爲天地母」；司馬本作「寂兮寥兮，獨立而不改，周行而不殆，可以爲天地母」；易玄、易福、慶陽、孟頫、樓正、敦煌英、河上、彭、徽、邵、蘇、吴、志、焦諸本與之同，唯「天地母」三字作「天下母」，稍異。

帛書甲、乙本經文相同，與王本勘校，有兩處重大差異：一、世傳今本皆同王本有「周行而不殆」一句，與「獨立不改」互成對文；帛書甲、乙本僅有「獨立而不改」一句。二、帛書甲、乙本同作「可以爲天地母」，世傳今本除范應元、司馬光二本與帛書相同外，其它皆同王本作「可以爲天下母」。

第一，帛書甲、乙本「獨立而不改」一句，今本作「獨立而不改，周行而不殆」，對文成偶。類似的問題，如前文帛書甲、乙本「企者不立」一句，今本作「企者不立，跨者不行」，對文成偶。今本二十三章「希言自然」一句，奚侗、馬叙倫據此故疑原亦爲對語，今有脱漏。帛書甲、乙本「企者不立」、「希言自然」、「獨立而不改」皆爲獨句，而今本多爲駢體偶文。如果問，帛書甲、乙本爲何同將此諸文下句脱掉，如此巧合一致，甚難思議。其實不難理解。駢體偶文，乃六朝盛行文體。諗之帛書足以説明，類似這種偶體對文，非老子原有，皆六朝人增入。

第二，范應元云：「『天地』字古本如此，一作『天下母』，宜從古本。」馬叙倫云：「范説是也。上謂『先天地生』，則此自當作『爲天地母』。成疏曰：『間化陰陽，安立天地。』則成亦作『天地』。」蔣錫昌云：「道德真經集註引王弼註「故可以爲天地母也」，是古王本「下」作「地」，當據改正。今本經注並作「下」，蓋皆經後人所改也。」今諭之帛書甲、乙本，進而證明老子原作「可以爲天地母」，非爲「天下母」，今本多誤。

「有物混成，先天地生。寂呵寥呵，獨立而不改，可以爲天地母」，謂之「有物」，則視之不見，聽之不聞，循之不得，故不可知亦不可名，謂之「混成」，既不知其所生，更不知其所由生。「先天地生」者，則不見其始，也不可能見其終也。所言道也。蔣錫昌云：「質言之，『道』即『物』，『物』即『道』也。道之成也，混然不可得而知，故曰『混成』。『有物混成，先天地生』，言有道混成，先天地而生也。」「寂兮寥兮，獨立不改」，王弼注：「『寂寥』，無形體也。無物匹之，故曰『獨立』也。返化終始，不失其常，故曰『不改』也。」按道之屬性，無聲無形，永恆不易。嚴復云：「不生滅，無增減，萬物皆對待，而此獨立，萬物皆遷流，而此不改。」第一章「無名，萬物之始」，説明無名之道不僅「先天地生」，而且是天地由其所生，故道爲天地之根源。

甲本：吾未知其名，字之曰道。吾强爲之名曰大，大曰筮（逝），筮（逝）曰〔遠，遠曰返〕。

乙本：吾未知其名也，字之曰道。吾强爲之名曰大，大曰筮（逝），筮（逝）曰遠，遠曰反（返）。

王本：吾不知其名，字之曰道，强爲之名曰大，大曰逝，逝曰遠，遠曰反。

樓古本「字」上有「强」字，作「强字之曰道」；范本作「故强字之曰道」；傅本與之同，唯末句「反」字作「返」；景龍碑第三句作「吾强爲之名曰大」，末句「反」字亦作「返」；司馬本作「强名之曰大」；易玄、磻溪、孟頫、樓正、顧、邵、遂州等諸本「反」字均作「返」，謂「遠曰返」。

帛書甲本殘損四字，乙本保存完好，可據補甲本缺文。乙本較甲本多一虛詞「也」字，其餘全同。與今本勘校，經文基本一致，經義無別。

奚侗云：「『曰』訓『于』，此見詩園有桃『子曰何其』鄭箋。『逝』，王注：『行也。』既『大』矣，于是周流不息；既『逝』矣，于是無遠弗屆；既『遠』矣，于是復反其根。」蔣錫昌云：「『逝』者，指道之進行而言，即宇宙歷史自然之演進也。『遠』者，謂宇宙歷史演進愈久，則民智愈進，奸僞愈多，故去真亦愈遠也。『反』爲『返』之假，謂聖人處此去真愈遠之時，應自有爲返至無爲，自複雜返至簡單，自巧智返至愚樸，自多欲返至寡欲，自文明返至鄙野也。『大曰逝，逝曰遠，遠曰反』，謂道既大而無所不包矣，於是成爲世界而刻刻演進；世界既刻刻演進矣，於是民智愈進，去真愈遠；人民既去真愈遠矣，聖人當以無爲爲化，而有以返之也。四十章『反者道之動』，與此互相發明，可合觀之。」

甲本：〔道大〕141，天大，地大，王亦大。國中有四大，而王居一焉。

乙本：道大，天大，地大，王亦大240上。國中有四大，而王居一焉。

王本：故道大，天大，地大，王亦大。域中有四大，而王居其一焉。

景龍碑無「故」、「亦」、「其」、「焉」四字，「居」字作「處」，謂「道大，天大，地大，王大。域中有四大，而王處一」；傅本作「道大，天大，地大，人亦大。域中有四大，王處其一尊」；范本作「道大，天大，地大，人亦大。域中有四大，而人居其一焉」；遂州本作「故道大，天大，地大，王大。域中四大，而王居一」；徽、邵、彭三本末句作「而王處一焉」，蘇本作「而王居一焉」。

帛書甲本殘損二字，經文與乙本相同。與今本勘校，甲、乙本「國」字，今本多同王本作「域」；或個別虚詞稍別，彼此經義基本一致。唯傅、范二本「王」字作「人」。范應元云：「『人』字，傅奕同古本，河上公本作『王』。觀河上公之意，以爲王者人中之尊，固有尊君之義。然按後文『人法地』，則古本文義相貫。況人爲萬物之最靈，與天地並立而爲三才，身任斯道，則人實亦大矣。」陳柱云：「説文大部『大』下云：『天大，地大，人亦大焉，象人形。』是許君所見作『人亦大』也。段玉裁注云：『老子：「道大，天大，地大，人亦大。……人法地，地法天，天法道。」』則段氏疑亦作『人亦大』也，不然應申言今本作『王亦大』矣。今據正。人爲萬物之靈，爲天演中最進化之物，故曰『人亦大』。」今論之帛書甲、乙本，均作「王亦大」，與王弼、河上公及其它今本多同。范應元、陳柱所謂「人亦大」者，非老子原文。

説文戈部：「域，邦也。」囗部：「國，邦也。」「國」字與「域」同音同義，乃異體同源，故「國中」、「域中」無别也。王弼注：「天地之性人爲貴，而『王』是人之主也，雖不職大，亦復爲大。與三匹，故曰『王亦大』也。『四大』，『道』、『天』、『地』、『王』也。凡物有稱有名，則非其極也。言道則有所由，有所由然後謂之爲道，然則道是稱中之大也。不若無稱之大也。無稱不可得而名，故曰『域』也。『道』、『天』、『地』、『王』皆在乎無稱之内，故曰『域中有四大』者也。」蔣錫昌云：「按『道』先天地生，其爲物也，不可致詰。老子謂『道』與『天』、『地』、『王』『同在』『域中』，然則此『域中』之範圍，尤非後人所可致詰。故王弼注：『無稱，不可得而名，曰「域」也。「道」、「天」、「地」、「王」皆在乎無稱之內，故曰「域中有四大」者也。」今人陳柱以爲『域』當作宇宙解，其誼太狹，恐非老子本誼也。『域中有四大，而王處其一焉』，謂『域中』有可名爲大者四，而王處其一也。此言所以明聖王得道體之一，故當貴而行之也。」

甲本：人法地，地法〔天，天法道，道法自然〕。

乙本：人法地，地法天，天法道，道法自然。

王本：人法地，地法天，天法道，道法自然。

世傳今本多同王本，唯金寇才質道德真經四子古道集解（道藏過一—過十）首句「人」字作「王」，謂「王法地」。

帛書甲本殘損較甚，僅存五字；乙本保存完好，經文與今本相同，可據補甲本缺文。

王弼注：「法，謂法則也。人不違地，乃得全安，法地也。地不違天，乃得全載，法天也。天不違道，乃得全覆，法道也。道不違自然，乃得其性，法自然也。法自然者，在方而法方，在圓而法圓，於自然無所違也。自然者，無稱之言，窮極之辭也。用智不及無知，而形魄不及精象，精象不及無形，有儀不及無儀，故轉相法也。道法自然，天故資焉。天法於道，地故則焉。地法於天，人故象焉。王所以爲主，其主之者一也。」唐李約道德真約新註（道藏能一—能四）標點此經與傳統讀法不同，將其讀作「王法地地，法天天，法道道，法自然」。李註云：「『道大，天大，地大，王亦大』，是謂『域中四大』。蓋王者『法地』、『法天」、「法道」之三自然而理天下也。天下得之而安，故謂之『德』。凡言人屬者耳，其義云『法地地』，如地之無私載。『法天天』，如天之無私覆。『法道道』，如道之無私生成而已。如君君、臣臣、父父、子子之例也。後之學者謬妄相傳，皆云『人法地，地法天，天法道，道法自然』。則域中有五大非四大矣。豈王者只得『法地』，而不得『法天』、『法道』乎？天地無心，而亦可轉相法乎？又況『地法天，天法道，道法自然』，是道爲天地之父，自然之子，支離決裂，義理疏遠矣。」李説雖辨，而歷代學者多棄之不用，或謂『乃小兒牙牙學語』，單詞重疊，非老子之文。雖説不詞，但確爲古之一説，況且如今尚有信從者。按「人法地，地法天，天法道」，所言非謂「王者只得『法地』而不得『法天』、『法道』」，而謂人、地、天皆法於道也。若此句法如四十二章「道生一，一生二，二生三，三生萬物」。此雖謂「三生萬物」，不言而喻，生萬物者當爲「道」，絶不會理解爲生萬物者「三」耳。

二十六（今本道經第二十六章）

甲本：〔重〕142爲巠（輕）根，清（静）爲趮（躁）君，是以君子衆（終）日行，不蘺（離）其甾（輜）重。

乙本：重爲輕根，静爲趮（躁）君，是以君240下子冬（終）日行，不遠其甾（輜）重。

王本：重爲輕根，静爲躁君，是以聖人終日行，不離輜重。

傅奕本「静」字作「靖」，「聖人」二字作「君子」，「離」下有「其」字，謂「重爲輕根，靖爲躁君，是以君子終日行，不離其輜重」。景龍、易玄、樓古、磻溪、孟頫、樓正、敦煌英、范、彭、徽、邵、司馬、蘇、吳、志等諸本「聖人」二字均作「君子」，謂「是以君子終日行，不離輜重」；遂州本作「是以君子行，終日不離輜重」。

帛書甲本僅殘損一字，乙本完好無損。甲本假借字較乙本多，而且使用字詞也有差異。如甲本「不離其輜重」，乙本作「不遠其輜重」，「遠」「離」二字義同，故彼此經義無別。帛書甲、乙本與王本勘校，其中主要差異是帛書「君子」二字王本作「聖人」。但是，景龍、易玄諸碑本，敦煌寫本，傅、范古本，司馬、蘇轍等宋本皆作「君子」，韓非子喻老篇引此文亦作「君子」。今由帛書甲、乙本證之，作「君子」者是，「聖人」乃是由後人妄改。

喻老篇云：「制在己曰『重』，不離位曰『静』。重則能使輕，静則能使躁。故曰『重爲輕根，静爲躁君』。故曰『君子終日行，不離輜重』也。」王弼注：「凡物，輕不能載重，小不能鎮大。不行者使行，不動者制動。是以重必爲輕根，静必爲躁君也。以重爲本，故不離。」朱謙之云：「方日升韻會小補引：説文：『輜，軿車，前衣車後，從車甾聲。』徐曰：『所謂庫車。』字林：『載衣物車，前後皆蔽。』左傳宣十二年正義引説文云：『輜，一名軿，前後蔽也。』後輿服志注：『軿車有衣蔽無後轅者，謂之輜。』釋名：『輜，屏也』；有邸曰輜，無邸曰軿。』又光武紀註：『釋名：「輜，厠也。」謂軍糧什物雜厠載之，以其累重，故稱輜重。』又前韓安國傳『擊輜重』，師古曰：『輜，謂衣車；重，謂載重物車。故行者之資，總曰輜重。』（卷二）方氏所考甚明，蓋輜重爲載物之車，前後有蔽；載物有重，故謂『輜重』。古者吉行乘乘車，師行乘兵車，皆有輜重車在後，此喻君子終日行，皆當以重爲本，而不可輕舉妄動也。」

甲本：唯（雖）有環（營）官（觀），燕處〔則超〕[143]若。

乙本：雖有環（營）官（觀），燕處則昭（超）若。

王本：雖有榮觀，燕處超然。

世傳今本多同王本，唯傅、范二古本「燕」字作「宴」，謂「雖有榮觀，宴處超然」。

帛書甲本「雖」字寫作「唯」，「燕處」下殘損二字，乙本保存完好，彼此經文基本相同。與今本勘校有兩處差異：如今本「榮觀」二字，甲、乙本皆作「環官」；今本「超然」二字，甲、乙本皆作「昭若」。

今本「雖有榮觀，燕處超然」，范應元注：「觀，一作『館』。」傅、范二本「燕」字又作「宴」。關於此句經文，過去有多種解釋，蓋見仁見智，衆說紛紜。茲擇其主要者略舉如下：

一、河上公注：「『榮觀』謂宫闕，燕處后妃所居也。『超然』，遠避而不處也。」

二、吴澄云：「雖有榮華之境，可以遊觀。」蔣錫昌承之曰：「此言道中雖有榮華之境，可供遊觀，然彼仍安隨輜重之旁，超然物外，而不爲所動也。」

三、勞健引宋女道士曹冲解云：「游觀、『榮觀』，無所繫著。」蘇轍云：「『榮觀』雖樂，而必燕處，重静之不可失。」焦竑云：「榮觀，紛華之觀也。公羊傳曰：『常事曰「視」，非常曰「觀」。』處，上聲；『燕處』猶燕居，超然高出而無繫者也。」

四馬叙倫云：「『榮觀』是『營衛』之借，此承上行言。史記五帝本紀曰：『遷徙往來無常處，以師兵爲營衛。』說文：『營，帀居也。』『衛，宿衛也，從韋帀行。』尋『行』，甲文作『卄』；『衛』，甲文作『[illegible]』。蓋會四方守衛之義，『營』、『衛』其義一也。『榮』、『營』並從熒省聲，得通假。『觀』借爲『衛』者，『脂』、『歌』聲近，『歌』、『元』對轉也。」高亨云：「『營』、『榮』通用，『營』者周垣也；『觀』當讀『垣』，謂『營觀』即『營垣』。說文曰：『垣，牆也。』所居之處繞以營垣，與行乘輜重有衣之車以自衛。『雖』當爲『唯』。……『超然』者高脱無累之義。言唯有營垣乃能安居無所危懼也。」

五、謂「榮觀」爲榮華瞻觀。顏氏家訓名實篇：「立名者，脩身慎行，懼榮觀之不顯，非所以讓名也。」想爾注：「天子王公也，雖有榮觀，爲人所尊，務當重清静，奉行道誡也。」

六、帛書研究組云：「『環官』通行本作『榮觀』，范應元注：『觀，一作館。』說文：『館，客舍。』周禮遺人：『五十里有市，市有候館。』注：『樓可以觀望者也。』蒼頡篇：『闤，市門也。』疑『環官』讀爲『闤館』，『闤』與『館』乃旅行必經之處，極躁之地。」

由上所舉，可見過去註説之繁，尤其是帛書老子出土之後，今本「榮觀」甲、乙本均作「環官」，帛書研究組謂爲「闤館」，使問題更加複雜。「榮觀」、「環官」究竟有何關係？哪個爲是？均未得到確切解決。

按「榮觀」又作「榮館」，帛書作「環官」。此三者用字雖不同，詞義完全一致，同指一種事物。正如馬叙倫云：「『榮』、『營』通假。」「榮」、「營」二字均從熒省，古音屬喻紐耕部字，「環」在匣紐元部，「營」、「環」二字音同通用。如韓非子五蠹篇「自環者謂之私」，說文引作「自營爲私」，即其證。「營」在此爲動詞，有營築、營建之義。「觀」、「館」、「官」三字古皆爲雙聲叠韻，在此通作「觀」。「雖有營觀，燕處超然」，「營觀」與「燕處」互成對語，係指兩種不同規格的居處。釋名釋宫室：「觀，觀也，於上觀望也。」左傳哀公元年「宫室不觀」，杜注：「觀，臺榭也。」「觀」爲樓臺亭榭之總稱，「營觀」則謂營建之樓臺亭榭。漢書蔡義傳「願賜清閒之燕」，顔師古注：「燕，安息也。」「燕處」亦作「宴處」，猶「燕居」。禮記仲尼燕居注云：「退朝而處曰『燕居』。」甲、乙本「昭若」當從今本作「超然」，「昭」、「超」二字同音，「若」、「然」二字義同。王引之經傳釋詞卷七：「『若』猶『然』也。易乾九三曰：『夕惕若萬。』離六五曰：『出涕沱若，戚嗟若。』……詩氓曰『其葉沃若』，皇皇者華曰『六轡沃若』，並與『然』同義。」經文猶謂：雖有營建之樓臺亭榭以供享用，彼乃超然物外，樂於燕居，安閒静處，仍承前文「君子終日行不離其輜重」之旨。

甲本：若何萬乘之王，而以身巠（輕）於天下？巠（輕）則失本，趮（躁）則失君。

乙本：若何萬乘之王，而以身輕於天下？輕則失本，趮（躁）則失 241上 君。

王本：奈何萬乘之主，而以身輕天下？輕則失本，躁則失君。

景龍碑「奈」字作「如」，無「而」字，「本」字作「臣」，謂「如何萬乘之主以身輕天下？輕則失臣，躁則失君」；景福碑作「奈何萬乘之主，而以身輕於天下？輕則失臣，躁則失君」；徽、邵、彭三本作「如何萬乘之主，而以身輕天下？輕則失臣，躁則失君」；傅、范二本首句作「如之何萬乘之主，而以身輕天下」；易玄、邢玄、慶陽、樓古、磻溪、孟頫、樓正、敦煌英、河上、顧、司馬、蘇、志諸本後二句作「輕則失臣，躁則失君」；吳、焦二本作「輕則失根，躁則失君」。

帛書甲、乙本經文相同，與今本勘校，有兩處差異：一、甲、乙本「萬乘之王」，今本皆作「萬乘之主」。二、甲、乙本「輕則失本」，今本除同王本作「輕則失本」外，還有作「輕則失臣」或「輕則失根」之異。

一、帛書甲、乙本「萬乘之王」，今本皆作「萬乘之主」，「王」與「主」二字涵義不同。但是，此當從甲、乙本作「王」字爲是，今本作「主」字者，乃由後人誤改。茲舉三證如下：其一、戰國時代文字，「王」字多寫作「王」，字形頗像「主」，此可參見古璽文編與拙著古陶文字徵。因「王」與「主」二字古體相似，故後人抄寫有誤。其二、「萬乘」指萬輛軍車，是戰國時代對諸侯大國軍事實力的稱謂，如孟子梁惠王章句：「萬乘之國弑其君者，必千乘之家。」墨子非攻：「今萬乘之國。」銀雀山漢簡孫臏兵法八陣：「夫安萬乘國，廣萬乘王。」當時擁有萬乘兵車之大國皆相繼稱王。此言「萬乘之王」，即孫臏所言「萬乘王」也。其三、老子稱諸侯爲「侯王」或「王」。如第三十二章「侯王若能守之，萬物將自賓」；三十七章「侯王若能守，萬物將自化」；三十九章「侯王得一以爲天下正」；二十五章「道大，天大，地大，王亦大。域中有四大，王居其一焉」；七十八章「受國之不祥，是謂天下之王」。「侯王」與「王」誼同，皆指萬乘之國的國君，從而足證今本所謂「萬乘之主」者，實因「主」、「王」二字形近而誤，此當從帛書甲、乙本作「萬乘之王」。

二、俞樾云：「按河上公本作『輕則失臣』。注云：『王者輕淫，則失其臣。』竊謂兩本均誤。永樂大典作『輕則失根』，當從之。蓋此章首云『重爲輕根，靜爲躁君』，故終之曰：『輕則失根，重則失君。』言不重則無根，不靜則無君也。……至河上公作『失臣』，殆因下句『失君』之文而臆改耳。」馬叙倫亦謂：「『輕』、

「躁」義非絶異，『君』、『臣』不得對舉。今作『臣』者，後人據誤本老子改之耳。老子本作『根』，傳寫脱譌成『木』，後人改爲『本』以就義。亦有作『艮』者，後人以形近改爲『臣』，以就下句之『君』字。其實以『根』韻『君』，下二句申上二句之義耳。」劉師培云：「案韓非子喻老篇曰：『邦者，人君之輜重也。主父生傳其邦，此離其輜重者也。故雖有代、雲中之樂超然，已無趙矣。主父萬乘之主，而以身輕於天下，無勢之謂輕，離位之謂躁，是以生幽而死。故曰「輕則失臣，躁則失君」。主父之謂也。』據韓非子此文，則老子古本當作『臣』。河上本所據蓋不誤也。後人據上文『重爲輕根，静爲躁君』二語，疑此『根』、『君』對文，遂改『臣』爲『根』。『本』爲旁注之字，刊王本者據以入正文。俞轉以作『根』爲是，非也。」按俞樾、馬叙倫皆主「輕則失根，躁則失君」，劉師培謂爲「輕則失臣，躁則失君」。三氏之説雖辨，但皆有不周之處。如劉氏據韓非子喻老篇所云趙武靈王生傳王位於太子何之事作「失臣」之證，誤甚。韓非以「主父生傳其邦」爲喻，則稱「輕則失臣，躁則失君，主父之謂也」。豈不知此乃以法釋道，甚違道家之旨。老子主張「功遂身退天之道」，主父所爲正合此旨，韓非將其喻爲「輕則失臣，躁則失君」，不僅違背老子清静無爲思想，並與本章「雖有營觀，燕處超然」相抵牾。尤其是改「本」字爲「臣」，謂「輕則失臣，躁則失君」。上言「臣」，下言「君」，君臣倒置，違反常理，故韓非之説不足據也。俞、馬二氏「失根」之説，前言「根」，後又言「根」，義順而言重。帛書甲、乙本與王本俱言「輕則失本，躁則失君」。「本」乃承前文「根」字而言，不僅詞順音諧，而且誼勝。

「若何萬乘之王，而以身輕於天下？輕則失本，躁則失君」，老子以懷疑之詞疾時王「以身輕於天下」？「以身輕於天下」，「於」猶「爲」也，説見經傳釋詞卷一。即輕以身爲天下。則同第十三章「貴以身爲天下」，「愛以身爲天下」之反誼。王弼注：「無物可以易其身，故曰『貴』也。無物可以損其身，故曰『愛』也。」此可以謂無物可以賤其身，故曰「輕」也。即以身爲天下最輕最賤。萬乘之王以身爲天下最輕最賤，則縱欲自殘，身不能治。身者人之本也，傷身失本，身且不保，焉能寄重託民。萬乘之王縱欲自輕，急功好事，必親離勢危，喪國亡身。

二十七（今本道經第二十七章）

甲本：善行者无徹（轍）迹，〔善〕[144]言者无瑕適（謫）

乙本：善行者无達（轍）迹，善言者无瑕適（謫）。

王本：善行無轍迹，善言無瑕讁。

景龍碑與王本同，唯「瑕」字作「瘕」，稍異；景福、司馬、范三本「行」、「言」下均有「者」字，「讁」字作「謫」，謂「善行者無轍迹，善言者無瑕謫」；傅奕本作「善行者無徹迹，善言者無瑕謫」；磻溪、孟頫、樓正、顧、徽、蘇、彭、焦諸本末句均作「善言無瑕謫」。

帛書甲本「善言」之「善」字殘損，乙本保存完好，唯「轍迹」二字作「達迹」，彼此稍異。同今本勘校，主要差異爲：帛書甲、乙本「善行」、「善言」之下皆有「者」字，下文「善數」、「善閉」、「善結」之下亦如是，每句皆有「者」字。世傳今本中，唯傅奕、范應元二本與景福碑等每句有「者」字，與帛書甲、乙本同，其它諸本多同王本，五句皆無「者」字。從經文内容分析，有則是，無則脱。論之古籍，淮南子道應訓引下文「善閉」、「善結」之下皆有「者」字，足證老子原本如此，今本多脱誤，均當據帛書甲、乙本補正。

帛書甲本「徹迹」二字，乙本作「達迹」，世傳今本多同王本作「轍迹」。按甲本「徹」字、乙本「達」字，皆「轍」字之假。「轍」、「達」二字古同爲定紐月部，「徹」字在透紐月部，古讀音皆相同通假。爾雅釋訓「不徹不道也」，注：「徹，亦道也。」郝懿行義疏云：「『徹』者，通也，達也。『通』、『達』皆道路之名，故曰『徹亦道也』。『徹』之言『轍』，有軌轍可循。釋文：『徹，直列反。』則讀如『轍』。」蔣錫昌云：「『徹』爲『轍』之借字，説文：『轍，迹也。』蓋『徹』爲車跡，『跡』爲馬跡。車跡者，車輪輾地所留之跡；馬跡者，馬足奔馳所留之跡。二跡雖同，而其所以爲跡則異。御覽車部五轍引左傳：『昔穆王欲肆其心，周行天下，時莫不有車轍馬跡焉。』『車轍馬跡』卽此文『徹跡』。莊子胠篋篇：『足跡接乎諸侯之境，車軌結乎千里之外。』『足跡』亦指馬跡而言，『車軌』亦指車跡而言，並其證也。『善行無徹跡』，言善行之人無車徹馬跡。以譬人君治國，不貴有形之作爲，而貴無形之因仍也。」

畢沅云：「開元石刻『謫』作『讁』，俗。」奚侗云：「行不言之教，故無瑕謫。瑕，過也。見詩狼跋『德音不瑕』毛傳。謫，責也。見小爾雅廣言。」善言之所謂言，則言出於不言。如第二章聖人「行不言之教」，則民「自化」、「自正」、「自富」、「自樸」，故無過可責矣。

甲本：善數者不以檮（籌）箖（策）。善閉者无閵（闗）籥（鑰）而不可啓也。善結者〔无纆〕

約而不可解也。

乙本：善數者不用檮（籌）笄（策）。善閉者无關籥（鑰）而不可241下啓也。善結者无纆約而不可解也。

王本：善數不用籌策，善閉無關楗而不可開，善結無繩約而不可解。

景龍、孟頫、河上、吳澄、焦竑諸本「數」字作「計」，謂「善計不用籌策」；易玄、邢玄、樓古、磻溪、顧、敦煌英、彭、徽、邵、蘇諸本作「善計不用籌算」；司馬本作「善計不籌筭」；傅、范二本作「善數者無籌策」；景福碑與之同，唯「籌策」二字殘損。景福、司馬二本「閉」下有「者」字，作「善閉者無關楗而不可開」；傅奕本與之同，唯「楗」字作「鍵」；河上本作「善閉無關揵而不可開」；邵、吳二本與之同，唯「揵」字作「鍵」；景龍碑作「善閉無關鍵不可開」；遂州、顧歡二本作「善閉無關楗不可開」；范應元本作「善閉者無關楗」，無「而不可開」四字。景福、傅奕、司馬三本「結」下有「者」字，作善結者無繩約而不可解」；景龍碑、遂州本作「善結無繩約不可解」；顧本作「善結無繩約不可以解」；范應元本只作「善結者無繩約」，無「而不可解」四字。

帛書甲、乙本「關籥」二字，王本作「關楗」，世傳今本也有作「關鍵」者。范應元云：「楗，拒門木也，或從金傍，非也。橫曰『關』，竪曰『楗』。」范說不確。廣雅釋宮：「投謂之闑，鍵笠戾户牡也。」王念孫疏證云：「『闑』字或作『鑰』，又作『籥』。『鍵』字或作『楗』。鄭注金縢云：『籥，開藏之管也。』越語『請委管籥』，韋昭注云：『管籥，取鍵器也。』周官司門『掌授管鍵，以啓閉國門』，鄭衆注云：『管，謂籥也；鍵，謂牡。』月令『脩鍵閉，慎管籥』，鄭注云：『鍵牡，閉牡也。管籥，搏鍵器也。』正義云：『管籥，以鐵爲之，似樂器之管籥，搢於鎖内以搏取其鍵也。』」小爾雅廣服：「『鍵』謂之『籥』。」方言：「户鑰，自關之東、陳楚之間謂之『鍵』，自關之西謂之『鑰』。」史記魯仲連傳：「魯人投其籥，不果納。」正義曰：「籥，即鑰匙也。」帛書甲、乙本「關籥」即越語、月令之「管籥」，今本「關鍵」或「關楗」，即周禮地官司門之「管鍵」。同爲一物，即史記正義所云「鑰匙」。帛書甲、乙本「不可啓」三字，今本作「不可開」，「啓」、「開」義同。書堯典「胤子朱啓明」，僞孔傳：「啓，開也。」論語述而「不憤不啓」，皇疏：「啓，開也。」再如帛書乙本「无纆約」，甲本「无纆」二字殘損，世傳今本皆同王本作「無繩約」。說文系部：「繩，索也。」「纆，索也。」「繩」字與「纆」爲同義詞，故「纆約」猶「繩約」。則帛書本之「關籥」、「啓」、「纆約」，同今本之「關楗」、「開」、「繩約」。彼此用詞雖異，而意義相同，經誼無别。

王弼注：「因物之數，不假形也。因物自然，不設不施，故不用『關楗』、『繩約』，而不可開解也。此五者，皆言不造不施，因物之性，不以形制物也。」「此五者」即指「善行」、「善言」、「善數」、「善閉」、「善結」而言。呂吉甫云：「一與言爲二，二與一爲三，自此以往巧歷不能算。唯得一而忘言者，爲能致數。致數則其計不可窮矣，故曰『善計不用籌算』。天門無有闢闔，闢闔在我。我則不闢，誰能開之，故曰『善閉無關楗而不可開』。天下有常然者，約束不以纆索，因其常然而結之，故曰『善結無繩約而不可解。』」此僅舉「行」、「言」、「數」、「閉」、「結」五事爲喻，意謂人世間諸事諸物皆應以物之性，因物之數，順乎自然；己則不造不施，不言止行，修本偃智，守静無爲。

甲本：是以聲（聖）人恆善怵（救）人，而无棄人，物无棄財（材），是胃（謂）⿰忄曳（襲）明。

乙本：是以⿰耳口（聖）人恆善怵（救）人，而无棄人，物无棄財（材），是胃（謂）曳（襲）明。

王本：是以聖人常善救人，故無棄人；常善救物，故無棄物，是謂襲明。

景龍、遂州、敦煌丁三本「故」字均作「而」，謂「是以聖人常善救人，而無棄人；常善救物，而無棄物」；顧歡本與之同，僅第一個「故」字作「而」。傅、范二本作「是以聖人常善救人，故人無棄人；常善救物，故物無棄物。」

帛書甲、乙本除個別借字彼此稍有差異外，經文相同。與今本勘校，甲本「聲人」與乙本「⿰耳口人」二字，當從今本作「聖人」。甲本。「⿰忄曳明」二字，乙本作「曳明」，今本作「襲明」。「⿰忄曳」、「曳」、「襲」古音相同，此亦當從今本讀作「襲明」。河上公注：「謂襲明大道也。」奚侗云：「襲，因也，見禮記中庸『下襲水土』鄭注。『明』卽十六章及五十五章『知常曰明』之『明』。『襲明』謂因順常道也。」帛書甲、乙本與今本之主要區別則是：甲、乙本「是以聖人恆善救人，而无棄人，物无棄材，是謂襲明」，今本作「是以聖人常善救人，故無棄人；常善救物，故無棄物，是謂襲明。」今本不僅較甲、乙本多出「常善救物」一句，而且又將「物无棄材」變作「故無棄物」、「而無棄物」或「故物無棄物」等。從而可見，帛書甲、乙本與今本之間，其中必有一誤。晁說之云：「『常善救人，故無棄人；常善救物，故無棄物』，獨得諸河上公，而古本無有也，賴傅奕辨之爾。」奚侗云：「淮南子道應訓引老子曰：『人無棄人，物無棄物，是謂襲明。』以文義求之，今本捝二句。」蔣錫昌云：「按是句上似有『人無棄人，物無棄物』二句。淮南所引，或係古本如此。陸德明出『所好，呼報反；裕，羊注反；長，丁丈反』三音，均不見今經注，疑即係此二句之注。老子經文脱，王注又脱，獨釋文未脱，故陸氏所出三音，後人竟莫知其所由來。然老子原文究竟如何，書缺有間，旁證又少，故亦斷非後人所能知也。」綜上所述，晁氏據傅奕説自「常善救人」至「故無棄物」四句古本無，獨河上本有之。奚氏據淮南道應訓引老子「人無棄人，物無棄物」，謂今本脱此二句。蔣氏則謂老子原文究竟如何，斷非後人所能知。但自帛書甲、乙本出土之後，此一公案已得到徹底解決。帛書甲、乙本皆作「是以聖人恆善救人，而無棄人，物無棄材，是謂襲明」。中間「而無棄人」與「物無棄材」兩句銜接，無「常善救物」一句，此正與淮南道應訓所引「人無棄人，物無棄物」句型相近，可見老子古本當如此。但因淮南引文有誤，故奚侗疑爲脱句。文子自然篇引老子此文正作「人無棄人，物無棄材」，與帛書甲、乙本相同，只第一個「人」字甲、乙本作「而」，從經義分析，前一個「人」字當作虛詞「而」字爲是。足證帛書甲、乙本「是以聖人恆善救人，而无棄人，物無棄材，是謂襲明」當爲老子原本之舊，今本經文與各家校釋，皆有訛誤。

王弼注：「聖人不立形名以檢於物，不造進向以殊棄不肖。輔萬物之自然而不爲始，故曰『無棄人』也。不尚賢能，則民不爭；不貴難得之貨，則民不爲盜；不見可欲，則民心不亂。常使民心無欲無惑，則無棄人矣。」王注於此則止，而於「常善救物，故無棄物」無注。王弼爲何於此文無注，則難以知曉。此應以帛書承前文而作「物无棄材，是謂襲明」。猶言聖人不賤石貴玉，視之如一，使各盡其用，而無棄廢，行此而可順常道矣。

甲本：故善〔人，善人〕146之師；不善人，善人之齎（資）也。不貴其師，不愛其齎（資），唯（雖）知（智）乎大眯（迷），是胃（謂）眇（妙）要。

乙本：故善人，善人之師；不242上善人，善人之資也。不貴其師，不愛其資，雖知（智）乎大迷，是胃（謂）眇（妙）要。

王本：故善人者，不善人之師；不善人者，善人之資。不貴其師，不愛其資，雖智大迷，是謂要妙。

景龍碑與敦煌丁、顧歡二本無「故」及二「者」字，作「善人，不善人之師；不善人，善人之資」；易玄、慶陽、磻溪、樓古、孟頫、樓正、傅、范、彭、徽、邵、蘇、吳、遂州、焦諸本均無二「者」字，作「故善人，不善人之師；不善人，善人之資」。景龍碑與敦煌丁、傅奕二本「智」字作「知」，「是」字作「此」，謂「雖知大迷，此謂要妙」；易玄、慶陽、磻溪、樓正、顧、范、司馬、吳等諸本第三句「智」字作「知」，謂「雖知大迷」；遂州本第四句「是」字作「此」，謂「此謂要妙」。

帛書甲本殘損三字，乙本保存完好，彼此除所用假借字稍有差異外，經文完全一致。與今本勘校，其中主要區別是：帛書甲、乙本「故善人，善人之師」，世傳今本多同王本作「故善人，不善人之師」或「故善人者，不善人之師」。一作「善人之師」，另一作「不善人之師」，雖僅一字之差，彼此義意却大相徑庭。河上公注：「人之行善者，聖人卽以爲人師。」並未依經文注明爲「善人師」或「不善人師」。王弼注：「舉善以師不善，故謂之師矣。」王注則依經文説明善人爲不善人師。因而有學者據此將甲、乙本改從今本，變作「故善人，不善人之師」。此一舉動却畫蛇添足，而幫了倒忙。其實稍一認真，卽可發現今本訛誤，帛書經文爲是。我們可依據韓非子喻老篇對「不貴其師，不愛其資」之比喻，來判斷「善人，善人之師」與「善人，不善人之師」二者究竟孰是孰非。喻老篇云：「周有玉版，紂令膠鬲索之，文王不予；費仲來求，因予之。是膠鬲賢而費仲無道也，周惡賢者之得志也，故予費仲。文王舉太公於渭濱者，貴之也；而資費仲玉版者，是愛之也。故曰：『不貴其師，不愛其資，雖知大迷，是謂要妙。』」韓非用文王予費仲玉版之事，以喻「愛資」。內儲説下云：「文王資費仲而游於紂之旁，令之諫紂而亂其心。」韓非在這裏清楚地説明了「不善人，善人之資」的具體内容，「不善人」指費仲，「善人」指文王。韓非又以文王舉太公之事，以喻「貴師」，從而又説明了「善人，善人之師」的具體内容，前一「善人」指太公，後一「善人」顯然還是指文王。由此可見，韓非喻老篇所解老子此文，必與帛書甲、乙本相同。從而又可證明帛書甲、乙本「故善人，善人之師；不善人，善人之資」是正確的，保存了老子原文。今本所謂「故善人，不善人之師」者，無疑是由後人妄改，舊注亦多訛誤。

「善人，善人之師」，韓非以文王舉太公喻之；「不善人，善人之資」，韓非以文王予費仲玉版喻之，其説甚是。但是，貴師愛資皆因道微德衰所至。治世以道，善惡泯滅，師資俱無，貴愛無有，聖人所重則在道行，不在師資。蔣錫昌云：「還淳反樸，不貴師資，此乃聖人救人物之法也。顧此法雖智，而世人則大惑不解，此其所以終成爲精要玄妙之道也。」

二十八（今本道經第二十八章）

甲本：知其雄，守147其雌，爲天下溪。爲天下溪，恆德不雞（離）。恆德不雞（離），復歸嬰兒。

乙本：知其雄，守其雌，爲天242下下雞（溪），爲天下雞（溪），恆德不离（離）。恆德不离（離），復〔歸於嬰兒〕。

王本：知其雄，守其雌，爲天下谿。爲天下谿，常德不離，復歸於嬰兒。

景福碑與王本同，唯「谿」字作「溪」；景龍碑「谿」字作「蹊」，「德」字作「得」，謂「知其雄，守其雌，爲天下蹊。爲天下蹊，常得不離，復歸於嬰兒」（朱謙之老子校釋作「常德不離」，誤校）；遂州本「谿」字作「蹊」；敦煌丁本作「奚」；顧歡本作「谿」；唯「爲天下谿」一句，三本皆不重，如顧本作「知其雄，守其雌，爲天下谿，常德不離，復歸於嬰兒」。

帛書甲本保存完好，乙本殘損四字，經文除個別用字稍有差異外，經義完全相同。與今本勘校，其中主要區別是：帛書甲、乙本「爲天下溪」與「恆德不離」二句，各重複兩次，作「知其雄，守其雌，爲天下溪。爲天下蹊，恆德不離。恆德不離，復歸於嬰兒」（帛書甲本「離」字寫作「雞」，「歸」下脱「於」字）。世傳今本多同王本，僅重「爲天下谿」一句；而遂州、敦煌丁、顧歡三本無重句。三種句型共存，過去未曾辨别孰是孰非。從帛書甲、乙本本節經文考察，不僅本文有此兩重句，下文「爲天下谷」與「恆德乃足」、「爲天下式」與「恆德不忒」皆重兩次，三段句型整齊一致。而今本有的僅重一句，有的無重句，此有彼無，爾多它少，參差不一，顯爲因後人妄改所遺痕跡。再如，此節經文句型，多爲因果連綴。前句爲後句之因；後句是前句之果。前後相應，互不可缺，缺則語義不明。此種句型老子書中多見，如第二十五章：「人法地，地法天，天法道，道法自然。」第五十九章：「夫唯嗇是謂早服，早服謂之重積德，重積德則無不克，無不克則莫知其極，莫知其極可以有國。」句法一律。從而可見帛書甲、乙本確保存了老子原本之舊，今本皆有挩誤。

王弼注：「雄，先之屬。雌，後之屬也。知爲天下之先者必後也。是以聖人後其身而身先也。谿不求物，而物自歸之。嬰兒不用智，而合自然之智。」第六十一章云：「牝常以靜勝牡，以靜爲下。」牝爲雌，牡爲雄，雌喜靜好下，雄喜動好上。聖人則去尊顯而守卑微，知雄守雌。爾雅釋水：「水注川曰『谿』。」「谿」、「溪」二字義同，疏引李巡曰：「『水出於山，入於川曰『谿』』。」「谿」地勢底窪，水所歸趨，誠如王注「谿不求物，而物自歸之」。因成水所歸趨之谿，故真常之德永存不逝。因常德永存不逝，故復若無欲無智之嬰兒，即復真常自然之德也。

甲本：知其日（榮），守其辱，爲天下浴（谷）。爲天下浴（谷），恆德乃148〔足〕。恒德乃〔足，復歸於楃」。知其，守其黑，爲天下式。爲天下式，恒德不貣（忒），恒德不貣（忒），復歸於无極。

乙本：〔知〕其白（日），守其辱，爲天下浴（谷）。爲天下浴（谷），恒德乃足。恆德乃足，復歸於楃。知其白，守其243上黑，爲天下式。爲天下式，恒德不貣（忒）。恒德不貣（忒），復歸於无極。

王本：知其白，守其黑，爲天下式。爲天下式，常德不忒，復歸於無極。知其榮，守其辱，爲天下谷。爲天下谷，常德乃足，復歸於樸。

景龍碑「爲天下式」一句不重，「德」字作「得」，謂「知其白，守其黑，爲天下式。常得不忒，復歸於无極。知其榮，守其辱，爲天下谷。爲天下谷，常得乃足，復歸於樸」；敦煌丁本「爲天下式」一句也不重，「忒」字作「貣」，謂「常德不貣」；遂州本「爲天下式」與「爲天下谷」兩句皆不重，「忒」字作「貣」，謂「常德不貣」。吴澄本「知其白，守其黑」一句在「知其雄，守其雌」之前。

帛書甲、乙本「爲天下谷」、「爲天下式」、「恆德乃足」、「恆德乃忒」四句，每句皆重；世傳本多同王本，僅「爲天下谷」與「爲天下式」兩句重；他本如前文所校，或一重或不重，文繁不一。帛書甲、乙本「知其榮，守其辱」一句在「知其白，守其黑」之前，同今本語次顛倒。帛書甲本假「日」字爲「榮」，作「知其日，守其辱」；乙本「日」字誤寫成「白」，作「知其白，守其辱」。甲本又將「知其白，守其黑」之「白」字脱漏。世傳本「知其榮，守其辱，爲天下谷」，帛書甲本本作「知其日，守其辱，爲天下谷」。但是，帛書組誤釋，則同乙本一起釋作「知其白，守其辱，爲天下谷」。本來過去學者對此文真僞就有懷疑，有人據莊子天下篇引老子作「知其白，守其辱，爲天下谷」，謂今本「知其榮」當爲「知其白」，自「守其黑」以下至「知其榮」二十三字，非老子之文，而爲魏晉人竄入。諸如：

易順鼎云：「按此章有後人竄入之語，非盡老子原文。莊子天下篇引老聃曰：『知其雄，守其雌，爲天下谿。知其白，守其辱，爲天下谷。』此老子原文也。蓋本以『雌』對『雄』，以『辱』對『白』。『辱』有『黑』義，儀禮注：『以白造緇曰「辱」。』此古義之可證者。後人不知『辱』與『白』對，以爲必『黑』始可對『白』，必『榮』始可對『辱』。如是，加『守其黑』一句於『知其白』之下，加『知其榮』一句於『守其辱』之上，又加『爲天下式，爲天下式，常德不忒，復歸於無極』四句以叶『黑』韻，而竄改之迹顯然矣。以『辱』對『白』，此自周至漢古義，而彼竟不知，其顯然者一也。『爲天下谿』，『爲天下谷』，『谿』、『谷』同義，皆水所歸。『爲天下式』，則與『谿』、『谷』不倫，湊合成韻，其顯然者二也。王弼已爲『式』字等句作註，則竄改卽在魏晉之初，幸賴莊子所引，可以考見原文，亟當訂正，以存真面。」馬叙倫云：「易説是也。説文：『谿，山隫無所通者。』『谷，泉出通川者。』老子以『谿』喻無有能入，『谷』喻無所不出，間以『式』字則不倫矣。又『漓』與『足』對，『嬰兒』與『樸』對，間以『忒』與『無極』亦義不相貫也。又古書『榮辱』字皆『寵辱』之借，本書上文『寵辱若驚』不作『榮辱』，亦妄增之證。然淮南道應訓已引『知其榮，守其辱，爲天下谷』，則自漢初已然矣。」高亨綜合易、馬二氏之説，列爲六證。如云：「按此文本作『知其雄，守其雌，爲天下谿。

爲天下谿，常德不離，復歸於嬰兒。知其白，守其辱，爲天下谷。爲天下谷，常德乃足，復歸於樸』。其『守其黑，爲天下式。爲天下式，常德不忒，復歸於無極。知其榮』二十三字，後人所加也，請列六證以明之。」關於高氏六證，無非是易、馬二氏之說的翻版與綜合，别無新意，兹不詳録。

帛書甲、乙本經文並非如帛書組所釋，同爲「知其白，守其辱」。甲本則作「知其日，守其辱」，「日」字寫作「ᗡ」，與「君子終日行」之「日」形體相同。乙本作「知其白，守其辱」，「白」字寫作「ᗜ」，與「君子終日行」之「日」亦形體相近。誠然，「白」字可能誤寫成「日」，但也不排除「日」字也可誤寫成「白」。如果帛書經文不從乙本而從甲本，作「知其日，守其辱，爲天下谷」，那就與前舉易順鼎、馬叙倫、高亨等人所講的情況完全兩樣了。帛書甲本「知其日，守其辱，爲天下谷」，則同今本「知其榮，守其辱，爲天下谷」經義相同。「日」字乃「榮」之假借字，「日」、「榮」二字同在日紐，雙聲。「日」質部字，「榮」耕部字，「質」、「耕」通轉，叠韻。古籍中將「日」字誤寫成「白」者不乏其例，如說文鳥部：「鴆，毒鳥也，一名『運日』。」國語晉語「乃置鴆於酒」，韋注：「鴆，運日也。」抱朴子良規篇作「雲日」，文選左思吴都賦「黑鴆零」，注云：「鴆鳥，一名『雲白』。」顯然是「雲日」二字誤爲「雲白」，「日」字誤寫成「白」，與帛書乙本同例。莊子天下篇引老子此文作「知其白，守其辱，爲天下谷」，可能與乙本同屬一個原因，誤將「日」字寫成「白」。帛書乙本此文雖作「知其白，守其辱，爲天下谷」，下文則作「知其白，守其黑，爲天下式」。前後兩句皆作「知其白」，其中必有一誤。足以說明前句「知其白」當同甲本作「知其日」，「白」字乃爲「日」之誤，無可疑也。衆所周知，天下篇屬莊子雜篇，乃漢代作品，與淮南子爲同一時期著作。淮南道應訓引老子此文作「知其榮，守其辱，爲天下谷」，與帛書甲本和世傳今本完全相同，天下篇引文也絕不會有甚大出入。據現有資料足以證明今本「知其雄，守其雌，爲天下谿」，「知其榮，守其辱，爲天下谷」，「知其白，守其黑，爲天下式」，經文分作三段，基本不誤。易順鼎據莊子天下篇「知其白，守其辱」一句，謂：「後人不知『辱』與『白』對，以爲必『黑』始可對『白』，必『榮』始可對『辱』。如是，加『守其黑』一句於『知其白』之下，加『知其榮』一句於『守其辱』之上，又加『爲天下式，爲天下式，常德不忒，復歸於無極』四句。」易氏之言全憑主觀構想，純屬臆測。按今本此章共八十六字，依易説後人竄入二十三字，占全部字數的四分之一還多。據勘校帛書老子甲、乙本所知，今本老子之訛誤，僅限於個別字或個別句的改動，像易氏所説如此大動手術，尚無二例。在帛書老子出土之前，易氏有此懷疑不足爲奇。但是，帛書老子出土之後，帛書甲、乙本三段經文俱在，除用假借字外經義與今本同，應當説過去的疑慮已得到解決。可是，有些學者不從帛書而信僞説，尤其是帛書組誤將甲本「知其日」也讀成「知其白」，更加造成混亂。老子甲本作「知其日，守其辱」，定可無疑。帛書老子原件已影印出版，盡可詳查。甲本老子「知其日，守其辱」即「知其榮，守其辱」，與「知其白，守其黑」指兩種不同的事物。從而可見，乙本「知其白，守其辱」之「白」字，顯爲「日」字之筆誤，當與甲本相同。今本「知其榮，守其辱」不僅不誤，而且皆用本字。甲本則借「日」字爲「榮」，乙本誤「日」字爲「白」，均當據以訂正。玆將假字訂正，帛書此三段文作：「知其雄，守其雌，爲天下谿。爲天下谿，恒德不離。恒德不離，復歸於嬰兒。知其榮，守其辱，爲天下谷。爲天下谷，恒德乃足。恒德乃足，復歸於樸。知其白，守其黑，爲天下式。爲天下式，恒德不忒。恒德不忒，復歸於無極。」

王弼注：「此三者，言常反終，後乃德全其所處也。下章云『反者道之動也』，功不可取，常處其母也。」按「三者」係指「知其雄，守其雌，爲天下谿」、「知其榮，守其辱，爲天下谷」與「知其白，守其黑，爲天下式」而言。「反終」則謂「復歸於嬰兒」、「復歸於樸」與「復歸於無極」，即反其本也。嬰兒純真無欲，乃爲人之本原；無彫無鑿之樸，乃爲木之本原。宋儒周敦頤太極圖說云：「上天之載無聲無臭，而實造化之樞紐，品彙之根柢也，故曰『無極而太極』。」是謂宇宙本體，「無極」乃爲宇宙之本原。「反者道之動也」，乃第四十章經文，在此則是對「反終」之詮釋。指出宇宙間一切事物之運動，皆向其相反方向發展，「禍，福之所倚；福，禍之所伏」。「正復爲奇，善復爲祆」。皆如此。「功不可爲，常處其母」者，不可有爲，不可身先，不可求仁、義、禮之功，常守無爲之道，如此尚可全足。正如第三十八章王弼注云：「故仁德之厚，非用仁之所能也；行義之正，非用義之所成也；禮敬之清，非用禮之所濟也。載之以道，統之以母，故顯之而無所尚，彰之而無所競。用夫無名，故名以篤焉；用夫無形，故形以成焉。守母以存其子，崇本以舉其末，則形名俱而邪不生，大美配天而華不作。故母不可遠，本不可失。」

甲本：楃（樸）散〔則149爲器，聖〕人用則爲官長，夫大制无割。

乙本：樸散則爲器，耶（聖）人用則爲官長，夫大制无243下割。

王本：樸散則爲器，聖人用之則爲官長，故大制不割。

景龍碑與敦煌丁本均無「之」與二「則」字，「故」字作「是以」，「不」字作「无」，謂「樸散爲器，聖人用爲官長，是以大制无割」；遂州本作「樸散爲器，聖人用爲官長，大制不割」；顧本首句作「樸散爲器」；傅本末句作「大制無割」；范本作「故大制无割」。

帛書甲本殘損四字，乙本保存完好，而在「用」下均無「之」字。甲、乙二本經文基本相同。與今本勘校，甲、乙本「夫大制无割」，世傳今本除景龍、敦煌丁、傅、范諸本作「大制无割」或「是以大制无割」外，其它多同王本作「故大制不割」。易順鼎云：「『不割』當作『無割』。王注：『以天下之心爲心，故無割也。』足證王本作『無』。道應訓正作『大制無割』。此作『不』者，後人因下篇有『方而不割』之語改之。」易説甚是，帛書甲、乙本均作「无割」，可證。

王弼注：「樸，『真』也。真散則百行出，殊類生，若器也。聖人因其分散，故爲之立官長。以善爲師，不善爲資，移風易俗，復歸於一也。『大制』者，以天下之心爲心，故無割也。」蔣錫昌云：「王注：『樸，真也。』『真』即先天地而生之『道』也。二十九章河上注：『器，物也。』『物』即萬物也。『樸散則爲器』，言道散而爲萬物也。『因』、『用』一聲之轉，誼可相通。『官長』即百官之長，謂人君也。『聖人用之則爲官長』，言聖人因之則爲人君，以道治天下，使復歸於樸也。説文：『制，裁也。』『裁』之本誼訓爲製衣，此指聖人統治天下以制百物而言。故『大制』猶云『大治』，『無割』猶言『無治』。蓋無治，則可以使樸散以後之天下復歸於樸，復歸於樸，正乃聖人之大治也。『大制無割』，與四十一章『大方無隅……大象無形』與莊子齊物論『大仁不仁』詞例一律。」

二十九（今本道經第二十九章）

甲本：將欲取天下而爲之，吾見其弗〔得已。夫天下[150]神〕器也，非可爲者也。爲者敗之，執者失之。

乙本：將欲取〔天下而爲之，吾見其弗〕得已。夫天下神器也，非可爲者也。爲之者敗之，執之者失之。

王本：將欲取天下而爲之，吾見其不得已。天下神器，不可爲也。爲者敗之，執者失之。

徽、邵、彭、司馬、孟頫諸本「爲之」下有「者」字，作「將欲取天下而爲之者」；傅、范二本「爲之」下有「者」字，「下」「天」上有「夫」字，作「將欲取天下而爲之者」，「夫天下神器」；景龍、景福、敦煌丁三本均無「也」字，作「天下神器，不可爲」；遂州本作「天下神器，不可爲。爲故敗之，執者失之」。

帛書甲本自「得」至「神」共殘損六字，乙本自「天下」至「弗」共殘損九字，彼此正可互補，經文基本相同。與今本勘校，除所用虛詞稍有差異外，經義無別。

河上公注：「欲爲天下主也，欲以有爲治民，我見其不得天道人心已明矣。天道惡煩濁，人心惡多欲。器，物也。人乃天下之神物也，神物好安靜，不可以有爲治。以有爲治之，則敗其質性；强執教之，則失其情實，生於詐僞也。」「不得已」，河上公謂爲「不得天道人心」，甚得其指，猶今言無所得或無所穫。有人釋作「迫不得已」，失之遠矣。周易繫辭上「形乃謂之器」，韓康伯注：「成形曰『器』。」老子所謂「器」指萬物言，如第二十八章「樸散則爲器」。人爲萬物之靈，故謂「神器」；河上公謂「人乃天下之神物」。天下萬民、萬物，皆應依其質、順其性、循以自然，聖人則不造不作，靜觀其變；無爲無執，載之以道，統之以母。捨母求子，棄本逐末，成績雖大，必有不周；名位雖美，必有患憂。故爲者必敗，執者必失。

甲本：物或行或隨，或炅（噓）或〔吹，或强或羸〕151，或杯（培）或撱（墮）。

乙本：故物244上或行或隋（隨），或熱（噓）或硾（吹），或陪（培）或墮。

王本：故物或行或隨，或歔或吹，或强或羸，或挫或隳。

景龍、遂州與敦煌丁三本首句「故」字作「夫」，謂「夫物或行或隨」；傅奕、蘇轍、吳澄諸本「故」字作「凡」，謂「凡物或行或隨」。次句，景龍、遂州、敦煌丁、顧、徽、邵、彭諸本作「或噓或吹」；易玄、邢玄、樓正、河上、司馬、蘇、吳、志、焦諸本作「或呴或吹」。景福、磻溪二本作「或煦或吹」；樓古作「或敂或吹」；傅、范二本作「或噤或吹」。第三、四兩句，景龍碑作「或强或羸，或接或隳」；遂州作「或强或羸，或接或隳」；敦煌丁本作「或强或羸，或接或墮」；司馬本作「或强或羸，或載或墮」；景福、易玄、慶陽、樓古、磻溪、孟頫、樓正、河上、顧、徽、彭、邵、蘇、吳、志、焦諸本作「或强或羸，或載或隳」；傅、范二本作「或强或剉，或培或墮」。

帛書甲本殘損六字；乙本雖不殘，但脱漏「或强或羸」一句。甲本句首無虚詞；而今本句首分别作「故」、「夫」或「凡」等字；乙本句首有兩字相叠，似初寫一字後又改寫，故字迹不清，帛書組以「○」表示，此當釋爲「故」字，甲本遺漏。今本「或歔或吹」之「歔」字，也有作「呴」、「㰴」、「煦」、「噤」者；乙本作「熱」，甲本作「炅」。在此皆應假爲「噓」字。「噓」爲曉紐魚部字，「熱」爲日紐月部字，「曉」、「日」通轉。說文生部：「甤，從生豨省聲。」「甤」儒佳切，屬日紐；「豨」虚豈切，屬曉紐。即其證，參見黄焯古今聲類通轉表。「月」、「魚」二部通轉，故「熱」、「噓」二字音同互假。易順鼎云：「按『歔』本字當作『噓』。下文『或强或羸』，『强』與『羸』反，則『噓』與『吹』反。玉篇口部『噓』、『吹』二字相通，即本老子。又引聲類云：『出氣急曰吹，緩曰噓。』此『吹』、『噓』之别，即老子古義也。」甲本「炅」字，乙本「熱」，皆假爲「噓」。乙本「或⿰石坐」二字猶今本「或吹」。「⿰石坐」、「吹」二字古爲雙聲叠韻，音同互假。在此當從易氏作「或噓或吹」。甲本有六字殘損，參諭王本，其中包括「或强或羸」一句；乙本雖保存完好，但將此句脱漏，抄寫之誤也。世傳今本多同王本，最後二句作「或强或羸，或挫或隳」；唯傅、范二本作「或强或剉，或培或墮」。范應元云：「『或彊或剉，或培或墮』，嚴遵、王弼、傅奕、阮籍同古本。『剉』寸卧切，折傷也。『培』蒲板切，傅奕引字林云：『益也。』『墮』徒果切，傅奕引字林云：『落也。』河上公改『噤』爲『呴』，改『剉』爲『羸』，改『培』爲『載』，改『墮』爲『隳』。今仍從古本。」范謂王弼同古本作「或彊或剉，或培或墮」，而經典釋文出「羸」、「挫」、「墮」三字，說明陸氏所見王本則與今本相同，乃作「或强或羸，或挫或墮」。足證傅、范二本誤「羸」字爲「剉」，王本則誤「培」字爲「挫」。「剉」、「挫」二字同文異體，實乃一字之亂也。甲、乙本末句作「或培或墮」，與傅、范本同，老子原本當如是。兹據前舉古今各本勘校，此文當作：「故物或行或隨，或噓或吹，或强或羸，或培或墮。」

王弼注：「凡此諸『或』，言物事逆順反覆，不施爲執割也。聖人達自然之性，暢萬物之情，故因而不爲，順而不施。」此之謂人事繁多，情性各異：有的行前，有的隨後；有的性緩，有的性急；有的剛强，有的柔弱；有的自愛，有的自毁。凡此皆明人事參差，聖人順而不施，因而不爲，任其自然。

甲本：是以聲（聖）人去甚，去大（泰），去楮（奢）。

乙本：是以耶（聖）人去甚，去大（泰），去諸（奢）。

王本：是以聖人去甚，去奢，去泰。

世傳今本多同王本，唯司馬本「以」字作「故」，謂「是故聖人去甚，去奢，去泰」。

帛書甲、乙本與今本經文經義皆相同，唯甲本「奢」字寫作「楮」，乙本寫作「諸」。「奢」、「楮」、「諸」三字皆從「者」音，古讀音相同，在此當從今本作「奢」。再如甲、乙本「去泰，去奢」兩句，同今本句序互倒。

河上公注：「『甚』謂貪淫聲色，『奢』謂服飾飲食，『泰』謂宫室臺榭。去此三者，處中和，行無爲，則天下自化。」「甚」、「泰」、「奢」皆過限之詞，謂其貪圖無厭，私欲無止，富貴榮利迷惑其心，聖人戒而去之，行虛静無爲之治，天下歸安。

三十（今本道經第三十章）

甲本：以道佐人主，不以兵（强於）天下，（其事好還。師之）152所居，楚朸（棘）生之。

乙本：以道佐人主，不以兵强244下於天下，其（事好還。師之所處，荊）棘生之。

王本：以道佐人主者，不以兵强天下，其事好還。師之所處，荊棘生焉。大軍之後，必有凶年。

景龍碑「佐」字作「作」，無「焉」字與「大軍之後，必有凶年」二句，作「以道作人主者，不以兵强天下，其事好還。師之所處，荊棘生」；敦煌丁本與之同，唯第二句「强」下有「於」字，作「不以兵强於天下」；景福碑「强」下亦有「於」字，此句與敦煌丁本同；遂州本「生」後無「焉」字，作「師之所處，荊棘生」，其下亦無「大軍之後，必有凶年」二句；焦竑本「軍」字作「兵」，謂「大兵之後，必有凶年」；樓正本作「大軍之後，必有凶季」。

帛書甲、乙本均有殘損，但從保存内容觀察，兩本經義相同。與今本勘校，今本「荊棘」二字，甲本作「楚朸」，乙本僅殘存一「棘」字。帛書組注：「『荊』、『楚』義同，『棘』、『朸』音近。」其説甚是，當從今本。但是，帛書與今本之最大分歧是：今本「大軍之後，必有凶年」二句，甲、乙本皆無，景龍、遂州、敦煌丁三本亦無。勞健曰：「『大軍之後，必有凶年』，景龍、敦煌與道藏龍興碑本無此二句，他本皆有之。漢書嚴助傳淮南王安上書云：『臣聞軍旅之後，必有凶年。』又云：『此老子所謂「師之所處荆棘生之」者也。』按其詞意，『軍旅』、『凶年』當别屬古語，非同出老子。又王弼注止云：『賊害人民，殘荒田畝，故曰「荆棘生焉」。』亦似本無其語。或古義疏常引之，適與『還』字、『焉』字偶合諧韻，遂並衍入經文也。今據景龍諸本，别以爲存疑。」馬叙倫云：「羅卷、易州無此二句，論弼注曰：『言師凶害之物也，無有所濟，必有所傷，賊害人民，殘荒田畝，故荆棘生焉。』是王亦無此兩句；成於此兩句無疏，則成亦無。蓋古注文所以釋上兩句者也。」按帛書甲、乙本均無此二句，足證其爲後人增入無疑，勞、馬二氏之説誠是。

想爾注：「治國之君務修道德，忠臣輔佐務在行道，道普德溢，太平至矣。吏民懷慕，則易治矣。悉如信道，皆仙壽矣。……以兵定事，傷煞不應度，其殃禍反還人身及子孫。天子之軍稱師，兵不合道，所在淳見煞氣，不見人民，但見荆棘生。」蘇轍云：「聖人用兵皆出於不得已，非不得已而欲以强勝天下，雖或能勝，其禍必還報之。楚靈、齊湣、秦始皇、漢孝武，或以殺其身，或以禍其子孫，人之所毒，鬼之所疾，未有得免者也。」此甚得老子所謂「其事好還」之旨。

甲本：善者果而已矣，毋以取强焉。

乙本：善者果而已矣，毋以取强焉。

王本：善有果而已，不敢以取强。

景龍碑、敦煌丁本句首有「故」字，「有」字作「者」，無「敢」字，謂「故善者果而已，不以取强」；傅、徽、邵、彭諸本作「故善者果而已矣，不敢以取强焉」；景福碑作「故善者果而已，不敢以取强焉」；遂州本作「善者果而已，不以取强」；易玄、慶陽、樓古、磻溪、樓正、孟頫、范、司馬、蘇、志諸本首句作「故善者果而已」；河上、顧歡、吴澄三本作「善者果而已」。

帛書甲、乙本經文相同。與今本勘校，甲、乙本「善者果而已矣」，王弼本作「善有果而已」；傅奕本作「故善者果而已矣」，「善者」一詞與帛書同。俞樾云：「按河上本作『善者果而已』，當從之。王注曰：『果，猶濟也。言善用師者，趣以濟難而已矣。』是其所據本亦作『善者』，故以『善用師者』釋之。今作『善有』，以形近而誤。」再如，甲、乙本「毋以取强焉」，王本作「不敢以取强」；景龍碑作「不以取强」，「不以」二字與帛書「毋以」義同，皆無「敢」字。俞樾云：「按『敢』字衍文，河上公注曰：『不以果敢取强大之名也。』注中『不以』二字即本經文；其『果敢』字乃釋上文『果』字之義，非此文有『果』字也。今作『不敢以取强』，即涉河上注而衍。王注曰：『不以兵力取强於天下也。』亦『不以』二字連文，可證經文『敢』字之衍。唐景龍碑正作『不以取强』，當據以訂正。」俞氏於此二説皆是，甲、乙本爲其則提供一更有力證據，當從無疑。

關於「果」字，自古以來有多種解釋。如王弼云：「『果』猶『濟』也，言善用師者，趣以濟難而已矣，不以兵力取强於天下也。」與其説相近者，如司馬光云：「『果』猶『成』也，大抵禁暴除亂，不過事濟功成則止。」王安石謂：「『果』者，勝之辭。」高亨云：「爾雅釋詁：『果，勝也。』『果而已』猶勝而止。」河上公謂「果」字爲「果敢」，注云：「善兵者，當果敢。而已，不休。」蘇轍云：「果，決也。德所不能綏，政所不能服，不得已而後以兵決之耳。」按此當以王弼、司馬光之說符合經義，謂善用兵者，則爲禁暴濟亂，功成而已，不逞强於天下也。

甲本：果而毋驕（驕），果而勿矜，果而〔勿伐〕153，果而毋得已居，是胃（謂）〔果〕而不强。

乙本：果而毋驕，果而勿矜，果〔而勿〕245上伐，果而毋得已居，是胃（謂）果而强。

王本：果而勿矜，果而勿伐，果而勿驕，果而不得已，果而勿强。

敦煌丁、遂州二本「勿驕」一句在「勿矜」之前，末句「果」前有「是」字，作「果而勿驕，果而勿矜，果而勿伐，果而不得已，是果而勿强」；景龍碑與之同，唯「已」字作「以」，稍異；司馬本「勿驕」一句在「勿伐」之前，作「果而勿矜，果而勿驕，果而勿伐，果而不得已，是果而勿强」；范應元本第三句「驕」字作「憍」，末句「果」前有「是謂」二字，作「果而勿憍，果而不得已，是謂果而勿强」；易玄、慶陽、樓古、樓正均與之同，唯末句無「謂」字，作「是果而勿强」；傅奕、顧歡、蘇轍三本末句亦作「是果而勿强」，餘同王本。

帛書甲本殘損三字，乙本殘損二字，又在末句「强」前脫「不」字，抄寫之誤，當同甲本均作「是謂果而不强」。與今本勘校，彼此有三處不同：第一，語序，甲、乙本「毋驕」一句均在「勿矜」之前，世傳本中敦煌丁與遂州本同帛書，餘者皆有倒誤。第二，帛書甲、乙本「果而毋得已居」，今本皆作「果而不得已」，無「居」字。按「居」字在此作語助詞，與「者」、「諸」義同。經傳釋詞卷五：「居，詞也。易繫辭傳曰：『噫！亦要存亡吉凶，則居可知矣。』鄭、王注並曰：『居，辭也。』詩柏舟曰：『日居月諸。』正義曰：『居諸者，語助也。」」諭之王弼注，王本原亦有「居」字，與帛書本同。王注此文云「然時故不得已後用者」，顯然是對「果而毋得已居」之解釋，「後用者」即「居」字之詮釋。如經文無「居」字，王注焉能有「者」字？足見後人因對「居」字不瞭解，故誤作衍文删去。今幸有帛書甲、乙本出土，得以恢復老子原本之舊。第三，帛書甲、乙本末句「是謂果而不强」，范應元本與之相同；世傳今本多同王本作「果而勿强」，或同傅本作「是果而勿强」。俞樾云：「按傅奕本作『是果而勿强』，當從之。上文云『善者果而已，不以取强』，又云『果而勿矜，果而勿伐，果而勿驕，果而不得已』，皆言其果，不言其强，故總之曰：『是果而勿强。』正與上文『果而已，不以取强』相應。讀者誤謂此句與『果而勿矜』諸句一律，遂妄删『是』字耳。唐景龍碑亦有『是』字，當據增。」蔣錫昌云：「按强本成疏引經文云『是果而勿强』，是成下『果』上有『是』字。下『果』上當從范本增『是謂』二字。『是謂果而勿强』，與下文『是謂不道』並列。十四章：『是謂無狀之狀，……是謂惚恍，……是謂道紀。』連用三『是謂』，與此文連用二『是謂』文例正同。」俞、蔣二氏之説均是，尤以蔣説更爲貼切，帛書甲、乙本此文正作「是謂果而不强」，當爲老子原文。

王弼注：「吾不以師道爲尚，不得已而用，何矜驕之有也。言用兵雖趣功濟難，然時故不得已後用者，但當以除暴亂，不遂用果以爲强也。」朱謙之云：「『果而勿驕』、『勿矜』、『勿伐』，皆言誠信之功效如此。老子書中最重『信』字，四十九章：『信者，吾信之；不信者，吾亦信之，德信。』十七章二十三章：『信不足，有不信。』『果』即『信』也。『信不足』而至於用兵，是『果而不得已』，然亦以告成事而已。……用兵而寓於不得已，是勝猶不勝，不以兵强天下者也。」

甲本：物壯而老，是胃（謂）之不道，不道蚤（早）已。

乙本：物壯而老，胃（謂）之不道，不道蚤（早）已。

王本：物壯則老，是謂不道，不道早已。

敦煌丁本「是謂」二字作「謂之」，「不」字作「非」，謂「物壯則老，謂之非道，非道早已」；景龍碑與之同，唯「壯」字誤寫作「牡」；傅、徽、邵、彭、志諸本作「物壯則老，是謂非道，非道早已」；遂州本作「物壯則老，謂之非道，早已」。

帛書甲本「是謂之不道」，乙本作「謂之不道」，王弼本作「是謂不道」，景龍碑作「謂之非道。」甲、乙本「不道」二字，今本多作「非道」。「謂之」二字與「是謂」，「不道」二字與「非道」，彼此用詞雖異，則經義無別。易順鼎云：「內經卷一王冰注引作『不道早亡』，疑唐時本有作『亡』者。」馬叙倫云：「臧疏『已』作『亡』。……臧疏河上注曰：『不行道者早亡。亡，死也。』較今本河上注多兩『亡』字及『也』字，是河上作『亡』，『亡』與『强』明韻。」蔣錫昌云：「按强本成疏引經文云：『謂之非道，非道早已。』是成作『謂之非道，非道早已』。王冰注引『已』作『亡』，蓋以形近而誤。」蔣説誠是，帛書甲、乙本均作「早已」二字，「亡」字乃後人所改。姚鼐云：「『物壯則老』十二字衍，以在下篇含德章『心使氣曰强』下，誦者誤入此『勿强』句下。」今從帛書甲、乙本論之，德經含德與本文皆有此十二字，乃同文復出者，非衍文也。姚説非是。

王弼注：「壯，武力暴興，喻以兵强於天下者也。飄風不終朝，驟雨不終日，故暴興必不道，早已也。」左傳僖公二十八年：「師直則壯，曲則老。」除暴濟難，師則直也，故壯。壯而不知止，逞强於天下，則曲。曲則老，是謂不道，故必早亡。

三十一（今本道經第三十一章）

甲本：夫兵者，不祥之器〔也〕154。物或惡之，故有欲（裕）者弗居。
乙本：夫兵者，不祥之器也245下。物或亞（惡）〔之，故有裕者弗居〕。
王本：夫佳兵者，不祥之器。物或惡之，故有道者不處。

傅奕本首句「佳」字作「美」，謂「夫美兵者，不祥之器」；樓古碑作「夫嘉兵者，不祥之器」；磻溪幢作「夫隹兵者，不祥之器」；河上本作「夫佳兵，不祥之器」；景龍碑與敦煌丁本末句作「故有道不處」；顧歡本作「故有道者不居」；吳澄本首句作「夫佳兵者不祥」，末句作「故有道者不處也」。

帛書甲本僅殘一「也」字，乙本殘損七字。除乙本末句全部毀壞外，甲、乙本經文可彼此互補。與今本勘校，主要有兩處差異：第一，帛書甲、乙本「夫兵者」，今本作「夫佳兵者」、或「夫嘉兵者」、「夫美兵者」、「夫隹兵者」，「夫」下皆有一動詞或語詞。王念孫云：「釋文：『佳，善也。』河上云：『飾也』。念孫按：『善』、『飾』二訓，皆於義未安。古所謂『兵』者，皆指五兵而言，故曰：『兵者，不祥之器。』若自用兵者言之，則但可謂之『不祥』，而不可謂之『不祥之器』矣。今案『佳』，當為『隹』，字之誤也。隹，古『唯』字也。『唯兵』爲

「不祥之器」，「故有道者不處」。上言「夫唯」，下言「故」，文義正相承也。八章云：「夫唯不爭，故無尤。」十五章云：「夫唯不可識，故强爲之容。」又云：「夫唯不盈，故能蔽不新成。」二十二章云：「夫唯不爭，故天下莫能與之爭。」皆其證也。」盧文弨云：「『佳』者，以爲嘉美憙悦之也。刑可謂『祥』，兵不可以爲『佳』。『佳兵』之人，是天下之至不祥人也。下云：『兵者，不祥之器。』古之所謂『兵』者，弓矢戟劍之屬，是『器』也。後人因亦名執此器者爲『兵』，春秋傳所稱『徒兵』是也。此溯其源而言之，故曰：『兵者，不祥之器。』若『佳兵者不祥』句下，古本元無『之器』二字，俗本有之，蓋因下文而誤衍也。……或曰：『佳』乃『唯』字之文脱耳。『唯』古文作『佳』，故譌爲『佳』也。曰：是不然。老子之文，凡云『夫唯』者衆矣，其語勢皆不若是也。今一一而數之，曰『夫唯不居，是以不去』；曰『夫唯不爭，故無尤』；曰『夫唯不盈，故能敝不新成』；曰『夫唯不爭，故天下莫能與之爭』；曰『夫唯道，善貸且成』；曰『夫唯嗇，是謂早服』；曰『夫唯病病，是以不病』；曰『夫唯不厭，是以不厭』；曰『夫唯無以生爲者，是賢於貴生』；凡九見矣。今曰『夫唯兵者，不祥之器』，類乎？不類乎？上章雖言兵，而此章義本不相屬，文又不相類，不得謂之承上文也。承上文則語勢當緊，而此下乃云『物或惡之』，其節舒緩，與上所引亦不類也。若云『佳』爲古文『唯』字，豈九處皆從今文，而此一字獨爲古文乎！……試熟復本章反正兩義，則『佳』字有確詁，斷然不可易矣。」王氏認爲「佳兵」二字應是「佳兵」，經文當作「夫佳兵者，不祥之器」；盧氏認爲「之器」二字應是衍文，經文當作「夫佳兵者不祥」。各執一辭，而釋説甚辨，但均未達老子經義。帛書甲、乙本同作「夫兵者，不祥之器」，「夫」下無「佳」字，「之器」二字亦非衍文。從經義分析，老子先言「兵」，後稱「不祥之器」，顯然是以「兵」字泛指用以征伐之戈矛等武器，非謂用兵之君也。正如王氏所講：「若自用兵者言之，則但可謂之『不祥』，而不可謂之『不祥之器』矣。」其説至確。在此段文字中，「兵者」二字前後凡三見，如下文云：「故兵者非君子之器，兵者不祥之器也。」所云皆指戰争所用之軍械，今本在「兵」前增「佳」、「嘉」或「美」諸字，猶似指用兵者言之，遠失老子經義，當從帛書甲、乙本作「夫兵者」爲是，今本皆非。

第二、帛書甲本「物或惡之，故有欲者弗居」，乙本「故有欲者弗居」一句殘損；世傳本多作「物或惡之，故有道者不居」或「物或惡之，故有道者不處」。此文與今本第二十四章經文相同。如今本第二十四章云「曰餘食贅行，物或惡之，故有道者不處」，帛書甲、乙本同作「曰餘食贅行，物或惡之，故有欲者弗居」。今本「有道者」，帛書兩處皆作「有欲者」。「有欲」二字與「有道」互爲抵牾，帛書組釋「欲」字爲「貪欲」，謂「有欲者」爲「有貪欲之人」，顯與今本「有道者」互成水火。許抗生於前文謂「欲」爲「誤字」，又於此文謂「此句與老子思想不合」，皆不合經義。帛書甲、乙本將前文與此文同寫作「有欲者」，恐非偶然。「欲」字如係訛誤，則甲、乙本前後數處均將此字寫誤，如此巧合，實屬不能，其中必有緣故。前文已講明，「欲」字在此而假借爲「裕」，廣雅釋詁四：「裕，道也。」「裕」、「道」二字義同。根據帛書甲、乙本前後數處同出此文，足可證明「欲」字而應假爲「裕」，「有欲者」當作「有裕者」。無可懷疑。「裕」字與「道」不僅義同，古音亦通。「裕」字爲喻紐四等字，「道」字爲定紐，「喻四歸定」，古爲雙聲；「裕」字屬屋部，「道」字在幽部，「屋」、「幽」音之轉也。從而可證，帛書甲、乙本「有欲者弗居」，均當讀作「有裕者弗居」，猶今本「有道者不居」。用詞雖異，而經義全同。綜上所述，此段經文則謂：刀兵所至，必有損傷，賊害人民，殘荒田畝，人物無不被其害，不祥莫大焉。萬物無不惡之，故有道者禁而不用，避而遠之。

甲本：君子居則貴左，用兵則貴右。故兵者非君子之器也，〔兵者〕155不祥之器也，不得已而用之，銛襲（恬淡）爲上。

乙本：〔君子〕居則貴左，用兵則貴右。故兵者非君子之器，兵者不祥〔之〕246上器也，不得已而用之，銛憹（恬淡）爲上。

王本：君子居則貴左，用兵則貴右。兵者不祥之器，非君子之器，不得已而用之，恬淡爲上。

傅、范、徽、邵、彭、志、樓古諸本首句皆有「是以」二字，作「是以君子居則貴左」。傅奕本末句「恬」上有「以」字，「淡」字作「惔」，謂「以恬惔爲上」；景龍、慶陽、樓正、敦煌丁、河上、顧歡諸本「淡」字均作「惔」，謂「恬惔爲上」；志、焦二本作「恬澹爲上」。

帛書甲本殘損二字，乙本殘損三字，經文可互補，經義相同。與今本勘校，甲、乙本「故兵者非君子之器」一句在「兵者不祥之器也」之前，與今本語句次序顛倒。今本「恬淡」二字或作「恬惔」，或作「恬憺」；帛書甲本作「銛襲」，乙本作「銛憹」。帛書甲本注：「『銛』、『恬』古音同，『襲』、『淡』古音相近。」乙本注：「憹，甲本作『襲』，此從心，蓋即『讋』之異體，與『慴』音義略同。『銛憹』讀爲『恬淡』。」廣雅釋詁四：

「恬倓，静也。」王念孫疏證云：「方言：『恬，静也。』説文：『恬，安也。』『倓』與下『憺』字通，字或作『澹』，或作『淡』。」史記秦始皇紀：「今上治天下，未能恬淡。」莊子天道篇：「夫虚静恬淡，寂寞無爲者，天地之平，而道德之至也。」誠如帛書組所注，甲本「銛襲」與乙本「銛幟」，均當從今本作「恬淡」。

紀昀云：「自『兵者不祥之器』至『言以喪禮處之』，似有注語雜入，但河上公注本及各本俱作經文。」劉師培云：「案此節王本無注，而古注及王注恆混入正文。如『不祥之器，非君子之器』二語必係注文，蓋以『非君子之器』釋上『不祥之器』也。本文當作『兵者不得已而用之』，『兵者』以下九字均係衍文。」馬叙倫云：「紀、劉之説是也。文子上仁篇引曰：『兵者不祥之器，不得已而用之。』蓋老子本文作『夫唯兵者不祥之器，不得已而用之』。『物或』兩句係二十四章錯簡，『君子』兩句乃下文而錯在上者，『非君子之器』則正釋『不祥之器』也。」因本章王本失注，故引起學者則對經文之懷疑和猜測，馬氏竟以個人臆斷剪裁經文，實不可信。今同帛書甲、乙本校之，世傳今本除個别語序稍有顛倒之外，别無差誤。

「君子居則貴左，用兵則貴右」，「左」爲陽位屬吉，「右」爲陰位屬喪。禮記檀弓上「二三子皆尚左」，鄭玄注：「喪尚右，右，陰也。吉尚左，左，陽也。」「兵者」所貴，異乎平居，故曰「不祥之器，非君子之器」也。「不得已而用之」者，務以禁暴濟難而止，安静無爲爲上。

甲本：勿美也，若美之，是樂殺人也。夫樂殺人，不156可以得志於天下矣。

乙本：勿美也，若美之，是樂殺人也。夫樂殺人，不可以得志於246下天下矣。

王本：勝而不美，而美之者，是樂殺人。夫樂殺人者，則不可以得志於天下矣。

前三句，景龍碑作「故不美，若美之，是樂煞人」；敦煌丁與遂州二本作「故不美，若美必樂之，是樂煞人」；傅、徽、邵、彭諸本作「故不美也，若美必樂之，樂之者，是樂殺人也」；范本與之同，唯「若美」下有「之」字，作「若美之，必樂之」；景福碑作「勝而不美，而美之者，是樂煞人也」；顧歡與司馬二本作「勝而不美，若美之者，是樂殺人」；吳澄本作「勝而不美，美之者，是樂殺人也」。後二句，傅奕本作「夫樂人殺人者，不可以得志於天下矣」；范本與之同，唯「樂」下無「人」字，作「夫樂殺人者」；徽、彭二本作「樂殺人者，不可得志於天下矣」；吳澄本與之同，唯下句作「不可以得志於天下矣」；遂州本作「夫樂之者，則不可得意於天下」；景龍碑與敦煌丁本作「夫樂煞者，不可得意於天下」；景福碑作「夫樂煞人者，則不可以得志於天下矣」；易玄、磻溪、樓古、樓正、顧歡、蘇轍諸本作「夫樂殺人者，不可得志於天下」；邵、焦二本與之同，唯句尾有「矣」字。

帛書甲、乙二本均完好無損，經文經義完全相同。與今本勘校，彼此經義雖基本相似；但是世傳今本經文多不相同，所傳皆有譌誤。過去學者曾不乏考辨，終未斷定孰是孰非，這也是引起學者懷疑本章經文有注文竄入的原因。今從帛書甲、乙本分析，本章經文明晰流暢，經義淺顯易懂，所論皆偃武息兵之事，頗達老子守靜無爲之旨。世傳今本雖各有譌誤，但經文本義未失，絶非經注雜糅之混合僞作。

經文則謂：

兵者，不祥之器，不得已而用之，恬淡爲上。不可贊其勝，亦不可耀其强，當以慈衞之。慈者天下樂推而不厭也。用兵則凶，殺人必多，豈可贊乎？耀乎？若贊若耀，猶樂殺人也。樂殺人者，焉能得志於天下。

甲本：是以吉事上左，喪事上右。是以便（偏）將軍居左，上將軍居157右。言以喪禮居之也。

乙本：是以吉事〔上左，喪事上右〕。是以偏將軍居左，而上將軍居右。言以喪禮居之也。

王本：吉事尚左，凶事尚右。偏將軍居左，上將軍居右。言以喪禮處之。

景龍、顧、傅、范、司馬諸本句首有「故」字，作「故吉事尚左，凶事尚右」；敦煌丁本作「故吉事上左，喪事尚右」；遂州本作「吉事尚左，喪禮尚右」；景福碑作「吉事上左，凶事上右」。第三、四句，易玄、邢玄、磻溪、樓正、顧、司馬、蘇、吴、志、焦諸本與王本同，唯「居」字作「處」，稍異；景龍碑與敦煌丁本「偏」前有「是以」二字，作「是以偏將軍居左，上將軍居右」；樓古、傅、范、徽、邵、彭諸本作「是以偏將軍處左，上將軍處右」；景福碑作「將軍處左，上將軍處右」。樓古本末句「言」字作「則」，謂「則以喪禮處之」；傅、范、徽、邵、彭、焦、孟頫諸本作「言居上勢則以喪禮處之」；景龍碑無此句。

帛書甲本保存完好。「偏」字假「便」爲之。乙本殘損六字，可據甲本補。甲、乙二本經文經義皆相同。與今本勘校，除經文所用虚詞稍有差異外，經義基本一致。劉師培云：「『吉事尚左』以下至『言以喪禮處之』，此五句者亦係『貴左』、『貴右』及末語注文，惟注中復有脱文耳。河上本於『不祥之器』二語，於「言以喪禮處之」諸語，均加注釋，所據之本蓋在注文攙入正文後，益證河上注之後於王注矣。」馬叙倫云：「案『故吉事尚左』至『言以喪禮處之』五句，皆『是以君子居則貴左，用兵則貴右』注文誤入者也。」今從帛書甲、乙本論之，今本不誤，劉、馬二氏之説不確。

今本「尚」字均當從帛書甲、乙本作「上」，甲、乙本用本字，今本則用借字。崔東壁豐鎬考信別録卷三云：「隋唐以來，世皆以左爲上。或謂古人亦上左者，或又因檀弓文，孔子有姊之喪，拱而尚右，二三子皆尚左。遂謂古人吉事以左爲上，凶事以右爲上。余考之春秋傳，皆上右者，惟楚人上左耳。桓王之伐鄭也，虢公林父將右軍，黑肩將左軍，鄭曼伯爲右拒，祭仲足爲左拒，皆先書右而後書左。其叙宋之六官，亦皆先右師後左師，則是皆以右爲上也。卽晉之三軍，亦上軍在右，而下軍在左。何以知之？城濮之戰，胥臣以下軍之佐犯陳、蔡，而楚右師潰；狐毛、狐偃以上軍夾攻子西，而楚左師潰。邲之戰，工尹齊將右拒卒，以逐下軍。潘黨率游闕四十乘，從唐侯以爲左拒，以從上軍。夫晉、楚之師相向而戰，則楚之右，晉之左；楚之左，晉之右。而晉常以上軍當楚左，下軍當楚右；是上軍在右而下軍在左也。惟叙楚之軍師，皆先左而後右，故季梁曰：『楚人上左，君必左。』必言楚人上左者，明諸侯之國皆上右也。」老子所言「吉事上左，喪事上右」，則與崔氏考證相符。與諸侯之國舉兵征伐，其軍制以右爲上，卽所謂「是以偏將軍居左，而上將軍居右」。兩軍相爭，殺人必衆，故「言以喪禮居之也」。

甲本：殺人衆，以悲依（哀）立（莅）之。戰勝，以喪禮處之。

乙本：殺〔人衆，以悲247上哀〕立（莅）之。〔戰〕朕（勝），而以喪禮處之。

王本：殺人之衆，以哀悲泣之。戰勝，以喪禮處之。

河上與志二本「哀悲」二字作「悲哀」，謂「殺人之衆，以悲哀泣之」；范本作「殺人衆多，則以哀悲泣之」；傅奕、孟頫二本作「殺人衆多，則以悲哀泣之」；易玄、慶陽、樓古、磻溪、樓正、遂州、敦煌丁、顧、彭、徽、邵、司馬、蘇、吴、焦諸本作「殺人衆多，以悲哀泣之」；景龍、景福二碑與之同，唯「殺」字作「煞」或「煞」。傅、范二本下句「勝」下有「者」字，作「戰勝者，則以喪禮處之」；景福、慶陽、樓古、磻溪、樓正、孟頫、顧、邵、司馬、蘇、志諸本作「戰勝，則以喪禮處之」；景龍碑作「戰勝，以哀禮處之」；吴本作「戰勝，以喪禮主之」。

帛書甲本保存完好，唯「依」字假爲「哀」，「立」字假爲「莅」。乙本殘損六字，可據甲本補。與今本勘校，除所用虚詞各有不同外，經文經義基本一致。王本「哀悲」二字，道藏王本則作「悲哀」，與帛書甲、乙本同。可見老子原本如此。奚侗云：「『殺人之衆』四語，必非老子本文，即係古注羼入，亦極鄙淺，當删去。古以喪禮處兵事，不必戰勝也。」

如前文所言，因本章王本失注，遂有學者疑其經文非老子之言，或謂有注文羼入經内，曾頗多考辨。甚至有人認爲，全章文字每段都有冗複。像易順鼎、朱謙之等人，雖反對全文否定，但亦疑有古注誤入正文。易氏云：「王弼本獨此章無注，晁景迂遂疑以此章爲非老子之言。今按此章乃老子精言，與下篇

「抗兵相加，哀者勝矣」同意，不解晁氏何以爲此謬論也。惟此章語頗冗複，疑有古注誤入正文。「言以喪禮處之」，觀一「言」字，即似注家之語。」朱氏云：「道藏張太守彙刻四家注，此章末引王弼注『疑此非老子之作也』一句，今諸王本皆佚，知弼有所疑，故獨無注。河上本於『兵者不祥之器』至『言以喪禮處之』諸句，均加注釋，所見之本同，而見解不同，不可以此遂謂河上注之後於王注也。此章雖多古注竄入之處，惟其中如『夫佳兵者不祥之器』，『殺人衆多，以悲哀泣之』，『戰勝，以哀禮處之』等語，皆千古精言，非老子不敢道，不能道。今試刪其冗複，訂定經文如次。」經朱氏刪去的所謂冗複，有「兵者不祥之器，非君子之器」；「不得已而用之，恬淡爲上」；「吉事尚左，凶事尚右，是以偏將軍居左，上將軍居右」；「勝而不美，若美之，是樂殺人。夫樂殺者，不可得意於天下」；「言居上世，則以喪禮處之」。共計七十三字，占全章總字數百分之六十三以上，保留下的所謂老子「精言」，有「夫佳兵者，不祥之器，物或惡之，故有道者不處。君子居則貴左，用兵則貴右。殺人衆多，以悲哀泣之。戰勝以哀禮處之」。共計四十五字，不足全章總字數百分之三十七。如此之剪裁純屬主觀臆斷。今據帛書甲、乙本論之，今本經文雖有個別之處曾經後人改動，但全章經文無大差錯，則同帛書甲、乙本經文内容基本一致。

羅運賢云：「『泣』者，『莅』之譌。（六十章：『以道莅天下。』）字當作『⿰立隶』，説文：『臨也。』『⿰立隶之』與下句『處之』正同。」按殺人衆則庶民殃，老則失其子女，幼則喪其父母，悲哀降臨無辜。故此，戰勝不可贊，亦不可頌，當以喪禮處之。以喪禮處之者，以示其殘害百姓，荒廢田畝，不祥甚矣，不可美也，不可以殺人爲美。

三十二（今本道經第三十二章）

甲本：道恆无名，握（樸）唯（雖）〔小158，而天下弗敢臣。侯〕王若能守之，萬物將自賓。

乙本：道恆无名，樸唯（雖）小，而天下弗敢臣。侯王若能守之，萬物將247下自賓。

王本：道常無名，樸雖小，天下莫能臣也。侯王若能守之，萬物將自賓。

傅、范、徽、邵、彭諸本首句經文與王本同，唯句末無「也」字；景龍、易玄、樓古、磻溪、樓正、敦煌丁、敦煌英、遂州、河上、顧、司馬、蘇、吳、志、焦諸本作「道常無名，樸雖小，天下不敢臣」；景福碑、孟頫本與之同，唯句末作「天下莫敢臣」。後一句，景龍、敦煌丁、傅、遂州諸本「侯王」二字作「王侯」，無「之」字，作「王侯若能守，萬物將自賓」；范本與之同，唯前者句尾有「之」字，作「王侯若能守之」；易玄、邢玄、樓古、磻溪、孟頫、樓正、敦煌英、顧、徽、彭、邵、司馬、蘇、吳、志、焦諸本作「侯王若能守，萬物將自賓」。

帛書甲本殘損八字，乙本保存完好，可據補甲本缺文。與今本勘校，分歧有二：

一、帛書乙本「而天下弗敢臣」一句，諸王本作「天下莫能臣也」。馬叙倫云：「羅卷『莫』字作『不』，宋河上及各本並作『不敢臣』。倫謂『敢』字譌。淮南道應訓『故莫敢與之争』，治要引作『莫能與之争』，此『敢』、『能』交譌之證。」馬氏僅依「敢」與「能」二字易誤，則謂「敢」字譌，不確。驗之帛書、河上、景龍、敦煌卷等多作「莫敢臣」，故此當從帛書作「而天下弗敢臣」爲是，朱謙之云：「『天下不敢臣』，謂道尊可名於大也。」

二、帛書甲、乙本「侯王若能守之」，王弼、易玄諸本與之同，而傅奕、景龍等「侯王」二字作「王侯」。勞健云：「『王侯若能守』，傅與景龍、敦煌皆如此。范作『王侯若能守之』，諸王本……『王侯』皆作『侯王』。釋文云：『梁武作王侯。』按『侯』、『守』二字自諧句中韻，與第四十二章『王公以爲稱』，『公』、『稱』韻同，當作『王侯』。」蔣錫昌云：「按三十七章言『侯王』者一，三十九章言『侯王』者三，弼注十章曰『侯王若能守』，即引此文，亦作『侯王』。可證作『侯王』者，乃古本。」帛書甲、乙本均作「侯王」，爲蔣説得一確證，當從。

河上公注：「道能陰能陽，能施能張，能存能亡，故無常名也。道樸雖小，微妙無形，天下不敢有臣使道者也。侯王若能守道無爲，萬物將自賓服從於德也。」大道初成，天地未形，無物而生，故曰「道恆無名」。「樸」謂真之未散，「小」謂體之微眇，雖微眇難見，天下莫不以道爲主。侯王若能守道無爲，則萬物將自賓、自化，聽其自然。

甲本：天地相谷（合），以俞（雨）甘洛（露），民莫之159〔令而自均〕焉。

乙本：天地相合，以俞（雨）甘洛（露），〔民莫之〕令而自均焉。

王本：天地相合，以降甘露，民莫之令而自均。

景福碑、傅奕本末句作「民莫之令而自均焉」，景龍、易玄、邢玄、樓古、磻溪、樓正、孟頫、遂州、范、徽、邵、蘇、彭諸本作「人莫之令而自均」；志本作「人莫之命而自均」。

帛書甲本殘損四字，乙本殘損三字，兩本可互補。甲本「合」字誤寫作「谷」，抄寫之誤，彼此經文相同。與今本勘校，除用字稍異外，經義無別。如今本「以降甘露」，甲、乙本均作「以俞甘洛」。帛書組於甲本注云：「俞，乙本同，通用本作『降』。『俞』疑讀爲『揄』或『輸』。」愚以爲「俞」字當借爲「雨」。「俞」古爲喻紐侯部字，「雨」在匣紐魚部。「喻」、「匣」雙聲，「魚」、「侯」旁轉，音同通假。「雨」字作動詞則有「降」義。說文：「雨，水從雲下也。」段注：「引申之凡自上而下者偁『雨』。」春秋經文公三年「雨螽於宋」，詩經邶風北風「雨雪其雱」，「雨」皆釋「降」。帛書「以雨甘露」與今本「以降甘露」義同。又如，帛書甲、乙本「民莫之令而自均焉」，志本「令」字作「命」；易順鼎云：「按唐韓鄂歲華紀麗引作『民莫之合而自均』，『令』疑『合』字之誤。『莫之合』即聽其自然之意也。言天地相合，則甘露自降，若民則莫爲之合，而亦且自均，極言無爲之效耳。」朱謙之云：「此言『人莫之令而自均』，蓋古原始共產社會之反映，語意與五十一章『夫莫之命而常自然』相同。作『令』、作『合』、作『命』，誼均可通，惟此作『令』是故書。」按今本「人」字乃唐避太宗諱所改。「民莫之令而自均焉」，正合無爲而治之旨，朱說至確。

王弼注：「言天地相合，則甘露不求而自降。我守其眞性無爲，則民不令而自均也。」

甲本：始制有〔名，名亦既〕有，夫〔亦將知止，知止〕所以不〔殆〕。

乙本：始制有名，名亦既有，夫亦將知止，知止所以不殆。

王本：始制有名，名亦既有，夫亦將知止，知止可以不殆。

景龍碑「夫」字作「天」，無下「亦」與「可以」三字，作「天將知止，知止不殆」；河上、景福、志三本作「天亦將知之，知之所以不殆」；顧本與之同，唯「之」字作「止」；易玄、慶陽、樓古、磻溪、孟頫、樓正、敦煌英、傅、范、徽、邵、司馬、蘇、彭、吳、焦諸本作「夫亦將知止，知止所以不殆」；敦煌丁、遂州二本作「夫亦將知止，知止不殆」。

帛書甲本殘損十一字，乙本保存完好，可據補甲本之缺文。與今本勘校，帛書甲、乙本「知止所以不殆」，傅、范、易玄、敦煌英等與之同，王本作「知止可以不殆」，河上本作「知之所以不殆」。胡適云：「王弼今本『之』字作『止』，下句同。今依河上公本改正。『之』、『止』古文相似，易誤。」又云：「細看此注，可見王弼原本作『夫亦將知之，知之所以不治』。若作『知止』，則注中所引叔向諫子産的話，全無意思。注中又説『任名則失治之母』，可證『殆』本作『治』，注末『殆』字同。」俞樾云：「按唐景龍碑無『可以』二字，是也。王注曰：『知止所以不殆也。』蓋加『所以』二字以足句，而寫者誤入正文，故今河上公作『知之所以不殆』。此作『可以』者，又『所以』之誤矣。」蔣錫昌云：「范謂王同古本，則范見王本同此。又三十七章『夫亦將不欲』，與此文『夫亦將知止』文例一律，『不欲』即『知止』之誼。以老校老，亦可證此文不誤，胡説非是。」又云：「道藏王弼本『可』作『所』，正與注合，當據改正。」胡謂『殆』當作『治』，然十六章『没身不殆』，二十五章『周行而不殆』，五十二章『没身不殆』，四十五章『知止不殆』，連此言『不殆』者共五。以本書前後相校，不應其他四處作『不殆』，而此文獨作『不治』也。且弼注『任名則失治之母』，與經文『知止所以不殆』，亦並無何等關係，而胡乃據此弼注，竟謂可證『殆』本作『治』，豈不謬乎！」今論之帛書，此文正作「夫亦將知止，知止所以不殆」。足證俞樾、胡適二氏「知之」、「可以」、「不治」三説純屬虚構，皆不可信。蔣錫昌曾從世傳本中勘比分析，去僞存真，並對謬誤不堪之詞，予以駁斥，可謂頗有見地。今帛書老子出土，更爲其説舉一確證。

王弼注：「『始制』，謂樸散始爲官長之時也。始制官長，不可不立名分以定尊卑，故『始制有名』也。過此以往將争錐刀之末，故曰『名亦既有，夫亦將知止』也。遂任名以號物，則失治之母也，故『知止所以不殆』也。」按樸散則百行出，殊類生，諸器成，聖人因之而立名分職，以定尊卑，即老子所言「始制有名」也。樸散真離，因器立名，錐針之利必争，則徇名忘樸，逐末喪本，聖人亟應知止而勿進，行無爲之治，復無名之樸，故知止度限所以不殆也。

甲本：俾〔譬〕道之在〔天下也，猶160小〕浴〔谷〕之與江海也。

乙本：卑〔譬〕〔道之〕248上在天下也，猶小浴〔谷〕之與江海也。

王本：譬道之在天下，猶川谷之於江海。

景龍、敦煌丁、遂州三本無二「之」字，「於」字作「與」，謂「譬道在天下，猶川谷與江海」；易玄本作「譬道在天下，猶川谷之與江海」；邵、彭二本作「譬道之在天下，由川谷之與江海也」；磻溪與之同，唯句末無「也」字；易福、慶陽、樓正、敦煌英、河上、顧、司馬、蘇、吴、志諸本後一句作「猶川谷之與江海」；樓古本作「如川谷之與江海」；傅、范、徽三本作「猶川谷之與江海也」；孟頫本作「猶川谷之於江海也」。

帛書甲本殘損五字，乙本殘損二字，彼此可互補。甲本假「俾」字爲「譬」，乙本假「卑」字爲「譬」；甲、乙本又同用「浴」字假借爲「谷」。與今本勘校，帛書甲、乙本「猶小谷之與江海也」，王本作「猶川谷之於江海」，邵、彭二本作「由川谷之與江海」；樓古本作「如川谷之與江海」。易順鼎云：「王注云：『猶川谷之與江海也。』是本文『於江海』當作『與江海』。牟子引此云：『譬道於天下，猶川谷與江海。』字正作『與』。」蔣錫昌云：「道藏王弼本『於』作『與』，當據改正。二字古本通用，見經義述聞及經傳釋詞。」馬叙倫云：「彭『猶』作『由』，古通。莊十四年左傳正義曰：『古者「猶」、「由」二字義得通用。』」按帛書「小谷」，世傳本皆作「川谷」，彼此不同。帛書組於乙本注云：「小，通行本作『川』。墨子親士：『是故江河不惡小谷之滿己也，故能大。』亦言『小谷』，與乙本合。」足見老子原作「小谷」，「川」乃「小」字之誤。

王弼注：「川谷之與江海，非江海召之，不召不求而自歸者也。行道於天下者，不令而自均，不求而自得，故曰『猶川谷之與江海也』。」蔣錫昌云：「此句倒文，正文當作『道之在天下，譬猶江海之與川谷』。蓋此文以『江海』譬道，以『川谷』譬天下萬物。六十六章：『江海所以能爲百谷王者，以其善下之，故能爲百谷王。』江海善下與道相似，故老子取以爲譬也。『道之在天下，譬猶江海之與川谷』，言道澤被於萬物，則萬物莫不德化；譬猶江海善下川谷，則川谷無不歸宗也。此句與上文『侯王若能守之，萬物將自賓』句相應。」

三十三（今本道經第三十三章）

甲本：知人者知（智）也，自知〔者明也。勝人〕者有力也，自勝者〔强也〕。

乙本：知人者知（智）也，自知明也。朕（勝）人者有力也，自朕（勝）者强也。

王本：知人者智，自知者明。勝人者有力，自勝者强。

傅奕本每句末尾皆有「也」字，作「知人者智也，自知者明也。勝人者有力也，自勝者彊也」；范本與之同，唯「智」字寫作「知」；景龍碑與敦煌丁本後二句作「勝人有力，自勝者强」。

帛書甲本殘損七字，乙本保存完好，可據補甲本缺文。但是，乙本「自知」下奪一「者」字，抄寫之誤也。與今本勘校，帛書甲、乙本每句皆以「也」字收尾，傅奕、范應元二本與之相同，其他諸本無「也」字，但經義無別。

王弼注：「知人者，智而已矣，未若自知者，超智之上也。勝人者，有力而已矣，未若自勝者，無物以損其力。用其智於人，未若用其智於己也。用其力於人，未若用其力於己也。明用於己，則物無避焉；力用於己，則物無改焉。」樓宇烈校釋云：「『則物無改焉』之『改』字，於此不可解，疑誤。波多野太郎引一說：『改，疑當作「攻」。』又一說：『改，疑當作「敗」。』按『攻』於義較長。」

甲本：〔知足者富〕[161]也，强行者有志也。不失其所者久也，死不忘（亡）者壽也。

乙本：知248下足者富也，强行者有志也。不失其所者久也，死而不忘（亡）者壽也。

王本：知足者富，强行者有志。不失其所者久，死而不亡者壽。

傅、范二本每句末尾皆有「也」字，作「知足者富也，强行者有志也。不失其所者久也，死而不亡者壽也」；景龍、遂州、敦煌丁三本前二句作「知足者富，强行有志」；邢玄本後二句作「不失其所其久，死而不亡者壽」；邵本作「不失其所止者久，死而不亡者壽」；孟頫本作「不失其所久，死而不亡者壽」；景福碑作「不失其所者久，死而不妄者壽」。

帛書甲本殘損四字，並在末句「死」下奪一「而」字；乙本保存完好，可據補甲本缺文。與今本勘校，帛書甲、乙本每句皆以「也」字收尾，傅、范二本與之相同，他本均無「也」字。再如，甲、乙本末句「死而不忘者壽也」，世傳今本多同王本，「不忘」二字作「不亡」，景福碑作「不妄」。易順鼎云：「意林『亡』作『妄』，『死而不妄』，謂得正而斃者也。河上本雖亦作『亡』，而注云：『目不妄視，耳不妄聽，口不妄言，則無怨惡於天下，故長壽。』是亦讀『亡』爲『妄』矣。」朱謙之云：「室町舊鈔本、中都四子本『亡』均作『妄』，意林卷一、羣書治要卷三十引道德經『死而不妄者壽』，並引河上公注，知河上所見古本亦作『妄』。『亡』、『妄』古通用。」帛書甲、乙本均作「不忘」，按「亡」、「妄」、「忘」三字古皆可通用，但各自的本義迥然不同，老子此文所用究竟孰爲本字，則是需要解決的問題。河上公注云：「目不妄視，耳不妄聽，口不妄言，則無怨惡於天下，故長壽。」此乃謂人未死，所行養身衛生之術，則與經文所言「死而不妄者壽也」誼不相屬，足證經文本義絶非「妄」字。高亨據帛書甲、乙本「不忘」，則釋此文云：「其人雖死，而他的道德功業、學説等，并未消亡，而被人念念不忘，就可以稱他爲長壽。」如高氏所云能「被人念念不忘」者，必生有所爲，建功立業，并成功而居之，則與老子所言「生而弗有，爲而弗恃」，「我無爲而民自化，我好静而民自正」，不尚賢，使民不争」等守静無爲之旨，豈不大相徑庭。可見經文本義亦非「忘」字。「妄」、「忘」二字既已排除，本義非「亡」字莫屬。王弼注此文云：「知足者，自不失，故富也。勤能行之，其志必獲，故曰『强行者有志』矣。以明自察，量力而行，不失其所，必獲久長矣。雖死而以爲生之，道不亡乃得全其壽，身没而道猶存，况身存而道不卒乎！」「身没而道猶存」，體魄雖朽而精神在，是謂「死而不亡者壽也」。

三十四（今本道經第三十四章）

甲本：道〔氾呵，其可左右也。成功〕162遂事而弗名有也。

乙本：道渢（氾）呵，其可左右也。成功遂〔事而〕249上弗名有也。

王本：大道氾兮，其可左右。萬物恃之而生而不辭，功成不名有。

景龍、遂州、敦煌丁三本首句無「兮」字，作「大道氾，其可左右」；易玄碑作「大道汎，其可左右」；慶陽、磻溪、孟頫、樓正、顧、彭、焦諸本作「大道汎兮，其可左右」；傅本作「大道汎汎，其可左右」；范本作「大道氾氾兮，其可左右」。後一句，遂州本無「之」字，作「萬物恃而生而不辭」；敦煌丁本作「萬物恃以生而不辭」；景龍、易玄、慶陽、樓古、磻溪、孟頫、樓正、敦煌英、顧、傅、范、徽、邵、司、蘇、彭、吳、志、焦等諸本作「萬物恃之以生而不辭」。

帛書甲本殘損九字，乙本殘損二字，彼此可互補。乙本「道渢呵」，甲本「道」下二字殘，王弼本、景龍碑等「渢」字作「氾」，傅奕、易玄諸本作「汎」。馬叙倫云：「『氾』、『汎』二字古通假。禮記王制『氾與衆共之』，釋文：『氾，本亦作「汎」。』其例證也。說文：『氾，濫也。』『汎，浮貌。』二義不同，作『氾』是。」馬説可從。帛書「渢」字亦當假爲「氾」。與今本勘校，主要差異有二：

其一、甲、乙本「道氾呵」，世傳今本皆作「大道氾兮」。河上公注：「言道氾氾，若浮若沉，若有若無，視之不見，説之難殊。」河上公注此文只言「道氾氾」，不言「大道氾氾」。「道」與「大道」義雖無別，但是，河上公注本凡經言「大道」者，注必以「大道」釋之。如第十八章「大道廢，有仁義」，注云：「大道之時，家有孝子，户有忠信，仁義不見也。大道廢不用，惡逆生，乃有仁義可傳。」第五十三章「使我介然有知，行於大道」，注云：「老子疾時王不行大道，故設此言。使我介然有知於政事，我則行於大道，躬無爲之化。」又云：「大道甚夷，而民好徑。」注云：「大道世平易，而民好從邪徑。」然而獨此經文作「大道氾兮」，注作「言道氾氾」，「道」上無「大」字。可見河上本原亦作「道氾兮」，與帛書甲、乙本同，足證老子原本即當如此。今本所謂「大道氾兮」之「大」字，乃後人妄增。

其二、甲、乙本「成功遂事而弗名有也」，今本多作「萬物恃之而生而不辭，功成不名有」，較甲、乙本多「萬物」一句，實爲下文之贅也。從本章經文分析，帛書甲、乙本下文作「萬物歸焉而弗爲主」，則恆無欲也，可名於小；萬物歸焉而弗爲主，可名於大。」今本多作「萬物恃之而生而不辭，功成不名有，衣養萬物而不爲主，常無欲，可名於小；萬物歸焉而不爲主，可名爲大」。今本在「可名於小」之前，有兩個「萬物」句，而在「可名於大」之前，僅有一個「萬物」句，前後文體不合，其中必有訛誤。則「萬物恃之而生而不辭，功成不名有」，顯然是「功成不名有」之僞變。此句甲、乙本作「成功遂事而弗名有也」，無「萬物恃之而生而不辭」九字，當是老子舊文。今本多此九字，經文前後重複。後人雖對「萬物」三句反復修訂，但均未達本義。按此文均當據帛書甲、乙本訂正。

茲因世傳今本多有衍誤，故各家注釋議論紛紜，亦多有不實。此據帛書經文釋之，言道氾濫無所不適，可左，可右，可上，可下，周而復始，則無所而不至；功成事就而不名己有。

甲本：萬物歸焉而弗爲主，則恒无欲也，可名於小。

乙本：萬物歸焉而弗爲主，則恒无欲也，可名於小。

王本：衣養萬物而不爲主，常無欲，可名於小。

易玄、慶陽、樓古、磻溪、樓正、敦煌英、河上、蘇、焦諸本「衣養」二字作「愛養」，謂「愛養萬物而不爲主，常無欲，可名於小」；林志堅本與之同，唯「常」前有「故」字，作「故常無欲」；景福碑亦與之同，唯「小」後有「矣」字，作「可名於小矣」。傅、徽、邵、司馬、彭、孟頫諸本作「衣被萬物而不爲主，故常無欲，可名於小矣」；吴澄本與之同，唯無「故」字，作「常無欲」；范應元本亦與之同，唯末句「於」字作「爲」，謂「可名爲小矣」。敦煌丁與顧歡二本無「常無欲」一句，作「衣被萬物不爲主，可名於小」；遂州本與之同，唯「衣被」二字作「依養」，謂「依養萬物不爲主」；景龍碑無此三句。

帛書甲、乙本經文相同。與今本勘校，甲、乙本「萬物歸焉」一句，王弼作「衣養萬物」，遂州作「依養萬物」，河上、易玄諸本作「愛養萬物」，傅、范諸本作「衣被萬物」。「則恒无欲也，可名於小」，今本或作「常無欲，可名於小」，或作「故常無欲，可名於小矣」，或作「故常無欲，可名爲小矣」。俞樾云：「謹按河上公本作『愛養』，此作『衣養』者，古字通也。蓋『衣』字古音與『隱』同，故白虎通衣裳篇曰：『衣者，隱也。』以聲爲訓也。而『愛』古音亦與『隱』同，故詩烝民篇毛傳訓『愛』爲『隱』。孝經疏引劉炫曰：『愛者隱惜而結於内。』不直訓『惜』，而必訓『隱惜』者，亦以聲爲訓也。兩字之音本同，故『愛養』可爲『衣養』。傅奕本作『衣被』，則由後人不通古音，不達古義，率臆妄改耳。」易順鼎云：「考韓康伯易注『衣被萬物，故顯諸仁』，即本老子。康伯學出於弼，必從弼本，疑弼本作『衣被』。傅奕本亦作『衣被』，正古本之尚存者。俞氏譏奕率臆妄改，殆未深考與。」今論之帛書甲、乙本，既不作「衣養萬物」，亦不作「衣被萬物」，而作「萬物歸焉」。則與下句經文内容相同、并列，皆作「萬物歸焉而弗爲主」。所異者此句下文爲「則恒无欲也，可名於小」，下句下文作「可名於大」。「可名於小」與「可名於大」經義有别，但所處情况相等。此即在同等情况下，因得道與失道會有兩種不同之結果。故而前文應當一致。從而可見帛書前文同作「萬物歸焉而弗爲主」，絶非偶然，老子原文本當如此。再就王弼注文分析，王注前者云：「萬物皆由道而生，既生而不知其所由。」不見有釋「衣養萬物」或「衣被萬物」之義。反而與後者注文「萬物歸之以生，而力使不知其所由」義同。可見王本經文亦必前後兩文相同，原同帛書，今日所傳王本，已經後人竄改。

帛書甲、乙本「則恆无欲也，可名於小」，今本經義與之相同。如「恒」字今本作「常」，因避漢文帝諱而改。但是，何謂「常無欲」？何以「常無欲，可名於小」？因經文甚簡，自漢魏以來的注釋從未作過確切的解釋。如河上公注：「道匿德藏名，恒然無爲，似若微小也。」王弼注：「故天下常無欲之時，萬物各得其所，若道無施於物，故名於小矣。」成疏云：「『衣被萬物』，陶鑄生靈，而神功潛被，不爲主宰，既俯於物，宜其稱小。」宋呂吉甫註：「常無欲，則妙之至者也，故可名於小。」綜上所舉，足見古注此文之一斑，所言多不及義，或曲爲之解。今人釋譯亦多謬誤。如高亨將其譯作「它永遠没有私欲，其實也没有形體，可以稱爲小」。任繼愈譯作「經常没有自己的欲望，可以算是渺小」。皆未達經文宏旨。另有學者疑經有衍文。如奚侗云：「『衣養』猶云『覆育』。有覆育萬物之功，而不爲之主，是自處卑下也，故云『可名於小』。此二句與下二句相偶。各本『可名於小』句上，誤贅『常無欲』三字，誼不可通，兹從顧歡本删。」蔣錫昌亦云：「『常無欲』三字蓋涉王注『故天下常無欲之時』而衍。敦煌丁本無此三字，是也。」朱謙之云：「『常無欲，可名於小』，當爲首章『常無欲觀其妙』之古注。法言孝至篇李軌注曰：『道至微妙，故曰「小」也。』在此則爲贅語。敦、遂本無『常無欲』三字，亦其證也。『可名於小』一句，與『可名於大』相偶。但審校文義，愛養萬物，可名爲大，爲小義不可通。『萬物歸焉而不爲主』，與上文『愛養萬物不爲主』，實爲重句，可删。以此疑有古注語雜入。證以景龍碑無此三句，其可信，勝他本多矣。」今諗帛書甲、乙本，均有「則恒无欲也，可名於小」等句，朱說「有古注語雜入」，非是。景龍碑無此數句，實爲脱誤。從經文内容分析，「可名於小」與「可名於大」的區分，主要在於句前有無「則恒无欲也」一語，有之則「名於小」，無之則「名於大」。如此看來，「常無欲」三字非如奚侗所言「誤贅」當删，乃爲本文之關鍵内容。因此弄清此文的意義，必須正確理解「常無欲」的含義。其實韓非子解老篇對它早有説明，只是大家没有留意和理解而已。「無欲」與「無爲」都是道家最高標準，老子稱之爲「上德」。如何才能達到此一境界？解老篇做了非常清晰的説明。如云：「所以貴無爲無思爲虚者，謂其意無所制也。夫無術者故以無爲無思爲虚也。夫故以無爲無思爲虚者，其意常不忘虚，是制於爲虚也。虚者，謂其意無所制也，今制於爲虚，是不虚也。虚者之無爲也，不以無爲爲有常。不以無爲爲有常則虚，虚則德盛，德盛之爲上德。」韓非子所謂「虚」，是指自然無爲無思，不是有意地去爲它專門下功夫，常常爲它思慮。但是，無術的人故意以無爲無思爲手段，常專門爲它下功夫，常常爲它思慮，那是「其意常不忘虚，是制於爲虚也」。「制於爲虚」實際是不虚，虚者無爲是「不以無爲爲有常」。如此才能「德盛」，「德盛」才是「上德」。根據韓非對「虚者無爲」之解釋，用以分析「則恒无欲也，可名於小」，其義即可迎刃而解。所謂「則恒无欲也」，今本簡稱「常無欲」，即韓非所講「不以無爲爲有常」之反義語，則以無欲爲有常，指思想裏常爲無欲下功夫，常爲無欲而思慮。「不以無爲爲有常則虚，虚則德盛，德盛之謂上德。」反之，以無欲爲有常即不虚，故非「上德」。「以無欲爲有常」，即「則恒无欲也」之同語異構，今本簡作「常無欲」。即常爲無欲而思慮，乃無術者之所爲也，故經云「可名於小」。下文則云：「是以聖人之能成大也，以其不爲大也，故能成大。」前後語義甚明。但因經文原本甚簡，又經後人改動，舊注多誤。

甲本：萬物歸焉〔而弗〕163爲主，可名於大。
乙本：萬物歸焉而弗爲主，可249下命（名）於大。
王本：萬物歸焉而不爲主，可名於大。

易玄、樓正、磻溪、遂州、顧、蘇諸本「焉」字作「之」，無「而」字，「爲」字作「於」，謂「萬物歸之不爲主，可名於大」；敦煌英本作「萬物歸之而不爲主，可名爲大」；傅本作「萬物歸之而不知主，可名於大矣」；范本與之同，唯「於」字作「爲」，謂「可名爲大矣」；徽、邵、司馬、彭、孟頫諸本作「萬物歸焉而不知主，可名於大矣」；林志堅本作「萬物歸焉而不爲主，可名於大」；焦竑本與之同，唯「爲」字作「知」，謂「萬物歸焉而不知主」；景龍碑作「愛養萬物不爲主，可名於大」。

帛書甲本殘損二字，乙本保存完好，惟假「命」字爲「名」，兩本可互相補正。與今本勘校，王弼、河上諸本均與帛書相同；傅、范古本與徽、彭等宋本，首句有作「萬物歸之而不知主」者，後一句有作「可名爲大」者。馬叙倫云：「論弼注曰：『萬物皆歸之以生，而力使不知其所由。』則王作『萬物歸之而不知主』。」蔣錫昌云：「范謂王同古本，則范見王本作『萬物歸之而不知主』，當據改正。十章弼注：『凡言玄德，皆有德而不知其主。』四十二章弼注：『故萬物之生，吾知其主。』一則曰『不知其主』，一則曰『知其主』，皆可爲此文『爲主』作『知主』之證。」按「不爲主」與「不知主」雖一字之差，意義迥然不同。從經義分析，「不爲主」謂至道寥廓，萬物歸之，賴之以生長，則不爲主宰。似「指」道言，以「道」爲第一稱。則與前文「道氾呵，其可左右也。成功遂事而弗名有也」經義一律，所言皆道。「不知主」似指「萬物」言，以「萬物」爲第一稱，非經義也。王弼注：「萬物皆歸之以生，而力使不知其所由。」既言「力使」萬物不知其所由，顯然亦以「道」爲第一稱。故馬、蔣二氏之説不可從，此當以甲、乙本作「不爲主」。前文云：「萬物歸焉而弗爲主，則恆无欲也，可名於小。」此文無「恆无欲」一句，卽無常爲無欲而思慮，如韓非所講「不以無爲爲有常」。此不以無欲爲有常，卽可謂虛，虛則德盛，故謂「可名於大」也。

甲本：是〔以〕聲（聖）人之能成大也，以其不爲大也，故能成大。

乙本：是以耶（聖）人之能成大也，以其不爲大也，故能成大。

王本：以其終不爲大，故能成其大。

景龍、易玄、邢玄、景福、慶陽、樓古、磻溪、樓正、河上、顧歡、敦煌丁、敦煌英、彭、蘇、司馬、志、焦諸本作「是以聖人終不爲大，故能成其大」；遂州本作「聖人終不爲大，故能成其大」；范本作「是以聖人以其終不自爲大，故能成其大」。傅本作「是以聖人能成其大也，以其終不自大，故能成其大」；邵、吴二本作「是以聖人能成其大，以其不自大，故能成其大」。

帛書甲本殘損一字，乙本保存完好，兩本經文相同。與今本勘校，王弼、河上及唐宋碑本、敦煌卷本均挩「是以聖人之能成大也」一句；傅奕、邵若愚、吴澄三本有此句，經文與帛書甲、乙本同。再如宋林希逸道德真經口義（道藏彼一——彼四）、永樂大典老子亦有此句。今據帛書甲、乙本得證，有此句者，當爲老子原本之舊；無此句者，乃爲捝誤，均當據帛書甲、乙本補正。

王弼注云：「爲大於其細，圖難於其易。」此採老子第六十三章文。按至道無爲，但無術者常爲無爲下功夫，動腦筋，故所求而弗得。此因其意不忘於所求，盡慮而謀，反被其制，故老子謂爲「可名於小」。有道者無爲無思，不以無爲爲有常，不爲無爲下功夫，動腦筋，志無所求，意無所制，即韓非所講：「不以無爲爲有常則虛，虛則德盛，德盛之謂上德。」故老子謂爲「可名於大」。此文乃「可名於小」與「可名於大」之結語。故言是以有道之聖人所以能成大也，因他不爲大，則完全順其自然，即所謂「爲大於其細，圖難於其易」，水到渠成，故能成大。

三十五（今本道經第三十五章）

甲本：執大象，〔天下〕164往；往而不害，安平太。

乙本：執大象，天下往；往而不害，安平太。

王本：執大象，天下往；往而不害，安平太。

傅、范二本「大象」後有「者」字，「太」字作「泰」，謂「執大象者，天下往；往而不害，安平泰」；易玄、邢玄、慶陽、磻溪、樓正、孟頫、遂州、顧、徽、邵、司馬、蘇、吴、彭、志、焦諸本末句「太」字均作「泰」，謂「安平泰」。

帛書甲本殘損二字，乙本保存完好，可據補甲本缺文。與今本勘校，王弼、河上二本均與帛書經文相同，亦有將「太」字寫作「泰」者。馬叙倫云：「易州二張『泰』作『太』；宋河上經文作『平太』，注作『太平』。成疏曰：『太，大也。』是成亦作『太』。『太』、『泰』一字。」

河上公注：「執，守也。象，道也。聖人守大道，則天下萬民移心歸往之也。」成玄英疏：「大象猶大道之法象也。」第四十一章「大象無形」，即言道無形也。「執大象，天下往」，謂聖人守道無爲，則天下萬民歸往也。舊注訓「安」爲「寧」，如奚侗云：「安寧、平和、通泰，皆申言不害誼。」非是。王引之經傳釋詞卷二：「『安』，猶『於是』也，『乃』也，『則也』。」言萬民歸往，聖人覆育而勿傷害，則上下諧和，而天地交，萬物通也。

甲本：樂與餌，過格（客）止。故道之出言也，曰談（淡）呵其无味也。

乙本：樂與〔餌〕250上，過格（客）止。故道之出言也，曰淡呵其无味也。

王本：樂與餌，過客止。道之出口，淡乎其無味。

景龍、遂州二本後一句無「之」與「乎其」三字，「口」字作「言」，謂「道出言，淡無味」；敦煌丁本與之同，唯「淡」字作「惔」，謂「惔無味」；顧歡本作「道出言，淡乎無味」；傅、范二本作「道之出言，淡兮其無味」，徽、彭二本作「道之出言，淡乎其無味」；景福碑作「道之出口，淡兮其無味」；樓古碑作「道之出口，虛乎其無味」。

帛書甲本保存完好，乙本殘損一字，可據甲本補。甲、乙本俱假「格」字爲「客」；甲本又假「談」字爲「淡」。與今本勘校，異在用字，經義無別。如王弼本「出言」二字作「出口」。陶邵學云：「王注曰：『而道之出言，淡然無味。』則王本亦作『出言』。」馬叙倫云：「二十三章『希言自然』弼注曰：『下章言「道之出言，淡兮其無味也……」』則王同此，『味』下有『也』字。今王本蓋爲後人依別本改之矣。」陶、馬二氏之説甚是。今論之帛書甲、乙本，老子原本作「出言」，「口」字乃後人妄改。

王弼注：「言道之深大，人聞道之言，乃更不如『樂與餌』應時感悦人心也。『樂與餌』則能令過客止，而道之出言淡然無味。」老子以「樂餌」與道言比，故曰道言無味，不若美樂與佳餚感悦俗人之心，能使過客止步不前。第七十章：「吾言甚易知也，甚易行也；而人莫之能知也，莫之能行也。」茲因俗人惑於躁欲，迷於榮利，故知行者鮮。

甲本：〔視之〕165不足見也，聽之不足聞也，用之不可既也。

乙本：視之不足見也，聽之不足聞也，用之不250下可既也。

王本：視之不足見，聽之不足聞，用之不足既。

景龍碑、敦煌丁本無三個「之」字，作「視不足見，聽不見聞，用不足既」；遂州本作「視不足見，聽不足聞，用不可既」；景福、樓古、磻溪、孟頫、樓正、河上、傅、顧、范、彭、徽、邵、司馬、蘇、吴、志、焦諸本作「視之不足見，聽之不足聞，用之不可既」。

帛書甲本殘損二字，乙本保存完好，可據補甲本缺文。與今本勘校，除異在虛詞外，王弼、景龍諸本末句作「不足既」。河上、傅奕諸本作「不可既」。馬叙倫云：「諭弼注曰：『視之不足見，則不足以悦其目，聽之不足聞，則不足以娱其耳，若無所中，然乃用之不可窮極也。』是王亦作『不可既』。倫謂王蓋三句皆作『不可』，『不足』乃王注之辭。『足』、『可』音近，傳寫譌改耳。三句皆當作『可』。」奚侗云：「『足』當依河上注訓『得』。禮記禮器『百官皆足』，鄭注亦訓『足』爲『得』。……下『足』各本作『可』，與上二句不一律，蓋淺人不知『足』可訓『得』而妄改也。」馬、奚二氏之説各執一詞，雖各有可取，但皆不完善。今諭之帛書甲、乙本，前二句作「不足見」、「不足聞」，後一句作「不可既」，經文與弼注相合。足見王本原亦作「不可既」。今見王本作「不足既」，乃由後人竄改。馬氏謂「三句皆作不可」，奚氏云三句皆作「不足」，各偏一面，皆不實也。老子想爾注，强本成疏亦作「不足見」、「不足聞」、「不可既」，皆與帛書甲、乙本同。足證今本作「不足既」者，非老子原本舊文，當據帛書甲、乙本訂正。

河上公注：「足，德也。道無形，非若五色，有青黄赤白黑可得見也。道非若五音，有宫商角徵羽可得聽聞也。用道治國則國安民昌，治身則壽命延長，無有既盡時也。」訓「足」爲「得」，釋「不可既」爲「無有既盡」，甚切老子之本義。

三十六（今本道經第三十六章）

甲本：將欲拾（翕）之，必古（固）張之；將欲弱之，〔必固〕166强之；將欲去之，必古（固）與

（舉）之；將欲奪之，必古（固）予之；是胃（謂）微明。

乙本：將欲擒（翕）之，必古（固）張之；將欲弱之，必古（固）强之；將欲去之，必古（固）與（舉）之；將欲奪之，必古（固）予〔之〕251上；是胃（謂）微明。

王本：將欲歙之，必固張之；將欲弱之，必固强之；將欲廢之，必固興之；將欲奪之，必固與之，是謂微明。

景龍碑「歙」字作「翕」，「固」字作「故」，謂「將欲翕之，必故張之；將欲弱之，必故强之」；河上本作「將欲噏之，必固張之；將使弱之，必固强之」；顧、傅、范三本「歙」字作「翕」，謂「將欲翕之」，遂州與敦煌丁二本作「將欲噏之」。彭、范二本「奪」字作「取」，謂「將欲取之，必固與之」。

帛書甲本殘損二字，乙本殘損一字。甲本「拾」字與乙本「擒」字，均當假爲「翕」；「古」字均當假爲「固」。兩本經文相同，缺文可互補。與今本勘校，帛書甲、乙本「將欲去之，必固與之；將欲奪之，必固予之」，世傳今本多同王本，作「將欲廢之，必將興之；將欲奪之，必固與之」；唯彭、范二本上句作「將欲取之，必固與之」。勞健云：「『興』當作『舉』，叶下句『必固與之』。『將欲奪之』，范與韓非作『將欲取之』。范注：『取，一作「奪」，非古也。』按『翕弱』、『張强』、『廢奪』、『舉與』皆兩句相間成韻，當作『奪』無疑。」馬叙倫云：「韓非喻老篇引無『廢之』兩句。『奪』，范及韓非喻老篇引並作『取』，説林上篇引周書亦作『取』。各本及後漢書桓譚傳引『將欲奪之』四句，同此。」蔣錫昌云：「史記管晏列傳云：『故曰：「知與之爲取，政之寶也。」」索隱『老子曰：「將欲取之，必固與之。」』看史記用『故曰』云云，疑『與之爲取』即本之老子『將欲取之，必固與之』而來。是史記與索隱並作『取』也。論義，亦以作『取』爲是。當據韓非改正。」從帛書經文分析，韓非子喻老所引只前三句，即「翕之張之」、「弱之强之」、「取之與之」，未引第四句「奪之予之」，馬叙倫謂引無「廢之與之」，不確。「取之與之」，即史記管晏列傳所云「知與之爲取」，亦即帛書甲、乙本第三句「去之與之」。「取」、「去」二字古音同通假，在此假「取」字爲「去」，當從帛書。「與」字假爲「舉」，「與」、「舉」二字通用。如漢書淮南厲王長傳「賜與財物爵禄」，韓詩外傳卷七作「爵禄賞賜舉，人之所好」；大戴禮王言篇「選賢舉能」，禮記禮運作「選賢與能」，皆其證。經文當讀作「將欲去之，必固舉之」，世傳今本作「將欲廢之，必固興之」。「興」字顯同「與」字形近而誤，又因「去」、「興」二字義不相合，於是改「去」字爲「廢」，皆非老子原文。第四句帛書甲、乙本「將欲奪之，必固予之」，今本「予」字作「與」。雖「與」、「予」二字義同，玆因前文假「與」字爲「舉」，此當從帛書作「予」字爲是。類似「予之爲奪」之句式，乃當時常用之語言結構，可表達多種内容。諸如戰國策魏策「將欲敗之，必姑輔之。將欲取之，必姑與之」，吕覽行論篇「將欲毁之，必重累之。將欲踣之，必高舉之」，句式皆同，未必同出老子。論之帛書甲、乙本，經文相同，四句則爲「翕張」、「弱强」、「去舉」、「奪予」。「張」與「强」、「舉」與「予」皆成韻讀，則經文音諧義合，足證老子原本即當如此。今本經文因間有訛誤，後人又據它書妄加改動，雖經學者考證，皆不可信，當從帛書。

范應元云：「『張之』、『强之』、『興之』、『與之』之時（『興』、『與』二字當從帛書作『舉』、『予』），已有『翕之』、『弱之』、『廢之』、『取之』之幾（「廢」、「取」二字當從帛書作『去』、『奪』）伏在其中矣。幾雖幽微，而事已顯明也。故曰『是謂微明』。或者以此數句爲權謀之術，非也。聖人見造化消息盈虛之運如此，乃知常勝之道是柔弱也。蓋物至於壯則老矣。」明王純甫云：「『將欲』云者，『將然』之辭也；『必固』云者，『已然』之辭也。造化有消息盈虛之運，人事有吉凶倚伏之理，故物之將欲如彼者，必其已嘗如此者也。將然者雖未形，已然者則可見。能據其已然，而逆覩其將然，則雖若幽隱，而實至明白矣。故曰『是謂微明。』」

甲本：𢇇（柔）弱勝强。魚不〔可〕167脱於濂（淵），邦利器不可以視（示）人。

乙本：柔弱朕（勝）强。魚不可説（脱）於淵，國利器不可以示人。

王本：柔弱勝剛强。魚不可脱於淵，國之利器不可以示人。

景龍、蘇、吳、焦諸本首句作「柔勝剛，弱勝强」；傅、范、徽、邵、彭諸本作「柔之勝剛，弱之勝强」。第二句，傅、范二本作「魚不可侻於淵」；蘇本作「魚不可以脱於淵」。第三句，景龍、遂州二本作「國有利器不可示人」；顧本作「國之利器不可示人」；傅、范、焦三本作「邦之利器不可以示人」。

帛書甲本殘損一字，「柔」字寫作「𢇇」，帛書研究組讀爲「友」字，假借爲「柔」。又假「濂」字爲「淵」，假「視」字爲「示」；乙本假「朕」字爲「勝」，假「説」字爲「脱」，可互相補正。與今本勘校，世傳今本多同王本作「柔弱勝剛强」；也有作「柔勝剛，弱勝强」或「柔之勝剛，弱之勝强」。老子想爾注：「水法道柔弱，故能消穿崖石。」顧本成疏：「柔弱實智也，剛强權智也。」李道純道德會元云：「『柔弱勝剛强』分二句，非。」「柔弱」皆爲一句，與王弼本同。今論之帛書甲、乙本，「柔弱」亦均爲一句；不僅一句，且無「剛」字，作「柔弱勝强」。韓非子喻老篇云：「處小弱而重自卑，謂損弱勝强也。」亦謂「勝强」，與帛書甲、乙本同，足證老子原本當如此。帛書「魚不可脱於淵」，世傳今本多與之同，韓非喻老引作「魚不可脱於深淵」，後漢書隗囂傳、翟酺傳李賢注引老子皆作「魚不可脱於泉」。朱謙之云：「作『泉』非也。此章『淵』、『人』爲韻，宜作『淵』。『泉』字，乃唐人避高祖諱改『淵』爲『泉』。韓非喻老篇『故曰：「魚不可脱於深淵。」』王先慎曰：『「深」字衍，唐避「淵」改「深」，後人回改，兼改「深」字耳。』今案：唐人避諱多改『淵』爲『深』，則亦可改『淵』爲『泉』也，唯『淵』字是故書。」朱説誠是。

韓非子喻老篇云：「勢重者人君之淵也。君人者勢重於人臣之閒，失則不可復得也。簡公失之於田成，晉公失之於六卿，而邦亡身死，故曰：『魚不可脱於深淵。』賞罰者邦之利器也，在君則制臣，在臣則勝君。君見賞，臣則損之以爲德；君見罰，臣則益之以爲威。人君見賞而人臣用其勢，人君見罰而人臣乘其威。故曰：『邦之利器不可以示人。』」内儲説下：「勢重者人主之淵也，臣者勢重之魚也。魚失於淵而不可復得也，人主失其勢重於臣，而不可復收也，古之人難正言，故託之於魚。賞罰者利器也，君操之以制臣，臣得之以擁主。故君先見所賞則臣鬻之以爲德，君先見所罰則臣鬻之以爲威，故曰：『國之利器不可以示人。』」按聖君之勢猶魚之淵，失勢則困，魚脱淵則死，故聖君守道無爲必須重勢。重勢之道在於利器，賞罰者乃君之利器也。賞罰明則利器堅，臣民服；臣民服，則君權固；君權固則令行而禁止，聖君可虚静無爲垂拱而治。

三十七（今本道經第三十七章）

甲本：道恒无名，侯王若守之，萬物將自𢡺（化）。

乙本：道恒无名，侯王若251下能守之，萬物將自化。

王本：道常無爲而無不爲，侯王若能守之，萬物將自化。

傅奕、遂州二本「侯王」二字作「王侯」，無「之」字，作「道常無爲而無不爲，王侯若能守，萬物將自化」；范本與之同，唯「守」下有「之」字；景龍、易玄、邢玄、慶陽、樓古、磻溪、孟頫、樓正、敦煌英、河上、顧、彭、徽、邵、司馬、蘇、吴、志、焦諸本作「道常無爲而無不爲，侯王若能守，萬物將自化」；景福碑第二句「若」字作「而」，謂「侯王而能守之」。

帛書甲本脱「能」字，當從乙本補作「侯王若能守之」；甲本又假「𢡺」字爲「化」。「𢡺」字從心爲聲，「爲」字屬匣紐歌部，「化」字在曉紐歌部，「爲」、「化」二字古音同通用。説文貝部：「貨，從貝化聲。」又謂「或從貝爲聲」，寫作「貨」，即其證。乙本無脱字與假字，經義與甲本相同。與今本勘校，甲、乙本「道恒无名」，世傳今本皆同王本作「道常無爲而無不爲」，彼此經文出入甚大，而且此一差異不限於本章，凡今本所見「無爲而無不爲」者，在帛書甲、乙本中均無踪迹。此是勘校本書發現之一大問題，它對研究老子哲學思想甚關重要，有必要對它進行徹底考察。

按「無爲」是老子哲學中最重要的觀念，譽爲人之最高德性。此一觀念在他那五千餘言的著作中，反復講了十一次。如帛書甲、乙本：

（1）上德无爲而无以爲也。（甲本1，乙本175上）

（2）吾是以知无爲之有益也。不言之教，无爲之益，天下希能及之矣。（甲本15，乙本181下）

（3）是以聖人不行而知，不見而名，弗爲而成。（甲本21，乙本184上）

（4）爲學者日益，聞道者日損，損之又損，以至於无爲。（甲本21殘損，乙本184上）

（5）我无爲而民自化；我好靜而民自正；我无事而民自富；我欲无欲而民自樸。（甲本42，乙本193下—194上）

（6）爲无爲，事无事，味无味。（甲本53，乙本199上）

（7）爲之者敗之，執之者失之。是以聖人无爲也，故无敗也；无執也，故无失也。（甲本57—58，乙本201上）

（8）是以聖人欲不欲，而不貴難得之貨；學不學，而復衆人之所過。能輔萬物之自然，而弗敢爲。（甲本59—60，乙本201下—202上）

（9）是以聖人居无爲之事，行不言之教。（甲本96，乙本219下）

（10）使夫知不敢，弗爲而已，則无不治矣。（甲本99殘損，乙本202上—221下）

（11） 夫天下神器也，非可爲者也。爲者敗之，執者失之。（甲本151，乙本244上）

今本除上述十一處外，尚較帛書甲、乙本多出一處，即本章此文。甲、乙本作「道恒无名」，世傳今本皆作「道常無爲而無不爲」。

從帛書甲、乙本考察，上述十一處皆言「無爲」，而無一處言「無不爲」。今本則不然，在上述經文中有的本子則將「無爲」改作「無爲而無不爲」。但是，各本改動情況又不完全相同，像傅、范、樓古三本改動四處，其它各本只改動兩處。茲將各本改動情況對照如下：

（1）甲、乙本「上德无爲而无以爲也」，今本第三十八章此文多同甲、乙本，唯傅、范、樓古三本作「上德無爲而無不爲」。

（4） 甲本全部殘毁，乙本也有殘損，僅存「損之又損，以至於无」八字，今本第四十八章皆作「損之又損，以至於無爲，無爲而無不爲」。

（10） 甲本有殘損，乙本作「使夫知不敢，弗爲而已，則無不治矣」，今本第三章多作「使夫智者不敢爲也，爲無爲，則無不治」，唯傅、范、樓古三本作「使夫知者不敢爲，爲無爲，則無不爲矣」。

本章此文，甲、乙本「道恒无名」，今本第三十七章皆作「道常無爲而無不爲」。

關於（1）（4）（10）三處之分歧，我在前文勘校中已作詳細考證和說明，這裏不再贅述。僅將第四處，即本章此文的問題，予以辨證和說明如下：

帛書甲、乙本「道恒无名，侯王若能守之，萬物將自化」，世傳今本多同王本作「道常無爲而無不爲，侯王若能守之，萬物將自化」。全部文字多同，只是首句各異，其中必有一誤。按本章此文與第三十二章經文内容基本相似，如王本三十二章「道常無名，樸雖小，天下莫能臣也，侯王若能守之，萬物將自賓」，帛書甲、乙本作「道恒无名，樸雖小，而天下弗敢臣，侯王若能守之，萬物將自賓」。如果説帛書與今本共同保存了此章經文之原貌，那麼本章分歧即可迎刃而解。兩章文詞内容基本相同，首句應同作「道恒無名」才是，而今本作「道常無爲而無不爲」，顯非老子原文，必因後人竄改所致。其證一也。再就王弼注文分析，王注「道常無爲而無不爲」云：「順自然也，萬物無不由爲以治以成之也。」王弼注文有錯亂，早被學者所查覺。陶鴻慶云：「句中『之』字非衍，但誤倒耳。古逸本删『之』字，文雖較順而實非其旨。一章及二十一章注皆云：『萬物以始以成，而不知其所以然。』明『治』爲『始』之誤。」波多野太郎云：「『爲』字涉經文而衍，『之』字應在『由』下。」依陶鴻慶、波多野太郎二氏之勘訂，弼注當作「順自然也。萬物無不由之以始以成也」。如以此注，王弼似爲「道常無名」所作，而與「道常無爲而無不爲」不類。「順自然」者，則謂「道」也。弼注第二十五章「道法自然」云：「道不違自然，乃得其性。『法自然』者，在方而法方，在圓而法圓，於自然無所違也。」「萬物無不由之以始以成也」，猶似一章「無名萬物之始」之注脚，弼注一章云：「凡有生於無，故未形無名之時，則爲萬物之始。」兩注内容相似，經文亦必相近，從而足證王本經文原同帛書甲、乙本作「道恒无名」無疑。今本所見「道常無爲而無不爲」者，必在王注而後所改。河上公注此文云：「道以無爲爲常也。言侯王若能守道，萬物將自化，效於己也。」經文皆有注，唯「而無不爲」句無注，這在河上公注文中極少有的現象。「道常無爲」，經文已經有誤，又增「而無不爲」四字，則錯上加錯。由此可見，經文「道常無名」，最初僅誤「名」字爲「爲」，故河上公注云：「道以無爲爲常也。」後又誤增「而無不爲」四字，河上公於此文無注，足證誤「名」字爲「爲」應在注前，誤增四字在注後。今從王弼、河上公兩注文分析，此二系統之傳本原亦與帛書甲、乙本經文相同，當作「道常無名」。其證二也。

通過帛書甲、乙本之全面勘校，得知老子原本只講「無爲」，或曰「無爲而無以爲」，從未講過「無爲而無不爲」。「無爲而無不爲」的思想本不出於老子，它是戰國末年出現的一種新的觀念，可以說是對老子「無爲」思想的改造。曾散見於莊子外篇、韓非子、呂覽及淮南子等書。如莊子外篇至樂篇：「曰：天地無爲也，而無不爲也，人也孰能得無爲哉。」天道篇：「故古之人貴夫無爲也。上無爲也，下亦無爲也，是下與上同德，下與上同德則不臣；下有爲也，上亦有爲也，是上與下同道，上與下同道則不主。上必無爲而用天下，下必有爲爲天下用，此不易之道也。」這種上下共無爲則「不臣」、「不主」的思想，與老子所講「無爲」有根本的不同。但是，過去由於世傳老子多被後人改動，對道家思想的前後變化辨別不清。幸而帛書甲、乙本保存了老子的原來面目，爲我們研究道家思想的前後變化，提供了極爲寶貴的資料。

甲本：𢡺（化）而欲168〔作，吾將鎮之以无〕名之楃（樸）。〔鎮之以〕无名之楃（樸），夫將不辱（欲）。

乙本：化而欲作，吾將闐（鎮）之以无名之樸。闐（鎮）之以无名之樸，夫將不辱（欲）。

王本：化而欲作，吾將鎮之以無名之樸。無名之樸，夫亦將無欲。

邵、彭二本「鎮」後無「之」字，「亦」前無「夫」字，「無欲」二字作「不欲」，謂「化而欲作，吾將鎮以無名之樸。無名之樸，亦將不欲」；景龍、易玄、景福、慶陽、樓古、磻溪、孟頫、樓正、敦煌英、河上、顧、徽、司馬、蘇、吴、志諸本後一句亦作「無名之樸，亦將不欲」；傅、范、焦三本作「無名之樸，夫亦將不欲」；遂州本作「無名樸，亦將無欲」。

帛書甲本有殘損，乙本保存完好，可據補甲本缺文。與今本勘校，乙本假「闐」字爲「鎮」，「鎮之以」三字作重語。又王本及世傳本中「夫亦將無欲」一句，甲、乙本假「辱」字爲「欲」，當作「夫將不欲」。易順鼎云：「按釋文大書『吾將鎮之以無名之樸，夫亦將無欲』十四字，則今本重『無名之樸』四字，乃涉上文而衍。」高亨早年同易説，謂：「『無名之樸』四字，則文意隔閡，今據删。」正詁再版後，高氏更變舊意，則謂：「易説固有徵矣，但余疑此文當作『吾將鎮之以無名之樸。鎮之以無名之樸，夫亦將無欲』。轉寫捝去『鎮之』二字耳。」高亨更改後的意見甚是，所言與帛書經文正相符合。但是，「無欲」二字帛書作「不欲」。于省吾云：「釋文：『無，簡文作「不」。』羅氏考異謂景龍、御注、景福、英倫諸本均無『夫』字，『無』亦作『不』，按老子『夫』字多爲後人所增，『無』作『不』者是也。河上公本正作『亦將不欲，不欲以静』。今以古書重文之例驗之，『亦將不欲，不欲以静』，本應作『亦將不▪欲▪以静』，是『無』應作『不』之證。」于氏謂「無」字當作『不』，誠是。但說「老子『夫』字多爲後人所增」，不確。帛書甲、乙本此句均作「夫將不辱」，「辱」字當假借爲「欲」。「辱」、「欲」二字古爲雙聲疊韻，音同互假，故此當作「夫將不欲」。茲據古今各本勘校，此文當作：「化而欲作，吾將鎮之以無名之樸，鎮之以無名之樸，夫將不欲。」

老子想爾注云：「失正變得邪，邪改得正。今王者法道，民悉從正，齋正而止，不可復變，變爲邪矣。觀其將變，道便鎮制之，檢以無名之樸，教誡見也。王者亦當法道鎮制之，而不能制者，世俗悉變爲邪矣，下古世是也。」「欲作」，則謂貪欲之復起也，卽所謂「失正變得邪」也。說文金部：「鎮，博壓也。」河上公訓作「鎮撫」。德經第三十八章王弼注：「夫載之以大道，鎮之以無名，則物無所尚，志無所營。各任其貞事，用其誠，則仁德厚焉，行義正焉，禮敬清焉。」此之言鎮撫以道，夫將不欲也。

甲本：不辱（欲）以情（静），天地將自正169。

乙本：不辱（欲）以静，天地將自正252上。道　二千四百廿六252下。

王本：不欲以静，天下將自定。

遂州、司馬二本「不」字作「無」，「定」字作「正」，謂「無欲以静，天下將自正」；景龍、易玄、景福、樓古、磻溪、孟頫、樓正、顧、傅、范、彭、徽、邵、蘇、吴、志、焦諸本「定」字作「正」，謂「不欲以静，天下將自正」。

帛書甲、乙本以「辱」字假「欲」，甲本又以「情」字假「静」。與今本勘校，甲、乙本「天地將自正」，今本作「天下將自正」或「天下將自定」。朱謙之云：「『正』，諸王本與宋刊河上本作『定』，王羲之本、傅、范本、高翿本及諸石本皆作『正』。『正』、『定』義通，『定』從『正』聲，形亦近同。勞健引説文古文『正』作『𤴓』，夏竦古文韻『定』字引汗簡作『𤴓』。」帛書甲、乙本「天地將自正」，今本「天地」二字誤作「天下」，老子想爾注本作「天地自正」，與甲、乙本同。前文既爲「天地」，當以「自正」爲是，「定」乃「正」之借字。「不欲以静，天地將自正」，謂根絶貪欲，清静無爲，天象乃運轉正常，地氣與四時相應，則風調雨順，百姓安居樂業。如第三十二章：「天地相合，以降甘露，民莫之令而自均。」否之，天象行亂，日月嬴絀，四時失常，萬民遭殃。

帛書老子甲本殘卷實録

德經

38
□□□□□□□□□□□□□□德上德无□□无以爲也上仁爲之□□以爲也上義爲之而有以爲也上禮□□□□□□□攘臂而乃之故失道而后德失德而后仁失仁而后義□□□□□□□□□□□□□而亂之首也□□□道之華也而愚之首也是以大丈夫居其厚而不居其泊居其實不居其華故去皮取此

39
昔之得一者天得一以清地得□以寧神得一以霝浴得一以盈侯□□□而以爲□□正其致之也胃天毋已清將恐□胃地毋□□將恐□胃神毋已霝□恐歇胃浴毋已盈將恐渴胃侯王毋已貴□□□□故必貴而以賤爲本必高矣而以下爲基夫是以侯王自胃□寡不槖此其□□□□故致數與无與是故不欲□□若玉硌□□□

40
□□道善□□□□

41 □□□道之動也弱也者道之用也天□□□□□□□□□

42 □□□□□□□□□□□□□□□□□□□中氣以爲和天下之所惡唯孤寡不橐而王公以自名也
勿或敗之□□□之而敗故人□□教夕議而教人故强良者不得死我□以爲學父

43 天下之至柔□騁於天下之致堅无有入於无間五是以知无爲□□益也不□□教无爲之益□下希能及
之矣

44 名與身孰親身與貨孰多得與亡孰病甚□□□□□□□亡故知足不辱知止不殆可以長久

45 大成若缺其用不幣大盈若盅其用不竆大直如詘大巧如拙大贏如炳趮勝寒靚勝炅請靚可以爲天
下正

46 天下有□□走馬以糞天下无道戎馬生於郊罪莫大於可欲憠莫大於不知足咎莫憯於欲得□□□□
恒足矣

47 不出於户以知天下不規於牖以知天道其出也彌遠其□□□□□□□□□□□□□爲而□

48 □□□□□□□□□□□□□□□□□□□□□□□取天下也恒□□□□□□□□□□
□□

49 □□□□□以百□之心爲□善者善之不善者亦善□□□□□□□□□□□□□□信也□□之在
天下慉慉焉爲天下渾心百姓皆屬耳目焉聖人□□□

50 □生□□□□□有□□□徒十有三而民生生動皆之死地之十有三夫何故也以其生生也蓋□□執

生者陵行不□矢虎入軍不被甲兵矢无所椯其角虎无所昔其蚤兵无所容□□□何故也以其无死地焉
51 道生之而德畜之物刑之而器成之是以萬物尊道而貴□□之尊德之貴也夫莫之时而恒自然也道生之
畜之長之遂之亭□□□□□□□□弗有也爲而弗寺也長而弗宰也此謂之玄德
32 天下有始以爲天下母既得其母以知其□復守其母没身不殆塞其悶閉其門終身不堇啟其悶濟其事終
身□□□小曰□守柔曰强用其光復歸其明毋遺身央是胃襲常
53 使我𢹼有知□□大道唯□□□□□甚夷民甚好解朝甚除田甚芜倉甚虛服文采帶利□□□食□□□
□□□□□□□□□□
54 善建□□拔□□□□□子孫以祭祀□□□□□□□□□□□□□□□餘脩之□□□□□□□□□
□□□□□□□□□□以身□身以家觀家以鄉觀鄉以邦觀邦以天□□□□□□□□□□□□□
□□
55 □□之厚□比於赤子逢𢕟蜾地弗螫擢鳥猛獸弗搏骨弱筋柔而握固未知牝牡□□□□□精□至也終
日號而不发和之至也和曰常知和曰明益生曰祥心使氣曰强□□卽老胃之不道不道□□
56 □□弗言言者弗知塞其悶閉其□□其光同其墼坐其兑解其紛是胃玄同故不可得而親亦不可得而疏
不可得而利亦不可得而害不可□而貴亦不可得而淺故爲天下貴
57 以正之邦以畸用兵以无事取天下吾何□□□□也哉夫天下□□□而民彌貧民多利器而邦家兹昏人
多知而何物兹□□□□□盜賊□□□□□□□□□我无爲也而民自化我好静而民自正我无事民

□□□□□□□□□□

58 □□□□□□□□其正察察其邦夬夬𢙭福之所倚福𢙭之所伏□□□□□□□□□□□□□□□
□□□□□□□□□□□□□□□□□□□□□□□□□□

59 □□可以
有國有國之母可以長久是胃深槿固氐□□□□□道也

60 □□□□□□□□□□天下其鬼不申非其鬼不神也其神不傷人也非其神不傷人也聖人亦弗傷□□
□不相□□德交歸焉

61 大邦者下流也天下之牝天下之郊也牝恒以靚勝牡爲其靚□□宜爲下大邦□下小□則取小邦小邦以
下大邦則取於大邦故或下以取或下而取□大邦者不過欲兼畜人小邦者不過欲入事人夫皆得其欲□
□□爲下

62 □者萬物之注也善人之𤪌也不善人之所𤪌也美言可以市尊行可以賀人人之不善也何□□有故立天
子置三卿雖有共之璧以先四馬不善坐而進此古之所以貴此者何也不胃□□得有罪以免輿故爲天
下貴

63 爲无爲事无事味无未大小多少報怨以德圖難乎□□□□□□□天下之難作於易天下之大作於
細是以聖人冬不爲大故能□□□□□□□□□必多難是□□人猶難之故終於无難

64 其安也易持也□□□□□□□□□□□□□□□□□□□□□□□□□□□□□□□□□□□□

□□□毫末九成之臺作於羸土百仁之高台於足□□□□□□□□□□□□□□也□无敗□无執也故无失也民之從事也恒於其成事而敗之故慎終若始則□□□□□□□欲不欲而不貴難得之𦚏學不學而復衆人之所過能輔萬物之自□□弗敢爲

65 故曰爲道者非以明民也將以愚之也民之難□□□知也故以知知邦邦之賊也以不知知邦□□德也恒知此兩者亦稽式也恒知稽式此胃玄德玄德深矣遠矣與物□矣乃至大順

66 □海之所以能爲百浴王者以其善下之是以能爲百浴王是以聖人之欲上民也必以其言下之其欲先□□必以其身後之故居前而民弗害也居上而民弗重也天下樂隼而弗猒也非以其无静與□□□□□静

67 小邦寡民使十百人之器毋用使民重死而遠徙有車周无所乘之有甲兵无所陳□□□□□□用之甘其食美其服樂其俗安其居𠸄邦相朢鷄狗之聲相聞民至□□□□□(王本第八十章)

68 □□□□□□不□□者不博□者不知善□□□者不善聖人无積□以爲□□□□□□□□□□□□□□□□□□□□□□□□(王本第八十一章)

69 □□□□□□□□□□夫唯□故不宵若宵細久矣我恒有三葆之一曰兹二曰檢□□□□□□□□□□□□故能廣不敢爲天下先故能爲成事長今舍其兹且勇舍其後且先則必死矣夫兹□□則勝以守則固天將建之女以兹垣之

70 善爲士者不武善戰者不怒善勝敵者弗□善用人者爲之下□胃不諍之德是胃用人是胃天古之極也

71 用兵有言曰吾不敢爲主而爲客吾不進寸而芮尺是胃行无行襄无臂執无兵乃无敵矣𢚩莫於於无適无

適斤亡吾吾葆矣故稱兵相若則哀者勝矣

72 吾言甚易知也甚易行也而人莫之能知也而莫之能行也言有君事有宗夫唯无知也是以不□□□□

□□我貴矣是以聖人被褐而褱玉

73 知不知尚矣不不知知病矣是以聖人之不病以其□□□□□

74 □□□畏畏則大□□□矣毋閘其所居毋猒其所生夫唯弗猒是□□□□□□□□□□□□□

而不自貴也故去被取此

75 勇於敢者□□於不敢者則栝□□□□□□□□□□□□□□□□不言而善應不

召而自來彈而善謀□□□□□□

76 □□□□□□奈何以殺愳之也若民恒是死則而爲者吾將得而殺之夫孰敢矣若民□□必畏死則恒

有司殺者夫伐司殺者殺是伐大匠斲也夫伐大匠斲者則□不傷其手矣

77 人之飢也以其取食逸之多也是以飢百姓之不治也以其上有以爲□是以不治民之巠死以其求生之厚

也是以巠死夫唯无以生爲者是賢貴生

78 人之生也柔弱其死也𦽗仞賢强萬物草木之生也柔脆其死也椲槀故曰堅强者死之徒也柔弱微細生之

徒也兵强則不勝木强則恒强大居下柔弱微細居上

79 天下□□□□□者也高者印之下者舉之有餘者敗之不足者補之故天之道敗有□□□□□□□

不然敗□□□奉有餘孰能有餘而有以取奉於天者乎□□□□□□□□□□□□□□□□□□□□
□□□□見賢也

80 天下莫柔□□□□□堅强者莫之能□也以其无□易□□□□□□□□勝强天□□□□□□□□行
也故聖人之言云曰受邦之詢是胃社稷之主受邦之不祥是胃天下之王□□若反

81 和大怨必有餘怨焉可以爲善是以聖右介而不以責於人故有德司介□德司徹夫天道无親恒與善人

道經

1 道可道也非恒道也名可名也非恒名也无名萬物之始也有名萬物之母也□恒无欲也以觀其眇恒有欲
也以觀其所噭兩者同出異名同胃玄之有玄衆眇之□

2 天下皆知美爲美惡已皆知善訾不善矣有无之相生也難易之相成也長短之相刑也高下之相盈也意聲
之相和也先後之相隋恒也是以聲人居无爲之事行□□□□□□□□□□也爲而弗志也成功而弗居
也夫唯居是以弗去

3 不上賢□□□□□□□□□民不爲□□□□□民不亂是以聲人之□□□□□□□□□□
强其骨恒使民无知无欲也使□□□□□□□□□□

4 □□□□□□□盈也潚呵始萬物之宗銼其解其紛和其光同□□□□□或存吾不知□□□子也象帝
之先

5 天地不仁以萬物爲芻狗聲人不仁以百省□□狗天地□□□猶橐籥與虛而不淈蹱而俞出多聞數窮不若守於中

6 浴神□死是胃玄牝玄牝之門是胃□地之根緜緜呵若存用之不堇

7 天長地久天地之所以能□且久者以其不自生也故能長生是以聲人芮其身而身先外其身而身存不以其无□輿故能成其私

8 上善治水水善利萬物而有靜居衆之所惡故幾於道矣居善地心善潚予善信正善治事善能蹱善時夫唯不靜故无尤

9 揰而盈之不□□□□兑□之□可長葆之金玉盈室莫之守也貴富而驕自遺咎也功述身芮天□□□

10 □□□□□□□□□□□能嬰兒乎脩除玄藍能毋疵乎□□□□□□□□□□□□□□□□□□□□□□□生之畜之生而弗□□□□□□□德

11 卅□□□□□其无□□之用□撚埴爲器當其无有埴器□□□□□當其无有□□用也故有之以爲利无之以爲用

12 五色使人目明馳騁田臘使人□□□難得之價使人之行方五味使人之口啪五音使人之耳聾是以聲人之治也爲腹不□□故去罷耳此

13 龍辱若驚貴大梡若身苛胃龍辱若驚龍之爲下得之若驚失□若驚是胃龍辱若驚何胃貴大梡若身吾所以有大梡者爲吾有身也及吾无身有何梡故貴爲身於爲天下若可以迈天下矣愛以身爲天下女可以寄

天下

14 視之而弗見名之曰聾聽之而弗聞名之曰希捪之而弗得名之曰夷三者不可至計故園□□□一者其上不攸其下不忽尋尋呵不可名也復歸於无物是胃无狀之狀无物之□□□□□□□□□□而不見其首執今之道以御今之有以知古始是胃□□

15 □□□□□□□□□□深不可志夫唯不可志故强爲之容曰與呵其若冬□□□□□□畏四□□□其若客渙呵其淩澤𤣶呵其若握湷□□□□□□若浴濁而情之余清女以重之余生葆此道不欲盈夫唯不欲□□□□□□□成

16 至虛極也守情表也萬物旁作吾以觀其復也天物雲雲各復歸於其□□□□□静是胃復命復命常也知常明也不知常帝帝作兇知常容容乃公公乃王王乃天天乃道□□□沕身不怠

17 太上下知有之其次親譽之其次畏之其下母之信不足案有不信□□其貴言也成功遂事而百省胃我自然

18 故大道廢案有仁義知快出案有大僞六親不和案有畜茲邦家閲亂案有貞臣

19 絕聲棄知民利百負絕仁棄義民復畜茲絕巧棄利盜賊无有此三言也以爲文未足故令之有所屬見素抱□□□□□□□□□□

20 唯與訶其相去幾何美與惡其相去何若人之□□亦不□□□□□□□□衆人熙熙若鄉於大牢而春登臺我泊焉未佻若□□□纍呵如□□□□皆有餘我獨遺我禺人之心也惷惷呵 鬻 □□□□

□□閶呵鬻人蔡蔡我獨悶悶呵忽呵其若□朢呵其若无所止□□□□□□□以悝我欲獨異於人而
貴食母

21 孔德之容唯道是從道之物唯朢唯忽□□□呵中有象呵朢呵忽呵中有物呵㴾呵鳴呵中有請吔其請甚
真其中□□自今及古其名不去以順衆仪吾何以知衆仪之然以此

22 炊者不立自視不章□見者不明自伐者无功自矝者不長其在道曰粽食贅行物或惡之故有欲者□居

23 曲則金枉則定洼則盈敝則新少則得多則惑是以聲人執一以爲天下牧不□視故明不自見故章不自伐
故有功弗矜故能長夫唯不争故莫能與之争古□□□□□□□語才誠金歸之

24 希言自然飄風不冬朝暴雨不冬日孰爲此天地□□□□□□□□故從事而道者同於道德者同於德
者者同於失同□□□道亦德之同於□者道亦失之

25 有物昆成先天地生繡呵繆呵獨立□□□可以爲天地母吾未知其名字之曰道吾强爲之名曰大大曰筮
筮曰□□□□□天大地大王亦大國中有四大而王居一焉人法地地法□□□□□□□

26 □爲巠根清爲趮君是以君子衆日行不蘺其甾重唯有環官燕處□□若若何萬乘之王而以身巠於天下
巠則失本趮則失君

27 善行者无勶迹□言者无瑕適善數者不以檮箖善閉者无闔籥而不可啓也善結者□□約而不可解也是
以聲人恒善怺人而无棄人物无棄財是胃愧明故善□□□之師不善人善人之齎也不貴其師不愛其齎
唯知乎大眯是胃眇要

28 知其雄守其雌爲天下溪爲天下溪恒德不雞恒德不雞復歸嬰兒知其日守其辱爲天下浴爲天下浴恒德乃□恒德乃□□□□知其守其黑爲天下式爲天下式恒德不貣恒德不貣復歸於无極楃散□□□人用則爲官長夫大制无割

29 將欲取天下而爲之吾見其弗□□□□□器也非可爲者也爲者敗之執者失之物或行或隨或炅或□□□□□或杯或撱是以聲人去甚去大去楮

30 以道佐人主不以兵□□天下□□□□□所居楚朸生之善者果而已矣毋以取强焉果而毋驕果而勿矜果而□□果而毋得已居是胃□而不强物壯而老是胃之不道不道蚤已

31 夫兵者不祥之器□物或惡之故有欲者弗居君子居則貴左用兵則貴右故兵者非君子之器也□□不祥之器也不得已而用之銛襲爲上勿美也若美之是樂殺人也夫樂殺人不可以得志於天下矣是以吉事上左喪事上右是以便將軍居左上將軍居右言以喪禮居之也殺人衆以悲依立之戰勝以喪禮處之

32 道恒无名楃唯□□□□□□□王若能守之萬物將之賓天地相谷以俞甘洛民莫之□□□焉始制有□□□□有夫□□□□□所以不□俾道之在□□□□浴之與江海也

33 知人者知也自知□□□□□者有力也自勝者□□□□□□也强行者有志也不失其所者久也死不忘者壽也

34 道□□□□□□□□遂事而弗名有也萬物歸焉而弗爲主則恆无欲也可名於小萬物歸焉而弗爲主可命於大是□聲人之能成大也以其不爲大也故能成大

35
執大象□□往往而不害安平太樂與餌過格止故道之出言也曰談呵其无味也□□不足見也聽之不足聞也用之不可既也

36
將欲拾之必古張之將欲弱之□□强之將欲去之必古與之將欲奪之必古予之是胃微明𢎘弱勝强魚不□脱於灊邦利器不可以視人

37
道恆无名侯王若守之萬物將自懸懸而欲□□□□□□□名之楃□□□无名之楃夫將不辱不辱以情天地將自正

帛書老子甲本勘校復原

德經

38 上德不德，是以有德；下德不失德，是以无德。上德无爲而无以爲也。上仁爲之而无以爲也。上義爲之而有以爲也。上禮爲之而莫之應也，則攘臂而扔之。故失道而后德，失德而后仁，失仁而后義，失義而后禮。夫禮者，忠信之薄也，而亂之首也。前識者，道之華也，而愚之首也。是以大丈夫居其厚而不居其薄；居其實而不居其華。故去彼取此。

39 昔之得一者，天得一以清，地得一以寧，神得一以靈，谷得一以盈，侯王得一而以爲天下正。其誡之也，謂天毋已清將恐裂，謂地毋已寧將恐發，謂神毋已靈將恐歇，謂谷毋已盈將恐竭，謂侯王毋已貴以高將恐蹶。故必貴而以賤爲本，必高矣而以下爲基。夫是以侯王自謂孤寡不穀。此其賤之本與，非也？故致數譽无譽。是故不欲祿祿若玉，硌硌若石。

40 上士聞道，勤能行之。中士聞道，若存若亡。下士聞道，大笑之。弗笑，不足以爲道。是以建言有之曰：明道如味，進道如退，夷道如類。上德如谷，大白如辱。廣德如不足，建德如偷。質真如渝。大方无隅，大器免成，大音希聲，大象无形，道褒无名。夫唯道，善始且善成。

41 反也者，道之動也；弱也者，道之用也。天下之物生於有，有生於无。

42 道生一，一生二，二生三，三生萬物。萬物負陰而抱陽，沖氣以爲和。天下之所惡，唯孤寡不穀，而王公以自名也。物或損之而益，益之而損。古人之所教，亦我而教人。故强梁者不得其死，我將以爲學父。

43 天下之至柔，馳騁於天下之至堅。无有入於无間。吾是以知无爲之有益也。不言之教，无爲之益，天下希能及之矣。

44 名與身孰親？身與貨孰多？得與亡孰病？甚愛必大費，多藏必厚亡。故知足不辱，知止不殆，可以長久。

45 大成若缺，其用不敝。大盈若盅，其用不窮。大直如詘，大巧如拙，大贏如肭。趮勝寒，靜勝熱，清靜可以爲天下正。

46 天下有道，卻走馬以糞。天下无道，戎馬生於郊。罪莫大於可欲，禍莫大於不知足，咎莫憯於欲得。故知足之足，恒足矣。

47 不出於户，以知天下。不窺於牖，以知天道。其出也彌遠，其知彌少。是以聖人不行而知，不見而明，弗爲而成。

48 爲學者日益，聞道者日損。損之又損，以至於无爲，无爲而无以爲。取天下也，恒无事；及其有事也，不足以取天下。

49 聖人恆无心，以百姓之心爲心。善者善之，不善者亦善之，德善也。信者信之，不信者亦信之，德信也。聖人之在天下，⿰忄翕⿰忄翕焉，爲天下渾心。百姓皆屬耳目焉，聖人皆孩之。

50 出生入死。生之徒十有三，死之徒十有三，而民生生，動皆之死地之十有三。夫何故也？以其生生也。蓋聞善攝生者，陵行不避兕虎，入軍不被甲兵。兕无所投其角，虎无所措其爪，兵无所容其刃，夫何故也？以其无死地焉。

51 道生之而德畜之，物形之而器成之。是以萬物尊道而貴德。道之尊，德之貴也，夫莫之爵，而恆自然也。道生之、畜之、長之、育之、亭之、毒之、養之、覆之。生而弗有也，爲而弗恃也，長而弗宰也，此謂之玄德。

52 天下有始，以爲天下母。既得其母，以知其子；既知其子，復守其母，没身不殆。塞其⿰土兑，閉其門，終身不勤。啟其⿰土兑，濟其事，終身不救。見小曰明，守柔曰强。用其光，復歸其明。毋遺身殃，是謂襲常。

53 使我絜有知，行於大道，唯迆是畏。大道甚夷，民甚好徑。朝甚除，田甚蕪，倉甚虚。服文采，帶利劍，猒飲食，資財有餘。是謂盗竽，非道也哉。

54 善建者不拔，善抱者不脱，子孫以祭祀不絶。修之身，其德乃真。修之家，其德有餘。修之鄉，其德乃長。修之國，其德乃豐。修之天下，其德乃博。以身觀身，以家觀家，以鄉觀鄉，以邦觀邦，以天下觀天下。吾何以知天下之然哉？以此。

55 含德之厚者，比於赤子。蜂蠆虺蛇弗螫，攫鳥猛獸弗搏。骨弱筋柔而握固，未知牝牡之會而朘怒，精之至也。終日號而不嚘，和之至也。知和曰常，知常曰明，益生曰祥，心使氣曰强。物壯卽老，謂之不道，不道早已。

56 知者弗言，言者弗知。塞其垸，閉其門，知其光，同其塵，挫其鋭，解其紛，是謂玄同。故不可得而親，亦不可得而疏；不可得而利，亦不可得而害；不可得而貴，亦不可得而賤，故爲天下貴。

57 以正治邦，以奇用兵，以无事取天下。吾何以知其然也哉？夫天下多忌諱，而民彌貧。民多利器而邦家滋昬。人多智巧，而奇物滋起。法物滋彰，而盗賊多有。是以聖人之言曰：我无爲而民自化，我好静而民自正，我无事而民自富，我欲不欲而民自樸。

58 其政悶悶，其民惇惇。其政察察，其民狭狭。禍，福之所倚；福，禍之所伏，孰知其極。其无正也，正復爲奇，善復爲妖，人之迷也，其日固久矣。是以方而不割，廉而不刺，直而不肆，光而不燿。

59 治人事天莫若嗇，夫唯嗇，是以早服，早服是謂重積德。重積德則无不克，无不克則莫知其極。莫知其極，可以有國。有國之母，可以長久。是謂深根固柢，長生久視之道也。

60 治大國若烹小鮮，以道莅天下，其鬼不神。非其鬼不神也，其神不傷人也。非其神不傷人也，聖人亦弗傷也。夫兩不相傷，故德交歸焉。

61 大邦者，下流也，天下之牝。天下之交也，牝恆以静勝牡。爲其静也，故宜爲下。大邦以下小邦，則取小邦；小邦以下大邦，則取於大邦。故或下以取，或下而取。故大邦者，不過欲兼畜人，小邦者，不過欲入事人，夫皆得其欲，大者宜爲下。

62 道者萬物之主也，善人之寶也，不善人之所保也。美言可以市，尊行可以加人。人之不善也，何棄之有，故立天子，置三卿，雖有拱之璧以駪駟馬，不若坐而進此。古之所以貴此者何也？不謂求以得，有罪以免與，故爲天下貴。

63 爲无爲，事无事，味无味，大小，多少，報怨以德。圖難乎其易也，爲大乎其細也。天下之難作於易，天下之大作於細，是以聖人終不爲大，故能成其大。夫輕諾必寡信，多易必多難，是以聖人猶難之，故終於无難。

64 其安也，易持也。其未兆也，易謀也。其脆也，易破也。其微也，易散也。爲之於其未有也，治之於其未亂也。合抱之木，生於毫末，九層之臺，作於蔂土。百仞之高，始於足下。爲之者敗之，執之者失之。是以聖人无爲也，故无敗也；无執也，故无失也。民之從事也，恆於幾成而敗之，故慎終若始，則无敗事矣。是以聖人欲不欲，而不貴難得之貨；學不學，而復衆人之所過，能輔萬物之自然，而弗敢爲。

65 故曰：爲道者非以明民也，將以愚之也。民之難治也，以其智也。故以智治邦，邦之賊也；以不智治邦，邦之德也。恆知此兩者，亦稽式也；恆知稽式，此謂玄德。玄德深矣，遠矣，與物反矣，乃至大順。

66 江海之所以能爲百谷王者，以其善下之，是以能爲百谷王。是以聖人之欲上民也，必以其言下之；其欲先民也，必以其身後之。故居前而民弗害也；居上而民弗重也。天下樂推而弗厭也。非以其无爭與，故天下莫能與争。

67小邦寡民，使有十百人之器而毋用，使民重死而遠徙。有舟車无所乘之；有甲兵无所陳之；使民復結繩而用之。甘其食，美其服，樂其俗，安其居，鄰邦相望，鷄狗之聲相聞，民至老死不相往來。

68信言不美，美言不信。知者不博，博者不知。善者不多，多者不善。聖人无積，既以爲人，己愈有；既以予人矣，己愈多。故天之道，利而不害；人之道，爲而弗争。

69天下皆謂我大，大而不肖。夫唯不肖，故能大；若肖，久矣其細也夫。我恆有三寶，持而寶之。一曰慈，二曰儉，三曰不敢爲天下先。夫慈，故能勇；儉，故能廣；不敢爲天下先，故能爲成事長。今捨其慈，且勇；捨其儉，且廣；捨其後，且先，則必死矣。夫慈，以戰則勝，以守則固。天將建之，如以慈垣之。

70善爲士者不武，善戰者不怒，善勝敵者弗與，善用人者爲之下。是謂不争之德，是謂用人，是謂配天，古之極也。

71用兵有言曰：吾不敢爲主而爲客，吾不敢進寸而退尺。是謂行无行，攘无臂，執无兵，乃无敵矣。禍莫大於无敵，无敵近亡吾寶矣。故稱兵相若，則哀者勝矣。

72吾言甚易知也，甚易行也；而人莫之能知也，而莫之能行也。言有宗，事有君。夫唯无知也，是以不我知。知我者希，則我貴矣。是以聖人被褐而褱玉。

73知不知，尚矣；不知知，病矣。是以聖人之不病，以其病病，是以不病。

74 民之不畏威，則大威將至矣。　毋狹其所居，毋壓其所生。　夫唯弗壓，是以不厭。　是以聖人自知而不自見也，自愛而不自貴也，故去彼取此。

75 勇於敢者則殺，勇於不敢者則活。　此兩者或利或害，天之所惡，孰知其故？　天之道，不戰而善勝，不言而善應，不召而自來，坦而善謀。　天網恢恢，疏而不失。

76 若民恆且不畏死，奈何以殺懼之也？　若民恆且畏死，而爲奇者吾得而殺之，夫孰敢矣。　若民恆且必畏死，則恆有司殺者。　夫代司殺者殺，是代大匠斲也。　夫代大匠斲者，則希不傷其手矣。

77 人之飢也，以其取食稅之多也，是以飢。　百姓之不治也，以其上有以爲也，是以不治。　民之輕死，以其求生之厚也，是以輕死。　夫唯无以生爲者，是賢貴生。

78 人之生也柔弱，其死也筋仞堅强。　萬物草木之生也柔脆，其死也枯槁。　故曰：堅强者死之徒也，柔弱微細生之徒也。　兵强則不勝，木强則烘。　强大居下，柔弱微細居上。

79 天之道，猶張弓者也，高者抑之，下者舉之；有餘者損之，不足者補之。　故天之道，損有餘而補不足；人之道則不然，　損不足而奉有餘。　孰能有餘而有以取奉於天者乎？　唯有道者乎？　是以聖人爲而弗有，成功而弗居也，若此其不欲見賢也。

80 天下莫柔弱於水，而攻堅强者莫之能勝也，以其无以易之也。　柔之勝剛，弱之勝强，天下莫弗知也，而莫能行也。　故聖人之言云，曰：受邦之垢，是謂社稷之主；受邦之不祥，是謂天下之王。　正言若反。

81 和大怨，必有餘怨，焉可以爲善？　是以執右契，而不以責於人。　故有德司契，无德司徹。　夫天道无親，恆與善人。

道經

1 道，可道也，非恆道也。名，可名也，非恆名也。无名，萬物之始也；有名，萬物之母也。故恆无欲也，以觀其妙；恆有欲也，以觀其所徼。兩者同出，異名同謂，玄之又玄，衆妙之門。

2 天下皆知美之爲美，惡已；皆知善，斯不善矣。有无之相生也，難易之相成也，長短之相形也，高下之相盈也，音聲之相和也，先後之相隨，恆也。是以聖人居无爲之事，行不言之教。萬物作而弗始也，爲而弗恃也，成功而弗居也。夫唯弗居，是以弗去。

3 不上賢，使民不争。不貴難得之貨，使民不爲盜。不見可欲，使民不亂。是以聖人之治也，虛其心，實其腹，弱其志，强其骨。恒使民无知无欲也，使夫智不敢，弗爲而已，則无不治矣。

4 道盅，而用之又弗盈也。淵呵，似萬物之宗。挫其鋭，解其紛，和其光，同其塵。湛呵似或存，吾不知其誰之子也，象帝之先。

5 天地不仁，以萬物爲芻狗，聖人不仁，以百姓爲芻狗。天地之間，其猶橐籥與，虛而不屈，動而愈出。多聞數窮，不若守於中。

6 谷神不死，是謂玄牝，玄牝之門，是謂天地之根。緜緜呵若存，用之不勤。

7 天長地久，天地之所以能長且久者，以其不自生也，故能長生。是以聖人退其身而身先，外其身而身存。不以其无私與，故能成其私。

8 上善似水，水善利萬物而有静。居衆人之所惡，故幾於道矣。居善地，心善淵，予善天，言善信，政善治，事善能，動善時。夫唯不争，故无尤。

9 持而盈之，不若其已。揣而鋭之，不可長保也。金玉盈室，莫之守也。貴富而驕，自遺咎也。功遂身退，天之道也。

10 載營魄抱一，能毋離乎？摶氣致柔，能嬰兒乎？滌除玄鑒，能毋疵乎？愛民治國，能毋以智乎？天門啓闔，能爲雌乎？明白四達，能毋以知乎？生之畜之，生而弗有，長而弗宰也，是謂玄德。

11 卅輻同一轂，當其无，有車之用也。埏埴爲器，當其无，有埴器之用也。鑿户牖，當其无，有室之用也。故有之以爲利，无之以爲用。

12 五色使人目盲，馳騁田獵使人心發狂，難得之貨使人之行妨，五味使人之口爽，五音使人之耳聾。是以聖人之治也，爲腹不爲目，故去彼取此。

13 寵辱若驚，貴大患若身。何謂寵辱若驚？寵之爲下。得之若驚，失之若驚，是謂寵辱若驚。何謂貴大患若身？吾所以有大患者，爲吾有身也；及吾无身，有何患。故貴爲身於爲天下，若可以託天下矣；愛以身爲天下，如可以寄天下矣。

14 視之而弗見，名之曰微。聽之而弗聞，名之曰希。捪之而弗得，名之曰夷。三者不可致詰，故混而爲一。一者，其上不皦，其下不昧，繩繩不可名也，復歸於无物。是謂无狀之狀，无物之象，是謂忽恍。

隨而不見其後，迎而不見其首。執今之道，以御今之有，以知古始，是謂道紀。

15 古之善爲道者，微妙玄達，深不可識。夫唯不可識，故强爲之容。曰：豫呵其若冬涉水。猶呵其若畏四鄰。嚴呵其若客。渙呵其若凌釋。敦呵其若樸。混呵其若濁。曠呵其若谷。濁而静之徐清，安以動之徐生。保此道不欲盈，夫唯不欲盈，是以能敝而不成。

16 致虚極也，守静篤也，萬物並作，吾以觀其復也。夫物雲雲，各復歸於其根。歸根曰静，静，是謂復命。復命常也，知常明也，不知常妄，妄作，凶。知常容，容乃公，公乃王，王乃天，天乃道，道乃久，没身不殆。

17 太上，下知有之。其次，親譽之。其次，畏之。其下，侮之。信不足，案有不信。猶呵，其貴言也。成功遂事，而百姓謂我自然。

18 故大道廢，案有仁義。智慧出，案有大僞。六親不和，案有孝慈。邦家昏亂，案有貞臣。

19 絶聖棄智，民利百倍。絶仁棄義，民復孝慈。絶巧棄利，盜賊无有。此三言也，以爲文未足，故令之有所屬。見素抱樸，少私而寡欲。絶學无憂。

20 唯與訶，其相去幾何？美與惡，其相去何若？人之所畏，亦不可以不畏人。望呵，其未央哉！衆人熙熙，若饗於大牢，而春登臺。我泊焉未兆，若嬰兒未咳。纍呵，如无所歸。衆人皆有餘，我獨匱。我愚人之心也，沌沌呵。俗人昭昭，我獨若昏呵。俗人察察，我獨悶悶呵。忽呵，其若海。恍呵，其若无所止。衆人皆有以，我獨頑以俚。我欲獨異於人，而貴食母。

21 孔德之容，唯道是從。道之物，唯恍唯忽。忽呵恍呵，中有象呵。恍呵忽呵，中有物呵。幽呵冥呵，中有情呵。其情甚真，其中有信。自今及古，其名不去，以順衆父。吾何以知衆父之然也，以此。

22 企者不立，自是者不彰，自見者不明，自伐者无功，自矜者不長。其在道，曰餘食贅行，物或惡之，故有裕者弗居。

23 曲則全，枉則正，洼則盈，敝則新，少則得，多則惑。是以聖人執一，以爲天下牧。不自是故彰，不自見故明，不自伐故有功，弗矜故能長。夫唯不争，故莫能與之争。古之所謂曲全者，豈語哉！誠全歸之。

24 希言自然，飄風不終朝，暴雨不終日。孰爲此？天地而弗能久，又況於人乎！故從事而道者同於道，德者同於德，失者同於失。同於德者，道亦德之。同於失者，道亦失之。

25 有物混成，先天地生。寂呵寥呵，獨立而不改，可以爲天地母。吾未知其名，字之曰道。吾强爲之名曰大，大曰逝，逝曰遠，遠曰返。道大，天大，地大，王亦大。國中有四大，而王居一焉。人法地，地法天，天法道，道法自然。

26 重爲輕根，静爲躁君，是以君子終日行，不離其輜重。雖有營觀，燕處則超若。若何萬乘之王，而以身輕於天下，輕則失本，躁則失君。

27 善行者无轍迹，善言者无瑕謫。善數者不以籌策。善閉者无關鑰而不可啟也。善結者无纆約而不可解也，是以聖人恒善救人，而无棄人，物无棄材，是謂襲明。故善人，善人之師；不善人，善人之資也。不貴其師，不愛其資，雖智乎大迷，是謂妙要。

28 知其雄，守其雌，爲天下溪。爲天下溪，恒德不離。恒德不離，復歸於嬰兒。知其榮，守其辱，爲天下谷。爲天下谷，恒德乃足。恒德乃足，復歸於樸。知其白，守其黑，爲天下式。爲天下式，恒德不忒。恒德不忒，復歸於无極。樸散則爲器，聖人用則爲官長，夫大制无割。

29 將欲取天下而爲之，吾見其弗得已。夫天下神器也，非可爲者也。爲者敗之，執者失之。物或行或隨，或噓或吹，或强或羸，或培或墮。是以聖人去甚，去泰，去奢。

30 以道佐人主，不以兵强於天下，其事好還。師之所居，楚棘生之。善者果而已矣，毋以取强焉。果而毋驕，果而勿矜，果而勿伐，果而毋得已居，是謂果而不强。物壯而老，是謂之不道，不道早已。

31 夫兵者，不祥之器也。物或惡之，故有裕者弗居。君子居則貴左，用兵則貴右。故兵者非君子之器也，兵者不祥之器也，不得已而用之，恬淡爲上。勿美也，若美之，是樂殺人也。夫樂殺人，不可以得志於天下矣。是以吉事上左，喪事上右。是以偏將軍居左，上將軍居右；言以喪禮居之也。殺人衆，以悲哀莅之。戰勝，以喪禮處之。

32 道恆无名，樸雖小，而天下弗敢臣。侯王若能守之，萬物將自賓。天地相合，以雨甘露。民莫之令而自均焉。始制有名，名亦既有，夫亦將知止，知止所以不殆。譬道之在天下也，猶小谷之與江海也。

33 知人者智也，自知者明也。勝人者有力也，自勝者强也。知足者富也，强行者有志也。不失其所者久也，死而不亡者壽也。

34 道氾呵，其可左右也。成功遂事而弗名有也。萬物歸焉而弗爲主，則恆无欲也，可名於小。萬物歸焉而弗爲主，可名於大。是以聖人之能成大也，以其不爲大也，故能成大。

35 執大象，天下往；往而不害，安平太。樂與餌，過客止。故道之出言也，曰淡呵其无味也。視之不足見也，聽之不足聞也，用之不可既也。

36 將欲翕之，必固張之；將欲弱之，必固强之；將欲去之，必固舉之；將欲奪之，必固予之；是謂微明。柔弱勝强，魚不可脱於淵，邦利器不可以示人。

37 道恒无名，侯王若能守之，萬物將自化。化而欲作，吾將鎮之以无名之樸。鎮之以无名之樸，夫將不欲。不欲以静，天地將自正。

帛書老子乙本殘卷實録

德經

38 上德不德是以有德下德不失德是以无德上德无爲而无以爲也上仁爲之而无以爲也上德爲之而有以
爲也上禮爲之而莫之應也則攘臂而乃之故失道而后德失德而句仁失仁而句義失義而句禮夫禮者忠
信之泊也而亂之首也前識者道之華也而愚之首也是以大丈夫居□□□居其泊居其實而不居其華
故去罷而取此

39 昔得一者天得一以清地得一以寧神得一以霝浴得一盈侯王得一以爲天下正其至也胃天毋已清將恐
蓮地毋已寧將恐發神毋□□□恐歇谷毋已□將渴侯王毋已貴以高將恐欮故必貴以賤爲本必高矣而
以下爲基夫是以侯王自胃孤寡不槖此其賤之本與非也故至數輿无輿是故不欲禄禄如玉硌硌若石

40 上□□道堇能行之中士聞道若存若亡下士聞道大笑之弗笑□□以爲道是以建言有之曰明道如費進
道如退夷道如類上德如浴大白如辱廣德如不足建德如□質□□□大方无禺大器免成大音希聲天象
无刑道褱无名夫唯道善始且善成

41 反也者道之動也□□者道之用也天下之物生於有有□於无

42 道生一一生二二生三三生□□□□□□□□□□以爲和人之所亞唯□寡不橐而王公以自□□□
□□□云云之而益□□□□□□□□□□□□□□□將以□□父

43 天下之至□馳騁乎天下□□□□□□无間吾是以□□□□□□也不□□□□□□□□□□□□
□矣

44 名與□□□□□□□□□□□□□□□□□□□□□□□□□□□□□□□□□□

45 □□□□□□□□□盈如沖其□□□□□□□□□如拙□□□絀趮朕寒□□□□□□□□□□□

46 □□□道卻走馬□糞无道戎馬生於郊罪莫大可欲禍□□□□□□□□□□□□□□□□□足矣

47 不出於户以知天下不規於□□知天道其出籋遠者其知籋□□□□□□□□□□□而名弗爲而成

48 爲學者日益聞道者日云云之有云以至於无□□□□□□□取天下恆无事及其有事也□足以取天□

49 □人恆无心以百省之心爲心善□□□□□□□□□□善也信者信之不信者亦信之德信也耶人之在
天下也欲欲焉□□□□□□□皆注其□□□□□□□

50 □生入死生之□□□□□之徒十又三而民生生僮皆之死地之十有三□何故也以其生生蓋聞善執生
者陵行不辟兕虎入軍不被兵革兕无□□□□□□□□其蚤兵□□□□□□□□也以其无□□

51 道生之德畜之物刑之而器成之是以萬物尊道而貴德道之尊也德之貴也夫莫之爵也而恆自然也道生
之畜之□□□之亭之毒之養之復之□□□□□□□□□弗宰是胃玄德

52 天下有始以爲天下母既得其母以知其子既知其子復守其母没身不佁塞其垸閉其門冬身不堇啟其垸

齊其□□□不棘見小曰明守□□强用□□□□□□□遺身央是胃□常

53 使我介有知行於大道唯他是畏大道甚夷民甚好解朝甚除田甚芜倉甚虚服文采帶利劍猒食而齎財□□□□□和非□□□

54 善建者□□□□□□□子孫以祭祀不絶脩之身其德乃真脩之家其德有餘脩之鄉其德乃長脩之國其德乃夆脩之天下其德乃博以身觀身以家觀□□□□國以天下觀天下□□□□天下之然茲以□

55 含德之厚者比於赤子蠭癘虫蛇弗赫據鳥孟獸弗捕骨筋弱柔而握固未知牝牡之會而朘怒精之至也冬日號而不嚘和□□□□□□常知常曰明益生□祥心使氣曰强物□則老胃之不道不道蚤已

56 知者弗言言者弗知塞其垸閉其門和其光同其塵銼其兑而解其紛是胃玄同故不可得而親也亦□□而□□□□而利□□□得而害不可得而貴亦不可得而賤故爲天下貴

57 以正之國以畸用兵以無事取天下吾何以知其然也才夫天下多忌諱而民彌貧民多利器□□□□昏□□□□□□□□□物茲章而盜賊□□是以□人之言曰我无爲而民自化我好静而民自正我无事而民自富我欲不欲而民自樸

58 其正闆闆其民屯屯其正察察其□□□□□□□□□所伏孰知其極□无正也正□□□善復爲□□之悉也其日固久矣是以方而不割兼而不刺直而不紲光而不眺

59 治人事天莫若嗇夫唯嗇是以蚤服蚤服是胃重積□重積□□□□□□莫知其□莫知其□□□有國有國之母可□□□是胃□根固氐長生久視之道也

60 治大國若亨小鮮以道立天下其鬼不神非其鬼不神也其神不傷人也非其神不傷人也□□□弗傷也夫
兩□相傷故德交歸焉
61 大國□□□□□□牝也天下之交也牝恆以靜朕牡爲其靜也故宜爲下也故大國以下□國則取小國
小國以下大國則取於大國故或下□□下而取故大國者不□欲并畜人小國不過欲入事人夫□□其
欲則大者宜爲下
62 道者萬物之注也善人之葆也不善人之所保也美言可以市尊行可以賀人人之不善何□□□立天子
置三鄉雖有□□璧以先四馬不若坐而進此古□□□□□□□不胃求以得有罪以免與故爲天下貴
63 爲无爲□□□□□□□□□□□□□□□□□□□□□□平其細也天下之□□易天下之大□□
□□□□□□□□□□□□□夫輕若□□信多易必多難是以耶人□□之故□□□□
64 □□□
木生於毫末九成之臺作於虆土百千之高始於足下爲之者敗之執者失之是以耶人无爲□□□□□
□□□□□民之從事也恆於其成而敗之故曰慎冬若始則无敗事矣是以耶人欲不欲而不貴難得之
貨學不學復衆人之所過能輔萬物之自然而弗敢爲
65 古之爲道者非以明□□□□之也夫民之難治也以其知也故以知知國國之賊也以不知知國國之德
也恆知此兩者亦稽式也恆知稽式是胃玄德玄德深矣遠矣□物反也乃至大順
66 江海所以能爲百浴□□其□下之也是以能爲百浴王是以耶人之欲上民也必以其言下之其欲 先民

也必以其身後之故居上而民弗重也居前而民弗害天下皆樂誰而弗猒也不以其无争與故□下莫能與争

67 小國寡民使有十百人器而勿用使民重死而遠徙又周車无所乘之有甲兵无所陳之使民復結繩而用之甘其食美其服樂其俗安其居叟國相望鷄犬之□□聞民至老死不相往來

68 信言不美美言不信知者不博博者不知善者不多多者不善耶人无積既以爲人已俞有既以予人矣已俞多故天之道利而不害人之道爲而弗争

69 天下□胃我大大而不宵夫唯不宵故能大若宵久矣其細也夫我恒有三琛市而琛之一曰兹二曰檢三曰不敢爲天下先夫兹故能勇檢敢能廣不敢爲天下先故能爲成器長今舍其兹且勇舍其檢且廣舍其後且先則死矣夫兹以單則朕以守則固天將建之如以兹垣之

70 故善爲士者不武善單者不怒善朕敵者弗與善用人者爲之下是胃不争□德是胃用人是胃肥天古之極也

71 用兵又言曰吾不敢爲主而爲客不敢進寸而退尺是胃行无行攘无臂執无兵乃无敵禍莫大於無敵無敵近亡吾琛矣故抗兵相若而依者朕□

72 吾言易知也易行也而天下莫之能知也莫之能行也夫言又宗事又君夫唯无知也是以不我知知者希則我貴矣是以耶人被褐而褱玉

73 知不知尚矣不知知病矣是以耶人之不□也以其病病也是以不病

74 民之不畏畏則大畏將至矣毋伸其所居毋猒其所生夫唯弗猒是以不猒是以耶人自知而不自見也自愛
而不自貴也故去罷而取此
75 勇於敢則殺勇於不敢則栝□兩者或利或害天之所亞孰知其故天之道不單而善朕不言而善應弗召而
自來單而善謀天罔経経疏而不失
76 若民恒且畏不畏死若何以殺曜之也使民恒且畏死而爲畸者□得而殺之夫孰敢矣若民恒且必畏死則
恒又司殺者夫代司殺者殺是代大匠斲夫代大匠斲則希不傷其手
77 人之飢也以其取食跷之多是以飢百生之不治也以其上之有以爲也□以不治民之輕死也以其求生之
厚也是以輕死夫唯无以生爲者是賢貴生
78 人之生也柔弱其死也髄信堅强萬□□木之生也柔梓其死也棟槁故曰堅强死之徒也柔弱生之徒也□
以兵强則不朕木强則競故强大居下柔弱居上
79 天之道酉張弓也高者印之下者舉之有余者云之不足者□□□□云有余而益不足人之道云不足
而奉又余夫孰能又余而□□奉於天者唯又道者乎是以耶人爲而弗又成功而弗居也若此其不欲見
賢也
80 天下莫柔弱於水□□□□□□□以其无以易之也水之朕剛也弱之朕强也天下莫弗知也而□□
□也是故耶人之言云曰受國之詢是胃社稷之主受國之不祥是胃天下之王正言若反
81 禾大□□□□□□□爲善是以聖人執左芥而不以責於人故又德司芥无德司徹□□□□□□

□□

道經

1 道可道也□□□□□□□□□恒名也无名萬物之始也有名萬物之母也故恒无欲也□□□恒又欲
也以觀其所噭兩者同出異名同胃玄之又玄衆眇之門

2 天下皆知美之爲美亞已皆知善斯不善矣□□□生也難易之相成也長短之相刑也高下之相盈也音
聲之相和也先後之相隋恒也是以耶人居无爲之事行不言之教萬物昔而弗始爲而弗侍也成功而弗居
也夫唯弗居是以弗去

3 不上賢使民不爭不貴難得之貨使民不爲盜不見可欲使民不亂是以耶人之治也虛其心實其腹弱其志
强其骨恒使民无知无欲也使夫知不敢弗爲而已則无不治矣

4 道沖而用之有弗盈也潚呵似萬物之宗銼其兌解其芬和其光同其塵湛呵似或存吾不知其誰之子也象
帝之先

5 天地不仁以萬物爲芻狗耶人不仁□百姓爲芻狗天地之閒其猶橐籥與虛而不淈動而俞出多聞數窮不
若守於中

6 浴神不死是胃玄牝玄牝之門是胃天地之根緜緜呵其若存用之不堇

7 天長地久天地之所以能長且久者以其不自生也故能長生是以耶人退其身而身先外其身而身先外其

身而身存不以其无私輿故能成其私

8 上善如水水善利萬物而有争居衆人之所亞故幾於道矣居善地心善淵予善天言善信正善治事善能動
善時夫唯不争故无尤

9 揗而盈之不若其已揣而兑之不可長葆也金玉□室莫之能守也貴富而驕自遺咎也功遂身退天之道也

10 載營柏抱一能毋离乎槫氣至柔能嬰兒乎脩除玄監能毋有疵乎愛民栝國能毋以知乎天門啟闔能爲雌
乎明白四達能毋以知乎生之畜之生而弗有長而弗宰也是胃玄德

11 卅楅同一轂當其无有車之用也燃埴而爲器當其无有埴器之用也鑿户牖當其无有室之用也故有之以
爲利无之以爲用

12 五色使人目盲馳騁田臘使人心發狂難得之貨使人之行仿五味使人之口爽五音使人之耳□是以耶人
之治也爲腹而不爲目故去彼而取此

13 弄辱若驚貴大患若身何胃弄辱若驚弄之爲下也得之若驚失之若驚是胃弄辱若驚何胃貴大患若身吾
所以有大患者爲吾有身也及吾無身有何患故貴爲身於爲天下若可以橐天下□愛以身爲天下女可以
寄天下矣

14 視之而弗見□之曰微聽之而弗聞命之曰希揗之而弗得命之曰夷三者不可至計故緡而爲一一者其上
不謬其下不忽尋尋呵不可命也復歸於无物是胃无狀之狀无物之象是胃沕望隨而不見其後迎而不見
其首執今之道以御今之有以知古始是胃道紀

15 古之善爲道者微眇玄達深不可志夫唯不可志故强爲之容曰與呵其若冬涉水猶呵其若畏四哭嚴呵其若客渙呵其若淩澤沌呵其若樸湷呵其若濁潅呵其若浴濁而静之徐清女以重之徐生葆此道□欲盈是以能襞而不成

16 至虛極也守静督也萬物旁作吾以觀其復也天物祛祛各復歸於其根曰静静是胃復命復命常也知常明也不知常芒芒作凶知常容容乃公公乃王□□天天乃道道乃□没身不殆

17 太上下知又□□□親譽之其次畏之其下母之信不足安有不信猶呵其貴言也成功遂事而百姓胃我自然

18 故大道廢安有仁義知慧出安有□□六親不和安又孝兹國家閲亂安有貞臣

19 絶耶棄知而民利百倍絶仁棄義而民復孝兹絶巧棄利盜賊无有此三言也以爲文未足故令之有所屬見素抱樸少私而寡欲絶學无憂

20 唯與呵其相去幾何美與亞其相去何若人之所畏亦不可以不畏人望呵其未央才衆人巸巸若鄉於大牢而春登臺我博焉未垗若嬰兒未咳纍呵似无所歸衆人皆又余我愚人之心也湷湷呵鬻人昭昭我獨若閲呵鬻人察察我獨閩閩呵沕呵其若海朢呵若无所止衆人皆有以我獨閬以鄙吾欲獨異於人而貴食母

21 孔德之容唯道是從道之物唯朢唯沕沕呵朢呵中又象呵朢呵沕呵中有物呵幼呵冥呵其中有請呵其請甚真其中有信自今及古其名不去以順衆父吾何以知衆父之然也以此

22 炊者不立自視者不章自見者不明自伐者无功自矜者不長其在道也曰粽食贅行物或亞之故有欲者

弗居

23 曲則全汪則正洼則盈𡚁則新少則得多則惑是以耶人執一以爲天下牧不自視故章不自見也故明不自伐故有功弗矜故能長夫唯不争故莫能與之争古之所胃曲全者幾語才誠全歸之

24 希言自然薊風不冬朝暴雨不冬日孰爲此天地而弗能久有兄於人乎故從事而道者同於道德者同於德失者同於失同於德者道亦德之同於失者道亦失之

25 有物昆成先天地生蕭呵漻呵獨立而不孩可以爲天地母吾未知其名也字之曰道吾强爲之名曰大大曰筮筮曰遠遠曰反道大天大地大王亦大國中有四大而王居一焉人法地地法天天法道道法自然

26 重爲輕根静爲趮君是以君子冬日行不遠其甾重雖有環官燕處則昭若若何萬乘之王而以身輕於天下輕則失本趮則失君

27 善行者无達迹善言者无瑕適善數者不用檮筭善閉者无關籥而不可啓也善結者无纆約而不可解也是以耶人恆善惏人而无棄人物无棄財是胃曳明故善人善人之師不善人善人之資也不貴其師不愛其資雖知乎大迷是胃眇要

28 知其雄守其雌爲天下雞爲天下雞恆德不离恆德不离復□□□□□其白守其辱爲天下浴爲天下浴恆德乃足恆德乃足復歸於樸知其白守其黑爲天下式爲天下式恆德不貸恆德不貸復歸於无極樸散則爲器耶人用則爲官長夫大制无割

29 將欲取□□□□□□□□□得已夫天下神器也非可爲者也爲之者敗之執之者失之故物或行或隋或

熱或䂳或陪或墮是以耶人去甚去大去諸
30 以道佐人主不以兵强於天下其□□□□□□□棘生之善者果而已矣毋以取强焉果而毋驕果而勿
矜果□□伐果而毋得已居是胃果而强物壯而老胃之不道不道蚤已
31 夫兵者不祥之器也物或亞□□□□□□□□居則貴左用兵則貴右故兵者非君子之器兵者不祥□
器也不得已而用之銛𢤱爲上勿美也若美之是樂殺人也夫樂殺人不可以得志於天下矣是以吉事□□
□□□是以偏將軍居左而上將軍居右言以喪禮居之也殺□□□□□立之□朕而以喪禮處之
32 道恒无名樸唯小而天下弗敢臣侯王若能守之萬物將自賓天地相合以俞甘洛□□□令而自均焉始制
有名名亦既有夫亦將知止知止所以不殆卑□□在天下也猶小浴之與江海也
33 知人者知也自知明也朕人者有力也自朕者强也知足者富也强行者有志也不失其所者久也死而不忘
者壽也
34 道渢呵其可左右也成功遂□□弗名有也萬物歸焉而弗爲主則恒无欲也可名於小萬物歸焉而弗爲主
可名於大是以耶人之能成大也以其不爲大也故能成大
35 執大象天下往往而不害安平太樂與□過格止故道之出言也曰淡呵其无味也視之不足見也聽之不足
聞也用之不可既也
36 將欲擒之必古張之將欲弱之必古强之將欲去之必古與之將欲奪之必古予□是胃微明柔弱朕强魚不
可説於淵國利器不可以示人

37 道恒无名侯王若能守之萬物將自化化而欲作吾將闐之以无名之樸闐之以无名之樸夫將不辱不辱以
靜天地將自正

帛書老子乙本勘校復原

德　經

38 上德不德，是以有德；下德不失德，是以无德。上德无爲而无以爲也。上仁爲之而无以爲也。上義爲之而有以爲也。上禮爲之而莫之應也，則攘臂而扔之。故失道而後德，失德而後仁，失仁而后義，失義而後禮。夫禮者，忠信之薄也，而亂之首也。前識者，道之華也，而愚之首也。是以大丈夫居其厚而不居其薄，居其實而不居其華。故去彼而取此。

39 昔之得一者，天得一以清，地得一以寧，神得一以靈，谷得一以盈，侯王得一以爲天下正。其誡也，謂天毋已清將恐裂，地毋已寧將恐發，神毋已靈將恐歇，谷毋已盈將恐竭，侯王毋已貴以高將恐蹶。故必貴以賤爲本，必高矣而以下爲基。夫是以侯王自謂孤寡不穀。此其賤爲本與，非也？故致數譽无譽。是故不欲禄禄若玉，硌硌若石。

40 上士聞道，勤能行之。中士聞道，若存若亡。下士聞道，大笑之。弗笑，不足以爲道。是以建言有之曰：明道如昧，進道如退，夷道如類。上德如谷，大白如辱。廣德如不足，建德如偷。質真如渝。大方无隅，大器免成，大音希聲，大象无形，道褒无名。夫唯道，善始且善成。

41 反也者，道之動也；弱也者，道之用也。天下之物生於有，有生於无。

42 道生一，一生二，二生三，三生萬物。萬物負陰而抱陽，沖氣以爲和。人之所惡，唯孤寡不穀，而王公以自名也。物或益之而損，損之而益。古人之所教，亦我而教人。故强梁者不得其死，我將以爲學父。

43 天下之至柔，馳騁於天下之至堅。无有入於无間。吾是以知无爲之有益也。不言之教，无爲之益，天下希能及之矣。

44 名與身孰親？身與貨孰多？得與亡孰病？甚愛必大費，多藏必厚亡。故知足不辱，知止不殆，可以長久。

45 大成若缺，其用不敝。大盈如盅，其用不窮。大直如詘，大巧如拙，大贏如肭。趮勝寒，靜勝熱，清靜可以爲天下正。

46 天下有道，卻走馬以糞。无道，戎馬生於郊。罪莫大於可欲，禍莫大於不知足，咎莫憯於欲得。故知足之足，恒足矣。

47 不出於户，以知天下。不窺於牖，以知天道。其出彌遠者，其知彌少。是以聖人不行而知，不見而明，弗爲而成。

48 爲學者日益，聞道者日損。損之又損，以至於无爲，无爲而无以爲。取天下，恒无事；及其有事也，不足以取天下。

49 聖人恆无心，以百姓之心爲心。善者善之，不善者亦善之，德善也。信者信之，不信者亦信之，德信也。聖人之在天下也，欱欱焉，爲天下渾心。百姓皆注其耳目焉，聖人皆孩之。

50 出生入死。生之徒十有三，死之徒十有三，而民生生，動皆之死地之十有三。夫何故也？以其生生。蓋聞善攝生者，陵行不避冢虎，入軍不被兵甲。冢无所投其角，虎无所措其爪，兵无所容其刃，夫何故也？以其无死地焉。

51 道生之，德畜之，物形之而器成之。是以萬物尊道而貴德。道之尊也，德之貴也，夫莫之爵也，而恆自然也。道生之、畜之、長之、育之、亭之、毒之、養之、覆之，生而弗有，爲而弗恃，長而弗宰，是謂玄德。

52 天下有始，以爲天下母。既得其母，以知其子，既知其子，復守其母，没身不殆。塞其垙，閉其門，終身不勤。啟其垙，濟其事，終身不救。見小曰明，守柔曰强。用其光，復歸其明。毋遺身殃，是謂襲常。

53 使我絜有知，行於大道，唯池是畏。大道甚夷，民甚好徑。朝甚除，田甚芜，倉甚虚。服文采，帶利劍，猒飲食而資財有餘。是謂盜竽，非道也哉。

54 善建者不拔，善抱者不脱，子孫以祭祀不絕。修之身，其德乃真。修之家，其德有餘。修之鄉，其德乃長。修之國，其德乃豐。修之天下，其德乃博。以身觀身，以家觀家，以鄉觀鄉，以國觀國，以天下觀天下。吾何以知天下之然哉？以此。

55含德之厚者，比於赤子。蠭蠆虺蛇弗螫，攫鳥猛獸弗搏。骨筋弱柔而握固，未知牝牡之會而朘怒，精之至也。終日號而不嚘，和之至也。知和曰常，知常曰明，益生曰祥，心使氣曰强。物壯則老，謂之不道，不道早已。

56知者弗言，言者弗知。塞其堄，閉其門，和其光，同其塵，挫其銳而解其紛，是謂玄同。故不可得而親，亦不可得而疏；不可得而利，亦不可得而害；不可得而貴，亦不可得而賤；故爲天下貴。

57以正治國，以奇用兵，以無事取天下。吾何以知其然也哉？夫天下多忌諱，而民彌貧。民多利器而國家滋昏。人多智巧，而奇物滋起，法物滋彰，而盜賊多有。是以聖人之言曰：我无爲而民自化，我好静而民自正，我无事而民自富，我欲不欲而民自樸。

58其政悶悶，其民惇惇。其政察察，其民狭狭。禍，福之所倚；福，禍之所伏，孰知其極。其无正也，正復爲奇，善復爲妖，人之迷也，其日固久矣。是以方而不割，廉而不刺，直而不肆，光而不燿。

59治人事天莫若嗇，夫唯嗇，是以早服，早服是謂重積德。重積德則无不克，无不克則莫知其極。莫知其極，可以有國，有國之母，可以長久。是謂深根固柢，長生久視之道也。

60治大國若烹小鮮，以道莅天下，其鬼不神。非其鬼不神也，其神不傷人也。非其神不傷人也，聖人亦弗傷也。夫兩不相傷，故德交歸焉。

61大國者，下流也，天下之牝也。天下之交也，牝恆以静勝牡。爲其静也，故宜爲下也。故大國以下小國，則取小國；小國以下大國，則取於大國。故或下以取，或下而取。故大國者不過欲并畜人，小國不過欲入事人，夫皆得其欲，則大者宜爲下。

62 道者萬物之主也，善人之寶也，不善人之所保也。美言可以市，尊行可以加人，人之不善，何棄之有。故立天子，置三卿，雖有拱之璧以駪駟馬，不若坐而進此。古之所以貴此者何也？不謂求以得，有罪以免與，故爲天下貴。

63 爲无爲，事无事，味无味，大小，多少，報怨以德。圖難乎其易也，爲大乎其細也。天下之難作於易，天下之大作於細，是以聖人終不爲大，故能成其大。夫輕諾必寡信，多易必多難，是以聖人猶難之，故終於无難。

64 其安也，易持也。其未兆也，易謀也。其脆也，易破也。其微也，易散也。爲之於其未有也，治之於其未亂也，合抱之木，生於毫末。九層之臺，作於虆土。百仞之高，始於足下。爲之者敗之，執之者失之。是以聖人无爲也，故无敗也；无執也，故无失也。民之從事也，恆於幾成而敗之，故慎終若始，則无敗事矣。是以聖人欲不欲，而不貴難得之貨，學不學，復衆人之所過，能輔萬物之自然，而弗敢爲。

65 古之爲道者，非以明民也，將以愚之也。夫民之難治也，以其智也。故以智治國，國之賊也；以不智治國，國之德也。恆知此兩者，亦稽式也；恆知稽式，是謂玄德。玄德深矣，遠矣，與物反也，乃至大順。

66 江海所以能爲百谷王者，以其善下之也，是以能爲百谷王。是以聖人之欲上民也，必以其言下之；其欲先民也，必以其身後之。故居上而民弗重也，居前而民弗害。天下皆樂推而弗厭也。不以其无争與，故天下莫能與争。

67 小國寡民，使有十百人之器而勿用，使民重死而遠徙。有舟車无所乘之，有甲兵无所陳之，使民復結繩而用之。甘其食，美其服，樂其俗，安其居，鄰國相望，鷄犬之聲相聞，民至老死不相往來。

68 信言不美，美言不信。知者不博，博者不知。善者不多，多者不善。聖人无積，既以爲人，己愈有；既以予人矣，己愈多。故天之道，利而不害，人之道，爲而弗争。

69 天下皆謂我大，大而不肖。夫唯不肖，故能大。若肖，久矣其細也夫。我恆有三寶，持而寶之。一曰慈，二曰儉，三曰不敢爲天下先。夫慈，故能勇；儉，故能廣；不敢爲天下先，故能爲成器長。今捨其慈，且勇；捨其儉，且廣；捨其後，且先，則死矣。夫慈，以戰則勝，以守則固。天將建之，如以慈垣之。

70 故善爲士者不武，善戰者不怒，善勝敵者弗與，善用人者爲之下。是謂不争之德，是謂用人，是謂配天，古之極也。

71 用兵有言曰：吾不敢爲主而爲客，不敢進寸而退尺。是謂行无行，攘无臂，執无兵，乃无敵。禍莫大於無敵，無敵近亡吾寶矣。故抗兵相若，而哀者勝矣。

72 吾言易知也，易行也；而天下莫之能知也，莫之能行也。夫言有宗，事有君。夫唯无知也，是以不我知，知我者希，則我貴矣。是以聖人被褐而褱玉。

73 知不知，尚矣；不知知，病矣。是以聖人之不病也，以其病病也，是以不病。

74民之不畏威，則大威將至矣。毋狹其所居，毋壓其所生。夫唯弗壓，是以不厭。是以聖人自知而不自見也，自愛而不自貴也。故去彼而取此。

75勇於敢則殺，勇於不敢則活，此兩者或利或害，天之所惡，孰知其故？天之道，不戰而善勝，不言而善應，弗召而自來，坦而善謀。天網恢恢，疏而不失。

76若民恆且不畏死，奈何以殺懼之也？若民恆且畏死，而爲奇者吾得而殺之，夫孰敢矣。若民恆且必畏死，則恆有司殺者。夫代司殺者殺，是代大匠斲。夫代大匠斲，則希不傷其手。

77人之飢也，以其取食稅之多，是以飢。百姓之不治也，以其上之有以爲也，是以不治。民之輕死也，以其求生之厚也，是以輕死。夫唯无以生爲者，是賢貴生。

78人之生也柔弱，其死也筋肕堅强。萬物草木之生也柔脆，其死也枯槁。故曰：堅强死之徒也，柔弱生之徒也。是以兵强則不勝，木强則烘。故强大居下，柔弱居上。

79天之道，猶張弓也。高者抑之，下者舉之；有餘者損之，不足者補之。故天之道，損有餘而益不足；人之道則不然，損不足而奉有餘。孰能有餘而有以取奉於天者？唯有道者乎？是以聖人爲而弗有，成功而弗居也，若此其不欲見賢也。

80天下莫柔弱於水，而攻堅强者莫之能勝，以其无以易之也。柔之勝剛也，弱之勝强也，天下莫弗知也，而莫能行也。是故聖人之言云，曰：受國之垢，是謂社稷之主；受國之不祥，是謂天下之王。正言若反。

81 和大怨，必有餘怨，焉可以爲善？是以聖人執右契，而不以責於人。故有德司契，无德司徹。夫天道无親，恆與善人。

道經

1 道，可道也，非恆道也。名，可名也，非恆名也。无名，萬物之始也；有名，萬物之母也。故恆无欲也，以觀其妙；恆有欲也，以觀其所徼。兩者同出，異名同謂，玄之又玄，衆妙之門。

2 天下皆知美之爲美，惡已；皆知善，斯不善矣。有无之相生也，難易之相成也，長短之相形也，高下之相盈也，音聲之相和也，先後之相隨，恒也。是以聖人居无爲之事，行不言之教。萬物作而弗始，爲而弗恃也，成功而弗居也。夫唯弗居，是以弗去。

3 不上賢，使民不爭。不貴難得之貨，使民不爲盜。不見可欲，使民不亂。是以聖人之治也，虛其心，實其腹，弱其志，强其骨。恆使民无知无欲也，使夫智不敢，弗爲而已，則无不治矣。

4 道盅，而用之又弗盈也。淵呵，似萬物之宗。挫其銳，解其紛，和其光，同其塵。湛呵似或存，吾不知其誰之子也，象帝之先。

5 天地不仁，以萬物爲芻狗，聖人不仁，以百姓爲芻狗。天地之間，其猶橐籥與，虛而不屈，動而愈出。多聞數窮，不若守於中。

6 谷神不死，是謂玄牝，玄牝之門，是謂天地之根。緜緜呵若存，用之不勤。

7 天長地久，天地之所以能長且久者，以其不自生也，故能長生。是以聖人退其身而身先，外其身而身存。不以其无私與，故能成其私。

8 上善如水，水善利萬物而有静。居衆人之所惡，故幾於道矣。居善地，心善淵，予善天，言善信，政善治，事善能，動善時。夫唯不争，故无尤。

9 持而盈之，不若其已。揣而鋭之，不可長保也。金玉盈室，莫之能守也。貴富而驕，自遺咎也。功遂身退，天之道也。

10 載營魄抱一能毋離乎？摶氣致柔，能嬰兒乎？滌除玄鑒，能毋有疵乎？愛民治國，能毋以智乎？天門啓闔，能爲雌乎？明白四達，能毋以知乎？生之畜之，生而弗有，長而弗宰也，是謂玄德。

11 卅輻同一轂，當其无，有車之用也。埏埴而爲器，當其无，有埴器之用也。鑿户牖，當其无，有室之用也。故有之以爲利，无之以爲用。

12 五色使人目盲，馳騁田獵使人心發狂，難得之貨使人之行妨，五味使人之口爽，五音使人之耳聾。是以聖人之治也，爲腹而不爲目，故去彼而取此。

13 寵辱若驚，貴大患若身。何謂寵辱若驚？寵之爲下也。得之若驚，失之若驚，是謂寵辱若驚。何謂貴大患若身？吾所以有大患者，爲吾有身也，及吾無身，有何患。故貴爲身於爲天下，若可以託天下矣；愛以身爲天下，如可以寄天下矣。

14 視之而弗見，名之曰微。聽之而弗聞，名之曰希。捪之而弗得，名之曰夷。三者不可致詰，故混而爲一。一者，其上不皦，其下不昧，繩繩不可名也，復歸於无物。是謂无狀之狀，无物之象，是謂忽恍。隨而不見其後，迎而不見其首。執今之道，以御今之有，能知古始，是謂道紀。

15 古之善爲道者，微妙玄達，深不可識。夫唯不可識，故强爲之容。曰：豫呵其若冬涉水。猶呵其若畏四鄰。嚴呵其若客。涣呵其若淩釋。敦呵其若樸。混呵其若濁。曠呵其若谷。濁而静之徐清，安以動之徐生。保此道不欲盈，夫唯不欲盈，是以能敝而不成。

16 致虚極也，守静篤也，萬物並作，吾以觀其復也。夫物秐秐，各復歸於其根。歸根曰静，静，是謂復命；復命常也，知常明也；不知常妄，妄作，凶。知常容，容乃公，公乃王，王乃天，天乃道，道乃久，没身不殆。

17 太上，下知有之。其次，親譽之。其次，畏之。其下，侮之。信不足，安有不信。猶呵，其貴言也。成功遂事，而百姓謂我自然。

18 故大道廢，安有仁義。智慧出，安有大僞。六親不和，安有孝慈。國家昏亂，安有貞臣。

19 絶聖棄智，而民利百倍。絶仁棄義，而民復孝慈。絶巧棄利，盜賊无有。此三言也，以爲文未足，故令之有所屬。見素抱樸，少私而寡欲。絶學无憂。

20 唯與呵，其相去幾何？美與惡，其相去何若？人之所畏，亦不可以不畏人。朢呵，其未央哉！衆人熙熙，若饗於大牢，而春登臺。我泊焉未兆，若嬰兒未咳。纍呵，似无所歸。衆人皆有餘，我獨匱。我愚人之心也，沌沌呵。俗人昭昭，我獨若昏呵。俗人察察，我獨悶悶呵。忽呵，其若海。恍呵，若无所止。衆人皆有以，我獨頑以鄙。吾欲獨異於人，而貴食母。

21 孔德之容，唯道是從。道之物，唯恍唯忽。忽呵恍呵，中有象呵。恍呵忽呵，中有物呵。窈呵冥呵，其中有情呵。其情甚真，其中有信。自今及古，其名不去，以順衆父。吾何以知衆父之然也，以此。

22 企者不立，自是者不彰，自見者不明，自伐者无功，自矜者不長。其在道也，曰餘食贅行，物或惡之，故有裕者弗居。

23 曲則全，枉則正，洼則盈，敝則新，少則得，多則惑。是以聖人執一，以爲天下牧。不自是故彰，不自見故明，不自伐故有功，弗矜故能長。夫唯不争，故莫能與之争。古之所謂曲全者，豈語哉！誠全歸之。

24 希言自然，飄風不終朝，暴雨不終日。孰爲此？天地而弗能久，又況於人乎！故從事而道者同於道，德者同於德，失者同於失。同於德者，道亦德之。同於失者，道亦失之。

25 有物混成，先天地生。寂呵寥呵，獨立而不改，可以爲天地母。吾未知其名也，字之曰道。吾强爲之名曰大，大曰逝，逝曰遠，遠曰返。道大，天大，地大，王亦大。國中有四大，而王居一焉。人法地，地法天，天法道，道法自然。

26 重爲輕根，静爲躁君，是以君子終日行，不遠其輜重。雖有營觀，燕處則超若。若何萬乘之王，而以身輕於天下，輕則失本，躁則失君。

27 善行者无轍迹，善言者无瑕謫。善數者不用籌策。善閉者无關籥而不可啟也。善結者无纆約而不可解也。是以聖人恆善救人，而无棄人，物无棄材，是謂襲明。故善人，善人之師；不善人，善人之資也。不貴其師，不愛其資，雖智乎大迷，是謂妙要。

28 知其雄，守其雌，爲天下溪，爲天下溪。恆德不離。恆德不離，復歸於嬰兒。知其榮，守其辱，爲天下谷。爲天下谷，恆德乃足。恆德乃足，復歸於樸。知其白，守其黑，爲天下式。爲天下式，恆德不忒。恆德不忒，復歸於无極。樸散則爲器，聖人用則爲官長，夫大制无割。

29 將欲取天下而爲之，吾見其弗得已。夫天下神器也，非可爲者也。爲之者敗之，執之者失之。物或行或隨，或噓或吹，或强或羸，或培或墮。是以聖人去甚，去泰，去奢。

30 以道佐人主，不以兵强於天下，其事好還。師之所處，荆棘生之。善者果而已矣，毋以取强焉。果而毋驕，果而勿矜，果而勿伐，果而毋得已居，是謂果而不强。物壯而老，謂之不道，不道早已。

31 夫兵者，不祥之器也。物或惡之，故有裕者弗居。君子居則貴左，用兵則貴右。故兵者非君子之器，兵者不祥之器也，不得已而用之，恬淡爲上。勿美也，若美之，是樂殺人也。夫樂殺人，不可以得志於天下矣。是以吉事上左，喪事上右。是以偏將軍居左，而上將軍居右；言以喪禮居之也。殺人衆，以悲哀莅之。戰勝，以喪禮處之。

32 道恆无名，樸雖小，而天下弗敢臣。侯王若能守之，萬物將自賓。天地相合，以雨甘露，民莫之令而自均焉。始制有名，名亦既有，夫亦將知止，知止所以不殆。譬道之在天下也，猶小谷之與江海也。

33 知人者智也，自知者明也。勝人者有力也，自勝者强也。知足者富也，强行者有志也。不失其所者久也，死而不亡者壽也。

34 道汎呵，其可左右也，成功遂事而弗名有也。萬物歸焉而弗爲主，則恆无欲也，可名於小。萬物歸焉而弗爲主，可名於大。是以聖人之能成大也，以其不爲大也，故能成大。

35 執大象，天下往；往而不害，安平太。樂與餌，過客止。故道之出言也，曰淡呵其无味也。視之不足見也，聽之不足聞也，用之不可既也。

36 將欲翕之，必固張之；將欲弱之，必固强之；將欲去之，必固舉之；將欲奪之，必固予之；是謂微明。柔弱勝强。魚不可脱於淵，國利器不可以示人。

37 道恆无名，侯王若能守之，萬物將自化。化而欲作，吾將鎮之以无名之樸，鎮之以无名之樸，夫將不欲。不欲以静，天地將自正。